U0665580

全国高等院校法学专业基础教材

律师实务

主　编　李　真　李祖军

副主编　徐和平　豆雨思

撰稿人　（以撰写章节先后为序）

李祖军　徐和平　孙瑞瑞　豆雨思

田　璐　孙英伟　孙　振　韩丹丹

刘素君　李　建　赵德成　李　真

万若思　谢维斯

中国政法大学出版社

2014·北京

编委会成员名单

（以姓氏笔画为序）

万志前　王广辉　王志敏　韦宝平　牛余凤　石先钰

冯瑞琳　刘　红　刘立霞　刘　杰　刘新凯　孙孝福

孙淑云　邢　亮　朱建华　李　文　李雨峰　李艳华

李振华　李祖军　陈训敬　陈会林　陈　虎　陈　苇

张　功　张培田　张新奎　张　耕　汪世虎　沈　萍

杨树明　范忠信　范　军　罗　洁　周庭芳　段　凯

赵立新　赵光全　侯　纯　姚　欢　晁秀棠　陶　虹

秦瑞亭　黄名述　黄　笛　曹海晶　曹艳春　程开源

喻　伟　曾文革　赖达清　雷　震　谭振亭

出版说明

　　法学是集理论性与实践性于一体的社会科学。然而，现行的法学本科教材普遍存在"重理论、轻实践"的现象，这既不适应应用型法学人才的培养，也与司法考试、研究生考试和公务员考试严重脱节，致使其实用性大打折扣。

　　鉴于此，由全国独立学院法学教育协作机制秘书处和中国政法大学出版社发起，成立了"全国高等院校法学专业基础教材"编委会，旨在编写适应法学专业应用型人才培养要求的"厚基础、重实务"的系列教材。中南财经政法大学、西南政法大学、华中师范大学、湖北大学、中南民族大学、江汉大学、重庆大学、湖北经济学院、武汉科技大学中南分校、西南大学育才学院、南开大学滨海学院、海南大学三亚学院、福州大学阳光学院、浙江大学宁波理工学院、中国石油大学胜利学院、南京师范大学泰州学院、黄河科技学院、中南财经政法大学武汉学院、中南民族大学工商学院、华中科技大学武昌分校、华中师范大学汉口分校、华中科技大学文华学院、武汉科技大学城市学院、河北工程大学文学院、燕山大学里仁学院、贵州民族学院人文科技学院、东莞理工学院城市学院、江汉大学文理学院、湖北大学知行学院、湖北经济学院商贸学院、福建江夏学院、河南师范大学新联学院等全国30多所高等院校的百名法学专业教师共同参与了这套教材的编写工作。

　　本套教材在内容设计上充分考虑了与司法考试和公务员考试的接轨，注重基础理论阐述和实务能力培养的有机结合，力求展现以下特点：

　　第一，基础性。本套教材的编写内容定位于对基本理论、基本概念、基本知识的阐释和对基本法律实务技能的培养。

　　第二，简洁性。本套教材以各学科成熟的理论体系为主，不涉及太深奥的法律问题；以通俗和主流观点为主，除核心观点、理论有简要论证之外，避免过多论述有争议的观点或作者个人观点。

　　第三，实用性。本套教材充分突出实用性，主要服务于法学专业学生参加司法考试和考公务员的目标，教材内容及结构与最新司法考试大纲保持一致，大量引入司法考试、公务员考试真题和案例。

第四，新颖性。本套教材力求突出形式设计上的新颖性。根据各教材的不同特点，有的在每章开头有简短的案例导入，使相关知识点、重点及难点一目了然；有的在正文中穿插案例或合理设置图表，以方便学生阅读，符合学生应试要求；有的在每章结尾处设置思考题和案例分析题，以供学生参考使用。

本套法学教材涵盖了法学专业教育指导委员会确定的 16 门法学主干课程和 14 门实务性较强的非主干课程，共 30 种。本套教材由于编写作者较多，涉及内容广泛，教材的编写统稿难度较大，更囿于水平有限，挂一漏万在所难免，恳请各位专家、同行及广大读者批评指正，帮助我们在后续的工作中加以完善。

《全国高等院校法学专业基础教材》编委会
2009 年 8 月

编写说明

　　十八届三中全会的顺利召开，揭开了我国司法改革的新篇章。由于律师是法律的重要践行群体之一，在司法改革中扮演着举足轻重的角色。因此，本书的出版恰逢其时，承载着重大的历史使命。

　　法学是一门应用型较强的学科。为了适应市场经济的发展，建设社会主义法治国家，中国的法学教育应当为社会培养更多的高素质应用型法律人才。律师实务教程以培养学生实务思维和技能为目标，重在提升学生思考问题、分析问题和解决问题的能力。

　　本书囊括了民事诉讼、刑事诉讼、行政诉讼等程序法理论，又将刑法、民法、商法等实体法案例贯穿其中，实现了理论与实务的遥相辉映，实体法与程序法的珠联璧合，既是法律应用的综合教程，也可以当作是律师行业的入门课程。

　　本书在内容选编上相对于传统教材有所突破，注重律师执业能力的培养。本书的亮点是增加了与实务密切相关的专题，吸收了最新的立法和司法动态。参加编写的人员在理论上有较深的造诣，多数编写人员长期兼职从事律师职业，能够娴熟地穿梭于理论与实务之间，对实务把握精准。

　　本书由李真、李祖军任主编，徐和平、豆雨思任副主编。参加编写的作者及分工如下：

第一章　李祖军（西南政法大学）

第二章　徐和平（安徽广播电视大学）

第三章　孙瑞瑞（南京理工大学紫金学院）

第四章　豆雨思（重庆人文科技学院）

第五章　田璐（西南政法大学）

第六章　孙英伟（石家庄学院）

第七章　孙振（安徽广播电视大学）

第八章　韩丹丹（重庆人文科技学院）

第九章　刘素君（重庆人文科技学院）

第十章　李建（华中科技大学文华学院）

第十一章　赵德成（中国石油大学（华东）胜利学院）

第十二章　李真（重庆人文科技学院）

第十三章　万若思（重庆人文科技学院）

第十四章　谢维斯（重庆人文科技学院）

全书由李祖军、李真、徐和平、豆雨思统稿。

本书在编写过程中参考了大量的相关著作、教材，在此向相关作者一并致谢。感谢中国政法大学出版社的大力支持，使得本书能够及时出版。由于时间仓促，水平所限，加之事务纷繁复杂，不足之处在所难免，恳请各位读者批评指正！

主编　谨识

2013 年 11 月 21 日于重庆

C目录
ONTENTS

第一章

律师与律师制度

【内容摘要】本章学习需要了解律师的概念、我国律师制度的概况，掌握和熟悉律师的执业条件、律师的权利与义务以及执业过程中的职业道德和执业纪律。清楚认识律师事务所的权利和义务、内部管理制度以及设立、变更和终止的程序。

【本章重点与难点】律师资格的取得和执业规定；律师权利的实现；律师职业道德的基本准则；合伙律师事务所设立的条件。

第一节　概　述

纵观现代各国的律师制度，对于律师的理解差异甚微，基本上将律师界定为依法通过国家组织的司法考试或律师考试，取得律师从业资格，按规定到实务部门进行专业训练，经考核合格由司法部门给予颁发律师证，从事为社会提供法律服务的专业人员。律师行业便是由律师组成的一种行业类型。律师在特定的行业里肩负着法律赋予的任务和使命，成为我国法制建设进程中不可或缺的力量之一。律师和律师行业的出现，使相关法律和行业规范不断完善，形成了律师制度。

一、律师概述

根据我国《律师法》第 2 条的规定，律师是指依法取得律师执业证书，接受委托或者指定，为当事人提供法律服务的执业人员。这是我国立法对律师所作的明确界定。

（一）律师的特征

根据以上定义，我们可以看出律师具有以下基本特征：

1. 律师是法律专业人员。在世界上任何一个国家，从事律师职业必须具备一定的条件。在我国需要具备扎实的法律理论知识，具有高等院校法学本科（贫困地区经审核确定可放宽为法学专科）以上学历，或者高等院校其他专业本科以上学历且具有法律专业知识的人员，依法取得国家颁发的法律职业资格证书，并受过专业的实务训练。因此，一个人如果不具备相当的法律专业知识，是不可能成为一名律师的。

2. 律师以提供法律服务为业。律师以自身的专业知识为社会提供法律服务，而且一般情况下提供这种服务实行有偿收费制度，因为律师收费是其生存的保障，当然也是律师智力劳动成果的等价交换。律师按照法律的规定提供的法律服务范围广泛，根据《律师法》第28条的规定，律师可以接受自然人、法人或者其他组织的委托，担任法律顾问；接受民事案件、行政案件当事人的委托，担任代理人，参加诉讼；接受犯罪嫌疑人、被告人的委托或者依法接受法律援助机构的指派，担任辩护人，接受自诉案件自诉人、公诉案件被害人或者其近亲属的委托，担任代理人，参加诉讼；接受委托，代理各类诉讼案件的申诉；接受委托，参加调解、仲裁活动；接受委托，提供非诉讼法律服务；解答有关法律的询问、代写诉讼文书和有关法律事务的其他文书。

3. 律师提供法律服务需经委托或指派。律师的业务来自于当事人的委托或法律援助机构的指派。除特殊情况下，刑事案件中由人民法院、人民检察院和公安机关通知法律援助机构指派律师担任犯罪嫌疑人、被告人的辩护人外，在一般案件中，律师承办案件需要与当事人签订委托合同，不是基于权力范围，而是基于相互选择的合意，不同于法官、检察官所进行的不可选择性的司法活动。如果没有当事人的委托，律师的法律业务便无从谈起。

（二）律师的任务

律师的任务是指由国家法律明确规定的，通过律师的执业活动所要实现的目的。根据我国《律师法》第2条的规定，律师的任务表现为以下几个方面：

1. 维护当事人的合法权益是我国律师的首要任务。律师接受当事人的委托后，应本着依法办事的原则，切实维护当事人的合法权益。对于法律明文规定及法律未明确规定但又未予以限制和禁止的，律师应当帮助当事人争取其应得的权益。无论当事人实施的行为合法与否，其合法权益都应当得到维护。但是，当事人提出的非法要求，律师不能维护其非法利益。律师维护当事人合法权益的方式并不限于诉讼，可以在当事人授权的范围内与对方当事人协商解决，也可以在双方当事人达成符合法定条件的仲裁协议的情况下通过仲裁解决。

2. 维护法律的正确实施是我国律师的重要任务。立法的目的必须通过法律实施才能体现出来，律师实施法律的方式有别于其他机关。行政机关主要以行政执法的形式来实施法律；人民检察院主要通过检查监督维护法律的有效实施；人民法院则主要以案件审判来保证法律的正确实施。律师作为一种特殊的主体，在向社会提供法律服务的过程中，通过担任当事人的代理人或辩护人，为当事人提供法律服务来维护法律的正确实施。

3. 发挥在社会主义法制建设中的积极作用是律师的长远任务。律师制度是我国社会主义法律制度的重要组成部分，对于社会主义法制建设起着重要的作用，这是律师的一项长远任务。律师在业务活动中，除了实施法律外，在与当事人接触、交流时，也在某种程度上达到了宣传法律的效果。此外，在我国律师虽然不参与国家法律的制定，但他们作为亲身体验和经历法律事务的一线人员，提出的关于实务操作中存在问题的见解，无疑具有可贵的参考价值。

律师任务的这三个方面是密切联系在一起的，三者缺一不可，这是由三者的一致性所决定的。

（三）律师行业

律师行业在我国是一个新兴行业，自新中国成立以来，律师作为一个行业在中国真正兴起是在 20 世纪八九十年代，改革开放之后，取得了长足的发展。但相对于发达国家而言，我国律师行业各方面制度尚有待健全。该行业自诞生以来，便是一个充满着激情与挑战的行业，它承载着法律人的梦想和追求，以专业技能捍卫当事人的合法权益，实现公平和正义。

1. 律师行业与其他行业的不同之处。步入律师行业，首先必须正视我国该行业与其他行业的不同之处，才能更好地朝着自己的目标和理想前进，成为一名成功的律师。

（1）律师行业门槛限制较高。律师是门槛限制较高的行业之一，除需通过国家统一组织的司法考试外，要在一个愿意接收其为实习律师的律师事务所实习，实习期间还要参加地方律师协会组织的为期 30 天的集中培训，实习 1 年期满后再由专门的资深律师组成的考核小组来考核，考核通过后按规定提交申请材料，审核通过后正式取得律师执业证。

（2）律师行业要求综合素质强、阅历丰富。律师要面对各行各业的当事人，各个当事人一般都有不同的需求，可能有合法的要求，也可能有非法的要求。律师不仅仅要具备为当事人消除疑虑和困惑的法律本领，还要妥善处理好与当事人之间的关系，得到当事人的信任。在法律规定的范围内，为当事人提供服务，为了不错失一项业务，有时律师还要充分发挥自身沟通交流的魅力，说服当事人按照自己的思路来处理法律问题。有的当事人是特定领域的专家或能手，需要律师至少要熟悉该行业的相关知识，否则就会产生共同语言的障碍，丰富的阅历往往能够成为制胜的法宝，因此，律师在日积月累的业务中，身价也不断在隐形提高。

（3）律师行业既能充分展示其个人价值，又能体现出社会价值。由于律师提供的法律服务，不像其他行业的成果多以有形的外在形式体现出来，而是以一种无形的智力成果，通过口述或书面的形式展示出来。加上律师的工作具有独立于司法机关、独立于当事人的特性，律师可以按照自己对案情的把握，运用法律专业知识，形成对特定案件的独到见解和看法，为自己施展才华和能力、展示其个人价值提供了舞台。同时，律师与当事人接触时，当事人往往将自己财产乃至生命的希望寄托于律师身上，律师在接受委托的案件中，为当事人提供法律服务，维护当事人的合法权益，推动了法治社会的进程，体现出较高的社会价值。

2. 律师行业的服务形式。律师提供法律服务的主要形式以是否参与诉讼为标准，分为诉讼业务与非讼业务。

在诉讼业务中，律师承担的工作主要有：

（1）分析案件事实。

（2）出具法律意见。

（3）会见当事人。

（4）收集证据。

（5）制作阅卷笔录。

（6）起草起诉状、代理词、辩护词。

（7）参加庭审活动。

（8）申请强制执行。

在非讼业务中，律师承担的工作主要有：

（1）起草各种法律文书，包括遗嘱、合同、律师函等。

（2）代为办理各种法律手续，包括商标申请、公司上市等。

（3）作为团队成员参与商事谈判。

（4）提供法律咨询和帮助。

（5）制定内部规章制度。

以上主要列举了律师具体的业务范围，在现实生活中，随着市场经济的发展，加上当事人的特殊需要，律师的业务在不断地扩展，这既是律师面临的机遇，也是对律师业务能力的挑战。

二、律师制度概述

有关律师资格、执业机构、职业道德和执业纪律等形成的一整套法律规范，称为律师制度。律师制度作为国家司法制度的一部分，它的产生、发展和成熟与国家的政治、经济、文化的发展密不可分。一方面，政治体制改革使律师制度从国家行政体制中分离出来，经济快速发展导致社会对法律服务的需求增多，文化进步增强了公众的法律维权意识；另一方面，律师提供法律服务又反向推动了国家政治、经济、文化的发展，促进政治制度、经济制度和文化制度的完善。

我国现行律师制度恢复于党的十一届三中全会以后，尤其是1980年第五届全国人大常委会第十五次会议通过了《中华人民共和国律师暂行条例》（以下简称《律师暂行条例》），为我国律师制度的重建提供了法律依据，该条例对律师的性质、任务、活动原则、资格、组织体制等作了初步的界定和明确，是我国律师制度建设的一个新的起点。在《律师暂行条例》的指引下，我国律师行业取得了长足发展。1986 年召开了全国第一次律师代表大会，通过了中华全国律师协会章程，成立了中华全国律师协会，并产生了中华全国律师协会的组织机构。

但是，《律师暂行条例》毕竟是按照当时的社会状况制定的，难免具有时代的局限性，如将律师性质规定为"国家的法律工作者"；律师执业机构是法律顾问处，其性质是国家事业单位等。随着我国社会主义市场经济体制的确立，该条例已滞后于时代的变革，要求制定律师法的呼声日益高涨，在理论界与实务界的共同努力和大胆探索下，1996 年 5 月第八届全国人大常委会第十九次会议通过了《中华人民共和国律师法》（以下简称《律师法》）。该法较为系统完善，其后进行过几次修订，经过 2012 年 10 月 26 第十一届全国人大常委会第二十九次会议于的修订，确立了 7 章 60 条的体例。第一章为总则，第二章是律师执业许可，第三章是律师事务所，第四章规定了律师的业务和权利、义务，第五章为律师协会，第六章是法律责任，第七章为附则。

《律师法》是迎合时代的产物，科学界定了律师的性质，将律师的执业机构划分为国资律师事务所、合伙律师事务所和个人律师事务所。从此，律师的执业权利进一步扩大。同时，律师的依法执业受到法律的保护，大大改善了律师的执业环境。该法的出台和修改表明具有中国特色的社会主义律师制度基本形成。[1]

第二节　我国律师的管理制度

根据我国《律师法》第 4 条的规定，司法行政部门依照本法对律师、律师事务所和律师协会进行监督、指导。另外，依照 2008 年 5 月 28 日司法部审议通过的《律师执业管理办法》第 5 条的规定，司法行政机关依照《律师法》和本办法的规定对律师执业进行监督指导；律师协会依照《律师法》、协会章程和行业规范对律师执业实行行业自律。确立了司法行政机关监督指导和律师协会行业管理相结合的管理模式。

律师协会是律师的自治性组织，属于社会团体法人。在全国设立中华全国律师协会，省、自治区、直辖市设地方律师协会，设区的市根据需要可以设立地方律师协会。律师协会章程由会员大会制定，并报同级司法行政部门备案。律师、律师事务所应当加入所在地的地方律师协会。律师协会会员享有律师协会章程规

----

〔1〕　徐家力、王文书：《律师实务》，法律出版社 2009 年版，第 6 页。

定的权利，履行章程规定的义务。律师协会在行业自律中，应当依法履行的职责有：保障律师依法执业，维护律师的合法权益；总结、交流律师工作经验；制定行业规范和惩戒规则；组织律师业务培训和职业道德、执业纪律教育，对律师的执业活动进行考核；组织管理申请律师执业人员的实习活动，对实习人员进行考核；对律师和律师事务所实施奖励和惩戒；受理对律师的投诉或者举报，调解律师执业活动中发生的纠纷，受理律师的申诉；法律、行政法规、规章以及律师协会章程规定的其他职责。律师协会制定的行业规范和惩戒规则不得与有关法律、行政法规、规章相抵触。

一、律师的执业条件

律师作为特殊的服务行业，是一种依法取得行业准入的职业，必须符合法律规定的执业条件。律师的执业条件包括律师的资格取得与执业申请，前者是公民从事法律职业所必备的基本条件；后者是在前者的基础上，依法定手续申请办理执业证书，正式从事律师事务。

（一）律师资格的取得

律师资格的取得，《律师法》规定了考试和考核两种途径。

一是考试取得律师资格。具有高等院校法学专科以上学历（专科学历报考限国家政策照顾的放宽条件地区）、高等院校其他专业本科以上学历具有法律专业知识的人员，经国家统一司法考试合格，通过向当地司法行政部门申请，由国务院司法行政部门授予法律职业资格证书（正本和副本）。

二是考核取得律师资格。即具有高等院校本科以上学历，在法律服务人员紧缺领域从事专业工作满15年，具有高级职称或者同等专业水平并具有相应的专业法律知识的人员，申请专职律师执业的，经国务院司法行政部门考核合格，准予执业。具体办法由国务院规定。

（二）律师执业申请

1. 申请领取执业证的条件及例外。根据我国《律师法》第5条的规定，申请律师执业，应当具备下列条件：拥护中华人民共和国宪法；通过国家统一司法考试；在律师事务所实习满1年；品行良好。实行国家统一司法考试前取得的律师资格证书，在申请律师执业时，与国家统一司法考试合格证书具有同等效力。

并非具备以上条件便当然符合申请领取律师执业证的条件，律师执业证书的取得是对从业者综合素质和能力的认可，《律师法》规定了不予颁发律师执业证书的情形，其中包括以下三种情形：①无民事行为能力或者限制民事行为能力的；②受过刑事处罚的，但过失犯罪的除外；③被开除公职或者被吊销律师执业证书的。

没有取得律师执业证书的人员，不得以律师名义从事法律服务业务。即使依法取得律师执业证书，律师担任各级人民代表大会常务委员会组成人员的，任职期间不得从事诉讼代理或者辩护业务。这既是出于有效保障律师正常执业的考虑，也是为了规范律师行业，从而更好地为社会提供法律服务的要求。

2. 申请领取执业证的程序。申请律师执业证书，应当由本人或通过律师事务所向设区的市级或者直辖市的区（县）司法行政机关提交下列材料：执业申请书；法律职业资格证书或律师资格证书；律师协会出具的申请人实习考核合格的材料；申请人的身份证明；律师事务所出具的同意接收申请人的证明。申请执业许可时，申请人应当如实填写《律师执业申请登记表》。申请兼职律师执业除提交以上材料外，还应当提交在高等院校、科研机构从事法学教育、研究工作的经历及证明材料和所在单位同意申请人兼职律师执业的证明。公务员不得兼任执业律师。

设区的市级或者直辖市的区（县）司法行政机关接到申请人提出的申请后，根据提交材料是否齐全及符合法定形式作出是否受理的决定。受理申请的司法行政机关应当自决定受理之日起 20 日内完成对申请材料的审查，对申请人是否符合法定条件、提交的材料是否真实齐全出具审查意见，并将审查意见和全部申请材料报送省、自治区、直辖市司法行政部门。

省、自治区、直辖市司法行政机关应当自收到受理申请机关报送的审查意见和全部申请材料之日起 10 日内予以审核，作出是否准予执业的决定。准予执业的，应当自决定之日起 10 日内向申请人颁发律师执业证书；不准予执业的，应当向申请人书面说明理由。

二、律师的权利和义务

（一）律师的权利

律师的权利，是指律师在执行职务时依法享有或当事人授予的能够为或不为一定行为的权能。律师权利包括法定权利和约定权利。由于律师的约定权利不是固定的，不同的委托合同约定的权利内容可能不同，一般是关于要求当事人提供必要的经费、工作条件、证据材料等内容，因此，我们重点阐述律师的法定权利。

律师的法定权利主要由《律师法》、《民事诉讼法》、《刑事诉讼法》和《行政诉讼法》来规定。我国律师享有的法定权利主要有以下几项：

1. 查阅案卷材料的权利。《律师法》第 34 条规定，律师担任辩护人的，自人民检察院对案件审查起诉之日起，有权查阅、摘抄、复制本案的案卷材料。

2. 调查取证权。《律师法》第 35 条规定，受委托的律师根据案情的需要，可以申请人民检察院、人民法院收集、调取证据或者申请人民法院通知证人出庭作证。律师自行调查取证的，凭律师执业证书和律师事务所证明，可以向有关单位或者个人调查与承办法律事务有关的情况。

3. 同犯罪嫌疑人、被告人会见和通信权。《律师法》第33条规定，律师担任辩护人的，有权持律师执业证书、律师事务所证明和委托书或者法律援助公函，依照刑事诉讼法的规定会见在押或者被监视居住的犯罪嫌疑人、被告人。辩护律师会见犯罪嫌疑人、被告人时不被监听。

4. 为犯罪嫌疑人、被告人申请取保候审或解除强制措施的权利。《刑事诉讼法》第95条规定，犯罪嫌疑人、被告人及其法定代理人、近亲属或者辩护人有权申请变更强制措施。人民法院、人民检察院和公安机关收到申请后，应当在3日以内作出决定；不同意变更强制措施的，应当告知申请人，并说明不同意的理由。第97条规定，犯罪嫌疑人、被告人及其法定代理人、近亲属或者辩护人对于人民法院、人民检察院或者公安机关采取强制措施法定期限届满的，有权要求解除强制措施。

5. 拒绝辩护或代理权。《律师法》第32条第2款规定，律师接受委托后，无正当理由的，不得拒绝辩护或者代理。但是，委托事项违法、委托人利用律师提供的服务从事违法活动或者委托人故意隐瞒与案件有关的重要事实的，律师有权拒绝辩护或者代理。

6. 有得到人民法院开庭通知的权利。《刑事诉讼法》第182条第3款规定，人民法院确定开庭日期后，应当将开庭的时间、地点通知人民检察院，传唤当事人，通知辩护人、诉讼代理人、证人、鉴定人和翻译人员，传票和通知书至迟在开庭3日以前送达。

7. 出席法庭参与诉讼的权利。法庭审理是诉讼的核心阶段，律师的该项权利与审理的结果关系重大，在《民事诉讼法》、《刑事诉讼法》和《行政诉讼法》中都有所体现。《律师法》第36条规定，律师担任诉讼代理人或者辩护人的，其辩论或者辩护的权利依法受到保障。

8. 代行上诉的权利。《刑事诉讼法》第216条第1款规定，被告人的辩护人和近亲属，经被告人同意，可以提出上诉。《民事诉讼法》第59条第2款规定，诉讼代理人提起上诉，必须有委托人的特别授权。

9. 获取本案诉讼文书副本的权利。律师承办案件，有权获得人民法院的裁定书、判决书和调解书副本；有权获取人民检察院的起诉书副本。

10. 依法执业受法律保护的权利。《律师法》第37条第1款和第2款规定，律师在执业活动中的人身权利不受侵犯。律师在法庭上发表的代理、辩护意见不受法律追究。但是，发表危害国家安全、恶意诽谤他人、严重扰乱法庭秩序的言论除外。

在实务中，司法机关忽视、剥夺律师权利或不提供权利行使的保障的现象在一定范围内依然存在，有关部门应给予相当的重视。

（二）律师的义务

律师在执行业务中，享有权利的同时，也要承担相应的义务。律师的义务，是指律师依法应为一定行为或不为一定行为的范围和限度。根据《律师法》、《刑事诉讼法》、《民事诉讼法》等法律的规定，律师在执业中应履行如下的义务：

1. 保密义务。《律师法》第 38 条规定，律师应当保守在执业活动中知悉的国家秘密、商业秘密，不得泄露当事人的隐私。律师对执业活动中知悉的委托人和其他人不愿泄露的有关情况和信息，应当予以保密。

2. 不得在同一案件中担任双方的代理人。《律师法》第 39 条规定，律师不得在同一案件中为双方当事人担任代理人，不得代理与本人或者其近亲属有利益冲突的法律事务。

3. 不得私自接受委托。《律师法》第 40 条第 1 项规定，律师不得私自接受委托、收取费用，接受委托人的财物或者其他利益。

4. 不得利用执业便利牟取当事人的利益。《律师法》第 40 条第 2 项和第 3 项规定，律师不得利用提供法律服务的便利牟取当事人争议的权益；不得接受对方当事人的财物或者其他利益，与对方当事人或者第三人恶意串通，侵害委托人的权益。

5. 不得违反规定会见法官、检察官、仲裁员以及其他有关工作人员。《律师法》第 40 条第 4 项规定，律师不得违反规定会见法官、检察官、仲裁员以及其他有关工作人员。

6. 不得以不正当方式影响法官、检察官、仲裁员以及其他有关工作人员依法办理案件。《律师法》第 40 条第 5 项规定，律师不得向法官、检察官、仲裁员以及其他有关工作人员行贿，介绍贿赂或者指使、诱导当事人行贿，或者以其他不正当方式影响法官、检察官、仲裁员以及其他有关工作人员依法办理案件。

7. 不得妨害作证。《律师法》第 40 条第 6 项规定，律师不得故意提供虚假证据或者威胁、利诱他人提供虚假证据，妨碍对方当事人合法取得证据。

8. 遵守诉讼秩序、公共秩序的义务。《律师法》第 40 条第 7 项和第 8 项规定，律师不得煽动、教唆当事人采取扰乱公共秩序、危害公共安全等非法手段解决争议；不得扰乱法庭、仲裁庭秩序，干扰诉讼、仲裁活动的正常进行。

9. 法律援助义务。《律师法》第 42 条规定，律师、律师事务所应当按照国家规定履行法律援助义务，为受援人提供符合标准的法律服务，维护受援人的合法权益。依据《刑事诉讼法》的相关规定，特定情形下法院得为被告人指定辩护律师，律师有接受指定担任辩护人的义务。

10. 执业限制义务。《律师法》第 41 条规定，曾经担任法官、检察官的律师，从人民法院、人民检察院离任后 2 年内，不得担任诉讼代理人或者辩护人。

11. 不得以不正当手段承揽业务。《律师法》第 26 条规定，律师事务所和律师不得以诋毁其他律师事务所、律师或者支付介绍费等不正当手段承揽业务。

其中前 4 项义务，是律师对于当事人应承担的义务，律师必须处理好与当事人之间的关系，在忠于事实与法律的基础上，也要忠于当事人。因为律师与当事人之间不是纯粹的委托合同关系，更大的程度上是当事人对律师的信任。第 5 ~ 10 项义务，是律师对于国家及司法机关所负的义务，司法公正是司法的生命与灵魂，律师的行为不得违反法律的规定，以不正当的方式影响有关工作人员，否则将受到相应的制裁。最后一项义务，是律师同行之间的义务，同行之间一般有共同的职业理想和追求，但又是竞争对手。同行之间应当相互尊重、公平竞争，在法律和行业规范内执行业务，共同提高业务水平，维系职业共同体的生存和发展。

三、律师职业道德与执业纪律

（一）律师职业道德

律师职业道德，是指从事律师职业的人所应信奉的道德准则，以及在执行律师职务的过程中所应遵守的道德规范。[1] 根据我国《律师法》及《律师职业道德和执业纪律规范》的规定，我国律师职业道德的基本准则是：

1. 律师应当忠于宪法和法律，坚持以事实为根据，以法律为准绳，严格依法执业；

2. 律师应当忠于职守，坚持原则，维护国家法律与社会正义；

3. 律师应当诚实守信，勤勉尽责，尽职尽责地维护委托人的合法利益；

4. 律师应当敬业勤业，努力钻研业务，掌握执业所应具备的法律知识和服务技能，不断提高执业水平；

5. 律师应当珍视和维护律师职业声誉，模范遵守社会公德，注重陶冶品行和职业道德修养；

6. 律师应当严守国家机密，保守委托人的商业秘密及委托人的隐私；

7. 律师应当尊重同行，同业互助，公平竞争，共同提高执业水平；

8. 律师应当自觉履行法律援助义务，为受援人提供法律帮助；

9. 律师应当遵守律师协会章程，切实履行会员义务；

10. 律师应当积极参加社会公益活动。

（二）律师执业纪律

律师执业纪律，是指从事律师职业的人在执业活动中必须遵守的行为准

---

〔1〕 谭世贵主编：《律师法学》，法律出版社 1999 年版，第 117 页。

则。[1] 律师职业道德较为抽象，难以操作。执业纪律是职业道德的具体化，违反职业纪律将受到相应的制裁。根据《律师职业道德和执业纪律规范》的规定，我国律师执业纪律的基本内容主要有以下四个方面：

1. 律师在执业机构中应遵守的纪律。

（1）律师的执业活动必须接受律师事务所的监督和管理。

（2）律师不得同时在两个或两个以上律师事务所执业，同时在一个律师事务所和一个法律服务所执业的视同在两个律师事务所执业。

（3）律师不得以个人名义私自接受委托，不得私自收取费用。

（4）律师不得违反律师事务所收费制度和财务纪律，挪用、私分、侵占业务收费。

（5）律师因执业过错给律师事务所造成损失的，应当承担相应责任。

2. 律师在诉讼、仲裁活动中应遵守的纪律。

（1）律师应当遵守法庭和仲裁庭纪律，尊重法官、仲裁员，按时提交法律文件、按时出庭。

（2）律师出庭时应按规定着装，举止文明礼貌，不得使用侮辱、谩骂或诽谤性语言。

（3）律师不得以影响案件的审理和裁决为目的，与本案审判人员、检察人员、仲裁员在非办公场所接触，不得向上述人员馈赠钱物，也不得以许诺、回报或提供其他便利等方式与承办案件的执法人员进行交易。

（4）律师不得向委托人宣传自己与有管辖权的执法人员及有关人员有亲朋关系，不能利用这种关系招揽业务。

（5）律师应依法取证，不得伪造证据，不得怂恿委托人伪造证据、提供虚假证词，不得暗示、诱导、威胁他人提供虚假证据。

（6）律师不得与犯罪嫌疑人、被告人的亲属或者其他人会见在押犯罪嫌疑人、被告人，或者借职务之便违反规定为被告人传递信件、钱物或与案情有关的信息。

3. 律师与委托人、对方当事人的关系方面应遵守的纪律。

（1）律师应当充分运用自己的专业知识和技能，尽心尽职地根据法律的规定完成委托事项，最大限度地维护委托人的合法权益。

（2）律师不应接受自己不能办理的法律事务。

（3）律师应当遵循诚实守信的原则，客观地告知委托人所委托事项可能出现的法律风险，不得故意对可能出现的风险做不恰当的表述或做虚假承诺。

---

[1] 田平安主编：《律师、公证与仲裁教程》，法律出版社 2002 年版，第 110 页。

（4）为维护委托人的合法权益，律师有权根据法律的要求和道德的标准，选择完成或实现委托目的的方法，对委托人拟委托的事项或者要求属于法律或律师执业规范所禁止的，律师应告知委托人，并提出修改建议或予以拒绝。

（5）律师不得在同一案件中为双方当事人担任代理人。同一律师事务所不得代理诉讼案件的双方当事人，偏远地区只有一个律师事务所的除外。

（6）律师应当合理开支办案费用，注意节约。

（7）律师应当严格按照法律规定的期限、时效以及与委托人约定的时间，及时办理委托的事务。

（8）律师应及时告知委托人有关代理工作的情况，对委托人了解委托事项情况的正当要求，应当尽快给予答复。

（9）律师应当在委托授权范围内从事代理活动，如需特别授权，应当事先取得委托人的书面确认，律师不得超越委托人委托的代理权限，不得利用委托关系从事与委托代理的法律事务无关的活动。

（10）律师接受委托后无正当理由不得拒绝为委托人代理；

（11）律师接受委托后未经委托人同意，不得擅自转委托他人代理。

（12）律师应当谨慎保管委托人提供的证据和其他法律文件，保证其不丢失或毁损。

（13）律师不得挪用或者侵占代委托人保管的财物。

（14）律师不得从对方当事人处接受利益或向其要求或约定利益。

（15）律师不得与对方当事人或第三人恶意串通，侵害委托人的权益。

（16）律师不得非法阻止和干预对方当事人及其代理人进行的活动。

（17）律师对与委托事项有关的保密信息，委托代理关系结束后仍有保密义务。

（18）律师应当恪守独立履行职责的原则，不应迎合委托人或满足委托人的不当要求，丧失客观、公正的立场，不得协助委托人实施非法的或具有欺诈性的行为。

4. 律师与同行之间的关系方面应遵守纪律。

（1）律师应当遵守行业竞争规范，公平竞争，自觉维护执业秩序，维护律师行业的荣誉和社会形象。

（2）律师应当尊重同行，相互学习，相互帮助，共同提高执业水平，不应诋毁、损害其他律师的威信和声誉。

（3）律师不得以不正当方式进行竞争。

第三节 我国律师事务所的管理制度

一、我国律师事务所概述

（一）律师事务所的概念

律师事务所是律师的执业机构。律师必须首先成为在律师事务所的成员，才能接受当事人委托，并以律师身份开展律师业务活动。

早期我国律师执业场所是法律顾问处，不但与国际通行的称谓不同，而且对法律顾问处的性质定位也与其他国家的规定不同。随着经济的逐步发展，问题不断显现出来。因此，1984 年 8 月，全国司法行政工作会议确定法律顾问处改称律师事务所。[1]

（二）律师事务所的种类

律师事务所按照不同的标准有不同的分类。我国现行法是按照组织形式、出资方式、责任承担主体，把律师事务所分为以下三类：①合伙律师事务所，是合伙人根据合伙协议出资，以合伙形式进行经营，全体合伙人对合伙债务承担无限责任和连带责任的律师事务所。②个人律师事务所，是由一名律师单独出资开办的律师事务所，由个人对外承担无限连带责任。③国资律师事务所，是由国家出资设立的律师事务所，以该所的全部资产对其债务承担有限责任。

其中合伙律师事务所，又分为普通合伙律师事务所和特殊的普通合伙律师事务所。在普通合伙律师事务所中，合伙人对律师事务所的债务承担无限连带责任。在特殊的普通合伙律师事务所中，一个合伙人或者多个合伙人在执业活动中因故意或重大过失造成律师事务所债务的，应承担无限责任或无限连带责任，而其他合伙人以其在律师事务所的财产份额为限承担责任；合伙人在执业活动非因故意或重大过失造成律师事务所债务的，由全体合伙人承担无限连带责任。

（三）律师事务所的权利和义务

根据《律师法》的规定，律师事务所享有的权利有：统一接受委托，并与委托人签订书面合同的权利；按照国家规定统一向当事人收取费用的权利。

在享有权利的同时，律师事务所也应当履行以下义务：依法纳税的义务；不得以诋毁其他律师事务所或者支付介绍费等不正当手段承揽业务；对律师因违法执业或过错给当事人造成的损失承担赔偿责任。

二、律师事务所的内部管理

我国《律师法》对律师的内部管理制度作出了概括性的规定，律师事务所

---

〔1〕 谭世贵主编：《律师法学》，法律出版社 1999 年版，第 67 页。

应健全执业管理、利益冲突审查、收费与财务管理、投诉查处、年度考核、档案管理等制度。2008 年 5 月 28 日司法部审议通过了《律师事务所管理办法》，对律师事务所内部管理制度进一步细化，规范了律师事务所的内部活动，有利于司法行政部门对律所的监督与考核。

（一）收案制度

收案制度，是指律师事务所有关接受当事人的委托，同意办理某项法律事务的一系列规定。[1] 它是律师事务所开展工作的第一步，律师事务所应安排专人接待当事人，问清事实和证据后，报告给主任，最终确定是否接受委托。律师不得以自己的名义单独接案。案件必须由律师事务所统一接受委托，与委托人签订书面的委托合同，再分配给专业律师承办案件。若当事人指明委托某个律师的，律师事务所应尽量满足当事人的要求。在收案过程中，对诉讼案件与非诉案件有不同的注意事项。

对于诉讼案件，律师应当注意：案件是否属于人民法院管辖范围并符合受理条件；委托人是否具有委托权限；是否属于律师代理或辩护的案件范围；有无足够的出庭准备时间。

对于非讼案件，律师应当注意：委托事项是否在法律、法规规定的范围内；法律是否允许律师代理该项事务。

（二）案件集体研究和请示汇报制度

案件的集体研究和请示报告制度，是针对律师在承办案件过程中遇到的重大疑难案件，由承办人向律师事务所主任或副主任汇报，由律所组织进行讨论，防止错案发生的制度。在集体研究时，一般首先由承办律师客观、全面汇报案情，提出需要讨论的关键问题；其他参与讨论者发表对案件的看法和观点，供承办律师参考和采纳。该制度既有利于提高律师的办案质量，也有利于加强律师事务所对律师执业活动的指导和监督。

（三）收费管理和财务管理制度

律师事务所的收费和财务管理制度，关系到律师事务所的生存和长远发展。律师不得违规收费，应由律师事务所统一收费和报账，具体收费数额应符合国家相关规定。在财务管理制度上，律师事务所应当建立和实行合理的分配制度及激励机制。

（四）投诉查处制度

投诉查处制度，是为了及时查处、纠正本所律师在执业活动中的违法违规行为，调处在执业中与委托人之间的纠纷，而在律师事务内部建立的一项管理制

---

[1]　程荣斌主编：《中国律师制度原理》，中国人民大学出版社 1998 年版，第 105 页。

度。律师事务所认为对被投诉的律师需要给予行政处罚或行业惩戒的，应当及时向所在地的县级司法行政机关或者律师协会报告。

（五）年度考核制度

年度考核制度，是律师事务所按照规定对本所律师的执业情况进行年终考核，并按照考核结果评定等次、实施奖惩的制度。考核的内容包括执业表现、职业道德和执业纪律。对于年度考核不合格的，律师事务所可以与其解除聘用关系或者经合伙人会议通过将其除名。考核结果由律师事务所在每年的第一季度逐级上报设区的市级司法行政机关，直辖市的考核结果直接上报到所在地的区（县）司法行政机关，接受司法行政机关的年度检查考核。建立年度考核制度是激励律师依法提供高质量法律服务的有效措施。

（六）档案管理制度

律师业务档案，是律师进行业务活动的真实记录，反映律师维护国家法律正确实施，维护当事人合法权益的情况，体现律师的基本职能和社会作用。律师业务档案分为诉讼、非诉讼和涉外三类，应分别立卷归档。诉讼类包括刑事（含刑事辩护和刑事代理）、民事代理、经济诉讼代理、行政诉讼代理四种；非诉讼类包括法律顾问、仲裁代理、咨询代书、其他非诉讼业务四种；涉外类根据具体情况按前二类确定。律师业务文书材料应在结案或事务办结后3个月内整理立卷，立卷按照年度和一案一卷、一卷一号的原则进行。

三、律师事务所的设立、变更和终止

（一）设立的条件和程序

在我国律师事务所的设立条件，包括设立律师事务所的基本条件、设立普通合伙律师事务所的条件、设立特殊的普通合伙律师事务所的条件、设立个人律师事务所的条件、设立国资律师事务所的条件。

根据《律师事务所管理办法》第6条的规定，设立律师事务所应当具备以下四个基本条件：

1. 有自己的名称、住所和章程。

2. 有符合《律师法》和本办法规定的律师。

3. 设立人应当是具有一定的执业经历并能够专职执业的律师，且在申请设立前3年内未受过停止执业处罚。

4. 有符合本办法规定数额的资产。

设立普通合伙律师事务所，除应当符合以上基本条件外，还应当具备下列条件：

1. 有书面合伙协议。

2. 有3名以上合伙人作为设立人。

3. 设立人应当是具有 3 年以上执业经历并能够专职执业的律师。

4. 有人民币 30 万元以上的资产。

设立特殊的普通合伙律师事务所与设立普通合伙律师事务所的条件有两个不同之处：一是设立人数要求不同。前者要求的设立人数是 20 名以上的合伙人。二是资产的要求不同。前者要求的资产数额为人民币 1000 万元以上。

由上述可知，设立合伙律师事务所，书面合伙协议是必备条件。原因在于能够方便确定合伙人内部的权利义务关系。《律师事务所管理办法》第 15 条对合伙协议的内容作出了明确规定，合伙协议应载明以下内容：

（1）合伙人，包括姓名、居住地、身份证号、律师执业经历等。

（2）合伙人的出资额及出资方式。

（3）合伙人的权利、义务。

（4）合伙律师事务所负责人的职责及产生、变更程序。

（5）合伙人会议的职责、议事规则等。

（6）合伙人收益分配及债务承担方式。

（7）合伙人入伙、退伙及除名的条件和程序。

（8）合伙人之间争议的解决方法和程序，违反合伙协议承担的责任。

（9）合伙协议的解释、修改程序。

（10）其他需要载明的事项。

合伙协议的内容不得与有关法律、法规、规章相抵触。合伙协议由全体合伙人协商一致并签名，自省、自治区、直辖市司法行政机关作出准予设立律师事务所决定之日起生效。

设立个人律师事务所，除应当符合《律师事务所管理办法》第 6 条第 3 项和第 4 项规定的条件外，还应当具备以下两个条件：

（1）设立人应当是具有 5 年以上执业经历并能够专职执业的律师。

（2）有人民币 10 万元以上的资产。

国资律师事务所的设立，除符合《律师法》规定的一般条件外，应当至少有 2 名符合《律师法》规定并能够专职执业的律师。

律师事务所的设立许可，由申请人提出申请，提交如下材料：设立申请书；律师事务所的名称、章程；设立人的名单、简历、身份证明、律师执业证书、律师事务所负责人人选、住所证明、资产证明。设立合伙律师事务所，还应提交合伙协议。设立国资律师事务所，应当提交所在地县级人民政府有关部门出具的核拨编制、提供经费保障的批件。以上材料由所在地的设区的市级或者直辖市的区（县）司法行政机关受理之日起 20 日内进行初审，并报上级司法行政部门审核，省、自治区、直辖市司法行政部门收到材料之日起 10 日内进行审核。准予设立的，自决定之日起 10 日内向申请人颁发律师事务所执业许可证；不准予设立的，应当向申请人书面说明理由。

律师事务所可以设立分所，条件是成立 3 年以上并具有 20 名以上执业律师的合伙律师事务所。设立分所，须经拟设立分所所在地的省、自治区、直辖市司法行政机关审核。申请设立分所的，依照设立律师事务所的程序办理。

（二）变更的程序

律师事务所的变更，是律师事务所在业务活动过程中，改变其法定重大事项并报原审核部门批准的活动。律师事务所变更名称、负责人、章程、合伙协议的，应当经所在地设区的市级或者直辖市的区（县）司法行政机关审查后报原审核机关批准。律师事务所变更住所、合伙人的，应当自变更之日起 15 日内经所在地设区的市级或者直辖市的区（县）司法行政机关报原审核机关备案。

（三）终止的程序

律师事务所有下列情形之一的，应当终止：

1. 不能保持法定设立条件，经限期整改仍不符合条件的。

2. 执业许可证被依法吊销的。

3. 自行决定解散的。

4. 法律、行政法规规定应当终止的其他情形。

除此之外，律师事务所在取得设立许可后，6 个月内未开业或者无正当理由停止业务活动满 1 年的，视为自动停办，应当终止。

律师事务所自终止事由发生后，不得受理新的业务，应当向社会公告，并依照有关规定进行清算。在清算结束后 15 日内向所在地设区的市级或直辖市的区（县）司法行政机关提交注销申请书、清算报告、本所执行许可证以及其他有关材料，由其出具审查意见后连同全部注销申请材料报原审核机关审核，办理注销手续。律师事务所被批准注销的，应当按照有关规定移管、处置本所的业务档案、财务账簿和本所印章。

【思考题】

1. 根据我国《律师法》的规定，下列哪一选项是正确的？（　　　）

A. 律师事务所变更名称、负责人、章程、合伙协议的，应当报原审核部门备案

B. 律师服务机构一般采用公司形式，但在经济社会发展欠发达地区仍可保留少数合作制律师事务所

C. 个人律师事务所实行无限责任，因此在成立条件上比合伙律师事务所要宽松

D. 律师事务所采用特殊的普通合伙形式的，当个别合伙人因故意或重大过失造成对外债务时，其他合伙人不承担对外责任

2. 下列哪一种情况不违反《律师法》的规定？（ ）

A. 甲律师原在深圳某律师事务所执业，迁居后转入北京某律师事务所，同时仍在深圳某律师事务所执业

B. 大学教授乙在学校不知道的情况下，申请兼职律师执业并要求受理机关保密

C. 丙律师在担任县人大常委会委员期间，代理了一起为农民工追讨工资的诉讼

D. 赵先生法律本科毕业后，尚未取得律师执业证书，在一家律师事务所参与非诉讼法律事务

3. 王律师为扩大业务范围采用的下列哪一做法是错误的？（ ）

A. 在晚报上发布介绍自己专业范围、所在律师事务所和联系方法的广告

B. 加入当地的企业家协会并免费提供法律咨询服务

C. 向所有的同学发函，承诺给介绍案源者10%的回报

D. 参加房地产专题研讨会，在会上发表"按揭"法律问题研究报告，并向与会者派发名片

4. 律师接受律师事务所安排办理的业务后，律师事务所可以因某些情况的出现终止其代理工作。但发生下列哪一种情况时，不得终止承办律师的代理工作？（ ）

A. 发现了不可克服的利益冲突

B. 承办律师另有一重大案件需要办理

C. 承办律师突发急病无法继续工作

D. 承办律师被管理机关中止执业资格

5. 根据律师法、刑事诉讼法、民事诉讼法和行政诉讼法的规定，我国律师在执业过程中享有多个方面的权利。下列哪种权利在这些法律中没有明确规定？（ ）

A. 同犯罪嫌疑人、被告人通信的权利

B. 提出新证据的权利

C. 执业活动中人身权利不受侵犯的权利

D. 要求法官签发调查令的权利

6. 下列关于律师执业行为规范的表述哪一项是正确的？（ ）

A. 律师可以根据案件的进展情况，适时就某一案件的判决结果向委托人作出承诺

B. 律师依法辩护、代理案件提出的预先分析意见没有实现，可以认定律师的意见是虚假承诺

C. 律师接受委托时必须与委托人明确规定包括程序法和实体法两方面的委托权限。委托权限不明确的，视为全权委托

D. 律师可以公开委托人授权同意披露的信息

7. 案例评析：

甲有限责任公司与乙合伙律师事务所的合伙律师王某签订法律顾问协议，双方约定：甲公司向王某支付顾问费 3 万元人民币；王某负责审查公司的合同，出具法律意见书；若因王某的过错造成甲公司损失，王某应承担赔偿责任；顾问费在 10 日内付清后合同即生效。一个月后，甲公司欲与丙公司合作开发项目，王某未经调查便出具丙公司资信度高的法律意见书。甲公司遂与对方签订合同，甲公司依约付款后，丙公司人逃财空，甲公司遭受重大经济损失。

问：（1）王某的行为是否违反了法律规定？应否承担赔偿责任？

（2）若王某应承担责任，甲公司应如何追究王某的责任？

（3）律师承担民事责任的条件、范围及当事人的救济程序如何？

第二章

民事诉讼的律师代理

【内容提要】民事诉讼律师代理是民事诉讼代理制度中的一项重要内容，它由代理权限，诉讼代理的效力，诉讼代理人的权利、义务及法律地位，诉讼代理的方法和程序，诉讼代理法律关系的发生、变更和消灭等诸多内容构成。律师代理民事诉讼，对于保障公民、法人民事权利的实现和民事法律的正确实施，具有极其重要的作用。

【重点与难点】民事诉讼中代理律师的主要任务

第一节　律师民事诉讼代理概述

一、律师民事诉讼代理的基本范畴

律师民事诉讼代理是指律师在民事诉讼中接受当事人或法定代理人的委托，受律师事务所的指派，在代理权限内代理当事人等进行一定的民事诉讼行为。

在我国，律师民事诉讼代理是由有关法律明文规定的。《民法通则》第63条第1款和第2款规定：公民、法人可以通过代理人实施民事法律行为。代理人在代理权限内，以被代理人的名义实施民事法律行为。被代理人对代理人的代理行为承担民事责任。《民事诉讼法》第58条规定：当事人、法定代理人可以委托1~2人作为诉讼代理人。下列人员可以被委托为诉讼代理人：①律师、基层法律服务工作者；②当事人的近亲属或者工作人员；③当事人所在社区、单位以及有关社会团体推荐的公民。《律师法》第28条第2款规定：律师可以接受民事案件、行政案件当事人的委托，担任代理人，参加诉讼。

根据我国《民事诉讼法》的规定，诉讼代理人分为法定诉讼代理人和委托诉讼代理人。这是以诉讼代理权发生的根据为标准划分的。法定诉讼代理权基于法律规定的亲权和监护权而产生，委托诉讼代理权基于委托人的授权而产生。律师代理民事诉讼是基于委托人的授权，律师民事诉讼代理作为民事诉讼代理制度的重要组成部分，是由代理权限与效力、诉讼代理人的权利和义务及法律地位、诉讼代理的方法和程序、诉讼代理法律关系的发生、变更和消灭等诸多内容构

成的。

（一）民事诉讼中的律师代理与民事诉讼中的法定代理的区别

1. 诉讼代理权产生的根据不同。法定代理基于法律规定的亲权和监护权而产生；律师代理基于委托人的授权而产生。

2. 代理对象的范围不同。法定代理是指代理无诉讼行为能力的当事人进行诉讼，直接行使诉讼代理权；律师代理是指代理有诉讼行为能力人（当事人、法定诉讼代理人、法定代表人）进行诉讼。

3. 代理权限不同。法定代理是全权代理，其代理权限不受限制，可以行使被代理人享有的全部权利；律师代理必须在被代理人的授权范围内进行活动。

4. 代理权取得的方式不同。法定代理要取得代理权，必须向法院提交有关监护关系的身份证明书；律师代理要取得代理权，必须向法院提交由委托人签名或盖章的授权委托书。

5. 诉讼地位不完全相同。法定诉讼代理人在诉讼中居于与当事人相同的诉讼地位；律师作为诉讼代理人在诉讼中是具有相对独立诉讼地位的诉讼参加人。

6. 代理权消灭的原因不完全相同。法定诉讼代理权随着监护权的消灭而消灭；律师诉讼代理权随着委托授权的解除而消灭。

（二）代理律师在民事诉讼中的代理权限

当事人委托律师代理民事诉讼时，除与律师事务所签订委托代理合同外，还必须为代理律师出具授权委托书，代理权才能成立。律师代理权限可分为一般代理和特别代理。一般代理的权限包括：调查收集证据，查阅案卷材料，参与庭审活动，帮助当事人行使申请回避的权利以及询问证人、鉴定人的权利，参加法庭辩论的权利等。由于在一般代理中，代理律师无权处理委托人实体上的民事权益，不能就解决实体性的问题具体表态，所以，代理律师与被代理人必须一起参加诉讼活动。

特别代理也称特别授权代理，是指当事人不仅将一般的诉讼权利而且还将重要的诉讼权利和实体问题的处分权利一并授权律师行使。根据我国《民事诉讼法》第59条第2款的规定，当事人特别授权的事项包括："代为承认、放弃、变更诉讼请求，进行和解，提起上诉或者反诉，必须有委托人的特别授权。"应注意的是，在实际诉讼活动中，有的委托人在授权委托书中将授权范围表述为"全权代理"，根据最高人民法院对《民事诉讼法》所作的解释，只写"全权代理"而无具体授权的，视为"一般代理"，诉讼代理人无权代为处分当事人的实体权利。

（三）代理律师的诉讼地位

律师作为民事诉讼中的诉讼代理人，其诉讼地位是由其代理权限和律师本身特性决定的。

1. 代理律师在民事诉讼中不是诉讼主体。民事诉讼中的诉讼主体是指以自己的名义参加诉讼，享有使诉讼程序发生、变更、消灭的诉讼权利，并且与诉讼结果具有直接利害关系的人。根据《民事诉讼法》的规定，律师必须在代理权限范围内进行活动，代为和解、变更、承认、放弃诉讼请求应有当事人的特别授权，并且不得与当事人的意愿相违背。

2. 代理律师在民事诉讼活动中具有相对的独立性。尽管代理律师在民事诉讼活动中，既要受到代理权限范围的严格限制，又要受到被代理人意志的约束，但律师毕竟不是被代理人的"传声筒"，不应对被代理人百依百顺，律师并非没有相对独立的个人意志、不能发表个人见解。律师是专门为社会提供法律服务的人员，必须坚持以事实为依据、以法律为准绳的社会主义法治原则，在代理活动中，有权查阅案卷材料，调查收集证据，参加法庭调查和辩论。律师在行使这些权利时，可以发挥主观能动性，为被代理人提供法律帮助，维护他们的合法权益。

二、律师代理民事诉讼的作用

社会主义市场经济本质上是竞争经济，大量存在的社会冲突或纠纷不可避免，作为最终的纠纷解决方式，民事诉讼直接关系着当事人权益的实现；而体系庞杂的民事实体法及程序法又确难以为一般当事人所把握，律师在专业上可以为当事人提供帮助；同时，作为精通法律的实务专家，律师同样掌握运用法律分析案件的技能，其在一定程度上可以监督法律的正确实施，从而最大程度上保护当事人的权益。律师代理民事诉讼，对于保障公民、法人民事权利的实现和民事法律的正确实施，具有极其重要的作用。

1. 律师的民事诉讼代理，能够帮助当事人更好地行使诉讼权利。我国公民享有广泛的权利，如人身权、财产权、知识产权、继承权等等，当这些权利受到非法侵害时，律师作为提供专业法律服务的人员，接受当事人或法定代理人的委托，参加民事诉讼，帮助当事人有效地行使诉讼权利，维护和实现其合法权益。

2. 律师的民事诉讼代理，能够帮助和促进人民法院做好民事审判工作。律师代理民事诉讼，进行调查取证，有助于人民法院更好地行使审判权。律师从不同的角度提出事实材料和意见，可以使审判人员得到更全面的案件信息，从而为审判人员正确地认定事实和适用法律，提高办案质量，提供有力的帮助。律师向委托人讲解有关法律规定，协助人民法院做好调解工作，有利于案件正确、及时、彻底地得到解决。另外，律师作为国家法律尊严与统一的维护者，可以及时制止审判中的独断专横，倡导诉讼民主，体现配合和制约的诉讼机制。

3. 律师的民事诉讼代理，能够起到宣传社会主义法制的作用，并对维护社会主义法制，保护公民的合法权益，扶持社会正义，加强人民内部团结，促进社会主义建设事业的发展，发挥越来越重要的作用。

三、律师代理民事诉讼案件的范围

我国《民事诉讼法》第 3 条规定："人民法院受理公民之间、法人之间、其他组织之间以及他们相互之间因财产关系和人身关系提起的民事诉讼，适用本法的规定。"根据以上法律规定，结合 2011 年 2 月 18 日最高人民法院公布的修改后的《民事案件案由规定》，凡是人民法院根据我国《民事诉讼法》及有关法律的规定，符合人民法院民事诉讼立案标准的所有诉讼案件，律师都可以进行民事诉讼代理。这些案件包括：

1. 民法调整的人格权纠纷案件。如生命权、健康权、身体权纠纷案件、姓名权纠纷案件、肖像权纠纷案件、名誉权纠纷案件、隐私权纠纷等案件。

2. 婚姻法调整的婚姻家庭关系案件。如婚姻身份关系案件、收养关系案件、监护关系案件等。

3. 继承法调整的继承关系案件。

4. 民法调整的物权纠纷案件。如涉及不动产登记纠纷的案件、物权保护纠纷的案件、担保物权纠纷等案件。

5. 民法调整的债权纠纷案件。如涉及合同纠纷案件、特殊类型的侵权纠纷案件、不当得利纠纷案件和无因管理纠纷等案件。

6. 民法调整的知识产权纠纷案件。如著作权合同纠纷案件、专利合同纠纷案件和发明权、发现权纠纷案件、商标合同纠纷案件、商业秘密纠纷等案件。

7. 劳动法律调整的因劳动问题引起的纠纷案件。如因履行劳动合同发生争议的案件、因开除或辞退违纪职工发生争议的案件等。

8. 海商法律调整的海事、海商纠纷案件。

9. 与铁路运输有关的民事纠纷案件。如铁路货物运输合同纠纷案件、铁路联运合同纠纷等案件。

10. 与公司、证券、票据等有关的民事纠纷案件。如与企业、公司有关的纠纷案件、与合伙企业有关的纠纷案件、与企业破产有关的案件、证券纠纷或票据纠纷等案件。

11. 适用特殊程序审理的案件。如《民事诉讼法》规定的认定财产无主案件、选民资格案件、公示催告案件、督促程序案件以及申请承认和执行外国仲裁裁决、民事判决等案件。

四、代理律师在民事诉讼中的权利和义务

（一）代理律师在民事诉讼中享有的权利

根据法律规定，律师的诉讼权利主要包括以下几项：

1. 律师依法代理民事诉讼，不受任何单位、个人非法干预，具有独立执业权，受国家法律保护。

2. 律师在民事诉讼代理中，有查阅案卷材料、向有关单位和个人调查取证的权利。代理律师有权查阅、摘抄、复制与本案有关的材料。律师经有关单位和个人同意，可以向他们进行调查以获取证据。

3. 律师在法庭上，经审判长许可，有向当事人、证人、鉴定人发问的权利；有申请通知新的证人到庭作证的权利；有申请调取新的证据的权利；有对当庭宣读证人证言、鉴定意见、勘验笔录等证据提出异议的权利；有申请重新鉴定或者重新勘验的权利。

4. 律师有解除委托关系和拒绝代理权。对于委托人利用律师提供的服务从事违法活动，委托人向律师隐瞒事实或提出无理要求，委托人严重侮辱律师的人格等，律师有权解除委托代理合同。发现被代理人伪造、隐藏、毁灭证据，提出无理或非法要求的，有拒绝担任代理人权。

5. 律师在诉讼中，对审判人员、执行人员侵犯国家、集体和公民合法权益的行为，有揭发检举和控告的权利。

6. 律师在民事诉讼代理中，因案情复杂，开庭时间过急，出庭准备时间不足，有向法庭申请延期的申请权。

7. 法律法规规定的律师所享有的其他权利。

(二) 代理律师在民事诉讼代理中应当履行的义务

律师必须忠实于案件的事实真相，忠实于国家法律，维护被代理人的合法权益，凡是法律规定律师应当履行的与律师代理民事诉讼相关的义务，律师都必须严格依法履行。根据法律规定，代理律师应当履行以下义务：

1. 律师代理必须由律师事务所统一接受委托，并且统一收取费用，不准律师私自接受当事人的委托，不得私自收取费用。在同一案件中不得为双方当事人担任诉讼代理人。

2. 不得在委托人未同意的情况下，超越委托权限或利用委托关系从事与委托代理事务无关的活动。律师接受当事人的委托担任诉讼代理人后应依法在委托的权限内，认真履行义务，没有特殊情况出现，不得中止或终结代理工作。

3. 律师在民事诉讼代理中，应严格依照法律规定的程序办事，在出庭执行职务时，必须遵守法庭的各项规则和纪律，不得妨碍司法机关正常的诉讼活动。

4. 律师在依法执行职务活动中，涉及国家机密和个人隐私，有保守秘密的义务。

5. 律师不得弄虚作假、歪曲事实，不得损害国家的利益和他人的合法权益，不得提供虚假证据，不得隐瞒事实或者威胁、利诱他人提供虚假证据，不得隐瞒事实以及妨碍对方当事人合法取得证据。

6. 律师在民事诉讼代理中，必须认真履行职责，清正廉洁，恪守纪律和职业道德。不徇私舞弊，不得进行任何有损于律师名誉和当事人合法权利的活动。

7. 法律、法规规定的律师应承担的其他义务。

第二节　代理律师在民事诉讼中应当完成的主要任务

一、第一审民事诉讼中代理律师的任务

（一）原告代理律师的主要工作

1. 接受委托。接受委托是指律师事务所接受公民个人和其他组织的委托，指派律师担任代理人，也称收案。收案时应以律师事务所的名义接受委托。律师事务所应向委托人介绍指派的律师，并取得委托人的同意。律师不得私自接受委托。如果委托人指名要求委托某位律师，律师事务所应尽可能满足委托人的指名要求。委托人要求律师代理进行诉讼活动，律师事务所应严格审查以下问题，看其是否符合收案的条件，以便决定是否接受委托。只有具备下列起诉条件，律师事务所才可与当事人签订代理合同，否则，律师事务所不能接受委托：①委托人具有诉讼权利能力及诉讼行为能力，是与本案有直接利害关系的公民、法人、法定代理人或集团诉讼人；②起诉有明确的被告，具体、合法的诉讼请求、事实根据和证据材料；③起诉未超过诉讼时效，属于人民法院管辖的范围和受诉人民法院的管辖；④起诉的争议，属于依法适用民事诉讼程序审理的范围。所收案件应当不属于重复诉讼及依法在一定期限内不得起诉的案件；要特别注意那些应由人民法院以外的部门处理，不属于司法程序解决的事项，不能提起民事诉讼；还要注意如果依法必须是先经过其他机构处理法院才能受理的案件，在其他机构未处理前，不得向人民法院起诉。

符合以上收案条件的，当事人与律师事务所签订委托代理合同，委托代理合同应包括以下内容：①委托人的姓名或名称、住所地和案由；②律师事务所指派参加诉讼的律师的姓名；③委托代理的权限；④双方的权利义务；⑤其他有关事项。

委托人同时还必须出具授权委托书。授权委托书一般包括委托人的姓名或名称、住所地，法定代表人姓名、职务、委托的律师姓名、所在的律师事务所名称、委托的事项和权限等内容。授权委托书应当一式三份，一般经委托人签名或者盖章后即具有法律效力，无须经过其他有关部门证明。但是，对某些有特殊规定的案件，授权委托书必须经过特殊证明方能生效。具体规定如下：①侨居国外的中国公民从国外寄交或托交的授权委托书，须经中华人民共和国驻该国的使

（领）馆证明；②居住在港澳地区的同胞向内地寄交的授权委托书，须经中华人民共和国司法部授权指定的港澳地区的有关律师或有关机构证明；③不在中华人民共和国境内居住的外国人对我国律师的授权委托书，须经其所在国的公证机关证明，然后经中华人民共和国驻该国使（领）馆认证。

2. 了解案情，调查、收集证据，全面掌握案件事实。原告起诉必须提出诉讼请求、事实、理由，并且需要对其主张和维护主张的根据提出相应的证据加以证明。如欠条、合同、对方确认的还款证明等。

律师接受委托后，应向当事人详细了解案情，指导其提供相关的证据。在当事人有困难时，律师应在当事人的协助下，通过调查，全面收集证据。通过以上工作，律师应当对案件事实全面掌握。

3. 确定起诉事项，撰写起诉状。律师在全面掌握案件事实后，应当确定起诉事项，在此基础上撰写起诉状。起诉事项确定的内容包括确定原告、被告和第三人，确定起诉的案由和诉讼请求等。

民事起诉状分为四个部分。第一部分：当事人的基本情况。当事人是公民的，应写明姓名、性别、年龄、职业、民族、工作单位和住所；当事人是法人和其他组织的，应当写明名称、住所、法定代表人或主要负责人的姓名、职务。原告是无诉讼行为能力人，法定代理人起诉的，应在原告之后注明法定代理人的姓名、性别、年龄、籍贯、职业、工作单位和住址。第二部分：诉讼请求，应写明通过诉讼想要达到的目的及要求法院支持自己的何种请求。第三部分：事实和理由，简要阐述当事人之间法律关系发生、变更的事实，纠纷发生的事实，诉讼请求的法律依据及对方应该承担责任的理由等。第四部分：附录，应附上支持自己主张的证据名称。律师撰写民事起诉状应当注意的几个问题：①突出重点，详略得当；②脉络清楚，层次分明；③事实、证据和法律结合紧密，论证有力。

4. 协助当事人办理立案手续。当事人提起民事诉讼，需要到法院办理立案手续。律师应当协助其准备并向法院提交有关起诉材料，包括起诉状、原告主体资格证明、起诉证据等材料。还应提交委托律师代理诉讼的有关材料，包括授权委托书、律师事务所介绍信等。当事人应提交由本人签名或盖章的起诉状正本一份，并按对方当事人人数提交副本。原告为自然人的，应提交身份证明材料复印件；原告为法人的，应提交营业执照副本复印件，其他组织应提交证明其有效成立的法律文件复印件。法人应提交年检证明，法人或其他组织的代表人或主要负责人应提交职务证明原件、身份证明复印件。

下列人员或组织以原告身份提起民事诉讼，还应提交下列材料：①清算组（人）、信托监察人、遗产管理人、遗嘱执行人，失踪人财产代管人代权利主体起诉的，应提交具有上述身份的证明材料复印件；②依据《最高人民法院关于适用〈婚姻法〉若干问题的解释（一）》第 7 条的规定，利害关系人起诉要求确认他人婚姻关系无效的，应提交其与婚姻当事人为近亲属关系的证明材料复印件；③诉讼代表人提起诉讼的，除提交全部原告身份证明材料复印件外，还应当提交其他共同原告推选其为诉讼代表人的证明材料。法定代理人与指定代理人应提交本人的身份证明材料复印件以及其与原告关系的证明材料复印件。委托代理人应提交身份证明材料复印件、授权明确的授权委托书、律师事务所或受托人接受委托的证明、函件。

下列特殊案件，原告应当附有相应的起诉证据：①劳动、人事争议案件，应当提交劳动人事争议仲裁裁决书的复印件或者仲裁机构作出的不予受理的书面裁决、决定或通知的复印件。②证券市场，因虚假陈述投资人提起民事赔偿诉讼，应提交自然人、法人或者其他组织的身份证明文件，不能提供原件的，应当提交经公证证明的复印件；行政处罚决定或者公告，或者人民法院的刑事裁判文书；进行交易的凭证等投资损失证据材料。③按照管辖协议起诉的案件，应当提交书面管辖协议复印件。④其他法律、法规、司法解释对起诉证据有规定的，从其规定。

公民因不服选举委员会对选民资格的申诉所作的处理决定而起诉的，还应提交选举委员会对选民资格的申诉所作的处理决定。

利害关系人申请宣告公民失踪死亡，应提交下列材料：①申请书一式二份，申请书应记载申请人和被申请人基本情况、被申请人失踪或下落不明的事实、时间和请求；②申请人身份证明材料复印件及申请人作为利害关系人的证明材料复印件；③公安机关或者其他有关机关关于该公民下落不明的书面证明，申请宣告因意外事故下落不明不满 2 年的公民死亡的，应提交有关机关证明该公民不可能生存的书面证明。

督促程序案件，债权人向人民法院申请支付令，应当提交申请书、申请证据等材料。申请书应当载明下列事项：①申请人的基本情况；②被申请人基本情况及准确地址；③请求给付金钱或者有价证券的数额和所根据的事实、证据。

债权人请求给付金钱的，应当提交合同或其他证据复印件；债权人请求汇票、本票、支票以及股票、债券、国库券、可转让的存款单等有价证券的，应当提交上述有价证券复印件。

公示催告程序案件，申请人向票据支付地的基层人民法院申请公示催告，应当提交申请书、申请人主体资格证明材料等。申请书应当载明下列内容：①申请人基本情况；②票据种类、票面金额、票据号码；③出票人、持票人、背书人；④申请的理由、事实；⑤付款人或者代理付款人的名称、通信地址、通讯方式等；⑥失票人通知票据付款人挂失止付后 3 日内向人民法院申请公示催告的，通知票据付款人或者代理付款人挂失止付的时间。

涉外、涉港澳台案件，原告应当提交证明其诉讼主体资格的材料：①原告是外国人的，应提交个人身份证件的复印件；本人在境外不能到人民法院起诉的，应提交经过公证、认证的身份证明复印件；原告是港、澳、台当事人的，应提交个人身份证件（港、澳、台居民身份证、回乡证）的复印件；在内地没有住所的香港居民，本人在内地以外不能到人民法院起诉的，应提交经香港律师（我国司法部委托的）公证的身份证明复印件；在内地没有住所的澳、台居民，本人在内地以外不能到人民法院起诉的，应提交经公证的身份证明复印件。②原告是在我国领域内没有住所的外国企业或组织的，应提交经过公证、认证的依法成立的证明材料复印件（注册登记证明等）；外国企业在华办事处代该公司起诉或者上诉的，应提交经公证、认证的公司授权委托书；原告是在内地没有住所的香港企业或组织的，应提交经香港律师（我国司法部委托的）公证的依法成立的证明；原告是在内地没有住所的澳门、台湾企业或组织的，应提交依法成立的证明。③原告是在我国领域内没有住所的外国当事人，委托我国律师或者其他人代理诉讼，从我国领域外寄交或者托交的授权委托书，应当经所在国公证机关证明，并经我国驻该国使领馆认证，或者履行我国与该所在国订立的有关条约中规定的证明手续。

在内地没有住所的香港居民、企业和组织委托内地律师起诉的，从内地以外寄交或托交的授权委托书须经香港律师（我国司法部委托的）公证，并由中国法律服务（香港）有限公司加盖香港公证文书转递专用章；在内地没有住所的澳、台居民、企业和组织委托内地律师或其他代理人起诉的，应提交经公证的授权委托书。外国当事人、港澳台地区当事人提交的起诉状及企业依法成立的证明、授权委托书为外文本的，应附中文译本。

5. 根据需要依法办理诉前财产保全、先行给付的有关法律手续。为了保证原告胜诉后能够实现法院判决的内容获得财产性利益，原告在诉前可以向法院申请对被告的财产依法进行保全。在此过程中律师应为其提供法律咨询，就是否应当提出诉前保全申请以及其利弊等向原告做出客观分析说明。如果原告决定提出申请，律师则应当为其准备相关的申请材料并协助原告办理相关的法律手续。

此外，在法律规定的一些特殊案件中，如追索赡养费和劳动报酬的案件，当事人可以在法院作出判决之前，申请法院判令被告先行给付。在这类案件中，律师应当及时告知原告享有此项权利，并在需要时协助原告办理相关的手续。

6. 根据法庭的安排，做好庭审前的证据交换工作。目前在民事诉讼活动中，在正式开庭以前，法院都会组织当事人进行庭前证据交换，为此还规定了举证时效。对此，律师一定要协助原告按照法庭的要求，包括时间的要求、证据材料整理规范的要求等做好此项工作。为此律师可能还要进行一些证据调查和收集工作。需要强调的是，在办理此项工作时，律师不可为了防止被告方有所准备而协助当事人有意隐瞒证据，不在证据交换时向法庭提交，而在法庭审理时再拿出来搞"突然袭击"。如果这样，将有可能导致法庭以超过举证时限为由不让原告在庭审中使用此类证据。

7. 出庭参加诉讼，依法维护原告的合法权益。这是民事诉讼代理的主要工作，包括以下内容：①协助或代表原告陈述起诉事实和理由，提出诉讼请求；②向法庭提供证据，履行原告应承担的举证责任；③对被告提供的证据进行质证；④在法庭的组织下与对方当事人展开法庭辩论；⑤参加法庭组织的调解，对是否愿意调解、如何调解表明态度并进行协商；⑥办理法庭审理中的其他事宜。律师代理原告出庭参加诉讼时，一定要注意代理权限，只能在授权范围内从事诉讼活动，不得自作主张，越权诉讼。

8. 在法院对案件作出判决后，就是否提出上诉向原告提供法律咨询。一旦原告拟提出上诉，则协助原告做好提起上诉的各项工作。在上诉程序中，如果当事人继续委托律师则可以继续代理。

9. 在法院所作的判决、调解依法生效后，协助原告做好相关的执行工作。

（二）被告代理律师的主要工作

1. 接受委托。原告的起诉法院一旦立案，就要向被告送达应诉通知书和起诉书等材料。此时，被告就可能找到律师委托其代理诉讼。律师应当按照有关规定与当事人办理委托手续，有关内容在原告律师部分已论及，不再赘述。

2. 做好出庭前的应诉准备。与原告方起诉的准备相比，被告方的应诉准备相对简单一些，主要内容有：①向被告了解案情，认真审查原告起诉状及其他诉讼材料。②在与被告充分沟通、交流的基础上，草拟答辩状。③与被告充分沟通，讲明利弊，就庭审前是否向法庭提交答辩状形成一致意见。如果提交，应在法庭规定的时限内（一般为15天）提交答辩状。④按照法庭的要求，做好证据交换工作。⑤告知被告应享有的反诉权利，并就是否提起反诉与被告形成一致意见。如果决定提出反诉，则做好相关的准备工作，在法律规定的时限内依法提出。

3. 出庭参加诉讼，依法维护被告的合法权益。主要包括以下内容：①协助或代表被告就原告的起诉进行答辩；②针对原告向法庭提供的证据进行质证；③就自己的诉讼主张按照法庭的要求向法庭提供证据；④在法庭的组织下展开法庭辩论；⑤参加法庭调解，就是否愿意调解、如何调解表明态度并进行协商；⑥办理法庭审理的其他事宜，如在法庭上依法提出反诉等。与原告律师一样，被告律师在代理诉讼中也一定要在授权范围内从事诉讼活动，不得越权。

在法院对案件作出判决后，就是否提出上诉向被告提供法律咨询，如果被告决定提出上诉，则协助被告做好提起上诉的各项工作。在上诉程序中，如果当事人继续委托，律师则可继续代理。在法院所作的判决、调解依法生效后，协助被告做好相关的执行工作。

二、第二审程序中代理律师的任务

律师代理上诉人行使上诉权时，应当审查上诉人委托的案件是否符合法定的上诉条件，只有在符合法定上诉条件的情况下，律师才能够接受委托。主要审查上诉人是否享有上诉权；是否符合法定上诉期限。审查一审判决或裁定是否有法定错误，如原判决适用法律错误、认定事实错误或原判决认定事实不清，证据不足；原判决违反法定诉讼程序，可能影响案件正确判决。只有具备上述条件之一的，判决才可能被撤销或变更，当事人才有上诉的必要，否则，代理律师只能劝说当事人服判息讼或者通过其他途径加以解决。

根据我国法律的有关规定，律师可以接受第二审程序当事人的委托，作为代理人参加诉讼。第二审程序的律师代理与第一审程序的律师代理相比较，律师的工作方式和工作内容虽然差别不大，但是由于第二审程序有其自身的特点，因此代理律师在开展代理工作过程中，应当结合第二审程序的特点，有针对性地采取不同的工作方式，为当事人提供优质的法律服务。

（一）律师代理上诉案件的一些特殊的工作

1. 律师在当事人办理委托手续后应到二审法院阅卷。阅卷时应认真查对一审证据是否充足确凿，适用法律是否适当。一审证据有无未经质证的证据作为判决裁定的依据；有无不该采信的证据采信了，该采信的却没有采信；证据之间有无相互矛盾。

2. 一审认定的事实是否清楚、完整，有无前后矛盾；一审认定的事实与判决、裁定的结果是否具备必然的逻辑关系；一审适用法律是否得当，适用的法律条文与案件性质、主要事实是否一致；一审程序有无影响案件正确判决的违法情况。

3. 对于合议庭认为不需要开庭审理的，律师如认为书面审理难以达到必要作用，可以与审判人员交换意见，或申请开庭审理。二审程序可能不开庭审理，律师必须详细、全面、充分地撰写代理词。

4. 律师在阅卷后如认为事实尚不清楚，可以进行调查，收集新的证据。

5. 律师如果认为一审没有通知必要的诉讼参加人参加诉讼，可以在二审提出。二审法院可以调解，调解不成则应发回重审。

6. 对严重违反程序法的案件律师应提出，二审应发回重审。

（二）第二审程序律师代理的工作方法

根据《民事诉讼法》的规定，第二审人民法院审理上诉案件主要有两种审理方式：一是开庭审理；二是径行判决。因此，律师在代理过程中，也应根据案件不同的审理方式，采用不同的工作方式。如果案件开庭审理，律师应当从上诉的事实和理由两个方面进行全面的阐述，并针对对方的答辩进行有理、有据的驳斥。如果案件径行判决，代理律师应当注意，径行判决不同于书面审理，合议庭仍然要询问当事人，听取当事人的陈述，在查清案件事实后，合议庭才能直接作出判决。律师如果发现合议庭没有对案件进行实际审查，没有对有关当事人、证人进行询问，而直接作出了判决，应当及时指出，建议法庭改正，以维护委托人的合法权益。

三、再审程序中代理律师的任务

再审程序，是指人民法院对已经审结的案件，发生法律效力的判决、裁定、调解书认为有错误，而再次进行审理所适用的法定审判程序。再审程序是继一、二审程序之后，为纠正错案，撤销或者改正生效判决、裁定、调解书而设置的法定补救审判程序。

根据新的《民事诉讼法》和新的审判监督程序的司法解释，有法定申诉理由的案件都能够纳入再审范围。当事人的申请符合下列情形之一的，人民法院应当再审：

1. 有新的证据，足以推翻原判决、裁定的。

2. 原判决、裁定认定的基本事实缺乏证据证明的。

3. 原判决、裁定认定事实的主要证据是伪造的。

4. 原判决、裁定认定事实的主要证据未经质证的。

5. 对审理案件需要的主要证据，当事人因客观原因不能自行收集，书面申请人民法院调查收集，人民法院未调查收集的。

6. 原判决、裁定适用法律确有错误的。

7. 审判组织的组成不合法或者依法应当回避的审判人员没有回避的。

8. 无诉讼行为能力人未经法定代理人代为诉讼或者应当参加诉讼的当事人，因不能归责于本人或者其诉讼代理人的事由，未参加诉讼的。

9. 违反法律规定，剥夺当事人辩论权利的。

10. 未经传票传唤，缺席判决的。

11. 原判决、裁定遗漏或者超出诉讼请求的。

12. 据以作出原判决、裁定的法律文书被撤销或者变更的。

13. 审判人员审理该案件时有贪污受贿，徇私舞弊，枉法裁判行为的。

如果当事人的申请属于上述13种情形之一，则律师可以根据事实情况及法律规定，代理当事人的再审案件。当事人申请再审，应当向人民法院提交已经发生法律效力的判决书、裁定书、调解书、身份证明及相关证据材料，并应当提交书面的再审申请书，根据《最高人民法院关于适用〈中华人民共和国民事诉讼法〉审判监督程序若干问题的解释》（2008）的规定，再审申请书应包括以下内容：申请再审人与对方当事人的姓名、住所及有效联系方式等基本情况；法人或其他组织的名称、住所和法定代表人或主要负责人的姓名、职务及有效联系方式等基本情况；原审人民法院的名称，原判决、裁定、调解文书案号；申请再审的法定情形及具体事实、理由；具体的再审请求。

　　律师代理再审案件应当注意的问题是，在适用程序上，再审案件可分为自行再审案件、指令再审案件和上级法院提审案件。因再审案件不同，所适用的诉讼程序也不相同。自行再审案件是各级人民法院院长对本院已经发生法律效力的判决、裁定、调解书，发现确有错误，认为需要再审的，应当提交审判委员会讨论决定。如决定再审，必须另行组成合议庭，原来参加审理此案的法官不得参加再审。自行再审案件依原审审判程序进行。指令再审的案件，指的是最高人民法院对地方各级人民法院已经发生法律效力的判决、裁定、调解书，上级人民法院对下级人民法院已经发生法律效力的判决、裁定、调解书，发现确有错误的，有权指令下级人民法院再审。如系指令一审法院再审的，适用一审程序，所作的判决、裁定，当事人可以上诉；如系指令二审法院再审的，适用二审程序，所做的判决、裁定为发生法律效力的判决、裁定，不能上诉。上级人民法院提审的再审案件，指的是上级法院对下级法院已经发生法律效力的判决、裁定、调解书，发现确有错误，决定由本院再审。上级法院提审的案件适用二审程序，组成合议庭进行审理，所作的判决、裁定，当事人不得上诉。

四、执行程序中代理律师的任务

　　执行程序，是指负有义务的一方当事人拒绝履行生效的法律文书所确定义务的情况下，人民法院根据另一方当事人的申请或者依职权，强制其履行义务所适用的程序。执行程序是民事诉讼法的最后一个组成部分，是民事审判程序的审判成果实现的手段，是民事审判程序的延续；而民事审判程序为执行程序创造执行根据，是执行程序的前提。执行程序中民事诉讼的律师代理，是指律师受民事诉讼执行申请人的委托，在其授权范围内，以委托人名义参加执行程序，使得人民法院生效裁判得以实现，维护委托人合法权益的诉讼行为。

　　律师在执行程序中的代理，应注意审查以下几个问题：①接受委托必须有生效的执行根据，即据以执行的法律文书必须是生效的民事判决书、裁定书、调解书；②作为执行根据的法律文书必须有给付内容；③委托人应是执行标的的权利人；④对方当事人有故意拖延、逃避或拒绝履行义务的行为；⑤代理执行事项在法律规定的执行期限内。

　　根据我国相关法律规定，律师在民事诉讼执行程序中可以进行下列代理活动：

（一）调查取证

执行是由被执行人不如期履行生效法律文书所确定的给付义务而引起的。被执行人不如期履行义务既有主观上的又有客观上的。执行申请人和代理律师为减少申请的盲目性，必须进行调查取证，弄清楚被执行人究竟是"不能"还是"不为"。如果被执行人有执行能力却故意拖延、逃避或者拒绝履行法院的生效法律文书所确定的义务，代理律师应该向法院申请强制执行。

（二）申请执行和撤回执行申请

《民事诉讼法》第236条规定：发生法律效力的民事判决、裁定，当事人必须履行。一方拒绝履行的，对方当事人可以向人民法院申请执行，也可以由审判员移送执行员执行。调解书和其他应当由人民法院执行的法律文书，当事人必须履行。一方拒绝履行的，对方当事人可以向人民法院申请执行。代理律师代理当事人申请执行时，必须向人民法院提交生效法律文书、执行申请书、授权委托书以及证明被执行人有执行能力而拒不执行的各种证据。执行申请书的内容应当阐述被执行人无故不履行生效法律文书为主，并应注意随案情的不断变化而调整申请的内容。

申请人可根据自己与对方当事人的关系来决定是否撤回执行申请。申请人自愿撤回申请，是处分自己实体权利的行为。律师经过申请人特别授权，可以代理撤回执行申请。

（三）促成执行和解

执行和解是指在执行过程中，双方当事人自愿作出相互谅解和让步，就如何履行生效法律文书的有关内容达成协议，即执行和解协议，从而结束执行程序的诉讼行为。律师在代理和解时要注意：①和解必须在自愿、平等的基础上进行；②和解的内容必须符合法律、政策的规定；③和解应达成书面协议。和解协议的内容一般应包括：双方当事人对执行标的的处理意见，双方的权利义务，和解协议的履行及撤销，和解协议的生效时间。代理律师应当向双方当事人声明，和解协议仅发生拘束执行当事人的效力，其没有强制执行力。和解协议已经履行完毕的，不得再请求恢复执行。当事人达成和解协议后，原执行根据并不因此失效，只是原执行程序因此而中止或结束。一方当事人不履行或不完全履行和解协议的，人民法院可以根据对方当事人的申请，恢复对原生效法律文书的执行，已履行部分扣除即可。

（四）处理执行异议

执行异议是指没有参加执行程序的案外人认为执行工作侵犯了或将要侵犯其合法权益，因而对执行标的主张权利。执行异议如确有理由，将导致执行程序的中止。因此，代理律师应配合执行员依照法定程序对异议进行审查，驳回不成立的理由，以维护委托人的合法权益。

（五）表示延期执行

代理律师可根据对方当事人的实际情况，在征得申请人的同意后，可向对方当事人和人民法院作出延期执行的表示。

五、涉外民事诉讼中代理律师的任务

涉外民事诉讼，是指具有涉外因素的民事诉讼，即作为诉讼主体的当事人一方或双方是外国人、无国籍人、外国企业或组织，或者双方当事人争议的标的物在外国，或者引起双方权利义务关系发生的法律事实发生在外国的民事诉讼。

律师代理涉外民事诉讼，除要遵守代理民事诉讼的一般程序外，应特别注意以下问题：

（一）委托授权手续问题

我国律师接受外国当事人的委托，应与其签订委托代理合同，就委托的事项和权限、委托的期限和费用等作出详细的约定。外国当事人还应向我国律师出具授权委托书并将其提交人民法院。根据《民事诉讼法》第264条的规定，在中华人民共和国领域内没有住所的外国人、无国籍人、外国企业和组织委托中华人民共和国律师或者其他人代理诉讼，从中华人民共和国领域外寄交或者托交的授权委托书，应当经所在国公证机关证明，并经中华人民共和国驻该国使（领）馆认证，或者履行中华人民共和国与该所在国订立的有关条约中规定的证明手续后，才具有效力。另外，如果外国当事人委托我国律师代为承认、放弃或变更诉讼请求，进行和解，提起反诉或上诉，还必须进行特别授权并按民事诉讼法的上述规定办理有关手续，否则无效。如果该外国人所属国与我国没有外交关系，应当将经过公证机关证明的委托授权书手续交与我国有外交关系的国家驻该国使（领）馆，再由该外国使（领）馆转交我国驻该国使（领）馆认证。

（二）期间问题

被告在中华人民共和国领域内没有住所的，人民法院应当将起诉状副本送达被告，并通知被告在收到起诉状副本30日内提出答辩状。被告申请延期的，是否准许，由人民法院决定。

在中华人民共和国领域内没有住所的当事人，不服第一审人民法院判决、裁定的，有权在判决书、裁定书送达之日起30日内提起上诉。被上诉人在收到上诉状副本后，应当在30日内提出答辩状。当事人不能在法定期间提起上诉或者提出答辩状，申请延期的，是否准许，由人民法院决定。我国民事诉讼法为涉外民事诉讼当事人规定如此充裕的诉讼期间，一方面体现了我国给外国当事人以优厚待遇；另一方面也是基于路途遥远、往返时间较长的考虑。律师接受在我国没有住所的外国当事人的委托，担任代理人参加诉讼时，应注意民事诉讼法的上述特殊规定，协助被代理人在规定的期限内进行答辩或上诉活动。当然，如果外国当事人不能在规定的期限内提出答辩或上诉的，可以告知或协助其申请延期，是否准许，由人民法院决定。

（三）法律文书的送达问题

根据我国《民事诉讼法》第267条的规定，人民法院对在中华人民共和国领域内没有住所的当事人送达诉讼文书，可以采用下列方式：①依照受送达人所在国与中华人民共和国缔结或者共同参加的国际条约中规定的方式送达；②通过外交途径送达；③对具有中华人民共和国国籍的受送达人，可以委托中华人民共和国驻受送达人所在国的使（领）馆代为送达；④向受送达人委托的有权代其接受送达的诉讼代理人送达；⑤向受送达人在中华人民共和国领域内设立的代表机构或者有权接受送达的分支机构、业务代办人送达；⑥受送达人所在国的法律允许邮寄送达的，可以邮寄送达，自邮寄之日起满3个月，送达回证没有退回，但根据各种情况足以认定已经送达的，期间届满之日视为送达；⑦采用传真、电子邮件等能够确认受送达人收悉的方式送达；⑧不能用上述方式送达的，公告送达，自公告之日起满3个月，即视为送达。在上述八种送达方式中，第四种即向诉讼代理人送达，是最为普遍、最为可靠的一种送达方式。因为按照法律的规定，接受送达的律师在接受后，有义务将诉讼文书送交当事人。而且，律师一经接受送达即视为人民法院送达完成，并对委托人产生法律上的效力。一般来说，采用这种方式，都是由代理律师向被代理人送达，但在特殊情况下，也可以由代理律师送达对方当事人。

（四）申请财产保全问题

涉外财产保全，当事人既可以在诉讼开始后提出申请，也可以在诉前申请保全，但是人民法院不能依职权进行保全。人民法院裁定诉前财产保全后，申请人应当在30日内提起诉讼，逾期不起诉的，人民法院应当解除财产保全，由此造成的被申请人的损失及有关费用由申请人承担。

【思考题】

1. 简述律师民事诉讼代理的依据。
2. 如何理解民事诉讼中的律师代理与民事诉讼中的法定代理的区别？
3. 如何理解民事诉讼中代理律师的诉讼地位？
4. 简述律师代理民事诉讼案件的范围。
5. 简述民事诉讼中代理律师的权利和义务。
6. 简述第一审民事诉讼中原告代理律师的主要工作。
7. 比较一审、二审和再审程序中律师代理工作的异同。
8. 简述涉外民事诉讼中代理律师应遵守的特有原则。

第 三 章

行政诉讼律师实务

【内容提要】行政诉讼与刑事诉讼、民事诉讼一起共同构成我国的三大诉讼制度，它是解决行政争议的一种重要法律制度。了解作为行政诉讼代理人的基本地位和作用，掌握行政诉讼代理的范围与对象，熟悉行政诉讼律师代理的业务操作流程。

【本章重点与难点】行政诉讼律师代理的行政争议范围；律师代理行政诉讼的委托审查事项；行政诉讼中代理人的取证规则。

第一节　行政诉讼律师实务概述

一、行政诉讼律师代理的概念和特点

（一）行政诉讼的概念和特点

在我国，行政诉讼与刑事诉讼、民事诉讼并称为我国的三大诉讼制度，行政诉讼是其中之一。它是解决行政争议的一种重要法律制度。行政争议，指的是行政机关和法律、法规授权组织因行使行政职权而做出行政行为，从而与行政相对人发生的争议。狭义的行政诉讼指公民、法人或者其他组织认为行政机关的具体行政行为侵犯其合法权益，以该机关作为被告向人民法院，由人民法院依法审理并作出裁判的司法活动。

根据行政案件的特点和争议的特点，行政诉讼主要有如下特征：

1. 行政诉讼解决的争议是行政纠纷。这是行政诉讼与其他部门法诉讼的主要区别之一。一般而言，民事诉讼主要解决的是民商事纠纷，刑事诉讼解决的是犯罪嫌疑人的刑事责任；而行政诉讼解决是行政纠纷，也就是"民告官"的案子，即行政机关或法律、法规授权的组织与行政相对人在行政管理过程中发生的争议。

2. 行政诉讼是一种人民法院运用诉讼程序解决行政争议的司法活动。在我国，行政争议的途径除了行政诉讼，还有行政复议等方式。但行政复议是行政机关主导的一种准司法活动。和行政诉讼有所区别，后者是由司法机关介入的解决

行政争议的一种方式和途径。司法毕竟是解决争议的最后一道门槛。

3. 行政诉讼是解决特定受案范围的一种司法活动。行政诉讼的受案范围有限，并不能解决所有种类的行政纠纷或争议，类似于内部行政行为等就不属于人民法院行政诉讼的受案范围，对于民事、刑事诉讼却无此要求。

4. 行政争议双方地位的不平等性。众所周知，民事纠纷的双方当事人，无论是自然人还是法人在民事法律关系中，双方地位始终是平等的。但行政权具有特殊性，它是保障行政机关实施管理的一种权能，所以在地位上处于优势，可以运用行政权迫使相对人履行相应的义务。而公民、法人或者其他组织作为行政管理相对一方，只能服从行政管理，双方处于不平等的地位。

5. 行政诉讼中的双方诉讼身份固定。因为是"民告官"的案件，所以显然行政诉讼中的被告只能是行政机关，也包括法律、法规授权的组织。而原告只能是行政管理中的相对人，即公民、法人或者其他组织。因此，这两者的身份绝对不能互换，不可能出现相对人作为被告的情形。这亦是行政诉讼独有的特点。〔1〕

6. 行政诉讼审理、裁判形式的独特性。由于行政诉讼的根本目的是通过对被诉具体行政行为合法性的审查解决行政争议，审查的根本目标是保障私权利不被公权力侵害。因此，行政诉讼在案件的审理、裁判形式上不同于与民事、刑事诉讼，例如行政诉讼案件不允许调解方式结案；行政诉讼的裁判以维持、变更、撤销判决为主要形式等。〔2〕

（二）行政诉讼律师代理的概念和特点

行政诉讼也就是人们所称的"民告官"的案件。行政诉讼律师代理，是指律师接受当事人委托，在行政诉讼中依照法律规定，以当事人的名义，在代理权限范围内为当事人进行诉讼活动，其法律后果由当事人承受的代理活动。原告即提起诉讼的是作为行政相对人的公民、法人或其他组织，其认为行政机关的行政行为侵害了他的合法权益，于是向被告即行政主体提起诉讼。为了区别律师代理行政诉讼与民事诉讼等其他诉讼制度的不同，律师必须了解代理行政诉讼的特殊性。根据各法学专家的观点总结，行政诉讼律师代理的特征大致如下：

1. 行政诉讼律师代理权限的区别性。由于行政诉讼中双方当事人的地位不平等，而律师的代理权限又来自于当事人的委托。因此，这就决定了律师代理权限因其代理主体的诉讼身份的不同而存在差异性。例如，《行政诉讼法》中规定，律师若代理原告进行诉讼，可以享有同于民事律师代理的全部权利。而代理被告行政机关的诉讼权利有部分限制，这是由它的诉讼地位决定的，如被告不能

〔1〕 参见田文昌：《律师制度》，中国政法大学出版社2007年版，第228页。
〔2〕 参见徐家力、王文书、赵金一：《律师事务》，法律出版社2011年版，第153页。

主动提起诉讼、在行政诉讼审理过程中不能自行收集证据，因此代理被告的律师同样受此限制。[1]

2. 行政诉讼律师代理行政诉讼内容和方法的特殊性。由于代理权限的区别性决定了行政诉讼中律师代理内容和方法不同于民事诉讼。例如，在举证责任方面的特殊性，被告应就该行政行为的合法、合理性进行举证，因此行政诉讼中律师应当协助被告完成举证责任，而原告则无此要求，只要提供侵害事实等证据。再例如，人民法院审理行政案件不同于民事案件，不适用调解制度。

3. 行政诉讼律师掌握法律依据的多样性。行政诉讼不同于民事、刑事诉讼，其法律依据不仅包括法律、行政法规，还涉及一些行政机关的规章、行政法令等，广泛的分布于各行各业。因此，律师要必须提高对自身的要求，不断学习，掌握丰富的行政法规、规章、法律文件，才能有效地维护当事人的合法权益，很好的承担起行政诉讼的代理工作。[2]

4. 行政诉讼律师业务的广泛性。行政诉讼中，律师的代理工作根据其业务是否受行政诉讼法调整为划分依据，可以将行政法律业务分为诉讼业务和非诉业务两类。最常见的代为起诉或应诉答辩是诉讼业务的主要内容。处理行政诉讼外，非诉业务也呈现逐年增多的趋势，例如行政法律咨询业务、行政听证法律业务、行政复议法律业务等。

二、行政诉讼代理律师的地位和作用

（一）行政诉讼代理律师的地位

行政诉讼代理律师的法律地位和权利义务，区别于刑事诉讼中的辩护人和诉讼代理人，而与民事诉讼中的代理人的法律地位基本相同。

1. 律师的权利由被代理人的权利派生出来，受到其意志的限制和约束。律师从事行政诉讼的代理活动必须基于当事人的委托。同时，必须在被代理人的授权范围内进行，因此律师的代理权限源自被代理人的授权，目的是维护被代理人的合法权益。因此，律师必须根据被代理人的授权进行活动，其权限不可能也不应该超越当事人授权的范围。当律师与被代理人意见不一致时，律师应当以被代理人的意见为准。在诉讼过程中，当事人可以随时撤销对律师的委托。律师合法代理的一切法律后果均由被代理人承担，无论是有利后果或是不利后果。[3]

2. 行政诉讼代理律师具有相对的独立性。律师作为行政诉讼代理人，虽然不是独立的诉讼主体，而且必须受到被代理人意志的制约，但却具有相对的独立性。例如：律师除了享有被代理人授予的权利外，还有一些特有权利，例如律师

---

〔1〕 参见徐家力、王文书、赵金一：《律师事务》，法律出版社 2011 年版，第 154 页。

〔2〕 徐家力、王文书、赵金一：《律师事务》，法律出版社 2011 年版，第 155 页。

〔3〕 参见田文昌：《律师制度》，中国政法大学出版社 2007 年版，第 232 页。

可以享有法律赋予的查阅卷宗、调查取证、参加庭审等权利。因此，在行政诉讼中，律师不能完全以被代理人的"传声筒"的形象出现，而应当充分发挥自身的主观能动性，切实维护当事人的合法权益。[1]

（二）行政诉讼代理律师的作用

现代社会，公权力与私权利之间的冲突无可避免，行政纠纷日渐频繁。律师在社会中的作用正是参与社会冲突或纠纷的解决。在行政诉讼中，代理律师既要维护当事人的合法权益，又要维护社会的公平正义。律师介入行政诉讼旨在使作为管理者的行政机关与作为相对人的一方之间的关系达到法律理想的和谐状态。从行政法律关系的角度考察，行政诉讼代理律师的主要作用如下：

1. 有利于保障人权，维护行政相对人的合法权益。在行政管理关系中，行政机关与行政相对人之间处于不平等的关系，作为行政相对人的公民、法人或者其他组织的合法权益容易受到行政机关的侵犯。行政诉讼作为一种行政法律救济制度，可以通过律师的帮助使得行政相对人能够得到专业的法律帮助。律师可以利用其专业法律知识，代理原告进行行政诉讼，为相对人提供及时有效的法律救济，以保障他们的合法权益。

2. 有利于平衡公权力与私权利之间的关系，监督行政机关依法行政。行政诉讼是一种司法审查制度，在行政法制监督体系中，担任着监督和维护行政机关依法行使职权的重要职能。律师接受被代理人委托代理行政诉讼，可以发现与被诉具体行政行为有关的人和事违法或需要改进的行为瑕疵，督促行政机关纠正违法行为，提高执法水平。同时还可以向行政机关提出个人法律建议，协助行政机关更好地开展执法活动。

3. 有利于维护社会公平公正，促进社会主义法制建设。作为三大国家基本诉讼制度之一，和其他两种制度一样，行政诉讼中律师的一个重要职能便是切实维护社会公平正义。律师可以通过其掌握的丰富法律知识和实践经验，协助法院正确及时地处理日益增加的行政案件。若行政行为违法，律师可以请求法院作出撤销、确认违法等相应判决，并请求法院根据需要责令行政机关作出某种行政行为，以促进社会主义法制建设的全面发展。[2]

第二节　行政诉讼律师代理的范围和对象

一、行政诉讼律师代理的行政争议的范围

行政诉讼律师代理的行政争议的范围，即是人民法院受理行政诉讼的案件范

---

〔1〕　参见田文昌：《律师制度》，中国政法大学出版社2007年版，第233页。
〔2〕　参见田文昌：《律师制度》，中国政法大学出版社2007年版，第233页。

围。行政诉讼的受案范围与其他诉讼制度的最大区别，就是并非所有的行政争议，行政相对人都可以向人民法院提起行政诉讼，只有符合相应条件并且在法律规定的受案范围之内的行政争议案件，律师才能接受代理并提起行政诉讼。

（一）确定委托事项属于因具体行政行为而引发的行政争议

《行政诉讼法》第2条规定："公民、法人和其他组织认为行政机关和行政机关工作人员的具体行政行为侵犯其合法权益，有权依照本法向人民法院提起行政诉讼。"依据法律可见，行政诉讼的提起是针对行政机关所作出的行政行为而言的。因此，律师代理行政诉讼案件时，首先要确定是否是由于具体行政行为引发的行政争议。

1. 确定是由于具体行政行为引起的纠纷。行政行为一词最早出现于法国行政法学，但是作为一个理论概念，却是由德国学者奥托·迈耶正式提炼出来的。其中，根据相对人是否特定为标准，可以划分为具体行政行为与抽象行政行为。具体行政行为是指具有行政权能的组织运用行政权，针对特定相对人设定、变更或者消灭权利义务所作的单方行政行为。一般来说，一个行政行为要构成具体行政行为需要具有四个要件。分别是：①只有具备行政权能的组织才能作出具体行政行为；②具体行政行为必须是行使行政权的行为，即运用行政权所作的行为；③具体行政行为必须是一种法律行为即具有法律效果的行为；④具体行政行为是行政主体的一种主观意志，但应当是一种外化了的、客观的意思表示。因此，《行政诉讼法》第2条便采用了概括式的方式将受案范围进行了抽象的规定，当公民、法人和其他组织认为行政机关或者其工作人员的具体行政行为侵犯了他的合法权益，便有权委托律师向人民法院提起行政诉讼。律师在接受委托时，最先应当审查的是案件是否是行政主体运用行政权实施的具体行政行为。同时该行政行为是一个已经完成的行政行为，并且应当对行政相对人产生了实际影响。

2. 确定该纠纷确属因行政争议引起的纠纷。行政争议是行政主体在实施行政管理过程中与相对人之间发生的争议。行政争议作为行政诉讼制度的核心概念，是构成行政诉讼理论中的一个基本问题，亦是其区别于民事、刑事诉讼的一个重要区别。刑事诉讼是要解决被追诉者刑事责任的问题；民事诉讼是要解决民商事权益纠纷的问题，而行政诉讼是要解决行政争议，即行政机关、法律、法规授权的组织在行政管理过程中，与公民、法人或者其他组织发生的争议。构成行政争议必须同时具备以下五个条件：①争议的双方中必须有一方是行政机关；②争议是由行政机关实施行政管理行为引起的；③行政争议是以行政机关依其职权，因其作为或不作为与公民法人或其他组织形成行政法律关系为前提；④当事人不服行政机关的行政行为，提出行政复议或行政诉讼，必须依照法定程序进行；⑤行政争议的关键在于判定行政机关的行政行为是否合法、合理。

因此，律师在代理行政诉讼案件时，首先要准确判断出该争议是属于行政争议还是民事争议的范畴。

（二）确定该行政争议属于立法所规定的行政诉讼受案范围

行政诉讼的受案范围包括行政处罚、行政强制措施、行政征收、行政许可、行政给付等八类侵犯相对人人身权和财产权的具体行政行为。

《行政诉讼法》第11条通过不完全列举的方式对行政诉讼受案范围进行了规定。受理事项如下：

1. 对拘留、罚款、吊销许可证和执照、责令停产停业、没收财物等行政处罚不服的。

2. 对限制人身自由或者对财产的查封、扣押、冻结等行政强制措施不服的。

3. 认为行政机关侵犯法律规定的经营自主权的。

4. 认为符合法定条件申请行政机关颁发许可证和执照，行政机关拒绝颁发或者不予答复。

5. 申请行政机关履行保护人身权、财产权的法定职责，行政机关拒绝履行或者不予答复。

6. 认为行政机关没有依法发给抚恤金的。

7. 认为行政违法要求履行义务的。

8. 认为行政机关侵犯其他人身权、财产权的。除前款规定外，人民法院受理法律、法规规定可以提起诉讼的其他行政案件。

当然，随着社会的发展，具体行政行为的类型和内容在逐步发生变化，有时候比较负责难以判断。在有些案件中很难对上述情形作出迅速的评判，需要律师对案情进行深入细致的分析工作；同时还需要与当事人配合协助，代理案件时应当进行充分的沟通。

（三）确定该行政争议不属于人民法院不予受理的行政案件

行政诉讼的排除范围，是指那些行政行为不可诉、不属于人民法院受案范围。侵犯相对人人身权、财产权之外的权益的具体行政行为则不属于行政诉讼的受案范围，除非法律、法规作出了特别规定。根据《行政诉讼法》及《最高人民法院关于执行〈行政诉讼法〉若干问题的解释》（以下简称《行政诉讼法解释》）的有关条文规定，下列九种行为不属于人民法院的受案范围：

1. 国防、外交等国家行为。

2. 行政法规、规章或者行政机关制定、发布的具有普遍约束力的决定、命令。（抽象行政行为）

3. 行政机关对行政机关工作人员的奖惩、任免等决定。（内部行政行为）

4. 法律规定由行政机关终局裁决的具体行政行为。（终局行政行为）

5. 公安、国家安全等机关依照《刑事诉讼法》的明确授权实施的行为。

6. 调解行为以及法律规定的仲裁行为。

7. 不具有强制力的行政指导行为。

8. 驳回当事人对行政行为提起申诉的重复处理行为。

9. 对公民、法人或者其他组织权利义务不产生实际影响的行为。[1]

二、行政诉讼律师代理的法律程序的范围

律师行政诉讼代理的程序与民事诉讼代理程序的范围大致相同，主要包括以下法律程序：

（一）诉与受理

1. 行政诉讼起诉的条件。根据《行政诉讼法》第 41 条的规定：①原告是认为具体行政行为侵犯其合法权益的公民、法人或者其他组织；②有明确的被告；即原告起诉时应在起诉状中明确指出该行政机关或者法律、法规授权的组织；③有具体的诉讼请求和事实根据；④属于人民法院受案范围和受诉人民法院管辖。

同时应当注意，有些案件法律、行政法规规定，应当先行行政复议的，必须先经过复议程序，并且起诉必须在法定期限内向人民法院提起。

2. 起诉的方式。根据我国行政诉讼法的规定，起诉状是引起行政诉讼程序开始的法律文书，应以书面形式书写。起诉状包括以下主要内容：①当事人的基本情况；②诉讼请求和事实根据；③证据和证据来源，包括证人姓名、单位与住址等。另外，起诉状还要写清楚受诉人民法院名称和起诉的具体时间。若起诉状对上述内容有所欠缺的，人民法院可责令其限期补正。

3. 受理是指人民法院对起诉的公民、法人或其他组织进行审查，认为符合法律规定的起诉条件，接受原告诉状、进行立案审理的诉讼行为。起诉与受理之间存在先后关系，但起诉并不一定导致法院必然受理。人民法院应当根据国家审判权对原告的起诉行为进行单方面审查从而判断是否受理。

人民法院需要审查的内容如下：①起诉是否符合法律规定的条件；②起诉是否符合法定的程序，即审查案件中是否存在需要先行行政复议的情形；③有无有重复起诉的情形；④是否符合起诉手续，起诉状的内容是否完整明确。

人民法院在接受起诉状后，根据实际情况进行审查，在 7 日内作出立案或者作出不予受理的裁定。原告如果对于裁定不服，可以提出上诉。因此，法院的审查处理结果有三种：①立案；②裁定不予受理对此可以上诉；③既不立案又不作出裁定，但可以向上级法院申诉或者起诉。

（二）第一审程序

行政诉讼一审程序是指一审法院对行政争议案件进行审理所适用的法律程

---

[1]　参见田文昌：《律师制度》，中国政法大学出版社 2007 年版，第 234 页。

序，主要包括审理前的准备、庭审、组成合议庭评议和判决等主要阶段。

在审理前，准备阶段的主要工作有：①交换诉状：人民法院应在立案之日起5日内，将起诉状副本和应诉通知书发送给被告。被告在收到起诉状副本之日起10日内，向人民法院提交答辩状，人民法院在收到答辩状之日起5日内，再将答辩状副本发送原告。②通知双方当事人开庭的时间、地点通知。③处理管辖权异议的情形。④根据具体案情，决定是否需要追加第三人。应当公开审理的案件，把开庭的时间、地点进行公布。

法庭审理过程一般按下列顺序进行：询问当事人及当事人陈述；双方进行举证、质证；进行法庭辩论；当事人最后陈述等。

合议庭评议是在法庭审理基础上，合议庭全体成员根据法律和行政法规、地方性法规等进行评议，采取少数服从多数原则，最终达成一致意见后报院长审批的过程。

判决是指人民法院进行合议庭评议后，以事实为根据、以法律为准绳进行裁判的法律行为。人民法院审理第一审行政案件，应当在3个月内作出判决，案情特殊需要延长的，由高级人民法院批准，高级人民法院审理第一审行政案件需要延长的，则由最高人民法院批准。宣判时，应告知当事人其享有的上诉权利以及上诉期限、法院。所有行政案件应一律公开宣告判决。

（三）第二审程序

1. 上诉。第一审人民法院作出判决和裁定后，若当事人对此不服，均可以提起上诉，此时上诉各方均为上诉人。若只有一方提出上诉，没有提出上诉的另一方当事人为被上诉人，其他当事人按照原审的诉讼地位列明。如果当事人均上诉，上诉方均为上诉人。

上诉人可向一审法院的上一级法院提起上诉，实践中是向原审法院提起上诉，上诉状、答辩状等程序均有原审法院处理完结交由二审法院。

2. 受理。①审查上诉状；②送达上诉状副本及答辩状。

3. 审理。第二审程序必须由审判员组成合议庭。人民法院审理上诉案件，认为事实清楚的，可以实行书面审理。若适用事实有争议或事实不清、证据不足等情况，应当开庭审理。第二审人民法院审查上诉案件，应当进行全面审查，针对原审人民法院的裁判和被诉具体行政行为的合法性。应当在收到起诉状之日起2个月内作出终审判决。审查第一审法院认定的事实是否清楚，适用的法律、法规是否正确，有无违反法定程序，不受上诉范围的限制。如果有特殊情况需要延长期限的，由高级人民法院批准，高级人民法院审理上诉案件需要延长的，由最高人民法院批准。

4. 裁判。人民法院审理上诉案件，根据《行政诉讼法》第61条，分别作出处理：①原判决认定事实清楚，适用法律、法规正确的，判决驳回上诉，维持原判；②原判决认定事实清楚，但是适用法律、法规错误的，依法改判；③原判决认定事实不清，证据不足，或者由于违反法定程序可能影响。

案件正确判决的，裁定撤销原判，发回原审人民法院重审，也可以查清事实后改判。当事人对重审案件的判决、裁定，可以上诉。

（四）再审程序

审判监督程序又称再审程序，是人民法院根据当事人的申请、检察机关的抗诉或自己对已经发生法律效力的判决、裁定发现违反法律、法规的规定，依法再次审理的程序。可见，提起再审的程序主要有下列三种情况：①原审人民法院对本院已经发生法律效力的判决、裁定，认为需要再审的，应当提交审判委员会决定案件是否需要再审；②上级人民法院对下级人民法院已经发生法律效力的判决、裁定，发现有违反法律、法规规定的，有权提审，也可指令下级人民法院再审；③人民检察院认为案件确有错误抗诉的，人民法院必须进行再审。

提起审判监督程序的条件：①案件必须是已经发生法律效力的判决、裁定，出现了违反现行法律、法规的情形；②提出的人员主体限于上级人民法院、本级人民法院或人民检察院的院长。

若原来是第一审人民法院作出的已经生效的裁判，再审时应当按照第一审程序进行审理，当事人对裁判不服可以上诉；若原来是二审法院作出的生效裁判，再审时按照二审程序审理；最高人民法院或上级人民法院提审的，也依照二审程序审理，作出的裁判为终审裁判，当事人不得再进行上诉。

三、行政诉讼律师代理的对象的范围

行政诉讼中律师代理的对象主要包括行政诉讼的当事人。行政诉讼的当事人是指因具体行政行为发生争议，以自己的名义到人民法院进行诉讼，并受人民法院裁判拘束的行政主体及公民、法人或者其他组织。主要是指在第一审程序中的原告、被告和第三人以及第二审程序中的上诉人和被上诉人。执行程序中的执行申请人和被执行人申请人。律师代理行政诉讼，在确认案件属于人民法院受理的前提下，应当注意正确认定行政诉讼当事人的主体资格。

（一）行政诉讼原告

行政诉讼中的原告，是指依照行政诉讼法，认为行政主体及其工作人员的具体行政行为侵犯其合法权益，以自己的名义，向人民法院提起诉讼的公民、法人或者其他组织。根据《行政诉讼法》第24条、第70条，原告主要包括：

1. 公民。若公民认为自身的合法权益受到行政机关或行政机关工作人员的具体行政行为侵犯，有权依照行政诉讼法的规定，向人民法院提起行政诉讼。当然，这里所称的公民是指具有中华人民共和国国籍的公民。

2. 法人。法人是具有民事权利能力和民事行为能力，依法独立享有民事权利和承担民事义务的组织。

3. 其他组织。除具有法人资格的社会组织外，在我国，还有一部分不具备法人资格的社会组合体。例如个体工商户、农民承包经营户、合伙组织，或者尚处于筹建阶段的企业、单位等。它们的合法权益受到具体行政行为侵犯而向法院提起诉讼时，诉讼代表人由该组织的主要负责人担任，没有主要负责人时，交由实际上的负责人。

4. 在中国境内提起行政诉讼的外国人、无国籍人、外国组织。外国人、无国籍人和外国组织在我国境内进行活动，必须遵守我国宪法和法律，接受中国行政机关管理，因而在行政管理活动的某些方面，都有可能同我国的行政机关发生行政争议。

法院认定原告的主体资格时应注意以下几点：

1. 原告必须是公民、法人或者其他组织。根据行政诉讼法的规定，作出具体行政行为的行政机关，一般情形下不能充当行政诉讼的原告；行政机关只有作为具体行政行为相对人或者相关人的情形下，才可以作为原告提起行政诉讼。

2. 合法权益的存在。原告是认为行政机关的具体行政行为侵犯其合法权益的公民、法人或者其他组织，则合法权益的存在是原告资格的一个必要条件。

3. 侵犯了原告本人的自身合法权益。《行政诉讼法》第 2 条、第 41 条都规定原告起诉是因为行政行为侵犯了自己的合法权益，而不是他人或者公众的合法权益。

4. 被诉具体行政行为与损害结果之间存在因果联系。公民、法人或者其他组织只要认为具体行政行为侵犯其合法权益即可向法院起诉，至于客观上是否侵犯其合法权益，由被告在审理中来证明其具体行政行为没有侵犯原告的合法权益。

5. 原告资格的转移。《行政诉讼法》第 24 条第 2 款规定，有权提起诉讼的公民死亡，其近亲属可以提起诉讼；有权提起诉讼的法人或者其他组织终止，承受其权利的法人或者其他组织可以提起诉讼。行政法中的"近亲属"的定义在《行政诉讼法解释》第 11 条中规定，包括配偶、父母、子女、兄弟姐妹、祖父母、外祖父母、孙子女、外孙子女和其他具有扶养、赡养关系的亲属。[1]

（二）行政诉讼被告

行政诉讼中的被告，是指因原告不服其作出的具体行政行为而提起行政诉讼，由人民法院通知应诉的行政机关或者法律法规授权的组织。在行政诉讼案件

---

[1] 参见田文昌：《律师制度》，中国政法大学出版社 2007 年版，第 235 页。

中，被告只能是作出具体行政行为的行政机关或组织。根据《行政诉讼法》第
25 条规定和《行政诉讼法解释》第 19～22 条规定，行政诉讼被告有以下几种
类型：

1. 经复议的案件，复议机关维持原具体行政行为的，由作出原具体行政行
为的行政机关担当被告；改变原具体行政行为的，由复议机关担当被告。《行政
诉讼法解释》第 22 条规定，复议机关在法定期间内不作复议决定，当事人对原
具体行政行为不服提起诉讼的，应当以作出原具体行政行为的行政机关为被告；
当事人对复议机关不作为不服提起诉讼的，应当以复议机关为被告。

2. 公民、法人或者其他组织直接向人民法院提起诉讼的，作出具体行政行
为的行政机关是被告。

3. 两个以上行政机关作出同一具体行政行为的，共同作出具体行政行为的
行政机关是共同被告。

4. 由法律、法规授权的组织所作的具体行政行为，该组织是被告。

5. 由行政机关委托的组织所作的具体行政行为，委托的行政机关是被告。
《行政诉讼法解释》第 21 条规定，行政机关在没有法律、法规或者规章规定的情
况下，授权其内设机构、派出机构或者其他组织行使行政职权，应当视为委托。
当事人不服提起诉讼的，应当以该行政机关为被告。

6. 行政机关被撤销的，继续行使其职权的行政机关是被告。

7. 当事人不服经上级行政机关批准的具体行政行为，向人民法院提起诉讼
的，应当以在对外发生法律效力的文书上署名的机关为被告。

8. 行政机关组建并赋予行政管理职能但不具有独立承担法律责任能力的机
构，以自己的名义作出具体行政行为，当事人不服提起诉讼的，应当以组建该机
构的行政机关为被告。

9. 行政机关的内设机构或者派出机构在没有法律、法规或者规章授权的情
况下，以自己的名义作出具体行政行为，当事人不服提起诉讼的，应当以该行政
机关为被告。

10. 法律、法规或者规章授权行使行政职权的行政机关内设机构、派出机构
或者其他组织，超出法定授权范围实施行政行为，当事人不服提起诉讼的，应当
以实施该行为的机构或者组织为被告。

（三）行政诉讼中的第三人

因其与被提起行政诉讼的具体行政行为有利害关系，诉讼结果会影响其利益
而申请参加诉讼或者由人民法院通知参加诉讼的公民、法人或者其他组织，是行
政诉讼中的第三人。可见第三人是与行政诉讼案件有利害关系，但排除在原被告
外的相关人，其参与诉讼的途径有两种：一是主动申请，二是由人民法院通知。

《行政诉讼法解释》第 24 条规定，行政机关的同一具体行政行为涉及两个以上利害关系人，其中一部分利害关系人对具体行政行为不服提起诉讼，人民法院应当通知没有起诉的其他利害关系人作为第三人参加诉讼。第三人有权提起与本案有关的诉讼主张，对人民法院的一审判决不服，有权提起上诉。[1] 因此，第三人的诉讼代理工作也是律师代理工作的重要内容。

第三节　行政诉讼律师代理的业务操作流程

一、律师代理行政诉讼的委托、授权

当事人与律师事务所确立行政诉讼委托代理关系的法律依据是律师与当事人签订的委托合同。当事人委托律师代理行政诉讼必须签订委托代理合同，明确代理事项、范围和权限。律师接受委托时必须谨慎从事，认真听取当事人的陈述，了解有关情况，做到对案情了然于胸。为顺利完成代理工作，律师接受委托时应注意审查下列事项：

（一）审查委托人是否具有适格的当事人资格

1. 原告资格。如果公民、法人或者其他组织认为行政机关的具体行政行为侵犯了其合法权益，有权向人民法院提起行政诉讼。因此，原告必须是与本案有直接利害关系的公民、法人或者其他组织。行政诉讼的原告限于两种人：行政相对人和行政相关人。

2. 被告资格。有明确的被告。如果原告起诉没有明确的被告，其诉讼请求也就没有承担的对象，那么法院将难以进行审判活动。根据《行政诉讼法》第 25 条规定，行政诉讼被告主要有以下五种类型：①公民、法人或者其他组织直接向法院起诉的，作出具体行政行为的行政机关是被告。②经行政复议的案件，复议机关决定维持原行政机关的，作出原具体行政行为的行政机关为被告；复议机关改变原具体行政行为的，复议机关为被告。③两个以上行政机关作出同一具体行政行为的，共同作出该具体行政行为的行政机关为共同被告。④由法律、法规授权的组织作出具体行政行为的，该组织是被告。由行政机关委托的组织作出具体行政行为的，委托的行政机关是被告。⑤行政机关撤销的，继续行使其职权的行政机关是被告。

（二）审查该行政争议是否属于人民法院的受案范围

行政诉讼的受案范围包括行政处罚、行政强制措施、行政征收、行政许可、行政给付等八类侵犯相对人人身权和财产权的具体行政行为。关于这八类行为，

---

〔1〕　参见田文昌：《律师制度》，中国政法大学出版社 2007 年版，第 237 页。

律师可以接受当事人委托。

（三）审查委托人的诉讼请求是否合法合理，是否超过诉讼时效

律师应当向委托人阐明律师在代理行政诉讼时，是从"以事实为根据、以法律为准绳"的原则出发来维护委托人的合法权益。这就要求当事人的诉讼请求必须合情合理，于法有据。对于那些违反法律规定的诉讼请求，应当说服当事人放弃。如果当事人不听劝告，律师可以拒绝接受委托。如果委托人的请求部分合理或不合理，律师应当认真劝告委托人，劝其放弃不合理的诉讼请求，以免得不到法院支持。如果委托人的诉讼请求明显违法或无理的，律师可以直接拒绝接受其委托。

任何诉讼程序都包含各种各样的时效制度，行政诉讼也是如此，主要是因为行政诉讼是从民事诉讼发展而来的。代理律师在帮助原告、第三人、法定代理人起诉时，应严格遵守法律规定的诉讼时效。关于行政诉讼的期限，《行政诉讼法》对行政案件的诉讼时效作了下列规定：

1. 普通诉讼时效。公民、法人或者其他组织直接向人民法院提起诉讼的，一般诉讼时效为 3 个月。3 个月的起算时间是从其知道作出具体行政行为之日起。所谓知道作出具体行政行为，一般是指公民、法人或者其他组织接到行政处理书之日起算。此外，其他法律、法规还规定了两种特殊诉讼时效：①诉讼时效为 15 日的情形。例如《水污染防治法》第 54 条规定："当事人对行政处罚决定不服的，可以在收到通知之日起 15 天内，向人民法院起诉。"②诉讼时效为 30 日的情形。例如《土地管理法》规定，当事人对行政处罚决定不服的，可以在接到处罚决定通知之日起 30 内，向人民法院起诉。[1]

2. 特殊诉讼时效。

（1）直接向法院提起诉讼的特殊诉讼时效，其中有 15 日（《邮政法》、《统计法》、《水污染防治法》、《药品管理法》等）、30 日（《渔业法》、《森林法》、《土管法》等）。

（2）经复议向法院提起诉讼的特殊诉讼时效，其中有 5 日（《治安管理处罚条例》）、30 日（《海关法》）、3 个月（《专利法》）。

3. 可以申请延长期限的情形。行政管理相对人因不可抗力或者其他正当理由耽误法定期限的，可以在障碍消除后的 10 日内，向人民法院申请延长期限，具体批准与否由法院决定。代理律师应从维护公民、组织的合法权益出发，在已经超过诉讼时效的情况下，积极帮助原告证明耽误起诉期限的原因是否属不可抗力或者其他正当理由。

---

〔1〕 参见徐家力、王文书、赵金一：《律师事务》，法律出版社 2011 年版，第 161～162 页。

4. 最长诉讼时效。根据《行政诉讼法解释》第42条的规定，公民、法人或者其他组织不知道行政机关作出的具体行政行为内容的，其起诉期限从知道或者应当知道该具体行政行为内容之日起计算。对涉及不动产的具体行政行为从作出之日起超过20年、其他具体行政行为从作出之日起超过5年提起诉讼的，人民法院不予受理。

行政诉讼最长诉讼时效出现在公民、法人或者其他组织不知道行政机关作出的具体行政行为内容的前提下。这里的诉讼时效期间的起算日是知道或者应当知道该具体行政行为内容之日。截止日应当是20年或5年的对应日的前日。

（四）审查委托人提供的必要的事实和证据材料

行政诉讼的举证责任是由被告承担的，因此，律师在接受被告委托时，应当告知其提供作出该具体行政行为的证据和所依据的规范性文件。尽管我国《行政诉讼法》规定由被告承担举证责任，但原告必须提供提起诉讼的事实根据，否则，法院也不会受理。如果律师作为原被告的代理人，应要求委托人提供相关事实和证据。如果委托人无法提出证明其诉讼请求的事实、证据或所依据的规范性文件，就可能承担败诉的后果。[1]

（五）告知委托人诉讼风险以及诉讼原则

行政诉讼并不一定能够最终解决当事人提出的诉求，所以律师接受委托时，应明确告知委托人，律师代理诉讼的原则是"以事实为根据、以法律为准绳"，同时告诉他可能发生的法律后果及风险。尽管律师会最大限度帮助委托人争取合法权益，但无法保证必然胜诉，因此必须将诉讼中可能出现的风险及风险责任的承担原则告知委托人。同时律师还应当向委托人讲明当事人在诉讼中所享有的权利和应承担的义务，以便委托人认真行使自己的权利，履行自己应尽的义务，保证行政诉讼的顺利进行。

（六）是否存在重复起诉等情形

重复起诉的情形：一是起诉人已经撤诉或者经人民法院作出裁判，但其以同一事实和理由再次向法院起诉；二是起诉人已经向人民法院起诉，人民法院受理后起诉人又再次向人民法院起诉。重复起诉，人民法院不予受理。因此律师在接受当事人委托时，要对是否已经提起诉讼的情况进行了解。

律师经过初步审查后，认为委托人和所委托的案件，符合上述要求，律师就可以与当事人确立代理关系，由律师事务所统一与当事人签订委托代理协议。授权委托书必须说明委托事项和权限，然后由委托人签名或盖章，并提交人民

<hr>

〔1〕　参见徐家力、王文书、赵金一：《律师事务》，法律出版社2011年版，第163～164页。

法院。[1]

二、律师代理行政诉讼的审判程序

（一）代理起诉、应诉

1. 原告起诉中律师的代理工作。

（1）审查是否具备起诉的条件。根据我国《行政诉讼法》第41条的规定，起诉行政案件必须满足以下条件：

第一，当事人有具体的诉讼请求和事实根据。原告在起诉时必须写明要求人民法院保护其合法权益的具体内容。所谓具体的诉讼请求是指原告所提出的实体权利的主张。在内容和所涉及的范围上，必须具体化，能够界定，内涵外延应当明确、具体，不允许模棱两可、含混笼统。否则，人民法院难以确定审判保护的对象和范围，更难以提供审判保护的方法。在提出诉讼请求的同时，原告还应当提供其合法权益受到损害的事实，以及证明案件的根据，法院将依此来判断原告的合法权益是否受到侵害。

第二，属于受诉人民法院的管辖。正确选择受诉法院是律师代理工作的基本内容。根据《行政诉讼法》第三章的有关规定，应当注意级别管辖、地域管辖和裁定管辖。

根据级别管辖的规定，基层人民法院管辖第一审行政案件。中级人民法院管辖下列第一审行政案件：①确认发明专利权的案件、海关处理的案件；②对国务院各部门或者省、自治区、直辖市人民政府所作的具体行政行为提起诉讼的案件；③本辖区内重大、复杂的案件。高级人民法院管辖本辖区内重大、复杂的第一审行政案件。最高人民法院管辖全国范围内重大、复杂的第一审行政案件。

地域管辖采取"原告就被告"原则。《行政诉讼法》第17条规定，行政案件由最初作出具体行政行为的行政机关所在地法院管辖。经复议的案件，复议机关改变原具体行政行为的，也可以由复议机关所在地人民法院管辖。

地域管辖分为两种情形：①对采取限制人身自由的行政强制措施不服提起的诉讼，由被告所在地或者原告所在地法院管辖。根据《行政诉讼法解释》第9条第1款的规定，"原告所在地"包括原告的户籍所在地，经常居住地和被限制人身自由地。所谓经常居住地，是指公民离开住所地连续居住满1年以上的地方。所谓被限制人身自由所在地，是指公民被羁押、限制人身自由的场所的所在地。②因不动产而提起的诉讼，由不动产所在地的人民法院管辖。主要是为了就近调查，便于法院执行。

裁定管辖是相对上述法定管辖而言的，是指人民法院依法自行裁定的管辖，

---

[1]　参见徐家力、王文书、赵金一：《律师事务》，法律出版社2011年版，第165页。

包括移送管辖、指定管辖及管辖权的转移三种。移送管辖是指人民法院将已经受理的案件，移送给有管辖权的人民法院审理。指定管辖是指上级人民法院以裁定的方式，指定某下一级人民法院管辖某一案件。有管辖权的人民法院因特殊原因不能行使对行政诉讼的管辖权的，由其上级人民法院指定管辖；人民法院对管辖权发生争议且协商不成的，报它们共同的上级人民法院指定管辖。管辖权的转移是指，上级人民法院审理下级人民法院的第一审行政案件，也可以将自己管辖的第一审行政案件移交下级人民法院审判；下级人民法院对其管辖的第一审行政案件，认为需要由上级人民法院审判的，可以报请上级人民法院决定。

第三，确定该案不属于法律、法规规定必须先行复议的案件。行政复议与行政诉讼维护当事人合法权益都是通过解决行政争议的方式，两者都是监督行政机关依法行使职权的法律制度，彼此有着密切联系。但是由于根本性质不同，复议是行政性的，诉讼是司法性的，它们的程序、方式、法律后果存在着差异。需要先行复议的案件，律师应当告知当事人先行向行政机关申请复议，不服复议决定再行起诉；不需要的，只要在人民法院的受案范围内，按《行政诉讼法》的规定，当事人可以自行选择先行复议或者直接起诉。在后一种情况下，律师可以讲明两者的利弊得失以便当事人选择。在这个过程中，律师应注意以下几种特殊情况：

行政复议前置。即法律、法规规定相对人的具体行政行为违法侵权，引起争议的，必须先申请行政复议，对行政复议决定不服，可以再提起行政诉讼，由人民法院通过审判程序解决争议。

相对人既可以先申请行政复议，对行政复议决定不服时，仍可申请行政诉讼，也可以直接申请行政诉讼。当然若直接申请行政诉讼，就不可以再申请行政诉讼。因为行政诉讼的效力要高于行政复议的效力。

行政复议为终局裁决。这也有两种情形，一种是法律规定相对人可以在复议和诉讼两者之间作出选择。选择了行政复议就不能再提起行政诉讼。如《出境入境管理法》和《外国人入境出境管理法》都规定被公安机关依法律处罚，对处罚不服，可选择行政复议，也可选择行政诉讼，若选择行政复议，复议裁决则为终局裁决，不能再提起行政诉讼；另一种是法律规定只能复议，复议裁决就是终局裁决，不能提起行政诉讼，如《商标法》就规定，对申请注册商标中的行政争议，商标评审委员会有终局裁决权。

代理律师还应提醒行政管理相对人特别注意申请复议的期限。我国法律对申请复议的期限主要有 5 日、10 日、30 日、3 个月五种情况。没有作统一规定，而是由具体法律、法规规定的，因而长短不一。申请复议期限的具体时限，行政相对人应根据具体行政争议所涉及的法律、法规的规定而定。

（2）起草起诉状。起诉状亦称"诉状"，是指公民或法人因自身合法权益遭受侵害而向人民法院提起诉讼请求的文书。起诉状格式要准确，起诉状应包括下列主要内容：原告的基本情况、代理律师的姓名、所在律师事务所的名称、被告的基本情况，如果有第三人，应写明第三人的基本情况、请求事由及理由、案件的具体事实及有关证据等。诉讼请求应简洁清晰。事实与理由具有针对性与平稳性。因此，代理律师必须根据委托人所讲述的案件事实、证据以及自己掌握的事实材料，认真撰写起诉状，征求客户意见与建议，帮助委托人向法院起诉。

（3）提醒当事人是否需要财产保全或先予执行。人民法院可以根据对方当事人的申请，经审查发现，因对方当事人的行为或者其他原因，可能会使得人民法院生效裁判出现无法执行的情形，从而依法作出财产保全的裁定；若当事人没有主动提出的，人民法院在必要时也可以依职权采取财产保全措施。

根据《行政诉讼法解释》第 48 条第 2 款的规定，人民法院审理起诉行政机关没有依法发给抚恤金、社会保险金、最低生活保障费等案件，可以根据原告的申请，依法书面裁定先予执行。

一般当事人申请财产保全或法院先予执行的，应当提供相应的财产担保；行政机关采取财产保全或申请先予执行，无须提供财产担保。

（4）是否需要一并提出行政赔偿的请求。我国行政赔偿请求的提出和实现有两种途径：一是受害人单独提出行政赔偿请求，二是受害人在申请行政复议或提起行政诉讼时一并提出。《国家赔偿法》第 9 条第 2 款规定，赔偿请求人要求赔偿应当先向赔偿义务机关提出，也可以在申请行政复议和提起行政诉讼时一并提出。作为代理律师，如果发现行政主体违法实施行政行为，侵犯了当事人的合法权益的，有必要提醒当事人，在提起行政诉讼的同时一并提出赔偿请求。

（5）原告律师对被告所举证证据进行质疑。行政案件的审理过程关键是审查被告提交的证据。因此，原告代理律师在诉讼活动中应进行严格审查，及时对被告的证据提起质疑，应注意从以下几个方面提出质疑：①证据自身的真实性；②调取证据的合法性；③证据之间是否存在关联性；④调取证据的程序是否存在违法性；⑤提供的法律、法规与其他法律、法规有无抵触和矛盾。[1]

2. 被告应诉中律师的代理工作。起诉（相对于原告而言）与应诉（相对于被告而言）是诉讼过程的两个方面，是不可分割的。根据《行政诉讼法》第 43 条第 1 款规定："人民法院应当在立案之日起 5 日内，将起诉状副本发送被告。"被告代理律师可以在接到起诉状副本之日起 10 日内，从以下三个方面针对原告的起诉进行应诉：

---

〔1〕　参见徐家力、王文书、赵金一：《律师事务》，法律出版社 2011 年版，第 167～169 页。

（1）审核原告的起诉条件是否合法。代理律师在接到起诉状副本后，应严格依照行政诉讼法规定的各项起诉条件逐项进行全面审查，认为不符合法定条件的，例如受理人民法院对此案无管辖权，或者应当先行复议而未经复议的等情形，应请求人民法院驳回原告的起诉。

（2）及时提交答辩状及副本。行政答辩状是行政诉讼中被告针对原告在诉状中提出的事实，理由及诉讼请求进行回答或辩驳的书状。根据我国《行政诉讼法》第43条的规定，人民法院受理行政诉讼案件后，应当在立案之日起5日内，将起诉状副本发送给被告。因此作为被告行政机关的代理律师，在接到起诉状副本后，应根据原告的起诉状，及时提出代理意见，自收到起诉状副本之日起10日内向人民法院提交作出有关事实和证据材料，并提交答辩状。人民法院应当在收到答辩状之日起5日内，将答辩状副本发送给原告。提交答辩状是诉讼当事人的一项诉讼权利，而不是诉讼义务。根据《行政诉讼法》第43条第2款的规定，在答辩期限内不提出答辩状的，不影响人民法院审理。

（3）全面搜集有利证据，提交有关证据材料。《行政诉讼法》第32条规定："被告对作出的具体行政行为负有举证责任，应当提供作出该具体行政行为的证据和所依据规范性的文件。"因而当被诉行政机关进行答辩时，不仅要对原告的诉讼请求和提出的事实和理由进行反驳，还必须提供自己作出该具体行政行为的证据和所依据的规范性文件，否则就会导致败诉的后果。因此，作为被告的代理律师被告在收到法院的举证通知书后，及时向被告搜集有利证据。被告因不可抗力或者客观上不能控制的其他正当理由，不能在法律规定的期限内提供证据的，律师应当在收到起诉状副本之日起10日内向人民法院递交书面申请，请求延期提供证据。人民法院准许其延期的，应当在正当理由消除后10日内提供。根据《行政诉讼法解释》第26条第2款，逾期提供的，应当认定被诉具体行政行为没有相应的证据、依据。

（二）代理调查取证

1. 原告代理人的取证规则。根据有关法律规定，原告应当证明其起诉符合法定条件。在起诉被告不作为的案件中，证明其提出申请的事实的证据，但以下两种情况是例外，由被告负责举证：①应当是由被告依职权主动履行其法定职责的；②原告因被告的过错等事由而不能提供相关证据材料，且说明合理原因的。

在案件的审理中，无论原告是否承担举证责任，均应当尽可能收集有利的证据，为诉讼做好充分准备。作为原告的律师而言，应当首先向行政机关申请，查阅行政机关做出具体行政行为的案卷，复制有关的证据材料。了解行政机关作出行政行为的理由和依据，为判断案件事实依据收集证据等做好准备。

律师为了证实案情还要向有关人员调查取证。律师调查前，应拟定调查提纲，明确调查的目的，有针对性地开展调查工作。其中包括要求诉讼的原告提供已经掌握的证据和证据线索等。同时应当注意：代理律师不得作伪证，对于调查收集到的证据应当认真审查，辨别真伪，发现虚假证据，应当及时向提供证据的人指出，并不得在案件审理中引用该虚假证据。

2. 被告代理人的取证规则。《行政诉讼法》第33条规定："在诉讼过程中，被告不得自行向原告和证人收集证据。"法律在强调被告举证责任的同时，又对被告的举证进行一定的限制，限制被告取证权的使用，这是行政诉讼法在证据方面最为显著的特点。法律既然限制了被告的取证权，不允许被告在诉讼过程中向原告和证人收集证据，那么作为被告的代理律师，其行为范围不能超越委托人，因此被告的代理律师也就理所当然地不能向原告和证人收集证据。如果被告的代理律师能够在行政诉讼中调查取证，实际上就等于被告在取证，必将违反"先取证，后裁决"的原则，也违反《行政诉讼法》第33条的规定。立法者从促进行政机关依法行政的目的出发，制定法律时，给予被告取证上的一定限制，这无疑是十分必要的。通过阅卷和向委托人了解之后，承办律师认为本案事实不清、证据不足，并经委托人提供证据和有关情况仍不能解决上述问题的，还应亲自进行调查。调查前要拟好调查提纲。当然，虽然原则上不允许被告向证人收集证据，但是在经过法院允许或者法院要求的情况下还是存在例外的。

（三）代理一审程序

庭审是受诉人民法院在双方当事人及其他诉讼参与人的参加下，依照法定程序，在法庭上对行政案件进行审理的诉讼活动。庭审的主要任务是，通过法庭调查和法庭辩论，审查核实证据，查明案件事实，适用法律、法规，以确认当事人之间的权利义务关系。庭审是行政诉讼第一审程序中最基本、最重要的诉讼阶段，是保证人民法院完成审判任务的中心环节。此时，律师此时应认真阅读有关案件材料，熟悉双方当事人和案件的情况，拟好代理词并做好出庭前的相关准备工作。

1. 申请回避。申请回避权是诉讼当事人的一项重要的诉讼权利，但是当事人由于法学专业知识的欠缺，以及对法律程序的不了解，往往会忽视这一项重要的权利。律师在法庭审理开始时，应仔细审查有无须要回避的情况，征询客户是否打算对合议庭组成人员提出回避申请。[1]

2. 法庭调查。

（1）如果被诉行政行为是以职权开始的行为时，可以先询问被告；如果有第三人参加诉讼，应在原告和被告之后询问。律师可以为自己和当事人作补充和

---

〔1〕　参见徐家力、王文书、赵金一：《律师事务》，法律出版社2011年版，第172页。

提示。

（2）通知证人到庭作证，告知证人的权利义务，询问证人，宣读未到庭证人的证人证言。原则上，证人都应当出庭作证。询问证人，应当告知证人的权利及义务；宣读未到庭证人证言；律师经审判长许可，可以要求让证人补充或解释其证言，并及时发表自己的看法。

（3）通知鉴定人到庭，告知其权利义务，询问鉴定人，宣读鉴定结论。

（4）出示书证、物证和视听资料。

（5）通知勘验人到庭，告知其权利义务，宣读勘验笔录。在此过程中，当事人有权对证据提出疑问，要求重新鉴定或调取新的证据，传唤新的证人到庭。审判人员如认为法庭调查已使案情和证据清楚，可宣布法庭调查结束，转入法庭辩论。

在法庭调查阶段，律师应主动申请审判长向对方当事人、证人、鉴定人等发问。代理律师在此阶段，应及时把握调查的动向，同时针对各种证据的真实性、合法性提出有利于当事人的意见，帮助法庭搞清案件事实，以便法官公正地进行审判，从而真正维护委托人的利益。法庭调查阶段是开庭审理的核心，是案件进入实体审理的一个重要阶段。法庭调查的任务是听取当事人的陈述，审查核对全部证据，以查清案件，认定事实。

3. 进行法庭辩论。法庭辩论是指在合议庭主持下，各方当事人就本案事实和证据及被诉具体行政行为的法律依据，阐明自己的观点，论述自己的意见，反驳对方的主张，进行言词辩论的诉讼活动。法庭辩论的顺序是：原告及其诉讼代理人发言；被告及其诉讼代理人答辩；第三人及其诉讼代理人发言或答辩；互相辩论。在法庭辩论中，审判人员始终处于指挥者和组织者的地位，应引导当事人围绕争议焦点进行辩论；同时，审判人员应为各方当事人及其诉讼代理人提供平等的辩论机会，保障并便利他们充分行使辩论权[1]。

在此阶段，律师的主要任务是：发表代理词和与对方当事人及代理人进行辩论。因此，律师应根据事实和法律，就本案发表全面系统的意见，充分论证被代理方诉讼请求的合理性，反驳对方的论点，为法院查清事实，分清是非，正确裁判奠定基础。代理律师应详细阐明委托人的诉讼请求和所依据的事实根据，并针对行政机关所作出的具体行政行为适用法律是否适当，程序是否合法，证据是否确凿、充分等问题进行辩论，从而使法院全面了解案件事实和论据。

综上，法庭调查和法庭辩论是代理律师参加诉讼活动的关键环节，因此，在法庭审理行政案件的过程中，律师代理工作中的重点就应放在法庭调查和法庭辩

---

〔1〕　参见徐家力、王文书、赵金一：《律师事务》，法律出版社 2011 年版，第 172～173 页。

论阶段。这需要律师有综合全案事实证据，运用法律进行论证的能力。由于行政案件专业性较强，所以代理律师不仅要有一般的诉讼代理方面的知识，而且要掌握足够的代理的行政案件相关的法律知识和专业知识。这样，律师在行政诉讼代理中的作用才能充分发挥出来，从而更好地维护委托人的合法权益。[1]

　　法庭辩论结束后，合议庭休庭，由全体成员对案件进行评议。评议不对外公开，采取少数服从多数原则。评议应当制定笔录，对不同意见也必须如实记入笔录，评议笔录由合议庭全体成员及书记员签名。

　　（四）代理二审程序

　　第二审程序又称上诉审程序，是指上级人民法院对下级人民法院就第一审案件所作的判决、裁定，在发生法律效力以前，基于当事人的上诉，依据事实和法律，对案件进行审理的程序。二审法院审理上诉案件，首先应当组成合议庭。合议庭应当全面审查一审法院的判决或裁定认定的事实是否清楚，适用法律是否正确，诉讼程序是否合法，审查不受上诉人在诉状中止范围和上诉内容的限制。行政诉讼的二审审理方式可以分为两种：①书面审理。二审的书面审理适用于一审裁判认定事实清楚的上诉案件。二审法院经过一审法院报送的案卷材料、上诉状、答辩状、证据材料等进行审查，认为事实清楚的，可以不再传唤当事人、证人和其他诉讼参与人到庭调查核实，只通过书面审理后，即可作出裁判。②开庭审理。二审法院开庭审理与一审相同。主要适用于当事人对一审法院认定的事实有争议，或认为一审法院认定事实不清楚、证据不足等情形。

　　二审程序中，律师的代理工作如下：

　　1. 接受当事人的委托。根据《行政诉讼法解释》第 63 条第 2 款的规定，法院的可上诉的裁定包括：①不予受理的裁定；②驳回起诉的裁定；③管辖异议的裁定。凡是上诉人已经上诉并且经过法院受理的案件，律师均可接受被上诉人的委托代理被上诉人参与二审诉讼。相比于一审诉讼，律师能否接受当事人的委托代理二审诉讼程序是一个比较简单的过程。理论上，只要法院已经作出一审的判决或者裁定，判决和裁定均在上诉期限内的，律师均可以接受当事人的委托，代理上诉。其中就一审裁定上诉的代理，还需要判断一审裁定是否属于可以上诉的裁定。

　　2. 律师进行代理二审工作的主要内容。[2]

　　（1）审查委托人提供的诉讼材料、证据材料。

　　（2）拟定上诉状。律师在二审程序中代理上诉人，主要草拟的法律文件是

---

〔1〕 参见徐家力、王文书、赵金一：《律师事务》，法律出版社 2011 年版，第 174 页。

〔2〕 参见中华全国律师协会：《律师执业基本技能》（上），北京大学出版社 2011 年版，第 298 页。

上诉状。上诉状的草拟工作，需要给予充分的重视。考虑到二审诉讼书面审理的原则，二审上诉状的拟定工作显得尤其重要。需要注意以下两点：

首先是确定上诉的各方当事人地位。一方当事人提起上诉的，该当事人为上诉人，未提起上诉的对方当事人为被上诉人。共同上诉中的一人或一部分人提起上诉，提起上诉的人为上诉人，与上诉请求相对立的当事人均为被上诉人，与上诉请求利害关系一致、未提起上诉的其他当事人仍处于原审诉讼地位。

其次是确定二审的上诉请求。根据案件的具体情形，如果存在：①一审法院的原判决认定事实清楚，但适用法律、法规有误或证据不足或有违反法定程序的情形，可能会影响法院正确判决的；②一审判决遗漏部分当事人或部分诉讼请求的；③对一审法院驳回起诉，二审法院认为有错误的；④对一审法院作出的不予受理的裁定，二审法院认为应当受理的。律师可以请求法院裁定撤销一审判决或裁定，发回重审。二审法院裁定发回重新审理的行政案件，一审法院应当另行组成合议庭进行审理。

（3）代理当事人递交上诉状和答辩状。《行政诉讼法解释》第 66 条规定："当事人提出上诉，应当按照其他当事人或者诉讼代表人的人数提出上诉状副本。原审人民法院收到上诉状，应当在 5 日内将上诉状副本送达其他当事人，对方当事人应当在收到上诉状副本之日起 10 日内提交答辩状。原审人民法院应当在收到答辩状之日起 5 日内将副本送达当事人。原审人民法院应当收到上诉状、答辩状，应当在 5 日内连同全部案卷和证据，报送第二审人民法院。已经预收诉讼费用的，一并报送。"[1]

因此律师代理上诉人的，应当在上诉期限内提交上诉状和副本；律师代理被上诉人的，应当代理被上诉人在法定期限内提交答辩状。被上诉人不提交答辩状，不影响案件的审理工作。实践中，被上诉人没有法定期限内提交答辩状的，也可以在庭审过程中提交或者口头陈述答辩意见。[2]

（4）代理上诉人或被上诉人开庭。二审的开庭审理程序，与一审基本相同，参见行政诉讼一审开庭的程序内容。

（5）代理参加宣判、领取相关法律文书。

（五）代理再审程序

审判监督程序又称再审程序，是人民法院对已经发生法律效力的判决、裁定，审查发现违反法律、法规的规定，依法再次审理的程序。

---

〔1〕　参见中华全国律师协会：《律师执业基本技能》（上），北京大学出版社 2011 年版，第 299～300 页。

〔2〕　参见中华全国律师协会：《律师执业基本技能》（上），北京大学出版社 2011 年版，第 300 页。

提起再审的程序有三种情况：①原审人民法院院长提起的，必须报经审判委员会决定；②上级人民法院提起的，可以自己审理，也可指令下级人民法院再审；③人民检察院抗诉的，人民法院必须进行再审。

再审案件适用的程序根据案件原来的审级不同而不同：已经生效的裁判，原来是第一审人民法院作出的，再审时按照第一审程序审理，所作裁判当事人不服可以上诉；原来是第二审人民法院作出的，再审时按照第二审程序审理，最高人民法院或上级人民法院提审的案件，也依照第二审程序审理，二审法院所作出的裁判为终审裁判，不得上诉。

再审是法院依法为纠正已经发生法律效力的判决、裁定的错误，对案件的再次审理的活动。再审可以分为上级法院指令再审和本院审判委员会决定的自行再审两类。

第一，根据《行政诉讼法》第63条的规定，人民法院院长对本院已经发生法律效力的判决、裁定，发现违反法律、法规认为需要再审的，应当提交审判委员会决定是否再审。上级人民法院对下级人民法院已经发生法律效力的判决、裁定，发现违反法律、法规规定的，有权提审或者指令下级人民法院再审。

第二，根据《行政诉讼法》第64条的规定，人民检察院对人民法院已经发生法律效力的判决、裁定，发现违反法律、法规规定的，有权按照审判监督再审程序提起抗诉，由此进入再审程序。

根据《行政诉讼法解释》第72条的规定，已发生法律效力的判决、裁定有下列情形之一的，属于违反法律、法规规定：①原判决、裁定认定的事实主要证据不足；②原判决、裁定适用法律、法规确有错误；③原判决违反法定程序，可能影响案件正确裁判；④其他违反法律、法规的情形。

第三，根据《行政诉讼法》第62条的规定，当事人对已经发生法律效力的判决、裁定，认为确有错误的，可以向原审人民法院或者上一级人民法院提起申诉，但判决、裁定不停止执行。当事人的申诉应当在判决、裁定发生法律效力后2年内提出。[1]

人民法院审理再审的案件，如果发生效力的原判决是由第一审人民法院作出的，按照第一审程序审理，所作出的判决、裁定，当事人可以上诉；原判决是由第二审人民法院作出的，按照第二审程序审理，所作出的判决、裁定是则发生法律效力的判决、裁定，当事人不可上诉。但若二审是错误维护一审不予受理的裁定的，再审法院应撤销一、二审不予受理的裁定，指令一审法院立案受理。原审是二审或上级法院提审或由上级法院指令再审的，均应另组合议庭。原合议庭人

〔1〕　参见姜明安：《行政法与行政诉讼法》，北京大学出版社2012年版，第500～501页。

员不应参加新的合议庭审理案件。

三、律师代理行政强制执行程序

行政诉讼的执行，是指人民法院作出的裁定、判决发生法律效力以后，一方当事人拒不履行，人民法院根据另一方当事人的申请，实施强制执行，或者由行政机关依照职权采取强制措施，以执行人民法院裁判的法律制度。

（一）以行政诉讼裁判为执行依据提起的强制执行

如果法院的裁判文书已经生效，而义务人仍拒不履行，胜诉一方的当事人有权向人民法院提出执行申请。申请人无论是原告或被告都可以，但他必须是行政裁判文书的权利人而非义务人。除诉讼当事人以外，其他人无权提出执行申请。但是，在行政裁决民事纠纷的案件中，裁决行为确定的权利人及其承受人有权申请执行。无论案件经过几次审判程序，申请人只能向第一审人民法院提出执行申请，而不能向第二审人民法院提出执行申请。《行政诉讼法解释》第 85 条规定：发生法律效力的行政判决书、行政裁定书、行政赔偿判决书和行政赔偿调解书，由第一审人民法院执行。第一审人民法院认为情况特殊需要由第二审人民法院执行，可以报请第二审人民法院执行；第二审人民法院可以决定由其执行，也可以决定由第一审人民法院执行。《行政诉讼法解释》第 96 条规定：行政机关拒绝履行人民法院生效判决、裁定的，人民法院可以依照《行政诉讼法》第 65 条第 3 款的规定处理，并可以参照《行政诉讼法》第 102 条的有关规定，对主要负责人或者直接责任人予以罚款处理。行政机关大多实行首长责任制，因此行政判决能否执行与机关负责人有很大关系。通过对主要负责人或者直接责任人员予以罚款或追究刑事责任，在一定程度上可以敦促行政机关依法履行判决。

《行政诉讼法》第 65 条第 3 款规定：行政机关拒绝履行判决、裁定的，第一审人民法院可以采取以下措施：①对应当归还的罚款或者应当给付的赔偿金，通知银行从该行政机关的账户内划拨。②在规定期限内不履行的，从期满之日起，对该行政机关按日处 50 元～100 元的罚款。③向行政机关的上一级行政机关或监察、人事机关提出司法建议。接受司法建议的机关，根据有关规定进行处理，并将处理情况告知人民法院。④拒不履行判决、裁定，情节严重构成犯罪的，依法追究主管人员和有直接责任人员的刑事责任。

（二）针对具体行政行为提起的强制执行

针对具体行政行为提起的强制执行又可称为非诉行政案件的执行，是指公民、法人或者其他组织既不履行已生效的具体行政行为所确定的义务，又不向人民法院提起行政诉讼，行政机关或由行政裁决行为所确定的权利人依法向人民法院提出执行申请，为使行政机关的具体行政行为得以实现，而由人民法院采取强制执行措施的制度。《行政诉讼法》第 66 条规定：公民、法人或者其他组织对具体行政行为在法定期限内不提起诉讼又不履行的，行政机关可以申请人民法院强制执行。

1. 非诉行政案件执行的特点。

（1）非诉行政案件的执行机关是人民法院，而不是行政机关。虽然非诉行政案件的执行申请人为行政机关，执行对象是具体行政行为，但拥有非诉讼行政案件强制执行权的不是行政机关，而是人民法院。

（2）非诉行政案件的执行根据是行政机关作出的具体行政行为，该具体行政行为没有进入行政诉讼，没有经过人民法院的裁判，而且已经发生法律效力。

（3）非诉行政案件的被执行人只能为公民、法人或者其他组织，执行申请人是行政机关或行政裁决确定的权利人。

（4）非诉行政案件的执行前提是公民、法人或者其他组织在法定期限内，既不提起行政诉讼，又拒不履行具体行政行为所确定的义务。

2. 非诉行政案件执行的适用范围。非诉行政案件执行的适用范围，解决的是在何种情况下行政机关可以申请人民法院强制执行具体行政行为，在何种情况下行政机关不能申请人民法院强制执行具体行政行为的问题。它事实上涉及人民法院与行政机关对具体行政行为强制执行的分工和对二者行政强制执行权的划分。根据我国《行政诉讼法》的规定，非诉行政案件执行的适用范围是：凡行政机关对具体行政行为没有强制执行权，以及行政机关和人民法院对具体行政行为皆享有强制执行权时，行政机关都可以申请人民法院强制执行该具体行政行为。具体适用范围如下：

（1）根据《行政诉讼法解释》第87条的规定，法律、法规没有赋予行政机关对该具体行政行为的强制执行权，公民、法人或者其他组织在法定期限内既不提起行政诉讼又不履行相应义务的，行政机关申请人民法院强制执行，人民法院应当依法受理。

（2）同样根据《行政诉讼法解释》第87条，法律、法规规定既可以由行政机关依法强制执行，也可以申请人民法院强制执行，行政机关申请人民法院强制执行的，人民法院可以依法受理。

（3）行政机关依法律、法规规定部分享有强制执行权，部分没有强制执行权，行政机关对没有强制执行权部分申请人民法院强制执行的，也属于非诉执行范围。

（4）如果法律、法规规定应当由行政机关依法强制执行的，行政机关不得向人民法院申请强制执行，应当依法自行强制执行，此类具体行政行为的执行，不属非诉行政案件的执行。此类具体行政行为不能纳入到非诉行政行为执行范畴。

【思考题】

1. 简述行政诉讼律师代理的特征。
2. 简述行政诉讼律师代理的行政争议的范围。
3. 试述律师接受代理行政诉讼的案件时，应当注意审查哪些事项？
4. 试述行政诉讼与行政复议的衔接上有几种类型？
5. 简述非诉行政案件执行的适用范围。

第 四 章

律师的刑事辩护与代理

【内容提要】律师在刑事诉讼中的辩护与代理，是律师业务中接触较多、也较核心的内容，尤其律师的刑事辩护工作，在某种意义上决定着对犯罪嫌疑人、被告人人权的保障，以及国家法律的正确实施。本章在概述刑事辩护制度的基础上，重点解读律师在刑事辩护和代理业务中的权利、义务、地位和作用，律师在刑事诉讼各阶段的辩护工作，以及律师在公诉案件、自诉案件和刑事附带民事诉讼中代理工作的内容、程序等。

【本章重点与难点】律师在刑事辩护和代理业务中的权利、义务和地位；律师在侦查、审查起诉和第一审审判程序中的辩护工作；律师在自诉案件和刑事附带民事诉讼中的代理工作。

第一节　律师的刑事辩护

一、刑事辩护概述

辩护是刑事诉讼中的一项基本职能，可以说哪里有指控，哪里就有辩护。即使在远古时代，其诉讼实行弹劾式诉讼，奉行当事人主义，被指控者有权就指控进行答辩，与指控方进行辩论。因此，就辩护行为作为一种自然之反应而言，其存在应当与人类历史一样久远。而且从自然法的意义上说，辩护权也应当属于每个人天然的、不可剥夺的权利。

（一）刑事辩护和辩护权的概念

刑事辩护的概念是一个历史范畴，现代刑事诉讼中的辩护，是指犯罪嫌疑人、被告人及其辩护人针对控方的指控，根据事实和法律，从实体上和程序上提出有利于被控人的证据和意见，论证控方的指控不能成立，维护被控人的合法权益，使其免受不公正对待和处理的一系列诉讼行为的总和。辩护是针对控诉而提出，是同控诉相对立的诉讼活动。只有犯罪嫌疑人、被告人及其辩护人才能进行辩护。

辩护权，是法律赋予犯罪嫌疑人、被告人针对指控进行辩解和反驳，以维护自己合法权益的一种诉讼权利，是犯罪嫌疑人、被告人各项诉讼权利中的核心。

根据《刑事诉讼法》的规定，从内容来看，辩护权主要包括以下几个方面：①针对犯罪指控进行辩解和反驳；②有权要求有关人员回避；③有权对公安司法机关的处理决定提出异议。

从辩护权行使的方式来看，辩护主要有以下三种：

1. 自行辩护。即犯罪嫌疑人、被告人自己针对指控进行反驳、申辩和辩解的行为。自行辩护是犯罪嫌疑人、被告人行使辩护权的重要方式，它贯穿于刑事诉讼的始终，无论在侦查阶段，还是在起诉、审判阶段，犯罪嫌疑人、被告人都有权自行辩护。

2. 委托辩护。即犯罪嫌疑人、被告人及其法定代理人与律师及其他有资格充当辩护人的公民订立委托协议，委托他们为自己进行辩护。我国《刑事诉讼法》第33条第1款规定，犯罪嫌疑人自被侦查机关第一次讯问或者采取强制措施之日起，有权委托辩护人；在侦查期间，只能委托律师作为辩护人。被告人有权随时委托辩护人。

3. 法律援助辩护。即在犯罪嫌疑人、被告人没有委托辩护人时，在法律规定的特殊情形下，经本人及其近亲属申请，或经公安机关、人民检察院和人民法院通知，由法律援助机构指派律师为其提供的辩护。《刑事诉讼法》第34条规定："犯罪嫌疑人、被告人因经济困难或者其他原因没有委托辩护人的，本人及其近亲属可以向法律援助机构提出申请。对符合法律援助条件的，法律援助机构应当指派律师为其提供辩护。犯罪嫌疑人、被告人是盲、聋、哑人，或者是尚未完全丧失辨认或者控制自己行为能力的精神病人，没有委托辩护人的，人民法院、人民检察院和公安机关应当通知法律援助机构指派律师为其提供辩护。犯罪嫌疑人、被告人可能被判处无期徒刑、死刑，没有委托辩护人的，人民法院、人民检察院和公安机关应当通知法律援助机构指派律师为其提供辩护。"第267条规定："未成年犯罪嫌疑人、被告人没有委托辩护人的，人民法院、人民检察院、公安机关应当通知法律援助机构指派律师为其提供辩护。"

（二）辩护人的范围

辩护人，是指接受犯罪嫌疑人、被告人的委托或者法律援助机构的指派，帮助犯罪嫌疑人、被告人行使辩护权以维护其合法权益的人。根据《刑事诉讼法》第32条第1款的规定，在我国，可以担任辩护人的人员有：

1. 律师。律师是指依法取得律师执业证书，为社会提供法律服务的执业人员。虽然取得律师资格但未取得律师执业证书并经注册登记的人员，仍不得以律师的身份接受委托，履行辩护职责。关于律师担任辩护人的限制，《律师法》第11条第2款规定："律师担任各级人民代表大会常务委员会组成人员的，任职期间不得从事诉讼代理或者辩护业务。"第41条规定："曾担任法官检察官的律师，从人民法院、人民检察院离任后2年内，不得担任诉讼代理人或者辩护人。"

2. 人民团体或者犯罪嫌疑人、被告人所在单位推荐的人。鉴于我国当前的律师队伍尚不能完全满足实际需要，为了有效地维护犯罪嫌疑人、被告人的合法权益，工会、妇联、共青团、学联等群众性团体以及犯罪嫌疑人、被告人所在单位，可以推荐公民担任刑事案件辩护人。

3. 犯罪嫌疑人、被告人的监护人、亲友。法律规定犯罪嫌疑人、被告人的监护人和亲戚朋友都可以接受委托担任辩护人，对其能够及时委托到辩护人，解决请辩护律师难的问题和及时有效地维护其合法权益是十分有利的。

《刑事诉讼法》第32条第2款和《最高人民法院关于适用〈中华人民共和国刑事诉讼法〉若干问题的解释》（以下简称《刑事诉讼法解释》）第35条规定，下列人员不得被委托担任辩护人：①正在被执行刑罚的人；②依法被剥夺、限制人身自由的人；③无行为能力或者限制行为能力的人；④人民法院、人民检察院、公安机关、国家安全机关、监狱的现职人员；⑤人民陪审员；⑥与本案审理结果有利害关系的人；⑦外国人或者无国籍人。但上述第④～⑦项规定的人员，如果是被告人的近亲属或者监护人，由被告人委托担任辩护人的，人民法院可以准许。

（三）刑事辩护的意义

我国的刑事辩护制度，是保障人民民主权利和加强社会主义法制在刑事诉讼中的重要体现。正确理解并认真贯彻这一制度，对于惩罚犯罪、保障人权，以及完成刑事诉讼的教育任务都具有重要意义。

1. 有利于公安司法机关准确、及时地查明案情和正确适用法律，提高办案质量。刑事案件形形色色，案件事实错综复杂，有罪无罪，此罪彼罪，是否处以刑罚，处以何种刑罚，往往不易区分。办案人员只有经过全面调查研究，认真听取控、辩双方的意见，才能防止主观片面性。

2. 有利于维护犯罪嫌疑人、被告人的合法权益。在刑事诉讼中，由于犯罪嫌疑人、被告人处于受追诉的地位，加上法律知识欠缺，不知道自己的诉讼权利等主客观方面的不利因素，常常使犯罪嫌疑人、被告人不敢辩护或不懂得怎样辩护，对于侵犯自己诉讼权利的行为也不知道如何处理。实行辩护制度，不仅可以消除犯罪嫌疑人、被告人的思想顾虑，而且可以使他们得到辩护人多方面的实际帮助，这对于维护他们的合法权益是十分必要的。

3. 有利于对公民进行法制宣传教育，使广大群众增强法制观念，使犯罪分子认罪伏法和接受改造。在法庭上，通过控辩双方互相辩论，可以使旁听的群众全面了解案情和事实真相，使公民懂得什么是违法犯罪行为，受到深刻的法制教育。另一方面，实行辩护制度，可以使被告人及其辩护人充分陈述有利于被告人的事实和理由，在此基础上做出的裁判才具有说服力，易于被被告人接受，能够减少不满情绪，有利于对他的改造。

（四）律师刑事辩护的特点

律师刑事辩护是律师法规定的执业律师的主要业务之一。律师的辩护是辩护制度的主要内容，也是律师制度的重要组成部分。与其他辩护人辩护相比，律师辩护有以下特点：

1. 专业性。律师一般都受过系统的法学教育，经过严格的律师资格考试，又受过专门的职业技能培训，是职业法律工作者，特别是一些执业多年的律师，往往具有丰富的办案经验，掌握娴熟的辩护技巧。

2. 独立性。刑事辩护律师具有独立的诉讼参与人身份，根据自己的意志依法进行辩护，独立履行职责，维护犯罪嫌疑人、被告人的合法权益，既不受公诉人意见的左右，也不受犯罪嫌疑人、被告人意志左右；既不能成为"第二公诉人"，也不是犯罪嫌疑人、被告人的代言人。

3. 组织性。与一般辩护人不同，律师进行辩护必须履行法律手续，要由律师所在的律师事务所统一接受委托、统一收费，签订委托合同。这有利于律师把为犯罪嫌疑人、被告人依法辩护视为履行社会职责。做到既对委托人负责，也对律师组织负责。

4. 一致性。律师参与刑事诉讼，依法担任辩护人的目的与司法机关进行诉讼的目的是一致的，即保证准确、及时地查明犯罪事实，正确适用法律，惩罚犯罪分子，保障无罪的人不受刑事追究。

二、辩护律师的权利、义务和责任

（一）辩护律师的权利

根据《刑事诉讼法》、《律师法》及其他有关规定，律师担任辩护人参加刑事诉讼时，主要享有下列诉讼权利：

1. 职务保障权。即辩护律师有权依据事实和法律独立进行各种辩护活动，国家机关、社会团体及任何个人不得非法干预和限制，辩护律师的辩护言论受法律保护，不受追究。我国《律师法》第37条第1款和第2款规定："律师在执业活动中的人身权利不受侵犯。律师在法庭上发表的代理、辩护意见不受法律追究……"可见，律师依法行使辩护业务受国家法律保护，不受任何单位、个人的非法干涉。这是律师履行辩护职责的重要保障，是律师依法行使其他诉讼权利的基础。

2. 阅卷权。即查阅、摘抄、复制与本案有关的材料的权利。《刑事诉讼法》第38条规定："辩护律师自人民检察院对案件审查起诉之日起，可以查阅、摘抄、复制本案的案卷材料……"案卷材料指诉讼文书和有关证据材料。

3. 会见通信权。根据《刑事诉讼法》第 37 条第 1～4 款的规定，辩护律师可以同在押的犯罪嫌疑人、被告人会见和通信。辩护律师持律师执业证书、律师事务所证明和委托书或者法律援助公函要求会见在押的犯罪嫌疑人、被告人，看守所应当及时安排会见，至迟不得超过 48 小时。危害国家安全犯罪、恐怖活动犯罪、特别重大贿赂犯罪案件，在侦查期间辩护律师会见在押的犯罪嫌疑人，应当经侦查机关许可。辩护律师会见犯罪嫌疑人、被告人时不被监听。

4. 了解案件情况、核实证据权。《刑事诉讼法》第 37 条第 4 款规定："辩护律师会见在押的犯罪嫌疑人、被告人，可以了解案件有关情况，提供法律咨询等；自案件移送审查起诉之日起，可以向犯罪嫌疑人、被告人核实有关证据。"

5. 调查取证权。《刑事诉讼法》第 41 条规定："辩护律师经证人或者其他有关单位和个人同意，可以向他们收集与本案相关的材料，也可以申请人民检察院、人民法院收集调查证据，或者申请人民法院通知证人出庭作证。辩护律师经人民检察院或者人民法院许可，并且经被害人或者其近亲属、被害人提供的证人同意，可以向他们收集与本案有关的材料。"《刑事诉讼法》第 39 条规定："辩护人认为在侦查、审查起诉期间公安机关、人民检察院收集的证明犯罪嫌疑人、被告人无罪或者罪轻的证据材料未提交的，有权申请人民检察院、人民法院调取。"

6. 提出辩护意见权。《刑事诉讼法》第 159 条规定："在案件侦查终结前，辩护律师提出要求的，侦查机关应当听取辩护律师的意见，并记录在案。"第 86 条第 2 款规定："人民检察院审查批准逮捕，可以询问证人等诉讼参与人；辩护律师提出要求的，应当听取辩护律师的意见。"第 170 条规定："人民检察院审查案件，应当听取辩护人的意见。"第 240 条规定："最高人民法院复核死刑案件，辩护律师提出要求的，应当听取辩护律师的意见。"

7. 参加法庭审理权。根据《刑事诉讼法》的规定，在法庭调查阶段，辩护律师在公诉人讯问被告人后经审判长许可，可以向被告人发问。经审判长许可，可以对证人、鉴定人发问；法庭审理中，辩护律师有权申请通知新的证人到庭，调取新的物证，重新鉴定或者勘验。在法庭辩论阶段，辩护律师可以对证据和案件情况发表意见并且可以和控方进行辩论。

8. 拒绝辩护权。《律师法》第 32 条第 2 款规定："律师接受委托后，无正当理由的，不得拒绝辩护或代理，但委托的事项违法，委托人利用律师提供的服务从事违法活动或者委托人隐瞒事实的，律师有权拒绝辩护或代理。"

9. 获取通知和司法文书权。人民法院确定开庭日期后，应当将开庭的时间、地点通知辩护律师，传票和通知书至迟在开庭 3 日以前送达。辩护律师有权获得人民检察院的起诉书和抗诉书副本，有权获得判决书和裁定书副本，有权获得与其行使辩护权有关的其他法律文书。

10．经授权的上诉权。在地方各级人民法院作出一审裁判时，经被告人同意或授权，辩护律师可以代为向上一级人民法院提起上诉。

11．其他权利。辩护律师的其他权利主要包括：①对符合回避事由的有关人员，有权申请回避；②对人民法院、人民检察院和公安机关及其工作人员阻碍其依法行使诉讼权利的，有权向同级或上级检察院申诉或控告；③有权申请变更强制措施，对于人民法院、人民检察院或者公安机关采取强制措施法定期限届满的，有权要求解除强制措施。

（二）辩护律师的义务

辩护律师在享有权利的同时，必须承担以下相应的义务：

1．特定证据展示义务。《刑事诉讼法》第40条规定："辩护人收集的有关犯罪嫌疑人不在犯罪现场、未达到刑事责任年龄、属于依法不负刑事责任的精神病人的证据，应当及时告知公安机关、人民检察院。"

2．依法执业义务。根据《刑事诉讼法》和《律师法》相关规定，辩护律师依法执业的义务包括：

（1）会见在押犯罪嫌疑人、被告人时，应当遵守看管场所的规定。

（2）参加法庭审判时要遵守法庭规则。

（3）未经人民检察院或者人民法院许可，不得向被害人或被害人提供的证人收集与本案有关的材料。

（4）不得破坏证据和干扰诉讼活动。不得帮助犯罪嫌疑人、被告人串供，隐匿、毁灭、伪造证据，不得威胁、引诱证人作伪证及进行其他干扰司法机关诉讼活动的行为。

（5）应当向法院出示物证，让当事人辨认，对未到庭的证人证言笔录、鉴定意见和其他作为证据的文书，应当当庭宣读。

（6）应当保守在执业活动中知悉的国家秘密、商业秘密，不得泄露他人的隐私。

（7）接受委托后，无正当理由不得拒绝辩护。

（8）不得有下列行为：①私自接受委托、收取费用，接受委托人的财物或者其他利益；②利用提供法律服务的便利谋取当事人争议的权益；③接受对方当事人的财物或者其他利益，与对方当事人或者第三人恶意串通，侵害委托人的权益；④违反规定会见法官、检察官以及其他有关工作人员；向法官、检察官以及其他有关工作人员行贿，介绍贿赂或者指使诱导当事人行贿，或者以其他不正当方式影响法官、检察官以及其他有关工作人员依法办理案件；⑤故意提供虚假证据或者威胁、利诱他人提供虚假证据，妨碍对方当事人合法取得证据；⑥煽动、教唆当事人采取扰乱公共秩序、危害公共安全等非法手段解决争议；⑦扰乱法庭秩序，干扰诉讼活动的正常进行。

3. 忠实服务义务。即辩护律师根据事实和法律，提出证明犯罪嫌疑人、被告人无罪、罪轻或者减轻、免除其刑事责任的材料和意见，依法维护犯罪嫌疑人、被告人的合法权益和其他诉讼权利。

另外，根据《刑事诉讼法》第46条的规定，辩护律师对在执业活动中知悉的委托人的有关情况和信息，有权予以保密。但是，辩护律师在执业活动中知悉委托人或者其他人准备或者正在实施危害国家安全、公共安全以及严重危害他人人身安全的犯罪的，应当及时告知司法机关。

（三）辩护律师的责任

辩护律师参加到刑事诉讼中只有一个目标，就是依法为犯罪嫌疑人、被告人进行辩护，维护犯罪嫌疑人、被告人的合法权益，因此，无论是当事人委托的辩护律师，还是法律援助机构指派的辩护律师，他们在刑事诉讼中都只有一个共同的责任。为此，《刑事诉讼法》第35条规定："辩护人的责任是根据事实和法律，提出犯罪嫌疑人、被告人无罪、罪轻或者减轻、免除其刑事责任的材料和意见，维护犯罪嫌疑人、被告人的诉讼权利和其他合法权益。"辩护律师的责任具体表现在以下三个方面：

1. 从实体上为犯罪嫌疑人、被告人进行辩护，维护其合法权利。所谓从实体上进行辩护，是指围绕犯罪嫌疑人、被告人的行为是否构成罪、构成什么罪、是否应当处罚、处以何种刑罚，从维护犯罪嫌疑人、被告人合法权益的角度提出有利于犯罪嫌疑人、被告人的材料和意见。一方面，通过提供证据，从事实上质疑、推翻指控证据或控方起诉认定的事实；另一方面，通过发表意见，从法律适用上分析、论证犯罪嫌疑人、被告人无罪、罪轻或者减轻、免除其刑事责任，维护其合法权益。

2. 从程序上为犯罪嫌疑人、被告人进行辩护，维护其合法权利。刑事诉讼不仅要解决犯罪嫌疑人、被告人是否有罪以及相关的刑事责任问题，而且刑事诉讼本身必然涉及犯罪嫌疑人、被告人在刑事诉讼过程中的人身权利、财产权利以及其他合法权益的限制与剥夺，涉及犯罪嫌疑人、被告人的诉讼权利能否依法得到保障。因此，辩护律师不仅要从实体上为其辩护，而且也要从程序上为其进行辩护，即维护犯罪嫌疑人、被告人的诉讼权利和其他合法权益。

具体讲，一方面，当犯罪嫌疑人、被告人的诉讼权利受到侵犯或剥夺时，辩护律师应当向公安司法机关提出意见，要求纠正或改变，保障犯罪嫌疑人、被告人依法充分行使诉讼权利；另一方面，对于犯罪嫌疑人、被告人人身权利、财产权利及其他合法权益受到不合法、不恰当的限制、剥夺的，提出相关证据和材料，要求办案机关和办案人员依法纠正或改变，并对其中侵犯犯罪嫌疑人、被告人合法权益的违法犯罪行为代理控告。

3. 为犯罪嫌疑人、被告人提供其他法律帮助。辩护律师应当解答犯罪嫌疑人、被告人提出的有关法律问题，为犯罪嫌疑人、被告人代写有关文书，案件宣判后，应当了解被告人的态度，征求其对判决的意见以及是否提起上诉等。

三、辩护律师在刑事诉讼中的地位和作用

（一）辩护律师在刑事诉讼中的地位

辩护律师在刑事诉讼中是独立的诉讼参与人，是犯罪嫌疑人、被告人合法权益的维护者。辩护律师独立的诉讼地位表现在三个方面：

1. 辩护律师是完全独立并对立于控诉方的一种诉讼参与人。辩护律师是为了加强犯罪嫌疑人、被告人的抗辩能力才产生并加入到刑事诉讼中的，这就决定了辩护律师天生是独立于控诉方并对立于控诉方的。所谓独立于控诉方，是指辩护律师的产生及诉讼行为都不受制于或取决于控诉方的意志。所谓对立于控诉方，是指辩护律师的产生及诉讼行为是针对控诉方的指控，以维护犯罪嫌疑人、被告人的合法权益和其他诉讼权利为出发点和追求目标。这就决定了辩护律师在刑事诉讼中必须以维护犯罪嫌疑人、被告人的合法权益为天职，而不能充当第二控诉人，从事不利于犯罪嫌疑人、被告人的行为，除非法律另有规定。当然，辩护律师与控诉方的对立只是诉讼立场上的对立，并不是诉讼目标的对立。从诉讼目标来讲，控辩双方参与诉讼的目的和追求的价值是一致的，都是为了维护法律的正确实施，实现正义。

2. 辩护律师是独立于犯罪嫌疑人、被告人的一种诉讼参与人。辩护人与犯罪嫌疑人、被告人的关系，不同于诉讼代理人和当事人的关系。辩护律师参与诉讼是履行法律规定的职责，而不是基于犯罪嫌疑人、被告人的授权。虽然在委托辩护中，辩护人要在接受犯罪嫌疑人、被告人委托以后才能取得辩护资格，但是辩护人在接受委托以后，在法律上享有独立的诉讼地位，以自己的名义，根据事实和法律，独立进行辩护，不受犯罪嫌疑人、被告人意思表示的约束。辩护律师依据自己对证据的判断、事实的认定与法律的理解，提出有利于犯罪嫌疑人、被告人的材料和意见，维护其合法权益。对犯罪嫌疑人、被告人的要求和意见，律师应充分听取，但只能支持其合法的要求，接受其正确的意见；对非法的要求和意见要对其进行法律教育，让其放弃或收回。

3. 辩护律师是独立于审判人员的一种诉讼参与人。从诉讼结构上讲，审判人员是属于控辩对立双方之间的中立的第三方，辩护律师不可能、也不应该站在审判人员一方，而是独立的一方。律师如何进行辩护，取决于自己对案件事实的认识和对法律的理解，根据自己的经验制定辩护策略，发表辩护意见，不受审判人员意志左右。审判人员应当充分保障辩护律师的诉讼权利，重视辩护律师提出的材料和意见，注意发挥律师的辩护作用，对于侵犯律师合法权益的言行，审判人员应当及时制止。律师对于法庭审理过程中的违法行为，有权要求纠正；对于审判人员、检察人员侵犯律师诉讼权利和对律师进行人身侮辱的行为，有权提出控告。

（二）辩护律师在刑事诉讼中的作用

作为刑事辩护制度的核心，辩护律师在刑事诉讼中发挥着主导作用。具体体现在以下两方面：

1. 弥补犯罪嫌疑人、被告人辩护能力之不足，维护犯罪嫌疑人、被告人的合法权益。在刑事诉讼中，虽然犯罪嫌疑人、被告人可以自行辩护，但却有很大的局限性。首先，犯罪嫌疑人、被告人属于被追究刑事责任的对象，处于被讯问被审判的地位，虽然对自己是否实施犯罪最清楚，但由于担心对指控作辩护会被认为是狡辩，认罪态度不好而从重处罚，因此顾虑重重，不敢理直气壮地为自己辩护。其次，犯罪嫌疑人、被告人在诉讼过程中往往被采取了强制措施，人身自由受到限制或剥夺，无法亲身收集对自己有利的证据，使辩护缺乏基础，反驳控诉显得力不从心。最后，绝大多数的犯罪嫌疑人、被告人对法律知之不多，缺乏辩护能力，使辩护权的行使受到很大限制。律师作为熟悉法律的专业工作者，能够弥补犯罪嫌疑人、被告人法律知识的不足，充分提出证明无罪、罪轻或者减轻、免除其刑事责任的材料和意见。防止冤枉无辜或者轻罪重罚、无罪判为有罪，切实有效地帮助犯罪嫌疑人、被告人，依法维护其合法权益。

2. 有助于公安司法机关正确处理案件。辩护与控诉的平等对抗，是现代诉讼的必要机制，是公正审判的有力保障。在侦查阶段、审查起诉阶段，辩护律师根据事实和法律提出对犯罪嫌疑人有利的意见，有助于公安司法人员全面审查案情，准确适用法律，正确作出是否移送审查起诉，起诉或不起诉的决定；法庭审理阶段，辩护律师针对控诉方提出的指控，提出对被告人有利的材料和意见，反驳控方主张，控辩双方在法庭上针锋相对，互相辩论，有助于审判人员全面了解案情，正确判断证据，准确适用法律，对案件作出正确裁判。

四、诉讼不同阶段的律师工作

辩护律师介入刑事诉讼可以分为三个阶段：侦查阶段、起诉阶段和审判阶段。

（一）侦查阶段的律师辩护

《刑事诉讼法》规定，犯罪嫌疑人在侦查阶段就可以委托律师为其辩护，换言之，法律明确了律师在侦查阶段有了辩护人的地位，有权利行使辩护权。

1. 侦查阶段律师辩护的内容。《刑事诉讼法》第36条规定："辩护律师在侦查期间可以为犯罪嫌疑人提供法律帮助；代理申诉、控告；申请变更强制措施；向侦查机关了解犯罪嫌疑人涉嫌的罪名和案件有关情况，提出意见。"律师在侦查阶段的辩护工作主要包括以下几项：会见在押或被指定居所监视居住的犯罪嫌疑人、办理取保候审、代理申诉控告、提交辩护意见等。

（1）向侦查机关了解犯罪嫌疑人涉嫌的罪名和案件的有关情况。　除涉及国家机密案件，我国《刑事诉讼法》明确规定律师可以了解犯罪嫌疑人涉嫌犯罪的罪名及案件事实。

（2）会见在押或被指定居所监视居住的犯罪嫌疑人，了解案件情况，为其提供法律帮助、法律咨询。律师在了解到案件基本情况之后，要向犯罪嫌疑人提供相关的法律帮助，解释法律规定，告知其可能面临的处罚，以及通过辩护可能达到的法律效果，打消其顾虑，并告知犯罪嫌疑人应当享有的各项诉讼权利及人身权利。法律咨询主要是对罪名的解释，量刑的幅度，犯罪的构成等给犯罪嫌疑人予以释明。这是律师在侦查阶段辩护工作中最重要的一项，目前，我国绝大多数犯罪嫌疑人是被羁押在看守所或被指定监视居住在一定的居所里，因内外相隔，近亲属为犯罪嫌疑人委托了律师之后，或者法律援助机构指派辩护律师后，最迫切需要的就是让律师会见到被关押或被指定居所监视居住的犯罪嫌疑人，了解里面的关押情况。而被关押或指定居所监视居住的犯罪嫌疑人也急切地想要见到律师，了解所涉嫌罪名及量刑情况，同时感受到亲人的关怀和关心。《刑事诉讼法》及相关司法解释的修订出台，给辩护律师顺利会见在押或被指定居所监视居住的犯罪嫌疑人提供了方便。

（3）代理犯罪嫌疑人提出申诉和控告。《刑事诉讼法》第14条第2款规定："诉讼参与人对于审判人员、检查人员和侦查人员侵犯公民诉讼权利和人身侮辱的行为，有权提出控告。"可见，对于侦查中存在的侵害犯罪嫌疑人合法权益的情形，辩护律师可以为其代理申诉和控告。犯罪嫌疑人的合法权益受侵可能来自人身的，如来自办案人员的刑讯逼供等、来自管教或同监室人员的"躲猫猫"、"喝凉白开"、"系鞋带"等。也可能来自财产方面的，比如车辆被非法扣押，公司财产被非法冻结等。如果出现以上情况，辩护律师应当及时向有关机关提出申诉控告。

（4）为犯罪嫌疑人申请取保候审或要求公安机关撤销或解除强制措施。《刑事诉讼法》第97条规定："人民法院、人民检察院或者公安机关对被采取强制措施法定期限届满的犯罪嫌疑人、被告人，应当予以释放、解除取保候审、监视居住或者依法变更强制措施。犯罪嫌疑人、被告人及其法定代理人、近亲属或者辩护人对于人民法院、人民检察院或者公安机关采取强制措施法定期限届满的，有权要求解除强制措施。"可见，辩护律师在符合法定条件下有权利也有义务为在押的犯罪嫌疑人申请取保候审或要求公安机关撤销或解除强制措施。

2. 侦查阶段律师辩护的程序。

(1) 告知程序。侦查机关在第一次讯问犯罪嫌疑人或者对犯罪嫌疑人采取强制措施的时候，应当告知犯罪嫌疑人有权委托辩护人。

(2) 申请程序。犯罪嫌疑人提出委托要求的，侦查机关应记录在案。在押或被指定居所监视居住的犯罪嫌疑人要求委托辩护律师的，看守所等应当及时将其请求转达办理案件的侦查机关。

(3) 委托程序。犯罪嫌疑人可以自己委托辩护律师，犯罪嫌疑人在押或被指定居所监视居住的，也可以由其监护人、近亲属代为委托辩护人。

犯罪嫌疑人是未成年人或者盲、聋、哑人的，可以由其法定代理人或近亲属代为委托律师。犯罪嫌疑人如果提出明确的律师事务所或者律师姓名，直接委托的，侦查机关应当将犯罪嫌疑人的委托意见及时传递到该律师事务所。如果提出由亲友代为委托的，应当将委托人的意见及时传递到该亲属。如果犯罪嫌疑人提出委托律师，但没有具体委托对象或者作为委托的人，侦查机关应当通知当地律师协会或者司法行政机关为其推荐律师。委托意见可以书面提出，也可以口头提出。口头提出的，应当记明笔记，由犯罪嫌疑人签名或者盖章。

(4) 要求会见程序。《刑事诉讼法》第 37 条第 2 款规定："辩护律师持律师执业证书、律师事务所证明和委托书或者法律援助公函要求会见在押的犯罪嫌疑人、被告人的，看守所应当及时安排会见，至迟不得超过 48 小时。"

(5) 批准会见的程序。《刑事诉讼法》第 37 条第 3 款规定："危害国家安全犯罪、恐怖活动犯罪、特别重大贿赂犯罪案件，在侦查期间辩护律师会见在押的犯罪嫌疑人，应当经侦查机关许可。上述案件，侦查机关应当事先通知看守所。"

(6) 会见程序。辩护律师会见在押的犯罪嫌疑人时应当遵守监管场所和有关机关关于会见的规定，辩护律师会见不被监听，而且，对在会见中知悉的委托人的有关情况和信息，有权予以保密。

(7) 代为申请取保候审或解除取保候审的程序。辩护律师代为向公安机关等侦查机关申请取保候审的，有关机关接到申请后，应当在 3 日内作出是否同意的答复。同意的，依法办理取保候审手续；不同意的，应当告知辩护律师，并说明不同意的理由。辩护律师发现对被取保候审人不应当追究刑事责任，或取保候审超过期限要求解除的，决定机关应当在 7 日以内审查决定，经审查认为不符合解除条件的，应当书面答复申请律师。

律师在侦查阶段作为辩护人介入诉讼，解决了原来司法实践中辩护律师在刑事辩护中会见难、阅卷难、取保候审难以及在侦查阶段无所作为的难题，大大提升了辩护律师在刑事诉讼中的作用，也有效保障了犯罪嫌疑人、被告人的辩护权利。是司法公正、诉讼民主的重要表现。

（二）起诉阶段的律师辩护

刑事案件由侦查机关向人民检察院移送审查起诉后，律师享有的辩护权利较之侦查阶段有一定进步，可以查阅、摘抄和复制本案的案卷材料，可以向犯罪嫌疑人、被告人核实有关证据。在这一阶段，律师主要是为案件移送法院后行使辩护职能做好准备工作，主要包括以下内容：

1. 查阅、摘抄和复制本案的案卷材料。《刑事诉讼法》第 38 条规定："辩护律师自人民检察院对案件审查起诉之日起，可以查阅、摘抄、复制本案的案卷材料。"案卷材料包括案件的诉讼文书和证据材料，所谓诉讼文书，一般指立案决定书、拘留证、提请批准逮捕书、批准逮捕决定书、逮捕证、搜查证、起诉意见书等为立案、采取强制措施和侦查措施以及提请审查起诉而制作的程序性文件。

辩护律师查阅、摘抄和复制本案的案卷材料时，由案件管理部门及时安排，由公诉部门提供案卷材料。因公诉部门工作等原因无法及时安排的，应当向辩护人说明，并安排辩护人自即日起 3 个工作日以内阅卷，公诉部门应当予以配合。人民检察院应当提供阅卷场所，必要时，人民检察院可以派员在场协助。

律师在查阅案卷材料时，应当着重审阅公安机关的起诉意见书。尤其要注意犯罪嫌疑人被控的犯罪事实是否成立，证据是否确实充分，犯罪的情节、手段、后果是否可信；对犯罪的定性是否正确，犯罪嫌疑人有无自首、立功、坦白等法定从轻、减轻或免除刑罚的情节；在共同犯罪中本委托人所处地位、所起作用；指控适用的法律是否适当，对犯罪的定性是否正确。

2. 会见在押或被指定居所监视居住的犯罪嫌疑人，核实有关证据。在审查起诉阶段，辩护律师会见犯罪嫌疑人无须经过检察机关批准，可以随时会见。《刑事诉讼法》第 37 条第 4 款规定："辩护律师会见在押的犯罪嫌疑人、被告人，可以了解案件有关情况，提供法律咨询等；自案件移送审查起诉之日起，可以向犯罪嫌疑人、被告人核实有关证据。"

辩护律师会见犯罪嫌疑人应当做好以下工作：

（1）进一步确定委托关系，征询犯罪嫌疑人是否同意律师做他的辩护人。如果律师发现有拒绝辩护的情况，可向犯罪嫌疑人说明；经进一步调查情况不能消除的，应拒绝辩护。

（2）询问有无能够证明其无罪、罪轻、减轻或免除其刑事责任的证据材料或线索，向犯罪嫌疑人核实证据。

（3）给犯罪嫌疑人以法律上的帮助，重申犯罪嫌疑人在诉讼中享有的诉讼权利。

会见在押犯罪嫌疑人，要遵守检察机关、看守部门的规定，按照法律规定的程序和手续进行。辩护律师应持律师执业证书、律师事务所证明和委托书或者法律援助公函会见在押或被指定居所监视居住的犯罪嫌疑人。关于会见犯罪嫌疑人的时间和次数，法律未作限制，视案件情况和工作需要确定。关于会见场所，由看守部门指定地点并作出相应安排。看守部门应对律师会见在押犯罪嫌疑人提供必要的方便，不得以任何借口推脱或阻挠、干扰会见，或监听。

3. 调查取证。根据《律师法》、《刑事诉讼法》规定，辩护律师可以向被害人、被害人近亲属、证人或者其他有关单位收集与案件有关的材料，也可以申请人民检察院收集、调取证据。调查取证是辩护律师执行辩护业务的一项法定权利，也是查明案件事实真相的重要手段。辩护律师在调查取证时应当注意以下事项：

（1）调查时须出示律师事务所的调查证明和律师执业证书，一般不得少于2人。

（2）调查要取得有关单位和个人的同意，对于有关单位和个人拒绝会见或拒绝提供材料的，辩护律师有权申请人民检察院收集调取。辩护律师认为有必要也可径行申请人民检察院调取。

（3）辩护律师向被害人或其近亲属、被害人提供的证人调查收集证据，必须经上述人员同意并经人民检察院许可。

（4）辩护律师向有关单位或个人调查取证，必须说明调查的目的和要求，遵守法律的有关规定。严禁以暴力、引诱、威胁、欺骗等非法方法收集证据。律师要忠实于事实真相，不得隐瞒事实，伪造证据。

（5）律师调查应针对不同对象注意调查的方式方法。调查应做好调查笔录，由被调查人核对无误后签名或盖章。

4. 向公诉机关提出辩护意见。依《刑事诉讼法》第170条规定，人民检察院审查案件，应当听取辩护律师的意见，并且记录在案。依《人民检察院刑事诉讼规则》（以下简称《规则》）第54条规定，在人民检察院审查起诉过程中，辩护律师提出要求听取其意见的，案件管理部门应当及时联系侦查部门、侦查监督部门或者公诉部门对听取意见作出安排。辩护律师提出书面意见的，案件管理部门应当及时移送侦查部门、侦查监督部门或者公诉部门。

5. 向公诉机关提出解除、撤销、变更犯罪嫌疑人强制措施的意见。犯罪嫌疑人在审查起诉阶段被超期羁押的，辩护律师有权要求对其依法释放或变更强制措施。

6. 代理犯罪嫌疑人提出控告、申诉。依《刑事诉讼法》第177条规定，人民检察院以犯罪嫌疑人犯罪情节轻微，依照刑法规定不需要判处刑罚或者免除刑罚为由，予以不起诉处理的，被不起诉人如果不服，可以自收到决定书后 7 日以内向人民检察院申诉。人民检察院应当作出复查决定，通知被不起诉的人。依《规则》第 57 条规定，辩护人认为人民检察院及其工作人员具有阻碍其依法行使诉讼权利的行为之一的，可以向同级或者上一级人民检察院申诉或者控告，控告检察部门应当接受并依法办理，相关办案部门应当予以配合。

（三）第一审审判程序中的律师辩护

在刑事诉讼过程中，从立案到执行，矛盾的焦点和争议的中心都集中在审判阶段。如果审判阶段的律师辩护没有有效地进行，将最终损害被告人的合法权益和刑事诉讼程序的公正性。

在审判阶段的辩护律师主要是指自诉案件的被告人委托律师或法律援助辩护。公诉案件的律师辩护则始于侦查阶段，并延续至审判阶段。当人民法院进行开庭前的准备工作时，发现被告人尚没有委托辩护人或法律援助律师的，应当自受理案件之日起 3 日以内，告知被告人有权委托辩护人。

1. 接受委托或指派。律师事务所可以接受被告人或其亲友的委托，指派律师担任被告人的辩护人，并与委托人办理委托手续。律师事务所也可以接受法律援助机构的指派，指派律师为被告人进行辩护。根据《刑事诉讼法》第 34 条、第 267 条的规定，符合法律援助辩护条件的有三种情况：①被告人因经济困难或者其他原因没有委托辩护人的；②被告人是盲、聋、哑人，或者审判时未满 18 周岁的未成年人，或者是尚未完全丧失辨认或者控制自己行为能力的精神病人；③被告人可能被判处无期徒刑、死刑而没有委托辩护人的。对第一种情况，法律援助机构可以根据实际情况酌情决定是否为被告人指派辩护律师，对于后两种情况，法律援助机构应当为被告人指派辩护律师。指派律师辩护的，应当由法律援助机构开具法律援助公函，律师事务所指派律师。

2. 审查管辖。辩护律师在接受辩护任务后应注意审查该案是否属于受案法院管辖。发现应由其他法院管辖的，应当及时以书面方式向法院提出，请求移送。

3. 做好开庭前的准备工作。

（1）查阅、摘抄、复制案卷材料。在阅卷时，要着重审查以下内容并复制相关材料：①起诉书指控的事实有哪些相关证据，这些证据是否确实充分。②被告人是否认罪。③被告人认罪的，审查其认罪是否符合事实与法律的规定；审查构成犯罪的，着重收集是否构成其他轻罪的依据；是否具备自首等法定和酌定从轻情节。④被告人不认罪的，审查其辩解是否合理，有无证据予以支持；审查指控证据是否有矛盾、漏洞。需要将指控证据和辩解证据均收集到位，以备分析。⑤证人、鉴定人、勘验、检查、辨认、侦查实验笔录制作人的自然情况及作证时是否违反法定程序。⑥被害人的基本情况及其陈述是否客观。律师在查阅、复制、摘抄案卷材料后,应当及时审查分析,制作阅卷笔录。

(2) 会见和通信。辩护律师会见在押或被指定居所监视居住的被告人,一般由 2 名人员进行,其中一名可以是律师助理。会见时应当携带起诉书副本、授权委托书或法律援助公函、律师事务所会见被告人介绍信、律师执业证。

辩护律师在此阶段会见被告人时,重点了解以下情况:①收到起诉书副本的时间;②被告人是否认可起诉书所指控的罪名和事实;③起诉书指控的从重、加重情节是否存在;④被告人有无相关辩解(无罪或罪轻)并要求其陈述辩解的理由;⑤有无从轻、减轻、免予处罚的事实、情节和线索;⑥是否有检举揭发他人犯罪的立功表现;⑦是否存在超期羁押及合法权益受到损害等情况。

同时,辩护律师要向被告人告知以下情况:①律师的辩护准备工作和初步的辩护要点,听取被告人意见,研究律师与被告人在法庭审理时的分工和协调。如果被告人与辩护律师的意见不一致,可以作些解释。如果分歧较大,律师可以坚持自己的观点,将有分歧的事项交给被告人自行辩护。②交代法庭审理中的注意事项,使被告人了解自己在法庭上享有的诉讼权利,鼓励其在法庭上充分行使自己的辩护权,教育被告人在法庭上忠于事实真相,如实回答讯问。

(3) 调查取证。辩护律师在审判阶段调查取证的规定与起诉阶段基本相同。律师也可以直接申请人民法院收集、调取证据。

(4) 开庭准备。辩护律师在开庭前对案件的公诉人、审判组织和审判方式等,可以与人民法院交换意见和看法,对涉及专门机关工作人员和其他诉讼参与人回避的,及时提出回避的申请,对不适用简易程序的,可以要求人民法院依法组成合议庭,对应当出庭的证人、鉴定人,可以申请法院通知鉴定人、传唤证人出庭作证,对涉及商业秘密可以不公开审理的案件,建议法庭不公开审理。

辩护律师开庭前应当根据本案的事实和证据,制作出庭提纲。出庭提纲内容包括:①发问提纲(包括发问被告人、同案被告人、被害人、证人、鉴定人等);②质证意见(对控诉方证据三性提出异议);③举证提纲;④辩护意见及答辩提纲。确定辩护方案时,根据案件的具体情况,可以从无罪、罪轻、从轻、减轻或者免除刑罚的辩护、不追究刑事责任的辩护、程序违法的辩护等几个角度加以考虑。确定辩护要点要有的放矢,避免漫无目的地普遍撒网或在一些无意义的细节上纠缠不放。

4. 参加法庭审判。法庭审判分为开庭、法庭调查、法庭辩论、被告人最后陈述、评议和宣判五个阶段,各个阶段中辩护律师的工作侧重点均有所不同。

(1) 开庭阶段的工作。律师在开庭阶段的工作主要包括:法庭组成是否符合法律规定,是否有依法回避的人员而没有回避,法庭有无全面告知被告人应当享有的诉讼权利；审判方式是否合法，应当到庭的人员尤其证人、鉴定人是否到庭等情况。辩护律师发现开庭情况违反法律规定的，应当及时向法庭提出并要求予以纠正。法庭核对被告人年龄、身份、有无前科劣迹等情况有误，可能影响案件审理结果的，律师应认真记录，在法庭调查时予以澄清。

（2）法庭调查阶段的工作。

第一，听取公诉人、自诉人宣读起诉书或自诉状，注意指控的内容是否有变化，以便对辩护意见作相应调整。

第二，听取被告人、被害人就起诉书指控的犯罪进行的陈述，注意被告人在法庭上的供述和辩解与以前有无变化，与其他证据是否呼应。

第三，听取公诉人、审判长对被告人的讯问，并作好相应记录，随时调整发问提纲。辩护律师应注意公诉人在发问中有无指供、诱供、问供等情形，如果发现，要及时提请法庭予以纠正。对被告人有利的情节，公诉人没有涉及的，辩护律师要利用自己询问的机会适时发问。

第四，经审判长许可，可向被告人发问，避免就已问过且被告人已明确回答的问题发问，被告人承认起诉书指控的事实及罪名的，且在公诉人讯问过程中已基本如实供述犯罪事实的，辩护人可以就对被告人有利的相关情节进行补充发问。被告人有辩解的，辩护律师应当详细发问其辩解的内容，并要求其向法庭说明其辩解的相关依据。

第五，对当庭出示的物证，当庭宣读的未到庭的证人证言笔录、鉴定意见，勘验、检查、辨认、侦查实验笔录和其他作为证据的文书发表意见，对证据的客观性、关联性和合法性进行质疑，指出其中的矛盾、不合理之处。

第六，传唤辩方证人出庭作证并进行提问，向法庭出示能够证明被告人无罪、罪轻或者应当或可以从轻、减轻或免除刑罚的物证书证，宣读未到庭的证人证言、鉴定意见，申请调取新的物证，申请重新鉴定或勘验、辨认、侦查实验。

（3）法庭辩论阶段的工作。法庭辩论是辩护律师实现辩护职能的关键时刻。在这一阶段，辩护律师应做好以下工作：

第一，认真聆听公诉人发表的公诉意见，记录要点，补充辩护意见，列好答辩提纲。辩护律师除认真听取公诉人的公诉词外，还要注意听取被害人及其诉讼代理人发表的意见。

第二，发表辩护意见。辩护律师应针对控诉方的指控，从事实是否清楚、证据是否确实充分、适用法律是否准确、诉讼程序是否合法等方面进行分析论证，提出对被告人定罪量刑的意见。

做罪轻辩护的，辩护意见主要包括以下要点：被告人犯罪的主观恶性较小；共同犯罪的作用次要；具有自首、立功等从轻情节；认罪态度好，悔罪表现佳；

被告人身体状况不佳不宜羁押及家庭情况需要照顾；适用缓刑无社会危险性及已落实监管的情况；不属于罪行极其严重的不宜处死刑立即执行；未成年人、孕妇、精神病人不能判处死刑；未成年人、精神病人、盲聋哑人应当从轻处罚。

做无罪辩护的，应主要从以下方面进行：控诉方指控的证据不足，没有形成完整的证据锁链，不能认定被告人有罪；有证据证明被告人的行为情节显著轻微，危害不大，不认为是犯罪；或被告人行为系合法行为；或被告人没有实施控诉方指控的犯罪行为；以及其他依法认定被告人无罪的情况。

第三，与控方展开辩论。辩护律师发表辩护词后，公诉人会进行答辩。公诉人在进行答辩时，除了进一步阐述起诉书和公诉词的观点外，会对辩护词中的观点和意见进行一些反驳和补充，还可能提出新的观点。辩护律师要根据事先拟定的答辩提纲，针对公诉人的发言进行及时地答辩，与控方展开辩论。

辩护律师在法庭辩论时应当注意：①围绕定罪量刑这一中心，抓住要害，突出重点，不纠缠枝节。②引用的证据客观、法条准确，核对无误。③观点明确，论据充分，论证有力，逻辑严谨，用词准确，语言简洁。④运用法言法语，以说服法官为目的，不搞哗众取宠。⑤有理、有利、有节，尊重法庭，尊重对方，不得讽刺、挖苦、谩骂、嘲笑他人。如果公诉人存在讽刺、挖苦、谩骂、嘲笑辩护律师的情况，律师要表现大度，一方面明确指出人身攻击是违反职业道德的，并明确表态本人不会与之互相人身攻击，另一方面就事实与法律再进一步阐述，不与公诉人斗气，不互相人身攻击。⑥在与控诉方辩论时，应简洁有力，着重针对控诉方的新问题、新观点及时提出新的辩护意见。

（4）被告人最后陈述阶段的工作。如果被告人最后陈述的权利被剥夺或受到无理限制，辩护律师应当要求法庭依法保障被告人这一重要权利。如果被告人在最后陈述中提出新的事实或证据，应及时请求法庭恢复法庭调查，待查清事实核实证据后，再进行辩论和最后陈述；新事实和证据一时查不清的，可以申请延期审理。

（5）评议和宣判阶段的辩护工作。在此阶段，辩护律师的主要工作有：①参加法庭宣判，听取判决内容，注意审判长是否向被告人交代清楚上诉权利、上诉方式和上诉期限。②及时会见被告人，询问其对判决的意见，如果被告人认为判决不当，律师可协助被告人提出上诉。

以上侧重解读公诉案件第一审程序中的律师辩护工作，自诉案件的法庭审判有其自身的特点，如可以调解、和解、撤诉、反诉等，辩护律师要针对自诉案件的特点，适当调整辩护工作的侧重点，特别要重视以下几点：①积极配合法院作好对当事人的调解工作，促成控辩双方达成调解协议。②对当事人进行法制教育，化解矛盾，相互谅解，增进团结，促成当事人和解撤诉，防止矛盾激化。

③具备反诉条件的，积极支持被告人提起反诉，维护被告人的合法权益。

（四）第二审审判程序中的律师辩护

第二审程序中的律师辩护主要针对原审判决认定事实是否错误、法律适用是否错误和审判程序是否违法进行辩护。辩护律师在第二审程序中的工作主要有：

1. 会见被告人，听取被告人对第一审判决的意见。

2. 制作上诉状。除了原审起诉书指控的罪名与事实外，主要针对的是第一审法院认定的事实，适用的法律、判处的刑罚和程序等内容；如果第二审程序是由人民检察院抗诉启动的，还要针对人民检察院的抗诉发表意见。

3. 查阅、摘抄、复制有关案件材料，调查取证。要有重点、有目的地围绕原审判决存在的错误或者诉讼程序存在的问题进行。

4. 制作辩护材料。二审辩护不受上诉范围或抗诉理由的限制，如果二审法院不开庭审理，辩护律师更要注重辩护词的撰写，通过辩护词充分全面地表达辩护意见。

5. 参加二审审判活动。辩护律师在二审法院开庭审理中的工作，参照第一审相关活动的规则进行。

（五）再审程序中的律师辩护

根据《律师法》第 28 条的规定，律师可以接受委托，代理各类诉讼案件的申诉。辩护律师作为专门从事法律工作的人员，既有责任维护被告人的合法权益，更有义务维护法律的正确实施。对已经生效的刑事裁判，律师可以接受委托代为申诉，并在申诉或人民检察院抗诉引起的再审程序中担任辩护人。

辩护律师在再审程序中的工作内容有：①与委托人谈话，了解情况；②查阅卷宗，调查访问，收集与审查证据；③与相关的审判机关联系交涉；④撰写申诉状。

辩护律师在再审程序中的工作方法，需要根据再审是第一审程序还是第二审程序而有所区别。

第二节 刑事诉讼中的律师代理

刑事诉讼中的律师代理是与律师辩护制度相对应的、用以维护被害人、自诉人和刑事附带民事诉讼当事人合法权益的一项重要制度。刑事诉讼律师代理制度有利于维护自诉人、公诉案件被害人、附带民事诉讼当事人的合法权益，有利于公安司法机关严格诉讼程序，及时查明案件事实、分清是非，正确适用法律、公正处理案件。

一、刑事诉讼中的律师代理概述

（一）刑事诉讼中的律师代理的概念和特征

刑事诉讼中的律师代理，简称律师刑事代理，是指律师接受自诉案件的自诉人及其法定代理人、公诉案件的被害人及其法定代理人或近亲属、附带民事诉讼的当事人及其法定代理人的委托，在受委托的权限范围内参与诉讼，以维护委托人的合法权益，保证国家法律正确实施的活动。《刑事诉讼法》第44条规定："公诉案件的被害人及其法定代理人或者近亲属，附带民事诉讼的当事人及其法定代理人，自案件移送审查起诉之日起，有权委托诉讼代理人。自诉案件的自诉人及其法定代理人，附带民事诉讼的当事人及其法定代理人，有权随时委托诉讼代理人。人民检察院自收到移送审查起诉的案件材料之日起3日以内，应当告知被害人及其法定代理人或者其近亲属、附带民事诉讼的当事人及其法定代理人有权委托诉讼代理人。人民法院自受理自诉案件之日起3日以内，应当告知自诉人及其法定代理人、附带民事诉讼的当事人及其法定代理人有权委托诉讼代理人。"刑事诉讼中的律师代理具有以下特征：

1. 代理只能发生在刑事诉讼过程中。即自刑事案件立案到裁判生效这一阶段，律师才可以接受委托，进行代理活动。至于已经生效的裁判存在错误时，代理公民提出申诉的行为，一般不包括在诉讼代理之中。

2. 被代理人是自诉案件的自诉人及其法定代理人，公诉案件的被害人及其法定代理人或近亲属，以及附带民事诉讼的当事人及其法定代理人。

3. 必须办理委托手续，在授权范围内进行活动。律师参与诉讼的基础是委托人的委托，活动的范围是委托人授权，未经委托人同意，代理律师不得擅自转委托。

4. 代理人的范围有明确限制，即专指持有有效证书、执行法律事务的律师。

（二）刑事诉讼中的律师代理的种类

由于诉讼客体的多样性和代理对象的广泛性，刑事诉讼律师代理的种类较多，主要有自诉案件的律师代理、公诉案件的律师代理和刑事附带民事诉讼的律师代理。

（三）刑事诉讼中代理律师的权利和义务

1. 刑事诉讼中代理律师的权利。根据《刑事诉讼法》和《律师法》的相关规定，刑事诉讼中的代理律师享有以下权利：

（1）查阅、摘抄、复制案件材料权。《律师法》第34条规定："受委托的律师自案件审查起诉之日起，有权查阅、摘抄和复制与案件有关的诉讼文书及案卷材料。受委托的律师自案件被人民法院受理之日起，有权查阅、摘抄和复制与案件有关的所有材料。"

（2）调查取证权。代理律师有权向有关单位和个人调查情况，有权向他们收集与本案有关的证据材料。根据案情的需要，还可以申请人民检察院、人民法院收集、调取证据或者申请人民法院通知证人出庭作证。

（3）向公安司法机关了解案情和提出意见权。代理律师有权利向公安司法机关了解案件情况，公诉案件被害人的代理律师有权在审查起诉阶段介入诉讼；人民检察院审查案件，应当听取被害人委托的代理律师的意见。

（4）参加法庭调查和法庭辩论权。《律师法》第36条规定："律师担任诉讼代理人或者辩护人的，其辩论或者辩护的权利依法受到保障。"代理律师有权出席法庭参加审理，其参加法庭调查和法庭辩论的权利，与辩护律师相同。

（5）申诉控告权。《刑事诉讼法》第47条规定："辩护人、诉讼代理人认为公安机关、人民检察院、人民法院及其工作人员阻碍其依法行使诉讼权利的，有权向同级或者上一级人民检察院申诉或者控告。人民检察院对申诉或者控告应当及时进行审查，情况属实的，通知有关机关予以纠正。"

（6）职务保障权。代理律师的职务保障权，与辩护律师相同。

（7）拒绝代理权。代理律师的拒绝代理权，与辩护律师相同。

（8）参加二审审理或者在二审不开庭审理时，对案件发表意见的权利。在二审审理中，审判人员应当听取代理律师的意见。

代理律师除了享有上述职业律师固有的权利外，还可以行使被代理人本身所拥有而又授予其行使的诉讼权利，并受被代理人意志的约束，这些权利与委托人的权利是一致的。在公诉案件中，被害人诉讼权利中最典型的有申请回避权、请求抗诉权、和解权等，代理律师可以根据委托人的授权行使这些权利。在自诉案件中，由于自诉人有权决定起诉的范围，有权决定撤诉、和解、调解及上诉等，因而律师根据自诉人授权范围的大小，行使一定的诉讼权利。当然，如果自诉案件的被告人提起反诉，代理律师与自诉人的关系要作相应的变化，律师的权利当然也就有所变化。

2. 刑事诉讼中代理律师的义务。①律师代理权必须基于委托人的明确授权，当法定或约定的代理权消灭的情形出现时，代理即告终止；②必须在授权范围内行使代理权，不得越权或擅自转委托；③必须在委托的权限内认真履行职责，维护委托人的合法权益，无正当理由拒绝代理或不履行职责的，应当承担法律责任；④不得在同一案件中为双方当事人的代理人；⑤不得滥用代理权；⑥保守当事人的秘密，不得泄露当事人的隐私。此外，代理律师还应遵守《律师法》中有关律师职业道德和执业纪律的规定。

二、自诉案件的律师代理

（一）自诉案件的律师代理的概念和种类

自诉案件的律师代理，是指自诉人及其法定代理人依法委托律师代理自诉人参加诉讼活动，维护自诉人合法权益的诉讼活动。

根据《刑事诉讼法》第 44 条的规定，自诉案件的自诉人及其法定代理人，有权随时委托诉讼代理人。人民法院自受理自诉案件之日起 3 日以内，应当告知自诉人及其法定代理人有权委托诉讼代理人。

自诉案件是指被害人及其法定代理人、近亲属向人民法院起诉，要求追究被告人的刑事责任，由人民法院直接受理的刑事案件。包括以下三类：告诉才处理的案件；被害人有证据证明的轻微刑事案件；被害人有证据证明对被告人侵犯自己人身、财产权利的行为应当依法追究刑事责任，而公安机关或者人民检察院不予追究被告人刑事责任的案件。

自诉案件中的代理律师主要是协助自诉人行使控诉职能，对被告人提起诉讼，要求人们法院追究其刑事责任。因此，代理律师享有的诉讼权利来源于自诉人的委托授权，包括一般授权和特别授权。在一般代理授权下，代理人只能代理委托人进行一般诉讼行为，无权在诉讼中处分委托人的实体权利。在特别代理授权下，代理人除代理委托人参加诉讼外，还可以在委托人的特别授权范围内，代为处分其相关的实体权利。

（二）自诉案件律师代理的步骤和方法

1. 接受委托，办理委托手续。自诉案件的自诉人委托代理律师时，一般是在法院未受理之前。在这种情况下，律师是否接受自诉人的委托，首先要认真听取委托人对案件的叙述，查看有关证据，然后根据不同情况决定是否接受代理。经审查，认为符合自诉案件条件的，应当由律师事务所与委托人办理委托手续，接受委托；认为被告人的行为不构成犯罪或缺乏证据的，应当说服被害人不起诉或收集到足够证据后再起诉；认为属于民事案件的，应当告知委托人单独提起民事诉讼；认为属于公诉案件的，应当告知委托人向公安机关或人民检察院控告。

自诉案件的被告人在诉讼中委托律师提起反诉的，应注意查明是否具备反诉的条件。反诉是指自诉案件中的被告人在诉讼进行中，作为被害人指控原告人实施了与本案有关的犯罪行为，要求人民法院一并审理的诉讼。反诉的条件是：①反诉的对象必须是自诉案件的自诉人；②反诉的内容必须是与该案有关的犯罪行为；③反诉的案件必须属于人民法院可以直接受理的案件。

2. 撰写自诉状，提起诉讼。接受委托后，代理律师应当帮助自诉人分析案情，确定被告人和管辖法院，调查、了解有关事实和证据，代写自诉状，向人民法院提起自诉。自诉人要求民事赔偿，律师经审查符合刑事附带民事诉讼条件的，应当为自诉人代书刑事附带民事自诉状。

人民法院对自诉案件审查后，要求自诉人补充证据或撤回自诉的，律师应当协助自诉人收集补充证据或与自诉人协商是否撤回自诉。人民法院对自诉案件不予受理的，律师可以代理自诉人向人民法院申请复议。

3. 做好出庭前的准备工作。对于自诉案件，代理律师在开庭前要注意做好以下工作：

（1）进行必要的收集证据、补充证据工作，协助自诉人履行举证责任。在自诉案件中，自诉人指控被告人犯罪必须承担举证责任，否则会面临败诉的危险。为此，代理律师要进行必要的调查取证，对于一些专业性较强的内容，可以申请鉴定；对于自己无法收集取得的证据，可以申请人民法院依法调查取证。

（2）注意有无调解息讼的可能。依《刑事诉讼法》规定，自诉人在宣告判决前，可以同被告人自行和解或者撤回起诉。自诉人起诉后，如果被告人已对自己行为的危害性有所认识并与自诉人达成和解协议的，自诉人可以向人民法院申请撤诉。代理律师发现自诉人有和解愿望并存在和解可能的，应尽可能促成当事人和解息讼。

（3）准备代理词。开庭前，代理律师应当根据案件的事实和掌握的证据，撰写代理词和庭审答辩提纲。代理律师应对被告人犯罪的时间、地点、手段、方法、情节、后果、目的和动机等作出准确判断，对被告人的行为如何适用刑法定罪量刑深入分析，对被告人及其辩护人可能作出的辩解进行预测，准备反驳意见，为出庭参加诉讼作好充分的准备。

4. 出庭参加诉讼。在法庭审理中，自诉人的代理律师行使的是控诉职能，其工作方法基本与公诉案件中公诉人的工作方法相同。但要根据自诉人的授权依法进行代理。

（1）在法庭准备阶段，要注意庭审程序是否合法。

（2）在法庭调查阶段，要代读自诉状，参与举证、质证等活动。

（3）在法庭辩论阶段，要发表自诉代理词，针对被告人的辩护进行答辩。

（4）在法庭调解阶段，要根据案件具体情况和被告人的态度，在保护自诉人的合法权益、坚持依法办事的前提下，积极配合法院，促成调解。但应注意，《刑事诉讼法》第204条第3项规定的案件不适用调解。

（5）在宣判阶段，要认真听取裁判的内容。宣判后要征求自诉人对裁判的意见，如果自诉人不服，且一审裁判确有错误，代理律师可协助或代理自诉人提起上诉。如果自诉人不服，但一审裁判公正适当时，代理律师可劝说自诉人放弃上诉，以减少当事人诉累，节省司法资源。

被告人提起反诉时，代理律师经自诉人委托可以行使辩护职能。被告人在自诉案件审判过程中提起反诉的，作为自诉人的代理律师，经自诉人（即反诉被告人）委托，可以担任其辩护人。此时，该律师身兼二职，既是代理人，又是辩护人，在诉讼中既代理自诉人在自诉中行使控诉职能，又作为自诉人的辩护律师在反诉中行使辩护职能。但应当注意，在行使控诉职能时，应按照自诉人授权的范围进行代理活动；在行使辩护职能时，应根据事实和法律独立进行辩护活动。

三、公诉案件的律师代理

（一）公诉案件的律师代理的概念

公诉案件的律师代理，是指律师接受公诉案件被害人及其法定代理人或者近亲属的委托担任被害人的代理人，为维护被害人的合法权益而进行的诉讼活动。《刑事诉讼法》第44条规定："公诉案件的被害人及其法定代理人或者近亲属，自案件移送审查起诉之日起，有权委托诉讼代理人。人民检察院自收到移送审查起诉的案件材料之日起3日以内，应当告知被害人及其法定代理人或者近亲属有权委托诉讼代理人。"这是就审查起诉阶段而言的。但是公诉案件中被害人的代理不限于审查起诉阶段，还包括审判阶段。《刑事诉讼法解释》第55条规定："当事人委托诉讼代理人的，参照适用刑事诉讼法第32条和本解释的有关规定。"

在公诉案件中，人民检察院代表国家，就被告人的犯罪行为向人民法院提起公诉，支持公诉，行使控诉职能。公诉案件的被害人直接遭受犯罪行为侵害，其合法权益受到损害，这决定了被害人不仅强烈要求控诉犯罪、惩罚犯罪，而且对案件的处理结果十分关心。检察机关代表国家行使控诉职能其立足点是维护国家、集体的整体利益和公民个人的合法权益，但这三者的利益并不总是一致的，检察机关在诉讼中的行为及作出的决定不一定能充分代表被害人的利益和意志。被害人要充分行使刑事诉讼法赋予他的诉讼权利，切实保障自己的合法权益，就需要委托有法律知识、专门技巧的人代理诉讼。律师可以接受被害人或其家属的委托，代理其参加诉讼活动，一则可以弥补公诉机关对被害人权益保护之不足，维护被害人的合法权益，二则可以对刑事诉讼活动进行监督，发现和防止个别犯罪嫌疑人、被告人及其家属、朋友贿赂买通个别公安司法人员徇私枉法，维护司法公正。

（二）公诉案件律师代理的权限

在公诉案件中，被害人的代理律师只能代理行使法律赋予被害人下列全部或部分的诉讼权利。

根据我国《刑事诉讼法》的规定，被害人在刑事诉讼中与其他当事人共同享有的诉讼权利有：①对审判人员、检察人员、侦查人员侵犯其诉讼权利和人身侮辱的行为，有权提出控告。②对审判人员、检察人员、侦查人员及鉴定人、翻译人员、书记员等符合《刑事诉讼法》规定的回避事由，有权申请回避；对驳回申请回避的决定，有权申请复议。③有权参加法庭调查，就起诉书指控的犯罪事实进行陈述，向被告人和出庭作证的证人、鉴定人发问；有权辨认物证、书证，对在法庭上出示的物证、书证、宣读的未到庭的证人证言及其他书面证据发表意见；有权申请通知新的证人到庭，调取新的物证，申请重新勘验和鉴定。④有权参加法庭辩论，对事实认定和法律适用发表意见，并和公诉人一起与被告人、辩护人进行辩论。⑤对已经发生法律效力的裁判，有权向人民法院申诉；等等。

被害人特有的诉讼权利主要有：①对侵犯自己人身、财产等合法权益的犯罪行为，有权向公安司法机关报案或控告；对有关机关不立案的决定，有权申请复议；对公安机关应当立案而不立案的案件，有权请求人民检察院要求公安机关立案。②公诉案件自移送审查起诉之日起，有权委托诉讼代理人。③在审查起诉阶段，有权对案件事实的认定和法律适用向人民检察院提出意见，人民检察院应当听取被害人的意见。④不服人民检察院不起诉决定的，有权向上一级人民检察院申诉，请求提起公诉，对人民检察院维持不起诉决定的，有权向人民法院起诉，也可以不经过申诉，直接向人民法院起诉。⑤对有证据证明对被告人侵犯自己人身、财产权利的行为应当依法追究刑事责任，而公安机关或人民检察院不予追究的案件，有权向人民法院提起自诉。⑥不服地方各级人民法院第一审判决的，有权请求人民检察院提起抗诉。⑦被害人由于被告人的犯罪行为而遭受物质损失的，有权提起附带民事诉讼；等等。

此外，代理律师因其特殊的律师身份，享有《刑事诉讼法》、《律师法》所赋予的类似辩护律师所享有的其他诉讼权利。

（三）公诉案件律师代理的主要工作

1. 为被害人提供法律咨询。律师接受委托担任被害人的代理人后，首先应当为被害人提供法律咨询，从事实认定、证据的判断和法律适用等各个方面帮助被害人分析案情，包括案件的性质、行为人应当承担的刑事责任及其种类；告知被害人在诉讼中享有哪些诉讼权利和义务，应当与检察机关如何配合等；指导被害人作好协助指控被告人犯罪的准备工作。

2. 审查起诉阶段的代理活动。公诉案件被害人的代理律师在审查起诉阶段即开始参加诉讼。此时，代理律师享有与辩护律师同样的权利，应当做好查阅、摘抄、复制案卷材料，调查收集证据，从维护被害人利益和保障法律正确实施的角度向人民检察院提出代理意见，协助其正确作出提起公诉的决定。

3. 出庭准备工作。在开庭前，代理律师应当到法院查阅、摘抄、复制与本案有关的指控材料，进行必要的补充调查、收集证据工作，拟定法庭调查提纲，准备好代理意见。如果涉及被害人隐私的，代理律师可以建议人民法院不公开审理。代理律师接到开庭通知时间不足 3 日的，可以向人民法院提出异议，并要求延期审理。代理律师接到人民法院的开庭通知后因故不能出庭的，应当与人民法院协商延期审理，或者在取得委托人同意后更换其他律师出庭。

4. 出庭参加诉讼。代理律师接到人民法院的出庭通知书后，应当与委托人商量出庭事宜。如果被害人因受犯罪行为侵害致伤、致残，身患重病行动不便的，经其授权，可由律师代理出庭参加诉讼。

在法庭调查阶段，代理律师应当注意审判人员、公诉人对被告人的讯问和对证人、鉴定人、被害人的提问，注意辩护人对被告人、被害人及证人、鉴定人等的提问；必要时，经法庭许可，可以直接对被告人、被害人、证人、鉴定人发问；可以代理被害人向法庭举证，对公诉机关和辩护方出示的证据进行质证，以协助法庭全面查明案情，正确判断证据；根据法庭调查的情况，及时修改、补充代理词。

在法庭辩论阶段，在公诉人、被害人发言后，代理律师应当发表代理词，全面阐述自己的代理意见和主张，驳斥被告人的辩解和反驳辩护人的辩护意见。由于被害人与公诉人同属履行控诉职能的一方，因此，代理律师应与公诉人密切配合，以共同完成控诉犯罪的任务。但由于公诉人与被害人诉讼地位、所处立场、角度不同，二者在有些问题上看法有分歧或意见不一致的，代理律师有权发表自己的独立见解，充分维护被害人的合法权益，维护法律的正确实施。

5. 庭后工作。法庭审理结束后，代理律师应与被害人认真阅读法庭笔录，发现遗漏或差错的，可以要求补充或更正，经确认无误后签名或盖章。代理律师应及时整理辩论意见和证据材料，尽快向法庭提供书面代理意见。一审判决、裁定后，代理律师要征询被害人对判决、裁定的意见。若被害人及其法定代理人不服裁判，且代理律师认为判决、裁定确有错误，可以应被害人及其法定代理人的要求，及时向人民检察院递交抗诉申请；如果人民检察院经审查不予抗诉的，代理律师可以建议被害人及其法定代理人、近亲属提出申诉；如果代理律师认为裁判并无不当，可以向被害人做耐心细致的解释工作，说服被害人服判息讼。

四、刑事附带民事诉讼的律师代理

（一）刑事附带民事诉讼的律师代理的概念

刑事附带民事诉讼的律师代理，是指律师接受附带民事诉讼当事人及其法定代理人的委托，以诉讼代理人的身份进行的诉讼活动。

根据《刑事诉讼法》第44条的规定，刑事附带民事诉讼的律师代理可以分为两种：

1. 附带在公诉案件中的民事诉讼当事人及其法定代理人，自案件移送审查起诉之日起，有权委托代理律师；人民检察院自收到移送审查起诉的案件材料之日起3日以内，应当告知附带民事诉讼的当事人及其法定代理人有权委托代理律师。

2. 附带在自诉案件中的民事诉讼当事人及其法定代理人，有权随时委托代理律师，人民法院自受理自诉案件附带民事诉讼之日起 3 日内，应当告知附带民事诉讼的当事人及其法定代理人有权委托代理律师。

　　刑事附带民事诉讼是在刑事诉讼中一并解决因犯罪行为对被害人造成的物质损失而给予赔偿的混合诉讼。其中的附带民事诉讼本质上仍然是民事诉讼，因而附带民事诉讼中的当事人及其法定代理人委托的代理律师在本质上与普通民事诉讼中的当事人委托的代理律师的地位、诉讼权利、诉讼义务上没有什么不同。所不同的是，附带在公诉案件中的民事诉讼的诉讼代理关系在案件进入人民检察院审查起诉阶段时就可以建立。在此阶段，虽然人民检察院不能对附带民事诉讼部分进行审查并作出处理，但附带民事诉讼的当事人之间可以就损害赔偿问题进行协商、交涉，争取获得解决，如果协商达成一致，则不再进入审判阶段；如果协商不成，则必须进入审判阶段，通过法庭审判加以解决。

　　律师在刑事附带民事诉讼中的代理，包括担任附带民事诉讼原告人的代理人和担任附带民事诉讼被告人的代理人。

　　（二）担任附带民事诉讼原告人的代理人

　　1. 附带民事诉讼原告人的范围。《刑事诉讼法》第 99 条规定："被害人由于被告人的犯罪行为而遭受物质损失的，在刑事诉讼过程中，有权提起附带民事诉讼。被害人死亡或者丧失行为能力的，被害人的法定代理人、近亲属有权提起附带民事诉讼。如果是国家财产、集体财产遭受损失的，人民检察院在提起公诉的时候，可以提起附带民事诉讼。"因此，附带民事诉讼的原告人包括：①被害人；②被害人的法定代理人、近亲属；③人民检察院。多数情况下，附带民事诉讼的原告人是自诉案件的自诉人和公诉案件的被害人。

　　2. 律师担任附带民事诉讼原告人的代理人的工作内容和程序。律师担任附带民事诉讼原告人的代理人的工作内容和程序与担任自诉人和公诉案件被害人的律师代理的工作内容和程序基本相同。但应当注意以下几点：

　　（1）在接受委托前，律师应当注意审查作为提起附带民事诉讼前提的刑事诉讼是否成立或公安司法机关是否已经立案；附带民事诉讼原告人是否适格；附带民事诉讼的被告人是否正确；被害人的物质损失与被告人的犯罪行为之间是否存在因果关系；有无事实和相关证据；刑事诉讼活动是否结束等内容。

　　符合条件的，公诉案件的被害人及其法定代理人、自诉案件的自诉人及其法定代理人应当与律师事务所签订委托协议并出具授权委托书。授权委托书应当明确委托的事项和权限，并由委托人签名或盖章。需要律师代为提出、承认、放弃、变更诉讼请求，进行和解，提出上诉的，应当由委托人特别授权。

　　（2）在接受委托后，律师应帮助委托人撰写附带民事诉讼起诉状并协助委托人或经委托人授权代理委托人向人民法院提起附带民事诉讼；指导、帮助委托人调查、收集证据、申请鉴定；为保证将来判决的顺利执行，建议或者帮助委托人向人民法院申请财产保全；开庭前，代理律师可以根据授权代理委托人参与法庭及其他组织或个人就附带民事诉讼部分组织的调解活动。

（3）法庭审理阶段，律师应当指导、协助或代理委托人行使各项诉讼权利，指导委托人参加法庭调解，帮助准备调解意见。

（4）宣判后，征求委托人对一审裁判的意见。告知委托人有权对一审裁判中附带民事诉讼部分提出上诉，协助委托人对一审裁判中的附带民事诉讼部分提出上诉。

（三）担任附带民事诉讼被告人的代理人

1. 附带民事诉讼被告人的范围。附带民事诉讼的被告人是指依法对犯罪行为造成的物质损失负有赔偿责任的单位和个人。根据《刑事诉讼法解释》第143条规定，附带民事诉讼的被告人包括：①刑事被告人；②刑事被告人的监护人；③未被追究刑事责任的其他共同侵害人；④死刑罪犯的遗产继承人；⑤共同犯罪案件中，案件审结前死亡的被告人的遗产继承人；⑥对被害人的物质损失依法应当承担赔偿责任的其他单位和个人。附带民事诉讼被告人的亲友自愿代为赔偿的，应当准许。

2. 律师担任附带民事诉讼被告人的代理人的工作内容和程序。律师担任附带民事诉讼被告人的代理人，若附带民事诉讼的被告人同时又是刑事被告人，其工作内容和程序与被告人的律师辩护基本相同；若附带民事诉讼的被告人系刑事被告人以外的其他单位和个人，其工作内容和程序与附带民事诉讼原告人的律师代理基本相同。但应当注意以下两点：

（1）附带民事诉讼的被告人同时又是刑事被告人时，刑事被告人可以委托其辩护律师兼任附带民事诉讼的代理人，也可以另行委托代理律师。如果刑事被告人另行委托代理律师的，代理律师和辩护律师要配合好，各自依据自己的职责，分别行使代理权和辩护权，维护被告人的合法权益。如果代理律师与辩护律师为同一人时，应当由委托人与律师事务所办理刑事辩护委托手续时，同时或单独办理附带民事诉讼代理手续并出具授权委托书。同时，在诉讼过程中要注意区分代理权与辩护权，不要将二者混为一谈。律师在行使代理权时，要严格遵守委托人的授权范围。在处分实体权利时，要经过委托人的特别授权或当庭同意。应当把代理重点放在收集被告人不应承担民事赔偿责任或承担较小赔偿责任的证据上，提出并论证被告人不应承担赔偿责任或承担较小赔偿责任的材料和意见，以协助司法机关妥善处理民事赔偿问题。

（2）附带民事诉讼的被告人系刑事被告人以外的其他单位和个人时，律师在接受委托时，应当由委托人与律师事务所办理委托手续并出具授权委托书。

【思考题】

1. 论述律师在刑事辩护中的地位和作用。
2. 简述律师在刑事辩护中的诉讼权利和诉讼义务。
3. 简述律师在侦查阶段接受委托，为犯罪嫌疑人进行辩护的内容和程序。
4. 简述辩护律师在审查起诉阶段的工作重点。
5. 辩护律师在法庭调查和法庭辩论阶段应当做好哪些工作？
6. 什么是刑事诉讼的律师代理？律师刑事代理有哪几类？
7. 律师在刑事代理中享有哪些权利？应该履行哪些义务？
8. 简述刑事公诉案件律师代理的范围。
9. 论述律师刑事辩护和刑事代理的区别。

第　五　章

仲裁中的律师实务

【内容摘要】本章学习需要了解仲裁制度的基本知识，包括仲裁制度的特征、类型及各类仲裁的特点。掌握国内经济仲裁、劳动争议仲裁及国内涉外仲裁的特点、程序规则和各项律师代理业务操作，包括审查与拟定仲裁协议、拟写仲裁申请书、代理当事人收集证据、代理当事人参加仲裁庭审的各项活动、代理当事人申请执行仲裁协议、申请不予执行或撤销仲裁协议、代理当事人参加调解或和解。

【本章重点难点】审查与拟定仲裁协议；拟写仲裁申请书；律师代理仲裁实务技巧。

第一节　概　述

一、律师代理仲裁实务概述

（一）仲裁制度概述

1. 仲裁制度的概念和特征。"仲裁"，从字义上讲，即居中裁断，是指由地位居中的人对争议事项公正评断。仲裁作为我国的一项法律制度，是指当事人在民商事纠纷发生之前或纠纷发生之后订立仲裁协议，将纠纷争议事项提交特定的仲裁机构居中作出裁决，从而解决纠纷的活动。仲裁与调解是我国诉讼外纠纷解决机制（ADR）的主要内容，是处理民事经济纠纷的有效机制。与诉讼制度相比，仲裁具有以下特征：

（1）民间性。这是仲裁制度最主要的基本特征。对当事人之间的争议作出裁断的仲裁机构不是国家机关，而是独立的事业单位法人，是公共服务性的组织。仲裁员从各行业中公道正派的专家、学者中聘任。因此，仲裁代表国家机关之外的社会力量对纠纷的干预和消解。

（2）自愿性。除劳动争议仲裁外，仲裁程序的启动、仲裁人员和仲裁规则的选定、仲裁程序的继续进行都应由双方当事人自愿决定，任何人不得予以强迫。首先，仲裁活动以当事人自愿为前提，仲裁机构和仲裁人员对当事人争议事项的管辖权来自双方当事人的自愿授权。其次，仲裁机构和仲裁人员由当事人自由选定。最后，仲裁程序的继续进行以当事人自愿为前提。这表现在以下两个方面：①当事人可以撤回仲裁申请，从而终止仲裁程序；②仲裁过程中是否采取证据保全和财产保全措施，以及仲裁裁决作出后是否申请执行该裁决或撤销该裁决，由当事人自行决定。

（3）独立性。仲裁委员会独立于行政机关，与行政机关没有隶属关系；仲裁委员会之间也没有隶属关系。仲裁依法独立进行，不受任何机构、社会团体和个人的干涉。同时，仲裁庭审理和裁决案件亦不受仲裁机构的干涉。仲裁的独立性是公正裁断的必要前提。

（4）灵活性。与严格的诉讼程序相比，仲裁程序充分尊重当事人的自由意思，因而相对灵活。目前，我国的仲裁法尚未规定仲裁证据规则，证据的种类、认证方式上，都存有较大的灵活性。

（5）便捷性。基于仲裁的自愿性和程序灵活性，仲裁是更为便捷经济的纠纷解决方式。

（6）专业性。从仲裁案件类型和仲裁人员的选任条件可以看出，仲裁具有较强的专业性。

（7）终局性。一般而言，仲裁实行一裁终局制度。裁决作出后，当事人就同一纠纷再申请仲裁或者向人民法院起诉的，仲裁委员会或者人民法院不予受理。但劳动争议仲裁和农村土地承包经营纠纷仲裁除外。当事人不服劳动争议仲裁裁决或农村土地承包经营纠纷仲裁裁决的，仍可以就同一纠纷向法院提起诉讼。

（二）仲裁的类型

从相关仲裁法律规范来看，我国的仲裁可以分为国内仲裁和涉外仲裁，国内仲裁又分为国内经济仲裁与劳动争议仲裁、农村土地承包经营纠纷仲裁。

1. 国内经济仲裁。国内经济仲裁是指依据《仲裁法》规定，我国公民、法人和其他组织之间发生合同纠纷和其他财产权益纠纷，按照纠纷发生之前或之后达成的仲裁协议，自愿将争议提交仲裁机构裁决的制度。国内仲裁在我国仲裁体系中占主导地位[1]。与涉外仲裁和劳动争议仲裁相比，其特点是：

（1）争议要素仅限国内，即当事人双方为国内平等的公民、法人和其他组织；争议事项及标的物等不存在涉外因素。

（2）国内经济仲裁的对象，仅限于合同纠纷和其他财产权益纠纷。《仲裁法》第3条规定，婚姻、收养、监护、扶养、继承纠纷和依法应当由行政机关处

---

〔1〕　徐家力主编：《律师实务》，法律出版社2007年版，第235页。

理的行政争议不能仲裁。

（3）国内经济仲裁实行或裁或审制度。即上述类型的争议发生后，当事人只能在仲裁和诉讼中选择一种作为解决途径。《仲裁法》第5条规定，当事人达成仲裁协议，一方向人民法院起诉的，人民法院不予受理，但仲裁协议无效的除外。《最高人民法院关于适用〈中华人民共和国仲裁法〉若干问题的解释》（以下简称《仲裁法解释》）第7条规定，当事人约定争议可以向仲裁机构申请仲裁也可以向人民法院起诉的，仲裁协议无效。但一方向仲裁机构申请仲裁，另一方未在仲裁庭首次开庭前提出异议的除外。

（4）国内经济仲裁的机构是国内各地依法设立的仲裁委员会，不实行地域管辖和级别管辖。《仲裁法》第10条第1款和第2款规定，仲裁委员会可以在直辖市和省、自治区人民政府所在地的市设立，也可以根据需要在其他设区的市设立，不按行政区划层层设立。仲裁委员会由前款规定的市的人民政府组织有关部门和商会统一组建。根据《仲裁法》第13条的规定，仲裁员应从下列专业人士中选任：从事仲裁工作、律师工作、任审判员、满8年的人；从事法律研究、教学工作并具有高级职称的；具有法律知识、从事经济贸易等专业工作并具有高级职称或者具有同等专业水平的。

（5）仲裁以不公开进行为原则。根据《仲裁法》第40条的规定，仲裁原则上不公开进行。当事人协议公开的，可以公开进行，但涉及国家秘密的除外。

2. 劳动争议仲裁。劳动争议仲裁是劳动争议仲裁委员会对劳动关系的双方当事人之间的劳动争议依照有关法律法规加以裁决，从而解决劳动争议的制度。第十届全国人民代表大会常务委员会第三十一次会议于2007年12月通过《中华人民共和国劳动争议调解仲裁法》，成为劳动争议仲裁的主要依据。根据该法的规定，我国劳动争议仲裁的特点如下：

（1）仲裁机构是劳动争议仲裁委员会。劳动争议仲裁委员会按照统筹规划、合理布局和适应实际需要的原则设立。省、自治区人民政府可以决定在市、县设立；直辖市人民政府可以决定在区、县设立。直辖市、设区的市也可以设立一个或者若干个劳动争议仲裁委员会。劳动争议仲裁委员会不按行政区划层层设立。劳动争议仲裁委员会由劳动行政部门代表、工会代表和企业方面代表组成。劳动争议仲裁委员会组成人员应当是单数。仲裁员从下列三类专业人士中选任：曾任审判员、从事法律研究、教学工作并具有中级以上职称、具有法律知识、从事人力资源管理或者工会等专业工作满5年、律师执业满3年。

（2）劳动争议仲裁实行地域管辖。劳动争议仲裁委员会负责管辖本区域内发生的劳动争议。劳动争议由劳动合同履行地或者用人单位所在地的劳动争议仲裁委员会管辖。双方当事人分别向劳动合同履行地和用人单位所在地的劳动争议仲裁委员会申请仲裁的，由劳动合同履行地的劳动争议仲裁委员会管辖。

（3）仲裁对象为劳动争议。根据《劳动争议调解仲裁法》第 2 条的规定，劳动争议包括用人单位与劳动者发生的以下六类纠纷：①因确认劳动关系发生的争议；②因订立、履行、变更、解除和终止劳动合同发生的争议；③因除名、辞退和辞职、离职发生的争议；④因工作时间、休息休假、社会保险、福利、培训以及劳动保护发生的争议；⑤因劳动报酬、工伤医疗费、经济补偿或者赔偿金等发生的争议；⑥法律、法规规定的其他劳动争议。此外，事业单位实行聘用制的工作人员与本单位发生劳动争议的，也可申请劳动仲裁。

（4）劳动争议的解决实行一裁二审终审制度，劳动争议仲裁是劳动争议诉讼的前置程序。劳动争议发生后，当事人应当依照法律规定，先向劳动争议仲裁委员会申请仲裁，对仲裁裁决不服的，可以向法院提起诉讼。

（5）劳动争议仲裁实行先行调解。《劳动争议调解仲裁法》第 42 条规定，仲裁庭在作出裁决前，应当先行调解。调解达成协议的，仲裁庭应当制作调解书。调解书经双方当事人签收后，发生法律效力。调解不成或调解书送达前，一方当事人反悔的，仲裁庭应当及时作出裁决。

（6）劳动争议仲裁以公开进行为原则。《劳动争议调解仲裁法》第 26 条规定，劳动争议仲裁公开进行，但当事人协议不公开进行或者涉及国家秘密、商业秘密和个人隐私的除外。

3. 农村土地承包经营纠纷仲裁。中国独创的以家庭承包经营为基础的土地承包经营制度涉及 9 亿农村人口。由于土地问题情况复杂，近年来相关纠纷一直存在。为了公正、及时解决农村土地承包经营纠纷，维护当事人的合法权益，促进农村经济发展和社会稳定，我国于 2009 年颁布《农村土地承包经营纠纷调解仲裁法》，专门规范此类纠纷的调解和仲裁活动。根据该法的规定，我国农村土地承包经营纠纷仲裁的特点如下：

（1）仲裁机构是农村土地承包仲裁委员会。农村土地承包仲裁委员会可以根据解决农村土地承包经营纠纷的实际需要，在县和不设区的市设立，也可以在设区的市或者其市辖区设立。设立农村土地承包仲裁委员会的，其日常工作由当地农村土地承包管理部门承担。农村土地承包仲裁委员会由当地人民政府及其有关部门代表、有关人民团体代表、农村集体经济组织代表、农民代表和法律、经济等相关专业人员兼任组成，其中农民代表和法律、经济等相关专业人员不得少于组成人员的 1/2。农村土地承包仲裁委员会设主任 1 人、副主任 1～2 人和委员若干人。主任、副主任由全体组成人员选举产生。

（2）农村土地承包经营纠纷仲裁实行地域管辖。当事人申请仲裁，应当向纠纷涉及的土地所在地的农村土地承包仲裁委员会提交申请。

（3）仲裁对象为农村土地承包经营纠纷。根据《农村土地承包经营纠纷调解仲裁法》第2条的规定，农村土地承包经营纠纷包括：因订立、履行、变更、解除和终止农村土地承包合同发生的纠纷；因农村土地承包经营权转包、出租、互换、转让、入股等流转发生的纠纷；因收回、调整承包地发生的纠纷；因确认农村土地承包经营权发生的纠纷；因侵害农村土地承包经营权发生的纠纷；法律、法规规定的其他农村土地承包经营纠纷。

（4）农村土地承包经营纠纷仲裁不是诉讼的前置程序，亦不排斥诉讼。发生纠纷后，当事人可以向农村土地承包仲裁委员会申请仲裁，也可以直接向人民法院起诉。当事人不服仲裁裁决的，可以自收到裁决书之日起30日内向人民法院起诉。逾期不起诉的，裁决书即发生法律效力。

（5）农村土地承包经营纠纷仲裁以调解为必经程序。仲裁庭对农村土地承包经营纠纷应当进行调解。调解达成协议的，仲裁庭应当制作调解书；调解不成的，应当及时作出裁决。

（6）农村土地承包经营纠纷仲裁以公开进行为原则。农村土地承包经营纠纷仲裁应当开庭进行，但涉及国家秘密、商业秘密和个人隐私以及当事人约定不公开的除外。开庭可以在纠纷涉及的土地所在地的乡（镇）或者村进行，也可以在农村土地承包仲裁委员会所在地进行。当事人双方要求在乡（镇）或者村开庭的，应当在该乡（镇）或者村开庭。

4. 涉外仲裁。我国的涉外仲裁制度始于1954年5月6日中央人民政府作出《关于在中国国际贸易委员会内设立对外贸易仲裁委员会的决定》，这一文件规定了对外贸易仲裁委员会的组织、任务、受案范围和仲裁原则。1956年3月31日，中国国际贸易仲裁委员会制定了《对外贸易仲裁委员会仲裁程序规则》，并于同年4月成立了对外贸易仲裁委员会。它的成立标志着我国涉外仲裁制度正式产生。1958年11月21日，国务院作出《关于在中国国际贸易促进委员会内设立海事仲裁委员会的决定》。1959年1月22日，海事仲裁委员会成立。由此，我国建立起二元结构的涉外仲裁机构。1988年8月，中国国际贸易仲裁委员会更名为"中国国际经济贸易仲裁委员会"（CIETAC），海事仲裁委员会更名为"中国海事仲裁委员会"（CMAC）。1987年4月，我国成为《纽约公约》成员国，我国涉外仲裁机构的裁决在境外能够被承认和执行，使我国涉外仲裁进一步走向国际化。[1] 我国涉外仲裁的特点如下：

（1）仲裁对象具有涉外性质。仲裁案件的涉外性可从以下两方面理解：①纠纷主体涉外。争议的一方或双方当事人具有外国国籍或是无国籍人，或其主

---

〔1〕　谭世贵主编：《中国司法制度》，法律出版社2008年版，第166页。

要营业地或住所地在外国，或是在外国注册的公司和组织；②争议标的具有涉外因素，包括争议的标的物在外国、当事人之间的法律关系的形成、消灭和实施在外国。

（2）涉外仲裁实行或裁或审制度。《民事诉讼法》第271条第1款规定，涉外经济贸易、运输和海事中发生的纠纷，当事人在合同中订有仲裁条款或者事后达成书面仲裁协议，提交中华人民共和国涉外仲裁机构或者其他仲裁机构仲裁的，当事人不得向人民法院起诉。

（3）涉外仲裁实行一裁终局制度。争议各方不得向任何行政机关和机构要求复议，也不得向任何国家的法院提起诉讼。

（4）涉外仲裁机构特定，不实行地域管辖和级别管辖。《仲裁法》第66条第1款规定，涉外仲裁委员会可以由中国国际商会组织设立。我国现有两个常设涉外仲裁机构：一是中国国际经济贸易仲裁委员会，二是中国海事仲裁委员会，两者现都属于中国国际贸易促进委员会（中国国际商会）。《仲裁法》第67条规定，涉外仲裁委员会可以从具有法律、经济贸易、科学技术等专门知识的外籍人士中聘任仲裁员。

二、律师代理仲裁案件概要

根据《律师法》第28条的规定，律师可以接受委托，参加仲裁活动。《仲裁法》第29条规定，当事人、法定代理人可以委托律师和其他代理人进行仲裁活动。委托律师和其他代理人进行仲裁活动的，应当向仲裁委员会提交授权委托书。律师代理仲裁业务应注意以下几点：

1. 律师代理仲裁案件适用律师代理的一般原则和规定。律师代理活动范围以委托人授权范围为限，律师应当维护当事人合法权益，维护法律正确实施，维护社会公平和正义。

2. 律师要熟悉、掌握各类仲裁的程序和规则。就国内经济仲裁而言，中国仲裁协会依照《仲裁法》和《民事诉讼法》的有关规定制定仲裁规则。而劳动争议仲裁则主要依据新近颁布的《劳动争议调解仲裁法》、《劳动人事争议办案规则》，而劳动部颁布的《劳动争议仲裁委员会办案规则》和人事部颁布的《人事争议处理办案规则》同时废止。农村承包经营纠纷仲裁应遵循《农村土地承包经营纠纷调解仲裁法》的规定。在涉外仲裁方面，中国国际经济贸易仲裁委员会和中国海事仲裁委员会都制定了各自的仲裁规则。律师在进行代理活动时，必须遵循相应的仲裁规则，在活动的方式、方法、步骤上遵循专门的程序规范。

3. 认真做好各项仲裁代理工作。律师代理仲裁案件的职责和权限包括：

（1）审查或代理当事人拟定仲裁协议。

（2）代理当事人提出仲裁申请或代理答辩。

（3）调查、收集证据材料。

（4）代理当事人参加仲裁审理。

（5）代理当事人申请仲裁裁决执行。

（6）代理当事人申请撤销仲裁裁决和不予执行仲裁裁决。

下文将详述律师在各类仲裁案件中的各项实务操作。

第二节　仲裁中律师实务

一、国内经济仲裁案件中的律师实务

（一）律师审查仲裁协议

律师事务所接受当事人的委托后，应当首先审查当事人之间就纠纷解决达成的仲裁协议是否存在以及是否有效。如果没有合法有效的仲裁协议，仲裁机构就不会受理仲裁申请。律师对仲裁协议的审查事项如下：

1. 仲裁协议的形式合法性。《仲裁法》第 16 条第 1 款规定，仲裁协议包括合同中订立的仲裁条款和以其他书面方式在纠纷发生前或者纠纷发生后达成的请求仲裁的协议。因此，仲裁协议应采用书面形式，可以是合同中对可能发生的纠纷约定仲裁条款，也可以是当事人针对争议的解决单独订立仲裁协议。仲裁协议可以在纠纷发生前订立，也可以在纠纷发生后订立。

2. 仲裁协议的内容完备性。《仲裁法》第 16 条第 2 款规定，仲裁协议应当具有下列三项内容：请求仲裁的意思表示；仲裁事项；选定的仲裁委员会。

（1）请求仲裁的意思表示，即当事人通过书面形式明确表示愿意通过仲裁解决争议，放弃诉讼解决方式，并愿意遵守一裁终局制度，积极履行仲裁协议。书面形式包括以合同书、信件和数据电文（包括电报、电传、传真、电子数据交换和电子邮件）等形式。[1]

（2）仲裁事项，指当事人提交仲裁裁决的争议范围。律师应当特别关注，当事人协议仲裁的事项是否属于《仲裁法》第 3 条所规定的合同纠纷和其他财产权益纠纷。具体而言，合同纠纷是指我国《合同法》分则规定的 15 种合同关系中发生的纠纷，包括买卖合同纠纷，供用电、水、气、热力合同纠纷，赠与合同纠纷，借款合同纠纷，租赁合同纠纷，融资租赁合同纠纷，承揽合同纠纷，建设工程合同纠纷，运输合同纠纷，技术合同纠纷，保管合同纠纷，仓储合同纠纷，委托合同纠纷，行纪合同纠纷，居间合同纠纷。其他财产权益纠纷，主要指侵权

---

[1]《仲裁法解释》第 1 条。

纠纷，具体有海事侵权纠纷，包括海上船舶碰撞纠纷、船舶损坏港口建筑物或设备的纠纷、海洋环境污染损害的纠纷等；房地产中的侵权纠纷，包括侵占他人所有的房屋的纠纷、因使用房屋附属面积或公用设施而发生的纠纷等；产品质量中的侵权纠纷，包括因产品存在缺陷而导致人身或他人财产损害所发生的纠纷等；知识产权中的侵权纠纷，包括未经著作权人许可，擅自发布其作品而产生的纠纷，适用他人作品未按规定支付报酬所产生的纠纷；抄袭他人作品而产生的纠纷、未经专利权人许可，实施其专利所产生的纠纷等。此外，当事人概括约定仲裁事项为合同争议的，基于合同成立、效力、变更、转让、履行、违约责任、解释、解除等产生的纠纷都可以认定为仲裁事项。[1]

（3）仲裁机构的选定需确定两项内容：一是仲裁地点，二是仲裁委员会。《仲裁法解释》第3条规定：仲裁协议约定的仲裁机构名称不准确，但能够确定具体的仲裁机构的，应当认定选定了仲裁机构。

3. 仲裁协议内容的明确性。如果当事人之间订立的仲裁协议内容不完善、关键词语模糊不清、有歧义或协议内容违背仲裁原则等，律师应当说服和协助当事人达成补充协议，达不成补充协议的，仲裁协议无效。如《仲裁法解释》第4~6条规定，仲裁协议仅约定纠纷适用的仲裁规则的，视为未约定仲裁机构。但当事人达成补充协议或者按照约定的仲裁规则能够确定仲裁机构的除外。仲裁协议约定由某地的仲裁机构仲裁且该地仅有一个仲裁机构的，该仲裁机构视为约定的仲裁机构。该地有两个以上仲裁机构的，当事人可以协议选择其中的一个仲裁机构申请仲裁。当事人不能就仲裁机构选择达成一致的，仲裁协议无效。仲裁协议约定两个以上仲裁机构的，当事人可以协议选择其中的一个仲裁机构申请仲裁。当事人不能就仲裁机构选择达成一致的，仲裁协议无效。

4. 是否有法定无效仲裁协议的情形。根据《仲裁法》第17条的规定，有下列情形之一的，仲裁协议无效：

（1）约定的仲裁事项超出法律规定的仲裁范围的。

（2）无民事行为能力人或者限制民事行为能力人订立的仲裁协议。

（3）一方采取胁迫手段，迫使对方订立仲裁协议的。

（二）代理当事人提出仲裁申请或代理答辩

1. 在仲裁时效内提出仲裁申请。仲裁时效，是指权利人向仲裁机构请求保护其权利的法定期限。如果权利人在法定期限内不提出仲裁申请，即丧失请求依仲裁程序强制义务人履行义务的权利。[2]《仲裁法》第74条规定，法律对仲裁

---

〔1〕《仲裁法解释》第2条。

〔2〕谭世贵主编：《中国司法制度》，法律出版社2008年版，第175页。

时效有规定的，适用该规定。法律对仲裁时效没有规定的，适用诉讼时效的规定。因《仲裁法》未对经济仲裁的仲裁时效加以规定，故仲裁时效一般适用诉讼时效的规定。根据《民法通则》第135、136条规定，向人民法院请求保护民事权利的诉讼时效期间为2年；而部分特殊纠纷的诉讼时效期间为1年：身体受到伤害要求赔偿的；出售质量不合格的商品未声明的；延付或者拒付租金的；寄存财物被丢失或者损毁的。《合同法》第129条规定，因国际货物买卖合同和技术进出口合同争议提起诉讼或者申请仲裁的期限为4年。仲裁时效期间应从权利人知道或者应当知道权利被侵害时起计算。律师应当注意审查，仲裁申请需在仲裁时效期内提出。

2. 仲裁申请书的拟定和提交。当事人提出仲裁申请是启动仲裁程序的前提。律师代理当事人向其约定的仲裁委员会提交仲裁申请书、仲裁协议书及副本。根据《仲裁法》第23条规定，仲裁申请书应当载明下列事项：当事人的姓名、性别、年龄、职业、工作单位和住所，法人或者其他组织的名称、住所和法定代表人或者主要负责人的姓名、职务；仲裁请求和所根据的事实、理由；证据和证据来源、证人姓名和住所。仲裁申请书由三部分组成，制作要点如下：①首部。包括文书名称、申请人和被申请人的基本情况和案由。②正文。包括仲裁请求，即当事人请求仲裁机构裁决的具体争议事项、事实和理由、证据和证据来源，证人的姓名和住所。③尾部。致送仲裁委员会的名称、申请人签名或盖章、申请日期、附件。以下为一份仲裁申请书范例：

仲裁申请书

申请人：×省×市×经贸公司

地址：×省×市×区×路×号

法定代表人：A，　　职务：董事长

委托代理人：B，××律师事务所律师

被申请人：×省×县×厂

地址：×省×县×路×号

法定代表人：C，　　职务：厂长

案由：买卖合同纠纷

请求：立即按照合同约定交付货物并支付违约金××万元。

事实和理由：

申请人×省×市×经贸公司与被申请人×省×县×厂于2010年3月12日订

立×货物买卖合同，合同中对货物的规格、质量、数量、价款等均有详细约定（详见附件），并约定于 2010 年 9 月 12 日交货。合同签订后，我公司按照约定支付了价款，但被申请人迟迟不交货，给我公司造成严重的经济损失。为了维护我公司的合法利益，现根据双方买卖合同中的仲裁条款向贵仲裁委员会提出申请，请予裁断。

　　此致
　　××仲裁委员会

申请人：×省×市×经贸公司（盖章）

法定代表人：A（签字）

委托代理人：B（签字）

×年×月×日

附：

1. 合同副本 1 份。

2. 申请书副本 1 份。

3. 当事人委托律师代理仲裁的授权委托书。

依据《仲裁法》第 29 条的规定，当事人、法定代理人委托律师进行仲裁活动的，应当向仲裁委员会提交授权委托书。仲裁委员会收到仲裁申请书之日起 5 日内，认为符合受理条件的，应当受理，并通知当事人；认为不符合受理条件的，应当书面通知当事人不予受理，并说明理由。仲裁委员会受理仲裁申请后，应当在仲裁规则规定的期限内将仲裁规则和仲裁员名册送达申请人，并将仲裁申请书副本和仲裁规则、仲裁员名册送达被申请人。被申请人收到仲裁申请书副本后，应当在仲裁规则规定的期限内向仲裁委员会提交答辩书。仲裁委员会收到答辩书后，应当在仲裁规则规定的期限内将答辩书副本送达申请人。被申请人未提交答辩书的，不影响仲裁程序的进行。

代理被申请人一方的律师，在被申请人收到申请书副本后，应当认真阅读和分析仲裁申请书，了解申请人的要求和理由，在向被申请人了解案件事实情况之后拟写答辩书，分析申请人的请求是否成立，其所提出的事实是否真实，力求最大限度地维护被申请人的合法权益。仲裁答辩书的格式和制作要求与仲裁申请书相似，以下为范例：

仲裁答辩书

答辩人：×省×县×厂

地址：×省×县×路×号

法定代表人：C，职务：厂长

委托代理人：D，××律师事务所律师

案由：因申请人×省×市×经贸公司诉我厂为按合同要求交付货物一案，现提出答辩。

答辩意见：合同未成立，不予交付货物有理。

事实和理由：

（略）

此致

××市仲裁委员会

答辩人：×省×县×厂（盖章）

法定代表人：C（签字）

委托代理人：D（签字）

×年×月×日

附：

1. 答辩书副本1份。

2. 证据材料。

（三）调查取证

调查取证是贯穿整个仲裁程序全过程的重要代理活动。律师代理仲裁时可以独立地调查收集能够证明争议事实情况的证据材料，包括收集物证、书证，询问证人，说服证人到庭作证以及收集其他证据材料。

（四）代理当事人参加仲裁审理

仲裁委员会受理申请人的仲裁申请后，应当向仲裁委员会提交授权委托书。此外，还应注意做好以下几方面的工作：

1. 代理当事人选定仲裁员。仲裁庭可以由3名仲裁员或者1名仲裁员组成。由3名仲裁员组成的，设首席仲裁员。当事人约定由3名仲裁员组成仲裁庭的，应当各自选定或者各自委托仲裁委员会主任指定一名仲裁员，第三名仲裁员由当事人共同选定或者共同委托仲裁委员会主任指定。第三名仲裁员是首席仲裁员。当事人约定由一名仲裁员成立仲裁庭的，应当由当事人共同选定或者共同委托仲裁委员会主任指定仲裁员。如果没有在仲裁规则规定的期限内约定仲裁庭的组成方式或者选定仲裁员的,由仲裁委员会主任指定。

2. 申请回避。《仲裁法》第 34 条规定,仲裁员有下列情形之一的,必须回避,当事人也有权提出回避申请:

(1)是本案当事人或者当事人、代理人的近亲属。

(2)与本案有利害关系。

(3)与本案当事人、代理人有其他关系,可能影响公正仲裁的。

(4)私自会见当事人、代理人,或者接受当事人、代理人的请客送礼的。

律师代理当事人提出回避申请的,应当说明理由,并且要在仲裁庭首次开庭前提出。回避事由在首次开庭后知道的,可以在最后一次开庭终结前提出。

3. 根据申请人的授权代理申请人放弃或者变更仲裁请求。代理被申请人的律师可根据授权代为承认或者反驳仲裁请求、提出反请求。

4. 代理当事人申请财产保全。因另一方当事人的行为或者其他原因,可能使裁决不能执行或者难以执行的,律师可以代理当事人向仲裁委员会申请财产保全。仲裁委员会应当将当事人的申请依照民事诉讼法的有关规定提交人民法院。

5. 代理当事人选择公开审理或不公开审理。律师应当向当事人说明公开审理和不公开审理的原因和利弊,并征求当事人的意见决定。

6. 代理当事人参加仲裁庭审调查活动,向仲裁庭提交证据材料、进行质证。

7. 在证据可能灭失或者以后难以取得的情况下,律师代理当事人申请证据保全。

8. 根据当事人的特别授权,与对方当事人达成和解协议,或参加调解,达成调解协议。

9. 代理当事人行使其他权利。除了上述代理活动外,当事人享有的其他一切程序和实体权利,律师均可根据授权予以代理。

(五)代理申请仲裁裁决执行

仲裁裁决(调解)书自仲裁庭作出之日起发生法律效力。若律师认为仲裁裁决(调解)书事实清楚、证据确实充分,运用法律正确,应当说服当事人自觉履行应承担的义务,不能借故拖延、逃避或拒不履行。对于人民法院强制执行判决的,不能抗拒。

如果对方当事人拒不履行仲裁裁决(调解)书所载明的义务,律师可代理其委托人依仲裁裁决(调解)书向被执行人住所地或被执行人财产所在地的人民法院申请强制执行。申请强制执行仲裁裁决的期间为 2 年。申请执行时效的中止、中断,适用法律有关诉讼时效中止、中断的规定。申请执行期间从仲裁裁决(调解)书规定的履行期间的最后一日起计算;若规定分期履行的,从规定的每次履行期间的最后一日起计算；未规定履行期间的，从仲裁裁决（调解）书生效之日起计算。申请强制执行仲裁裁决（调解）书应提交申请执行书，文书样式如下：

申请执行书

申请人：

地址：

法定代表人：

委托代理人：

被申请执行人：

法定代表人：

申请执行事项：

1. 强制被申请执行人交付货物；

2. 强制被申请执行人支付违约金××万元。

申请执行的事实和理由：

×年×月×日，申请人于被申请执行人因××发生××纠纷。×年×月×日，申请人依据仲裁协议向××市仲裁委员会申请仲裁。×年×月×日，××市仲裁委员会作出裁决：（内容略）。但被申请执行人至今未履行仲裁裁决所确定的义务。

为了维护申请人的合法权益，依据《仲裁法》第62条第1款和《民事诉讼法》第212条第1款及201条第2款之规定，特向贵院提出申请，请予以强制执行。

此致

××市××区人民法院

申请人：（签字盖章）

×年×月×日

附：

××市仲裁委员会（×）第×号仲裁裁决书1份。

（六）代理当事人申请撤销仲裁裁决和不予执行仲裁裁决

1. 代理当事人申请撤销仲裁裁决。若律师和当事人有证据证明仲裁裁决有

《仲裁法》第58条规定的六种情形之一，可以向仲裁委员会所在地的中级人民法院申请撤销裁决。申请撤销裁决应在当事人收到裁决书之日起6个月内提出，人民法院应当在受理撤销裁决申请之日起2个月内作出撤销裁决或者驳回申请的裁定。这些情形包括：

（1）双方当事人之间没有仲裁协议。

（2）裁决的事项不属于仲裁协议的范围或者仲裁委员会无权仲裁的。

（3）仲裁庭的组成或者仲裁的程序违反法定程序的。

（4）裁决所根据的证据是伪造的。

（5）对方当事人隐瞒了足以影响公正裁决的证据的。

（6）仲裁员在仲裁该案时有索贿受贿，徇私舞弊，枉法裁决行为的。

此外，人民法院认定仲裁裁决违背社会公共利益的，应当裁定撤销。如果当事人以仲裁裁决事项超出仲裁协议范围为由申请撤销仲裁裁决，经审查属实的，人民法院应当撤销仲裁裁决中的超裁部分。但超裁部分与其他裁决事项不可分的，人民法院应当撤销仲裁裁决。

人民法院受理撤销裁决的申请后，认为可以由仲裁庭重新仲裁的，通知仲裁庭在一定期限内重新仲裁，并裁定中止撤销程序。仲裁庭拒绝重新仲裁的，人民法院应当裁定恢复撤销程序。

2. 代理当事人申请不予执行仲裁裁决。根据《民事诉讼法》第237条的规定，若一方当事人申请执行仲裁裁决，被申请人和律师若能证明裁决有下列情形之一的，则可请求人民法院裁定不予执行：

（1）当事人在合同中没有订有仲裁条款或者事后没有达成书面仲裁协议的。

（2）裁决的事项不属于仲裁协议的范围或者仲裁机构无权仲裁的。

（3）仲裁庭的组成或者仲裁的程序违反法定程序的。

（4）裁决所根据的证据是伪造的。

（5）对方当事人向仲裁机构隐瞒了足以影响公正裁决的证据的。

（6）仲裁员在仲裁该案时有贪污受贿，徇私舞弊，枉法裁决行为的。

此外，若人民法院认定执行该裁决违背社会公共利益的，裁定不予执行。裁定书应当送达双方当事人和仲裁机构。

仲裁裁决被人民法院裁定不予执行的，当事人可以根据双方达成的书面仲裁协议重新申请仲裁，也可以向人民法院起诉。

二、劳动争议仲裁中的律师实务

劳动争议仲裁中的律师业务与国内经济仲裁类似，下文将就劳动争议仲裁的特点及律师业务操作展开说明。

（一）代理当事人提起劳动争议仲裁

1. 审查当事人申请仲裁的事项是否属于劳动争议。律师代理劳动争议仲裁，首先要把握劳动争议的范畴，审查当事人欲申请仲裁的事项是否属于劳动争议。需要注意的是，根据《最高人民法院关于审理劳动争议案件适用法律若干问题的解释（二）》第7条的规定，下列争议不属于劳动争议：

（1）劳动者请求社会保险经办机构发放社会保险金的纠纷。

（2）劳动者与用人单位因住房制度改革产生的公有住房转让纠纷。

（3）劳动者对劳动能力鉴定委员会的伤残等级鉴定结论或者对职业病诊断鉴定委员会的职业病诊断鉴定结论的异议纠纷。

（4）家庭或者个人与家政服务人员之间的纠纷。

（5）个体工匠与帮工、学徒之间的纠纷。

（6）农村承包经营户与受雇人之间的纠纷。

如经审查，律师发现当事人申请仲裁事项不属于劳动争议范畴，则不应当受理当事人仲裁代理的委托，并应告知当事人依法向人民法院起诉。

2. 代理当事人提出劳动仲裁申请，必须在规定的仲裁时效内提出。《劳动争议调解仲裁法》第27条规定，劳动争议申请仲裁的时效期间为1年。仲裁时效期间从当事人知道或者应当知道其权利被侵害之日起计算。仲裁时效因当事人一方向对方当事人主张权利，或者向有关部门请求权利救济，或者对方当事人同意履行义务而中断。从中断时起，仲裁时效期间重新计算。因不可抗力或者有其他正当理由，当事人不能在前述仲裁时效期间申请仲裁的，仲裁时效中止。从中止时效的原因消除之日起，仲裁时效期间继续计算。但是劳动关系存续期间因拖欠劳动报酬发生争议的，劳动者申请仲裁不受时效期间的限制；但是，劳动关系终止的，应当自劳动关系终止之日起1年内提出。

3. 代理当事人向有管辖权的仲裁委员会提出仲裁申请。劳动争议仲裁实行地域管辖制度，律师接受当事人仲裁委托，应向有管辖权的劳动仲裁委员会提出仲裁申请。《劳动调解仲裁法》第21条第2款规定，劳动争议由劳动合同履行地或者用人单位所在地的劳动争议仲裁委员会管辖。双方当事人分别向劳动合同履行地和用人单位所在地的劳动争议仲裁委员会申请仲裁的，由劳动合同履行地的劳动争议仲裁委员会管辖。

4. 制作劳动争议仲裁申请书。劳动争议仲裁申请书应当载明下列事项：劳动者的姓名、性别、年龄、职业、工作单位和住所；用人单位的名称、住所和法定代表人或者主要负责人的姓名、职务；仲裁请求和所根据的事实、理由；证据和证据来源；证人姓名和住所。律师代理劳动者和律师代理用人单位提起劳动争议仲裁的两例文书范本如下：

劳动仲裁申请书（例一）

申请人：W，女，汉族，××岁，系××市××有限公司退休职工，住××市××区××路××号。

委托代理人：××，××律师事务所律师。

被申请人：××市××有限公司。

法定代表人：M，××市××有限公司董事长。

住所地：××市××区××路××号。

仲裁请求：

1. 由被申请人补发申请人从 1996 年 8 月 1 日至庭审之日的工资××元并从庭审之日起每月如期向申请人支付岗位工资。

2. 由被申请人承担本案诉讼费用。

事实与理由：

申请人原系被申请人下属单位的员工，因当时的政策需要借调到××厂，在该厂一直任职于管理岗位，后期申请人的岗位一直是该厂的第三产业乡镇企业负责人。在 1996 年 8 月申诉人到被申请人处办理内退手续，该单位却把申请人按照待岗职工处理，按照下岗职工的岗位工资 38 元/月计发，不认可其应有的岗位工资。2000 年 12 月办理正式退休手续时，也没有认可其正式岗位的岗位工资待遇。

申诉人在借调之前的工作岗位为批料员，在借调之后的工作岗位是乡镇企业的负责人。综上所述，申请人根据被请人关于退休人员、其岗位工资在退休时应当享有的有关规定，申请人享有仲裁请求所述的权利。为了维护申请人的合法权益，特提出劳动仲裁申请，请予以公正裁决。

此致

××市××仲裁委员会

申请人：W
××年××月××日

附件：

（略）

劳动仲裁申请书（例二）

申请人：××市××科技开发有限公司

住址：××市××路××号

法定代表人：A　职务：总经理

被申请人：B　　性别：男/女　年龄：××岁　职业：软件工程师
工作单位：××创新技术有限公司驻××办事处
住所：（略）

仲裁请求：

1. 裁决被申请人支付申诉人培训费××万元。

2. 被申请人承担仲裁费用。

事实与理由：

××年××月，申请人与被申请人签订一份《员工培训协议书》，合同约定由申请人联系美国××大学，选送被申请人前往进修学习并支付一切费用，学成必须为公司服务8年。××年××月被申请人学成回国后，未到本公司就业，而是到香港驻内地某公司工作，现根据合同要求被申请人赔偿××万元的损失。

此致
××市××劳动仲裁委员会

　　　　　　　　　　　　　申请人：××市××科技开发有限公司
　　　　　　　　　　　　　　　　　××年××月××日

附件：

1. 协议一份。（略）

2. 出国证书一套。（略）

3. 费用支出票证。（略）

（二）代理当事人提出先予执行申请

对追索劳动报酬、工伤医疗费、经济补偿或者赔偿金的案件，若当事人之间权利义务关系明确且不先予执行将严重影响申请人的生活，律师可以代理当事人申请先予执行。

（三）代理当事人向法院提起劳动争议诉讼

劳动仲裁中有以下几种情况，律师可以根据授权代理当事人向法院提起诉讼：

1. 仲裁机构逾期裁决。仲裁庭裁决劳动争议案件，应当自劳动争议仲裁委员会受理仲裁申请之日起45日内结束。案情复杂需要延期的，经劳动争议仲裁委员会主任批准，可以延期并书面通知当事人，但是延长期限不得超过15日。逾期未作出仲裁裁决的，律师可以代理当事人就该劳动争议事项向人民法院提起诉讼。

2. 对当事人不服仲裁裁决的处理。

（1）不服生效仲裁裁决的起诉。仲裁庭对追索劳动报酬、工伤医疗费、经济补偿或者赔偿金，不超过当地月最低工资标准12个月金额的争议和因执行国家的劳动标准在工作时间、休息休假、社会保险等方面发生的争议的裁决自作出之日起即生效，劳动者对仲裁裁决不服的，可以自收到仲裁裁决书之日起15日内向人民法院提起诉讼。

（2）不服未生效仲裁裁决的起诉。对于上文第一项论及的几类案件以外的劳动争议，劳动者对仲裁裁决不服的，可以自收到仲裁裁决书之日起15日内向人民法院提起诉讼；期满不起诉的，裁决书发生法律效力。

上述律师代理劳动争议仲裁业务以外的其他事项，可参照律师代理国内经济仲裁业务的论述，此处不予赘述。

三、农村承包经营纠纷仲裁中的律师实务

农村承包经营纠纷仲裁中的律师业务与国内经济仲裁及劳动争议仲裁类似，下文将主要就农村承包经营纠纷仲裁律师业务操作中的特别之处展开说明。

（一）代理当事人提起农村承包经营纠纷仲裁

1. 审查当事人申请仲裁的事项是否属于农村承包经营纠纷。需注意的是，因征收集体所有的土地及其补偿发生的纠纷，不属于农村土地承包仲裁委员会的受理范围，可以通过行政复议或者诉讼等方式解决。

2. 代理当事人提出农村承包经营纠纷仲裁申请。首先，律师应当在申请仲裁时效期内提出仲裁申请。农村土地承包经营纠纷申请仲裁的时效期间为2年，自当事人知道或者应当知道其权利被侵害之日起计算。其次，律师应当注意审查申请人与纠纷是否有直接的利害关系，是否有明确的被申请人，是否有具体的仲裁请求和事实、理由。

3. 代理当事人向有管辖权的仲裁委员会提出仲裁申请。当事人申请仲裁，应当向纠纷涉及的土地所在地的农村土地承包仲裁委员会递交仲裁申请书。仲裁申请书可以邮寄或者委托他人代交。仲裁申请书应当载明申请人和被申请人的基本情况，仲裁请求和所根据的事实、理由，并提供相应的证据和证据来源。

（二）代理当事人申请财产保全

如果因另一方当事人的行为或者其他原因，可能使裁决不能执行或者难以执行的，律师可以代理当事人向仲裁委员会申请财产保全。农村土地承包仲裁委员会应当将申请提交被申请人住所地或者财产所在地的基层人民法院。

（三）代理当事人调查收集证据

律师应当根据当事人提出的主张，协助或代理当事人调查收集证据、申请证人出庭作证、提出鉴定申请等。需注意的是，《农村承包经营纠纷调解仲裁法》

第 37 条规定，与纠纷有关的证据如果由作为当事人一方的发包方等掌握管理的，该当事人应当在仲裁庭指定的期限内提供，逾期不提供的，应当承担不利后果。

在证据可能灭失或者以后难以取得的情况下，律师可以代理当事人向仲裁委员会申请证据保全，仲裁委员会应当将当事人的申请提交证据所在地的基层人民法院。

（四）代理当事人申请先予执行

对权利义务关系明确的纠纷，律师可以代理当事人向仲裁委员会申请裁定维持现状、恢复农业生产以及停止取土、占地等行为。如对方当事人不履行先行裁定的，律师可以代理当事人向人民法院提供担保，申请执行。

（五）代理当事人向法院提起诉讼

当事人不服仲裁裁决的，可以自收到裁决书之日起 30 日内向人民法院起诉。逾期不起诉的，裁决书即发生法律效力。

律师代理农村土地承包经营纠纷仲裁业务的其他事项，可参照律师代理国内经济仲裁业务的论述，此处不予赘述。

四、涉外仲裁中的律师实务

（一）律师代理涉外仲裁案件的范围

我国仲裁机构受理的涉外仲裁案件是涉外经济贸易、运输和海事中发生的纠纷，《中国国际经济贸易仲裁委员会仲裁规则》规定，其受理契约性或非契约性的经济贸易等争议，其中，涉及香港特别行政区、澳门特别行政区或台湾地区的争议案件也比照涉外仲裁案件。根据《中国海事仲裁委员会仲裁规则》第 2 条的规定，海事纠纷主要包括：租船合同、多式联运合同或者提单、运单等运输单证所涉及的海上货物运输、水上货物运输、旅客运输争议；船舶、其他海上移动式装置的买卖、建造、修理、租赁、融资、拖带、碰撞、救助、打捞，或集装箱的买卖、建造、租赁、融资等业务所发生的争议；海上保险、共同海损及船舶保赔业务所发生的争议；船上物料及燃油供应、担保争议，船舶代理、船员劳务、港口作业所发生的争议；海洋资源开发利用、海洋环境污染所发生的争议；货运代理，无船承运，公路、铁路、航空运输，集装箱的运输、拼箱和拆箱，快递，仓储，加工，配送，仓储分拨，物流信息管理，运输工具、搬运装卸工具、仓储设施、物流中心、配送中心的建造、买卖或租赁，物流方案设计与咨询，与物流有关的保险，与物流有关的侵权争议，以及其他与物流有关的争议；渔业生产、捕捞等所发生的争议；双方当事人协议仲裁的其他争议。

（二）涉外仲裁的申请

1. 拟定或审查当事人之间的仲裁协议。我国的涉外仲裁机构要求当事人在申请仲裁之前应达成书面仲裁协议。书面形式包括合同书、信件、电报、电传、传真、电子数据交换和电子邮件等可以有形地表现所载内容的形式。在仲裁申请书和仲裁答辩书的交换中一方当事人声称有仲裁协议而另一方当事人不做否认表示的，视为存在书面仲裁协议。合同中的仲裁条款应视为与合同其他条款分离地、独立地存在的条款，附属于合同的仲裁协议也应视为与合同其他条款分离地、独立地存在的一个部分。合同的变更、解除、终止、转让、失效、无效、未生效、被撤销以及成立与否，均不影响仲裁条款或仲裁协议的效力。

2. 提交仲裁申请书。根据《中国国际经济贸易仲裁委员会仲裁规则》的规定，仲裁申请书应当写明下列内容：

（1）申请人和被申请人的名称和住所，包括邮政编码、电话、电传、传真、电报号码、电子邮件或其他电子通讯方式。

（2）申请仲裁所依据的仲裁协议。

（3）案情和争议要点。

（4）申请人的仲裁请求。

（5）仲裁请求所依据的事实和理由。

律师代理当事人提交仲裁申请书时，需附上申请人请求所依据的事实的证明文件，按照仲裁委员会制定的仲裁费用表的规定预缴仲裁费。

（三）代理当事人申请证据保全和财产保全

律师代理涉外仲裁的当事人申请证据保全，应向涉外仲裁委员会提交申请，由仲裁委员会将当事人的申请提交证据所在地的中级人民法院裁定。当事人申请财产保全的，仲裁委员会应当将当事人的申请转交对被申请财产保全的当事人住所地或其财产所在地有管辖权的法院作出裁定。

（四）代理当事人提出答辩或反请求

仲裁委员会收到申请人的仲裁申请书及其附件后，经审查认为申请仲裁的手续不完备的，可要求申请人予以完备；认为申请仲裁的手续已完备的，应将仲裁通知连同仲裁委员会的仲裁规则、仲裁员名册和仲裁费用表各一份一并发送给双方当事人；申请人的仲裁申请书及其附件也应同时发送给被申请人。仲裁委员会或其分会受理案件后，将指定一名秘书局或秘书处的人员协助仲裁庭负责仲裁案件的程序管理工作。被申请人应在收到仲裁通知之日起45天内向仲裁委员会秘书局或其分会秘书处提交答辩书。仲裁庭认为有正当理由的，可以适当延长此期限。答辩书由被申请人及/或被申请人授权的代理人签名及/或盖章，并应包括下列内容：被申请人的名称和住所，包括邮政编码、电话、电传、传真、电报号码、电子邮件或其他电子通讯方式；对申请人的仲裁申请的答辩及所依据的事实和理由；答辩所依据的证明文件。

被申请人如有反请求，应当自收到仲裁通知之日起45天内以书面形式提交仲裁委员会。仲裁庭认为有正当理由的，可以适当延长此期限。被申请人提出反请求时，应在其反请求书中写明具体的反请求及其所依据的事实和理由，并附具有关的证明文件。被申请人提出反请求，也应当按照仲裁委员会制定的仲裁费用表在规定的时间内预缴仲裁费。

仲裁委员会认为被申请人提出反请求的手续已完备的，应将反请求书及其附件发送申请人。申请人应在接到反请求书及其附件后 30 天内对被申请人的反请求提交答辩书。如逾期提交反请求答辩书的，仲裁庭有权决定是否接受。申请人可以对其仲裁请求提出更改，被申请人也可以对其反请求提出更改。但是，仲裁庭认为其提出更改的时间过迟而影响仲裁程序正常进行的，可以拒绝受理其更改请求。

需注意的是，当事人提交仲裁申请书、答辩书、反请求书和有关证明材料以及其他文件时，应一式 5 份。如果当事人人数超过两人，则应增加相应份数。如果仲裁庭组成人数为一人，则可以减少 2 份。如果当事人提出财产保全申请或证据保全申请，则应相应增加 1 份。

（五）代理当事人参加仲裁审理

律师代理当事人参加仲裁审理，代理业务及规则如下：

1. 代理当事人选定仲裁员。根据《中国国际经济贸易仲裁委员会仲裁规则》的规定，仲裁庭由 1 名或 3 名仲裁员组成。仲裁庭原则上由 3 名仲裁员组成，由当事人从仲裁委员会提供的仲裁员名册中选定。当事人合意约定在名册之外选定仲裁员的，经仲裁委员会主任依法确认后可以担任仲裁员、首席仲裁员或独任仲裁员。申请人和被申请人应当各自在收到仲裁通知之日起 15 天内选定一名仲裁员或者委托仲裁委员会主任指定。当事人未在上述期限内选定或委托仲裁委员会主任指定的，由仲裁委员会主任指定。首席仲裁员由双方当事人在被申请人收到仲裁通知之日起 15 天内共同选定或者共同委托仲裁委员会主任指定。双方当事人也可以在上述期限内各自推荐 1～3 名仲裁员作为首席仲裁员人选。双方当事人的推荐名单中有一名人选相同的，为双方当事人共同选定的首席仲裁员。有一名以上人选相同的，由仲裁委员会主任根据案件的具体情况在相同人选中确定一名首席仲裁员，该名首席仲裁员仍为双方共同选定的首席仲裁员。推荐名单中没有相同人选时，由仲裁委员会主任在推荐名单之外指定首席仲裁员。双方当事人未能按照上述规定共同选定首席仲裁员的，由仲裁委员会主任指定。双方当事人协议由独任仲裁庭审理的，独任仲裁员的选定方式与上述首席仲裁员的选定相同。

2. 代理当事人申请仲裁员回避。根据《中国国际经济贸易仲裁委员会仲裁规则》第 29 条的规定，仲裁员应当书面披露可能对其公正性和独立性产生合理怀疑的任何事实或情况。若应当披露的情形在仲裁过程中出现，也应立即向仲裁委员会书面披露。而仲裁委员会将仲裁员的声明书及/或披露的信息转交各方当事人。当事人收到后，如果以该被披露的事实或情况为由要求该仲裁员回避的，则应于收到书面披露后 10 天内向仲裁委员会书面提出。如逾期没有申请回避，则日后不得以仲裁员曾经披露的事项为由申请该仲裁员回避。

若当事人及律师对被选定或者被指定的仲裁员的公正性和独立性产生具有正当理由的怀疑时，可以应在收到组庭通知之日起 15 天内以书面形式向仲裁委员会提出回避请求，但应说明提出回避请求所依据的具体事实和理由，并且举证。如果要求回避事由的得知是在此之后，则可以在得知回避事由后 15 天内提出，但不应迟于最后一次开庭终结。

3. 代理当事人更换仲裁员。仲裁员在法律上或事实上不能履行其职责，或者没有按照本规则的要求或在规则规定的期限内履行应尽职责时，仲裁委员会主任有权自行决定将其更换。该仲裁员也可以主动申请不再担任仲裁员。仲裁员因死亡、除名、回避或者自动退出等其他原因不能履行职责时，律师可代理当事人应按照原选定或者指定该仲裁员的程序，在仲裁委员会规定的期限内选定或者指定替代的仲裁员。

4. 代理当事人收集、提交证据与质证。律师代理当事人搜集各项能证明案件的证据，询问证人，并说服证人作证。律师应在举证期限内提交证据证明其委托人申请、答辩和反请求所依据的事实。举证期限可以由仲裁庭规定。当事人应当在规定的期限内提交证据，逾期提交的，仲裁庭可以不予接受。当事人在举证期限内提交证据材料确有困难的，可以在期限届满前申请延长举证期限。

5. 律师根据授权，代理当事人参与调解或与对方当事人和解。律师代理当事人在仲裁委员会之外通过协商或调解达成和解协议的，可以凭当事人达成的仲裁协议和和解协议，请求仲裁庭按照和解协议的内容作出仲裁裁决。除非当事人另有约定，仲裁委员会主任指定一名独任仲裁员组成仲裁庭，按照仲裁庭认为适当的程序进行审理并作出裁决。

如果双方当事人有调解愿望，或一方当事人有调解愿望并经仲裁庭征得对方同意，仲裁庭可以在仲裁程序进行过程中按照其认为适当的方式进行对案件进行调解。律师可根据当事人的授权参与调解，尽最大努力维护当事人的合法权益。在仲裁庭进行调解的过程中，律师代理当事人在仲裁庭之外达成和解的，应视为是在仲裁庭调解下达成的和解，双方当事人应签订书面和解协议；除非当事人另有约定，仲裁庭应当根据当事人书面和解协议的内容作出裁决书结案。律师也可在调解过程中根据当事人的意愿代理当事人申请终止调解。如果调解不成功，或当事人申请终止调解的，仲裁庭应当继续进行仲裁程序，并作出裁决。

如果调解不成功，在其后的仲裁程序、司法程序和其他任何程序中，当事人及其律师不能援引对方当事人或仲裁庭在调解过程中曾发表的意见、提出的观点、作出的陈述、表示认同或否定的建议或主张作为其请求、答辩或反请求的依据。

6. 代理当事人撤回部分或全部仲裁请求或仲裁反请求。律师可以代理当事人向仲裁委员会提出撤回全部仲裁请求或全部仲裁反请求。申请人撤回全部仲裁请求的，不影响仲裁庭就被申请人的反请求进行审理和裁决。被申请人撤回全部仲裁反请求的，不影响仲裁庭就申请人的仲裁请求进行审理和裁决。在仲裁庭组成前撤销案件的，由仲裁委员会秘书长作出决定；在仲裁庭组成后撤销案件的，由仲裁庭作出决定。如当事人欲就已经撤回的仲裁申请再提出仲裁申请，由仲裁委员会决定是否受理。

7. 代理当事人参与简易审理程序。除非当事人另有约定，凡争议金额不超过人民币 50 万元的；或争议金额超过人民币 50 万元，经一方当事人书面申请并征得对方当事人书面同意，可适用简易仲裁程序。没有争议金额或者争议金额不明确的，仲裁委员会也可根据案件的复杂程度、涉及利益的大小以及其他有关因素综合考虑决定是否适用简易程序。

被申请人应在收到仲裁通知之日起 20 天内向仲裁委员会提交答辩书及有关证明文件；如有反请求，也应在此期限内提交反请求书及有关证明文件。仲裁庭认为有正当理由的，可以适当延长此期限。申请人应在收到反请求书及其附件后 20 天内对被申请人的反请求提交答辩。

简易程序由独任仲裁庭按照其认为适当的方式审理，可以决定只依据当事人提交的书面材料和证据进行书面审理，也可以决定开庭审理。对于开庭审理的案件，仲裁庭确定开庭日期后，仲裁委员会秘书局或其分会秘书处应在开庭前 15 天将开庭日期通知双方当事人。当事人有正当理由的，可以请求延期开庭，但必须在开庭前 7 天书面向仲裁庭提出，由仲裁庭决定是否延期。开庭审理的，仲裁庭只开庭一次，确有必要再次开庭的除外。

仲裁请求的变更或反请求的提出，不影响简易程序的继续进行。经变更的仲裁请求或反请求所涉及争议的金额超过人民币 50 万元的，除非当事人约定继续适用简易程序，简易程序应变更为普通程序。

(六) 代理当事人申请执行仲裁裁决

仲裁裁决作出后，如对方当事人不履行，律师可以代理当事人向被申请人住所地或者财产所在地的中级人民法院申请执行。如果被执行人或者其财产不在中华人民共和国领域内，则可根据 1958 年联合国《承认及执行外国仲裁裁决公约》或者中国缔结或参加的其他国际条约，向有管辖权的法院申请执行。

但如果是申请执行国外仲裁机构的裁决，应当直接向被执行人住所地或者其财产所在地的中级人民法院提出申请，人民法院依照我国缔结或者参加的国际条约或按互惠原则办理。

（七）代理当事人申请撤销仲裁裁决、不予执行仲裁裁决

根据《仲裁法》第70条和第71条的规定，若被申请人提出证据证明仲裁裁决有我国《民事诉讼法》第258条第2款规定之情形，可向人民法院申请撤销仲裁裁决或不予执行仲裁裁决：

1. 当事人在合同中没有订有仲裁条款或者事后没有达成书面仲裁协议的。

2. 被申请人没有得到指定仲裁员或者进行仲裁程序的通知，或者由于其他不属于被申请人负责的原因未能陈述意见的。

3. 仲裁庭的组成或者仲裁的程序与仲裁规则不符的。

4. 裁决的事项不属于仲裁协议的范围或者仲裁机构无权仲裁的。

此外，人民法院认定执行该裁决违背社会公共利益的，可以裁定不予执行。仲裁裁决被人民法院裁定不予执行的，当事人可以根据双方达成的书面仲裁协议重新申请仲裁，也可以向有管辖权的法院起诉。

第三节　仲裁案例评析

案例一：

2005年8月，甲公司与乙公司签订了一份购销合同，其中约定了仲裁条款："因履行合同发生的争议，双方无法协商解决的，由仲裁机构仲裁。"2006年1月，双方发生争议，甲公司向其所在市的仲裁委员会递交了仲裁申请书，但乙公司拒绝答辩。同年3月，双方经过协商，重新签订了一份仲裁协议，并商定将此合同争议提交乙公司所在市的仲裁委员会仲裁。但事后甲公司担心该市仲裁委员会实行地方保护主义，偏袒乙公司，故未申请仲裁，而向合同履行地人民法院提起诉讼，且起诉时未说明此前两次约定仲裁的情况，法院受理此案，并向乙公司送达了起诉状副本，乙公司向法院提交了答辩状。法院经审理判决被告乙公司败诉，被告不服，理由是双方事先有仲裁协议，因此法院判决无效。

问题：

1. 购销合同中的仲裁条款是否有效？

2. 争议发生后，双方签订的协议是否有效？

3. 甲公司向法院提起诉讼正确与否？

4. 被告乙公司上诉理由是否成立？乙公司是否有上诉权？

一、法理分析

（一）仲裁条款无效

当事人之间达成有效的仲裁协议是申请仲裁的前提条件。有效的仲裁协议需

具备三个条件：①形式合法，即采用书面形式。②内容完备。仲裁协议须包括当事人将争议提交仲裁解决的意思表示、提交仲裁裁决的事项，以及选定的仲裁机构。③内容明确。仲裁协议需内容清楚，不含混模糊，用语表述不能有歧义。仲裁协议无效的，应由当事人协议补充，不能达成补充协议的，仲裁协议无效。

当事人在合同中约定的仲裁条款"因履行合同发生的争议，双方无法协商解决的，由仲裁机构仲裁"包括两项内容：①当事人愿意将纠纷提交仲裁解决的意愿；②因履行合同发生的争议为提交仲裁的事项。但是没有清楚指明由哪一仲裁机构仲裁，因为该仲裁条款用语含混，只约定通过仲裁方式解决纠纷而未指明具体的仲裁委员会，不具有可操作性。因而，原仲裁条款内容不完善，如当事人未予补充则无效。后来，当事人事后重新签订了新的仲裁协议替代了原仲裁条款，因而原仲裁条款无效。

（二）双方重新签订的仲裁协议有效

而双方当事人后来重新达成的仲裁协议表明愿意通过仲裁方式解决因履行合同而引起的争议，也指明了具体的仲裁委员会，是有效的仲裁协议。

（三）甲公司向法院起诉不正确

因为国内经济仲裁实行或裁或审制度，双方当事人就合同纠纷的解决重新达成了有效的仲裁协议，因而排除了法院对纠纷的管辖权。因此，甲公司应当遵循仲裁协议的约定，向乙公司所在地的仲裁委员会提出仲裁申请。

（四）乙公司上诉理由不成立，但乙公司拥有上诉权

1. 乙公司上诉理由不成立，合同履行地人民法院对该争议有管辖权。甲公司向法院起诉时未声明有仲裁协议，人民法院受理了该案。如果乙公司对人民法院的管辖权有异议，应当在法院首次开庭前提出，但是，乙公司应诉答辩，这应当视为乙公司放弃了仲裁协议，默认该法院对该合同争议有管辖权，因而人民法院的审理和判决都是有效的。

2. 乙公司拥有上诉权。上诉权是受一审判决约束的当事人当然享有的一项程序性权利，并不因为上诉理由不成立这一案件实体问题而消灭。

二、法律依据

《仲裁法》第16条规定，仲裁协议包括合同中订立的仲裁条款和以其他书面方式在纠纷发生前或者纠纷发生后达成的请求仲裁的协议。仲裁协议应当具有下列内容：①请求仲裁的意思表示；②仲裁事项；③选定的仲裁委员会。

第18条规定，仲裁协议对仲裁事项或者仲裁委员会没有约定或者约定不明确的，当事人可以补充协议；达不成补充协议的，仲裁协议无效。

第26条规定，当事人达成仲裁协议，一方向人民法院起诉未声明有仲裁协议，人民法院受理后，另一方在首次开庭前提交仲裁协议的，人民法院应当驳回

起诉，但仲裁协议无效的除外；另一方在首次开庭前未对人民法院受理该案提出异议的，视为放弃仲裁协议，人民法院应当继续审理。

案例二：

2011 年 3 月，王某在重庆市甲公司工作了半年后到亲戚家的公司工作，并向甲公司发出辞职信，并要求甲公司返还拖欠的 3 个月工资 5000 元，甲公司以各种理由拖延。王某欲申请当地劳动争议仲裁委员会仲裁，但仍然担心甲公司不服仲裁裁决会一直起诉、上诉，将自己拖垮。

问题：

1. 王某的担心有道理吗？

2. 如果劳动仲裁委员会裁决甲公司支付拖欠工资，甲公司是否可就拖欠工资的争议向法院起诉？

一、法理分析

（一）王某可以及时获得拖欠的工资

《劳动争议调解仲裁法》对劳动仲裁制度做出了改革，将劳动仲裁裁决分为终局裁决和非终局裁决。终局裁决是针对下列两类案件作出的裁决：

1. 追索劳动报酬、工伤医疗费、经济补偿或者赔偿金，不超过当地月最低工资标准 12 个月金额的争议。

2. 因执行国家的劳动标准在工作时间、休息休假、社会保险等方面发生的争议。

终局裁决自作出之日起即生效。非终局裁决是上述终局裁决以外的其他劳动争议案件的仲裁裁决。当事人不服的，可以自收到仲裁裁决书之日起 15 日内向人民法院提起诉讼，期满不起诉的，裁决书发生法律效力。

王某与甲公司之间争议的标的额为 5000 元，根据《重庆市人力资源和社会保障局关于发布重庆市最低工资标准的通知》，重庆市各区中最低工资标准为 750 元/月，可见王某被拖欠的工资远低于当地月最低工资标准 12 个月的金额（即 750 元/月 × 12 月 = 9000 元）。因此，如果劳动仲裁委员会裁决甲公司应支付拖欠王某的工资，该裁决属于终局裁决，该裁决自作出之日起即生效，甲公司应当依裁决所确定的时间和方式履行支付工资的义务。

此外，如果王某与甲公司之间权利义务关系明确，甲公司不支付拖欠的工资将严重影响到王某的生活的，王某还可向仲裁庭申请先予执行。而且，王某申请先予执行不必提供担保。因此，王某不必担心甲公司通过纠纷解决程序拖延履行义务。

（二）如果劳动仲裁委员会裁决甲公司支付拖欠工资，甲公司不能就拖欠工资的争议向法院起诉

依据《劳动争议调解仲裁法》第 49 条的规定，如用人单位对终局裁决不服，且有证据证明终局裁决有下列情形之一的，可以自收到仲裁裁决书之日起30日内向劳动争议仲裁委员会所在地的中级人民法院申请撤销裁决：

1. 适用法律、法规确有错误的；劳动争议仲裁委员会无管辖权的。

2. 违反法定程序的；裁决所根据的证据是伪造的。

3. 对方当事人隐瞒了足以影响公正裁决的证据的。

4. 仲裁员在仲裁该案时有索贿受贿、徇私舞弊、枉法裁决行为的。

由于上述仲裁裁决为终局裁决，自作出之日起即生效，即便甲公司对裁决不服，也不能直接就原劳动争议向法院起诉，而在裁决被撤销之前，甲公司应当按照仲裁裁决履行义务，逾期不履行义务的，王某可以向甲公司所在地法院申请强制执行仲裁裁决。

二、法律依据

《劳动争议调解仲裁法》第44条规定，仲裁庭对追索劳动报酬、工伤医疗费、经济补偿或者赔偿金的案件，根据当事人的申请，可以裁决先予执行，移送人民法院执行。

仲裁庭裁决先予执行的，应当符合下列条件：①当事人之间权利义务关系明确；②不先予执行将严重影响申请人的生活。

劳动者申请先予执行的，可以不提供担保。

第47条规定，下列劳动争议，除本法另有规定的外，仲裁裁决为终局裁决，裁决书自作出之日起发生法律效力：①追索劳动报酬、工伤医疗费、经济补偿或者赔偿金，不超过当地月最低工资标准12个月金额的争议；②因执行国家的劳动标准在工作时间、休息休假、社会保险等方面发生的争议。

第48条规定，劳动者对本法第47条规定的仲裁裁决不服的，可以自收到仲裁裁决书之日起15日内向人民法院提起诉讼。

第49条规定，用人单位有证据证明本法第47条规定的仲裁裁决有下列情形之一，可以自收到仲裁裁决书之日起30日内向劳动争议仲裁委员会所在地的中级人民法院申请撤销裁决：①适用法律、法规确有错误的；②劳动争议仲裁委员会无管辖权的；③违反法定程序的；④裁决所根据的证据是伪造的；⑤对方当事人隐瞒了足以影响公正裁决的证据的；⑥仲裁员在仲裁该案时有索贿受贿、徇私舞弊、枉法裁决行为的。

人民法院经组成合议庭审查核实裁决有前款规定情形之一的，应当裁定撤销。

仲裁裁决被人民法院裁定撤销的，当事人可以自收到裁定书之日起15日内就该劳动争议事项向人民法院提起诉讼。

第50条规定，当事人对本法第47条规定以外的其他劳动争议案件的仲裁裁决不服的，可以自收到仲裁裁决书之日起 15 日内向人民法院提起诉讼；期满不起诉的，裁决书发生法律效力。

第 51 条规定，当事人对发生法律效力的调解书、裁决书，应当依照规定的期限履行。一方当事人逾期不履行的，另一方当事人可以依照民事诉讼法的有关规定向人民法院申请执行。受理申请的人民法院应当依法执行。

【疑难问题】
关于劳动争议仲裁的终局裁决与诉讼机制的衔接问题

《劳动争议调解仲裁法》第 47~50 条规定了劳动争议仲裁的终局裁决，即对追索劳动报酬、工伤医疗费、经济补偿或者赔偿金，不超过当地月最低工资标准 12 个月金额的争议和因执行国家的劳动标准在工作时间、休息休假、社会保险等方面发生的争议所作出的裁决。这些裁决书自作出之日起发生法律效力。劳动者如对上述仲裁裁决不服的，可以自收到仲裁裁决书之日起 15 日内向人民法院提起诉讼。而用人单位若对上述裁决不服，则自收到仲裁裁决书之日起 30 日内向劳动争议仲裁委员会所在地的中级人民法院申请撤销裁决。这一规定在实践中可能引起仲裁和诉讼机制衔接的问题：

1. 如果劳动者在基层法院提起诉讼，而用人单位也向中级人民法院申请撤销仲裁裁决，那么案件应由哪一法院审理？

法律对这一问题没有规定，实践中容易引起混乱。对此，可以参考《广东省关于适用〈劳动争议调解仲裁法〉、〈劳动合同法〉若干问题的指导意见》的做法，即劳动者就终局裁决向基层人民法院起诉，而用人单位向中级人民法院申请撤销仲裁裁决的，中级人民法院应不予受理，已经受理的，应裁定终结诉讼。基层人民法院审理案件时，对用人单位的抗辩一并处理。

2. 劳动者起诉后又撤诉，或者劳动者超过 15 日起诉期间起诉而被驳回起诉的，用人单位如对终局裁决不服，如何处理？

根据《广东省关于适用〈劳动争议调解仲裁法〉、〈劳动合同法〉若干问题的指导意见》的做法，用人单位可以在收到准予撤诉或驳回起诉的裁定之日起 30 日内，向劳动争议仲裁委员会所在地的中级人民法院申请撤销仲裁裁决。

第四节　律师代理仲裁实务技巧

仲裁作为最重要的非诉讼纠纷解决机制之一，在民商事纠纷和劳动争议的处理中扮演重要角色，仲裁代理业务也是律师最为重要的非诉讼业务之一。仲裁相较于诉讼，具有灵活、快捷、成本低等优势，对陷入纠纷的当事人而言，它是一种较为经济合理的纠纷解决方式。同时，由于仲裁的专业性、灵活性较强，对代理仲裁业务的律师素质提出了较高的要求。因此，律师代理仲裁业务需注意以下几个方面的训练：

一、熟悉仲裁程序和仲裁规则

律师成功代理仲裁案件的基础是熟悉各类仲裁的仲裁机构、仲裁规则和仲裁程序，了解不同仲裁程序之间的区别，了解特定种类的仲裁程序的法律规范。同时，律师应在实践中积累仲裁机构和仲裁人员的信息，通过互联网、人际网络等多种途径尽可能多地收集拟选仲裁机构的基本情况，包括该机构的仲裁规则、组成人员，仲裁员的来源，仲裁机构及仲裁员的业内评价或声誉、既往仲裁案件受理情况等。由此，律师能够在当事人选择仲裁机构和仲裁员的过程中提供有效的帮助和建议。同时，律师应当熟悉仲裁规则中规定的各种期间，提示或代理当事人在相应的期间内从事各项法律行为，防止出现超出期间而导致失权的后果。

二、审查当事人拟定仲裁协议

有效的仲裁协议是当事人申请仲裁的前提条件，因此，律师应当认真审查当事人之间是否存在仲裁协议，仲裁协议是否合法有效，从形式合法性、内容完备性和内容明确性三方面进行审查。同时，应为当事人指明选择仲裁解决方式的后果、仲裁裁决的效力及不服裁决的处理方法，要让当事人对选择仲裁有理性清晰的认识。

三、就纠纷的解决方式提出建设性意见

仲裁过程中提倡和解与调解，对当事人自由意思给予充分尊重。律师应当根据案件的具体情况，为委托人提供最优的方案，以最大限度地维护其合法权益，为当事人节约时间和金钱。比如，在劳动争议仲裁的代理过程中，代理劳动者一方的律师可以通过对争议的评估，劝导当事人接受调解，或与对方当事人和解，或及时向劳动行政部门反映情况、申诉或投诉，以免劳动者陷入程序的泥潭，无法有效保障自身权益。

四、帮助当事人掌握争议焦点，并对争议作出理性评估

对缺乏法律专业训练的普通当事人而言，对事实的叙述和评价可能更多地基于其个人主观立场，那么律师应当引导当事人有条理地讲述案情，清晰归纳争议焦点。律师要尽快将当事人对案情的叙述转化为法律框架下的案件事实，这需要律师在与当事人的沟通中掌握主动，以理性清晰的思路和提纲引导当事人叙述案情，以有序的问题提示当事人的讲述，而不能任由当事人自由发挥，另外还要快速清楚地归纳争议焦点。在归纳争议焦点之后，律师应引导当事人注意搜集相应的证据材料，为当事人收集证据的方式和途径提供建议或给予协助。

根据证据材料的收集情况，律师对当事人的诉求和主张进行理性的评估，告知当事人可能面临的风险，帮助当事人理性评价争议，对其自身提出的诉求进行合理的预期。

五、就纠纷解决方案提出建设性意见

仲裁审理方式灵活，其间，律师代理双方当事人展开辩论或进行谈判是重要内容。律师应当根据对争议的评估，对证据材料的评价和与对方辩论或谈判的具体情况，灵活、及时地为当事人提供合理的纠纷解决方案，建议当事人放弃难以证明的主张、增加或变更仲裁请求、适时提出反请求等，如建议当事人选择继续履行合同、终止合同并要求违约金或损害赔偿金、变更合同履行方式等，帮助当事人对纠纷的解决方案树立合理的预期。

六、善于疏导当事人的对立情绪，避免矛盾激化

律师应引导当事人尽可能以理性的思维、平静的心态看待争议和自己的诉求，避免冲动负面情绪的影响。律师应尽量站在当事人的立场理解当事人的困难和面临的问题，认真倾听当事人的讲述，这可使当事人感到自己被尊重和被重视，从而帮助当事人纾解负面情绪，增进当事人对律师的信任，这也有利于促使当事人接受律师提出的建议。最后，律师不能刻意煽动当事人采取非理性行为不正当地向仲裁机构、对方当事人或地方政府施加压力，以制造问题的方式来增加谈判的"砝码"，这一点在劳动争议案件中应当尤其注意避免。

【思考题】

1. 根据我国《劳动争议调解仲裁法》的规定，下列哪一选项不属于劳动争议？（　　　）

A. 因确认劳动关系发生的争议

B. 因订立、履行、变更、解除和终止劳动合同发生的争议

C. 因除名、辞退和辞职、离职发生的争议

D. 因用人单位欠缴社会保险费引发的争议

2. 根据我国《仲裁法》下列哪些情况将导致仲裁协议无效？（　　　）

A. 约定的仲裁事项超出法律规定的仲裁范围的

B. 当事人约定通过仲裁解决争议，但未指明具体的仲裁机构

C. 无民事行为能力人或者限制民事行为能力人订立的仲裁协议

D. 一方采取胁迫手段，迫使对方订立仲裁协议的

3. 当事人申请仲裁须具备下列哪些条件？（　　　）

A. 有仲裁协议

B. 有具体的仲裁请求和事实、理由

C. 属于仲裁委员会的受理范围

D. 提交证据材料

4. 下列劳动争议仲裁裁决自作出之日起即发生法律效力的是哪些?（　　　）

A. 追索劳动报酬,不超过当地月最低工资标准 10 个月金额的争议

B. 追索工伤医疗费的争议

C. 追索经济补偿或者赔偿金约为当地月最低工资标准 15 个月金额的争议

D. 因执行国家的劳动标准在工作时间、休息休假、社会保险等方面发生的争议

5. 仲裁员有下列哪些情形,当事人可提出回避申请?（　　　）

A. 是本案当事人或者当事人、代理人的近亲属

B. 与本案有利害关系

C. 与本案当事人、代理人有其他关系,可能影响公正仲裁的

D. 私自会见当事人、代理人,或者接受当事人、代理人的请客送礼的

6. 根据《仲裁法》下列哪些情形可作为申请撤销裁决的理由?（　　　）

A. 仲裁庭的组成或者仲裁的程序违反法定程序的

B. 裁决所根据的证据是伪造的

C. 对方当事人隐瞒了足以影响公正裁决的证据的

D. 仲裁庭适用法律错误

第六章

调解中的律师实务

【内容提要】调解是具有中国特色的纠纷解决制度，有自己的特点和优势，大致可分为诉讼调解、行政调解和社会调解三种。律师可作为当事人的代理人广泛参与各类调解。律师还可以居中主持调解工作，律师调解在性质上属于社会调解之一。要通过调解处理一起纠纷，不仅需要了解并掌握调解的一般程序和方法，还要注意一些细节问题。

【重点与难点】调解的程序和方法、诉讼调解的适用和期限、社会调解的种类、律师代理当事人进行调解的工作重点、角色定位，以及在调解时应注意的问题和需要把握的细节。

第一节　调解制度概述

调解是具有中国特色的解决纠纷的方式，它是指通过柔性的说服教育、协商而非生硬的判决方式解决纠纷的一种活动。我国民间一直就有调解解决纠纷的传统，特别是当事人的亲友、邻里以及当地的公正人士，更是以解决他人的纠纷为己任，为社会安定，人民团结作出了积极贡献。

调解主要用于解决民间纠纷。民间纠纷是指公民之间因人际关系、民事关系以及实施刑法和治安管理处罚法所禁止的行为而引起的情节比较轻微、涉及面不大的争执。因人际关系引起的纠纷，如婆媳不和、邻里吵架、夫妻相争、同事拌嘴等，这类纠纷看似是小事，但如果处理不好，易使矛盾激化，酿成祸端。民事关系引起的纠纷，如婚姻纠纷，赡养、抚养、扶养纠纷，继承纠纷，债务纠纷，房屋纠纷，土地纠纷，山林纠纷，水利纠纷，牲畜纠纷等；因轻微伤害或其他治安案件引起的纠纷，如因虐待、遗弃、暴力干涉他人婚姻自由，或因打架斗殴等轻微伤害而引起的纠纷等，这些纠纷在性质上是非对抗性的矛盾，因此可以通过调解方式解决。正确处理纠纷，消除隔阂，对于防止矛盾激化，减少讼争，建立社会主义和谐社会是非常重要的。

一、调解制度的概念

调解和调解制度是两个不同的概念。调解，是指发生纠纷的双方当事人，在第三者的主持下，依照国家的法律和政策，通过斡旋、协商达成协议，解决纠纷的一种活动。调解制度，作为我国司法制度的一个重要组成部分，则是指已经规范化、制度化、体系化的各级、各类调解的有机构成。

我国的调解制度，是在继承历史上官府调解、民间调解中"排难解纷"、"止讼息争"的合理因素，在新民主主义时期逐步建立和发展起来的。建国后，我国的调解制度在继承和发扬新民主主义革命时期调解工作的优良传统的基础上，逐渐形成了诉讼调解、行政调解、社会调解三种调解互相结合的调解制度体系。[1] 诉讼调解，是指司法机关对民事案件和轻微刑事案件的调解；行政调解，是指基层人民政权对民间纠纷的调解；社会调解，主要是指民间调解组织对民事纠纷的调解。这三种调解，都是依照国家的法律、法规和政策，采取说服教育的方法，在自愿原则指导下所进行的排难解纷的活动。同时，它们在调解的主持者、调解的受理范围、调解的性质和效力方面又互有区别。

二、调解的特征

调解是在双方当事人平等自愿的基础上，通过友好协商达成协议来解决争议的过程，因此，调解的过程实质上是当事人意志更新和再确认的过程，只要不违背国家法律的强制性规定，皆为有效。

1. 调解的本质特征是调解自始至终均要尊重当事人的意志，依当事人的意愿参加调解过程，在互相理解的基础上达成共识，从而使问题得到圆满解决。

2. 调解与诉讼不同，不受严格的程序制约，只要不违背双方当事人的意志，在任何阶段都可以进行调解，可以请任何人进行调解，也可以在任何选定的地点进行调解。

3. 调解所依据的不仅是国家法律、法规和政策，更包括情理，还可以参考行业惯例、村规民约、社区公约和当地善良风俗等行为规范。

4. 调解过程不公开，但双方当事人要求或者同意公开调解的除外。从事调解的机关、组织、调解员，以及负责调解事务管理的法院工作人员，除非符合有关规定，否则不得披露调解过程的有关情况，不得在就相关案件进行的诉讼中作证，另外，当事人不得在审判程序中将调解过程中制作的笔录、当事人为达成调解协议而作出的让步或者承诺、调解员或者当事人发表的任何意见或者建议等作为证据提出。

三、调解的优势

调解之所以自古以来在中国受到特别重视，近几年国家更是特别注重以调解方式来排忧解纷，其原因在于调解在处理纠纷中所具有的独特优势，特别是在中

---

〔1〕　常怡主编：《中国调解制度》，重庆出版社 1990 年版，第 1 页。

国语境下所具有的特别意义。

1. 调解与中国的传统文化、民族心理相联系，在中国有着深厚的文化积淀。调解在中国源远流长，作为中国法律制度的引人注目之处，调解在纠纷的解决方式中有着不同寻常的地位。中国人有一种根深蒂固的传统心理，那就是不愿打官司，甚至害怕打官司，民众倾向于有了纠纷以后通过调解的方式解决，即便步入诉讼，也是愿意接受调解而不愿意接受判决，调解解决社会矛盾已被民众所广为接受，这已成为中国人普遍的心理定式。中国的传统文化是一种强调并追求和谐的和合文化，一向崇尚"和为贵"、"和气生财"等理念，这样一种文化传统就使得调解的作用经久不衰。

2. 调解既是一种纠纷解决机制，更是维护社会秩序、实现法价值目标的一种有效途径。民事诉讼解决的也是民事争议，它与调解的目的和任务相一致。运用调解方式可以达到与民事诉讼一样的解决纠纷目的，而且，运用调解手段化解矛盾，是从当事人心里根本解决纠纷，比运用判决更有利于当事人之间的和睦团结，缓解社会矛盾，保持社会稳定。

3. 调解符合我国法律的精神，也有助于和谐社会的建设。一个纠纷是否应纳入到调解范围，是在权衡公共利益和公民私利纠纷的基础上，作出的合理判断。只有那些由人际关系、民事关系以及实施刑法和治安管理处罚法所禁止的行为而引起的情节比较轻微、涉及面不大的当事人之间的争执，才是调解所要解决的纠纷。这些纠纷均是民间纠纷，不是根本的利害冲突，存在调解的可能和基础。当事人基于相互谅解，并在退让、妥协中达成的协议，有利于维系彼此之间的感情，日后还能合作，不至于使矛盾激化。与之相比，诉讼是公开进行的，必然会使矛盾暴露在社会舆论下，不利于诉讼双方关系的修复。

4. 调解有助于实现公正和效率。随着经济的发展和改革开放的不断深入，人们的法治观念不断加强，法治环境逐步改善，新的治安纠纷和社会不安定因素也在不断增加。将一般的民事纠纷诉诸法院，不仅诉讼成本高昂，而且周期太长，故而群众一般不愿意求助法院。调解解决纠纷，具有成本低、周期短、效率高的特点，能够最大限度地减少当事人的讼累，保护当事人合法权益。调解的目的在于消除当事人之间的权利冲突与抗衡，进而引导双方达成均可接受的意见，签订协议并自觉履行，从而提高效率。效率是恢复社会秩序、解决社会冲突的需要，效率即公正，为现代法治孜孜以求。调解所具有的便利性与迅速性恰好满足了这一需要。特别是对那些愿意牺牲部分公平来换得效率的当事人而言，调解充分体现了当事人对某种司法利益交换价值的自主选择。

5. 调解有利于节约司法资源，使法官队伍建设真正走上"精审判、职业化、精英化"的道路。当前审判人员编制明显与激增的案件不相适应，法院成为解决纠纷的第一道、最后一道，甚至唯一一道防线，大大小小的案件如潮水般地涌向法院，造成司法资源的极度浪费。调解有利于将纠纷化解在法院大门之外，不仅减少了当事人的讼累，也有利于减少法院的讼累，节约司法资源。

6. 中国的调解制度契合了世界发展潮流，与国际上方兴未艾的替代性争端解决机制（ADR）可以说是不谋而合。冲突是人类发展进程中不可避免的副产品，解决冲突就是恢复秩序，即定纷止争，就纠纷解决过程而言，不仅不能创造效益，而且还要浪费大量资源，这势必放大冲突所带来的负效应。避免纷争是治本之策，但要做到消灭纷争几乎是不可能的。另一个对策就是减少解决纷争的成本，将解决纠纷的成本降到最低。以调解方式解决纠纷，既能降低纠纷解决成本又能兼顾公平与正义之举，无论对于社会发展还是对于冲突个体而言，都是有利的。

四、调解的原则

无论是诉讼调解，还是行政调解，抑或社会调解，均应遵守三个共同的原则，即：自愿原则，合法原则，调解不是诉讼的必经程序的原则。

（一）自愿原则

所谓自愿原则，是指通过调解方式解决争议必须征得双方当事人同意，不得强迫。这一原则包括两个方面的含义：①对争议进行调解必须是出于当事人双方自愿。争议发生后，只有当争议双方愿意将纠纷提请调解解决时，调解组织才能进行调解；如果当事人不愿意通过调解方式解决他们之间的争议，调解组织就不能违背双方的意志，强行调解。②调解协议的达成必须出于当事人双方自愿。调解有时能在互谅互让的基础上达成协议，平息争端。但有时由于某种原因，双方分歧太大，此时调解组织不能强迫当事人达成调解协议。

关于调解协议的履行是否必须出于当事人双方的自愿，这要视主持调解的组织的不同而有区别。如是在普通的行政机关、人民调解委员会、行业协会、劳动争议调解委员会等主持下所达成的协议，其性质为民事合同，一般靠双方当事人自觉履行，而不能直接作为强制执行的根据，只有在法院审查并确认后，或者经公证后，或申请支付令后方可得到执行。但是，如果是在人民法院、仲裁委员会的主持下所达成的协议，并据此制成的调解书，在双方当事人签收后，其效力与判决书或裁决书相同，可以作为执行的根据。

（二）合法原则

合法原则，是指调解工作应按照国家有关调解的法律、法规进行调解，包括调解争议的范围、当事人申请调解的手续、调解行为、制作调解书和执行等都要符合法律、法规的规定。而且，调解组织调解争议时，不得违反国家的法律、法规的规定。特别是指以调解协议形式表现出来的调解结果，不得违反法律、法规的强制性规定。只有遵守合法原则，才能使当事人和群众受到法治教育，提高觉悟，起到预防纠纷发生的作用。

调解与私法自治原则、当事人处分原则相一致。民事纠纷是当事人之间因民事权利义务而产生的争议，法律允许当事人对自己的民事权利和诉讼权利自由处分，是私法自治原则和当事人自由处分原则的体现，从而为互谅互让、调解结案提供了可能。

（三）调解不是诉讼的必经程序的原则

调解不是诉讼的必经程序，是指纠纷发生后，当事人可以不经调解组织调解，直接向人民法院起诉；或者当事人在非法院、仲裁机构调解过程中不愿接受调解或调解未果的，转而向人民法院起诉；或者经法院、仲裁机构以外的组织调解，虽然达成协议，但之后当事人请求变更、撤销调解协议或者请求确认调解协议无效的，可以向人民法院提起诉讼。上述行为都是合法的，任何人不得加以干涉和阻挠。

是否适用这个原则，根本标准是要看审判权是否干预调解活动。如果审判权干预调解活动，就适用这个原则；如果审判权不干预调解活动，就不适用这个原则。由于审判权要干预一些调解，所以人民调解、行业协会、公安机构的调解以及合同管理机关等组织的调解就不是必经程序。由于国家审判权不干预仲裁机构的活动，所以在仲裁程序中所进行的调解就成为终局性活动，不必经法院再行审理。

上述调解工作的三项原则，既彼此独立，各有其不同的内容，又互相联系和互相影响。自愿原则是整个调解进行的前提，合法原则是调解活动和调解结果的根据，调解不是诉讼必经程序的原则是实现自愿原则的保证。

第二节　调解制度的类型

诉讼调解、行政调解与社会调解并称为中国的三大调解制度。社会调解、行政调解以及其他形式的调解又被称为诉讼外调解。无论哪一种调解，其目的无不是为了解决纠纷，促进和谐社会建设，调解也因此成为人民喜爱的良好制度。

一、诉讼调解

诉讼调解，也称为法院调解，主要是指在诉讼中，双方当事人就争议的实体权利与义务，由人民法院审判人员主持，在查明事实、分清是非的基础上，依法说服教育使诉讼双方当事人互谅互让，达成协议，解决纠纷的一种诉讼活动。法院调解是我国现行民事诉讼中的一项重要制度，是民事诉讼程序中解决当事人之间争议的一种方法，但它又不限于民事案件，行政案件和刑事自诉案件也可以调解。

（一）诉讼调解的适用

新中国成立后，各级法院继承和发扬了根据地人民司法工作的优良传统，把调解作为审理民事和轻微刑事案件的组成部分和基本方法，除当事人可以随时要求调解外，审判人员也可以依职权主动进行调解，但是否愿意调解要由当事人自己决定。诉讼调解在我国具有广泛的适用性，它不仅可以适用于一审案件，也可以适用于二审案件和再审案件，可以说，调解贯穿于整个诉讼过程中。调解是处理民事案件的基本方法，是审判制度的重要组成部分，现行民事诉讼法将调解与审判并列为法院行使审判权的方式。但需注意的是，除离婚案件外，调解不是一个案件的必经程序。从几个基层法院的统计数字来看，以调解方式结案的比例多在60%～70%左右。[1]

调解与私法自治原则相一致，体现了对诉讼当事人意愿的尊重。在以人为本的现代司法理念之下，尊重当事人的意愿，尊重双方当事人合意达成的协议，达到解决纠纷的目的，既是法院调解的根本目标，也是作为审判人员的首要价值选择。当事人达成调解协议，是其自由处分自己的诉讼权利和实体权利的体现。

（二）诉讼调解的期限

在现行的民事诉讼法中，并没有单独规定调解的期限，而是将其计算在了审理的期限当中。2004年《最高人民法院关于人民法院民事调解工作若干问题的规定》第6条规定："在答辩期满前人民法院对案件进行调解，适用普通程序的案件在当事人同意调解之日起15天内，适用简易程序的案件在当事人同意调解之日起7天内未达成调解协议的，经各方当事人同意，可以继续调解。延长的调解期间不计入审限。"上述规定针对的仅是答辩期满前的调解期限。对于答辩期满后的调解期限和次数，法律并未明确规定，而只是规定了调解的最后期限，即在案件判决前均可以调解。调解不成的，应当及时判决。

（三）诉讼调解人

在任何一个国家的民事诉讼中，法官都有职权也有义务推动当事人达成和解，只要当事人没有明确拒绝法官的调解，那么法官的调解就是必要的，而且在许多情况下也的确是行之有效的。诉讼中的调解是在法院审判人员的主持下进行的，调解是法院对案件审理活动的有机组成部分。根据民事诉讼法的规定，人民法院进行调解，可以由审判员一人主持，也可以由合议庭主持。但从司法实践中来看，出于效率的考虑，法院调解几乎均由审判员一人主持。需要注意的是，尽

---

〔1〕　中国法官协会调研组："关于基层法院调解工作的调查报告"，载《人民法院报》2004年7月27日。

管叫诉讼调解，但法院调解本质上是诉讼外解决争议的一种方法，只不过调解人由法官来担任，调解的结果——调解协议由法院以调解书的形式给予了确认，并被赋予了强制执行力。

（四）诉讼活动中多方参与的调解机制

多方参与的调解机制，是指在法院立案之前，对于未经非诉讼调解处理的纠纷，要积极引导当事人选择人民调解组织、行政调解组织或者其他调解组织先行调解处理。立案之后，经双方当事人同意，或者人民法院认为确有必要，人民法院也可以在立案后将民事案件委托给行政机关、人民调解组织、商事调解组织、行业调解组织或者其他具有调解职能的组织协助进行调解。对于已经立案的民事案件，人民法院可以按照有关规定邀请符合条件的组织或者人员，如人大代表、政协委员、当事人近亲属等，与审判组织共同进行调解。

与判决不同，在法院调解案件时，参加调解的不仅仅包括案件的当事人和其他诉讼参与人和上述机构和人员，还可以包括虽不是案件的诉讼参与人，但可以承担责任的人和组织，比如愿意替当事人承担民事赔偿责任的近亲属等，他们虽然无权参加到诉讼中来，但却可以参加调解。由此可见，与判决相比，调解是一种非程序化的处理案件的方式，在程序上具有一定的灵活性。

（五）调解协议

调解协议是双方都满意的或双方都愿意接受的解决争议的方案。调解协议必须经法院审查确认，否则，调解协议不发生法律拘束力。根据当事人达成的调解协议，法院可以依法制作调解书，调解书经双方当事人签收后即发生法律效力，当事人不得再以同一事由起诉或上诉。一方不自愿履行调解书中的义务的，另一方可以申请强制执行。这也就是说，在调解书签收之前，是不发生特定法律效力的，当事人是可以反悔的。

调解同判决一样，都是法院的一种诉讼活动，是法院解决民事纠纷的一种方式，也是法院的一种结案方式，在法律地位上无轻重之分，都可以彻底地解决民事争议。但如果纠纷由法院调解解决，由于无胜诉与败诉之分，对双方当事人来说是一种体面的解决纠纷的方式。与判决相比，调解有利于减少针锋相对的心理对抗，有利于双方在今后的民事交往中继续合作，使原有的业务关系、合作关系不致因诉讼而终结。

二、行政调解

行政调解是由国家行政主体出面主持的，以国家法律、法规和政策为依据，以自愿为原则，对双方当事人之间发生的部分民事纠纷和行政纠纷，通过说教、斡旋、调停等方法，促使双方当事人互让互谅达成协议，从而达到定纷止争的诉讼外行政行为。

在中国，行政调解这一概念的外延较大，它包括多种组织形式，受案范围也各不相同。一般说来，属于行政调解范围的调解有：政府调解、公安行政调解、合同行政调解、婚姻登记机关的调解、司法助理员的调解、人力资源与社会保障部门的调解等。总体来看，根据行政主体中行政机关的分类，可以将行政调解相应的分为两类：各级人民政府主持的调解和政府职能部门等主持的调解。前者称之为政府调解，后者称之为部门调解。

行政调解虽然组织形式多种多样，受案范围各异，但它们仍有着共同的本质特征。行政调解中的调解组织是国家行政机关，基于国家行政机关特有的权力，因此，行政调解又有准司法之称。在受案范围上，行政调解主要针对的是法人与法人之间的合同纠纷、公民与法人之间的劳动合同纠纷等，个人之间的人际关系纠纷、道德问题的纠纷等不属于行政调解的范围。行政调解不同于行政裁决和行政仲裁，一般情况下，由行政调解机关主持下所达成的协议，不直接具有强制执行力，主要靠当事人自动履行，但行政裁决和行政仲裁则具有强制执行力。最高人民法院司法解释指出，"行政机关依法对民事纠纷进行调处后达成的有民事权利义务内容的调解协议或者作出的其他不属于可诉具体行政行为的处理，经双方当事人签字或者盖章后，具有民事合同性质，法律另有规定的除外"[1]。在经调解组织和调解员签字盖章后，当事人可以申请有管辖权的人民法院确认其效力。在调解协议被法院确认后，如果当事人请求履行调解协议、请求变更、撤销调解协议或者请求确认调解协议无效的，可以向人民法院提起诉讼。

（一）政府调解

由各级人民政府主持的调解，称之为政府调解。调解民事纠纷和轻微刑事案件一直是中国基层人民政府的一项职责，这项工作主要是由乡镇人民政府和街道办事处的司法助理员负责进行的。司法助理员是基层人民政府的组成人员，也是司法行政工作人员，他们除了指导人民调解委员会的工作和法制宣传外，还要亲自调解大量的纠纷。政府调解在县市级以上一般由各级政府的法制办公室负责。

依法律明确规定由各级人民政府处理的行政事项，由此产生的纠纷属于政府调解范围。因此，政府调解的纠纷仅限于行政管理范畴内的纠纷，如果不是此类纠纷，就不属于政府调解的范围。如果属于法律明确规定由政府各职能部门与授权组织处理的纠纷，一般也不属于政府调解范围。如果纠纷涉及若干部门或属于跨区域纠纷，或者属于在当地有重大影响或涉及全局性工作的纠纷，需要由人民政府协调解决的，也可以由政府出面调解。

---

〔1〕《最高人民法院关于建立健全诉讼与非诉讼相衔接的矛盾纠纷解决机制的若干意见》（法发〔2009〕45号）第8条第2项。

（二）治安调解

所谓治安调解，是指对于因民间纠纷引起的打架斗殴或者损毁他人财物等违反治安管理的行为，不给予治安管理处罚，而采取在公安机关主持下，以自愿为原则，由双方当事人互相协商，自愿达成解决争议协议的处理方法。治安调解是贯彻治安处罚中教育与处罚相结合原则的具体体现，规范和完善治安调解制度，对指导公安机关正确办理治安案件，化解社会矛盾，维护社会稳定，具有重要的意义。

治安调解是公安行政管理行为的一种，是一种非权力的行政行为，属于公共服务的范畴。它是指公安机关作为治安管理行为双方当事人以外的第三人，以中间人的身份，对当事人双方所进行的调停、斡旋等活动，因此，治安调解在性质上是行政调解。它主要适用于违反治安管理的行为和财物给付纠纷的调解，也就是说，治安调解的效力等同于对违反治安管理行为人的处理结果，一旦调解成功，可不再对行为人进行处罚。治安调解一般包括受案、调查取证、征求意见、制定调解方案、制成调解终结书等内容。

（三）合同行政调解

合同行政调解是指由工商行政管理机关主持或主导，以法律、法规、规章和政策规定为依据，以合同争议为对象，通过说法说理等形式，促使各方当事人平等协商、互谅互让、达成协议，消除矛盾的一种纠纷解决机制。

我国《合同法》规定，当事人对合同发生争议时，可以约定仲裁，也可以向人民法院起诉。由于合同是一种民事行为，因此，处理合同纠纷案件应坚持调解为主，要对当事人进行法律、法规和政策教育，引导他们互相协商解决问题。国家规定的合同管理机关，是国家工商行政管理局和地方各级工商行政管理局，上述机关对合同进行的调解也被称之为合同行政调解。工商行政部门调解合同纠纷的范围包括，"法人、个人合伙、个体工商户、农村承包经营户以及其他经济组织相互之间发生的以实现一定经济目的为内容的合同争议，法律、行政法规另有规定的从其规定。"[1]

申请调解合同争议应当符合下列条件：申请人必须是与本案有直接利害关系的当事人；有明确的被申请人、具体的调解请求和事实根据；属于法人、个人合伙、个体工商户、农村承包经营户以及其他经济组织相互之间的合同争议。如果已向人民法院起诉或向仲裁机构申请仲裁的，或其中一方不愿意调解的，工商行政部门则不予受理。

（四）婚姻登记机关的调解

我国婚姻法规定，男、女一方提出离婚，可由有关部门进行调解或由当事人

---

〔1〕 国家工商行政管理局：《合同行政争议处理办法》第6条。

直接向人民法院提起离婚诉讼。该法同时也规定，男、女双方自愿离婚的，可以到婚姻登记机关申请，这被称为协议离婚。对于协议离婚的双方，婚姻登记机关可以对婚姻双方当事人进行调解，避免当事人草率离婚，有利于婚姻家庭的正常发展。因此，婚姻登记机关在严格依法办理婚姻登记的同时，还可以对协议离婚的双方，区别不同情况进行适当的调解。针对当事人提出离婚的原因，特别是对一些因家庭纠纷、感情一时冲动要求办理离婚登记的当事人，婚姻登记工作人员要进行劝说调解工作，尽力挽救婚姻危机，减少家庭破裂。

（五）劳动争议调解

劳动争议调解是指劳动争议调解组织受理争议案件后，按照相关法律法规，以中间人的身份进行斡旋，促使争议当事人双方相互谅解达成合意的一种争议解决方式。广义的劳动争议调解，包括人力资源与社会保障机关内部的劳动争议仲裁委员会的调解、用人单位内部的劳动争议调解委员会的调解以及基层人民调解组织的调解。

根据《劳动法》和《企业劳动争议处理条例》的规定，我国劳动争议的调解仅是指设在用人单位内部的劳动争议调解委员会进行的调解，即狭义的劳动争议调解。而2007年的《劳动争议调解仲裁法》对调解组织进行了扩大化，规定：企业劳动争议调解委员会，依法设立的基层人民调解组织，在乡镇、街道设立的具有劳动争议调解职能的组织都可以作为处理劳动争议的机构。由基层人民调解组织和乡镇、街道中设立的劳动争议调解组织进行的劳动争议的调解被认为是"劳动争议调解的社会化"。但是，法律对这一社会化调解组织的设立与否并没有作强制性的规定，因此，企业劳动争议调解委员会仍是劳动争议调解的主要组织。企业劳动争议调解委员会由该企业的职工代表、用人单位代表和工会代表组成，并且调解委员会就设立在企业内部，因此，调解委员会的工作带有用人单位的行政色彩。

劳动争议调解是劳动争议处理制度的重要内容，是解决争议的重要方式。其任务是依照法律、法规和政策，对劳动争议查明事实、分清责任，促使双方当事人通过协商、互谅互让、自愿达成协议，从而解决矛盾。劳动争议调解具有及时、便捷、灵活、经济、安全等特点，在协调劳动关系，维护社会稳定，促进经济发展方面，发挥着独特的重要作用。

（六）行政调解的效力

行政调解是行政主体行使职权的一种活动，是公权力的体现。一般而言，行政调解机关主持下达成的协议，与其他调解协议一样，只具有相当于合同的效力，只有经人民法院确认其效力，或经公证后，方可作为强制执行的根据。也就是说，经行政调解后的协议如未经法院确认其效力或经公证，此时一方或双方当事人反悔或拒不履行协议的，不能强制执行，只能告知当事人到人民法院按民事案件进行诉讼。但是，劳动争议仲裁委员会的调解具有强制执行力，一经送达，双方当事人就必须自动履行。如果当事人一方无故不履行协议，当事人可提请法院强制执行。

三、社会调解

社会调解是相对于拥有公权力的国家机关的调解而言的，它是指不掌握国家公权力的群众团体、仲裁机关、公证机关、行业协会等出于社会责任感，对一定范围的经济纠纷和民间纠纷所进行的调停排解活动。社会调解是使调解更加社会化、群众化的活动。在中国，社会调解大致包括：人民调解委员会的调解，仲裁机构的调解、公证机关的调解以及行业协会的调解等。

（一）人民调解

人民调解，是在基层人民政府和基层人民法院指导下，以国家法律、法规和公序良俗为依据，以民主的方法、说服教育的方法、思想疏导的方法，促使当事人达成协议的过程和解决民间纠纷的活动。[1]

人民调解是民间调解的自觉阶段，是在民间调解基础上发展、演化而来的一种法律制度，是民间调解的法律化、制度化。人民调解委员会是为人民群众排忧解纷的群众性自治组织，是人民群众自我教育、自我管理的一种组织形式。[2] 人民调解是人民司法制度的组成部分之一，它在基层人民政府与基层人民法院的指导下开展工作，在它主持下所从事的调解活动，性质上是一种群众性的调解活动。

人民调解的组织是人民调解委员会。人民调解委员会一般以村民委员会、居民委员会或厂矿企事业单位职工代表大会为单位建立，还有些地方根据当地的实际情况，以自然村为单位建立调解委员会。人民调解员由群众选举产生，或由基层组织提名并征得群众同意产生。凡公民中为人公正、关心群众、热心调解工作者，均得当选为调解委员会委员。人民调解员还要有一定的法律素养和政策水平。

人民调解只能对涉及个人的一般民事纠纷和轻微刑事案件进行调解，而对于涉及法人的民事纠纷，则无权进行调解。人民调解不是诉讼活动，也不是诉讼的必经程序，它是一种诉讼外的活动，由人民调解委员会主持所达成的调解协议，只相当于民事合同，必须经法院确认后才能作为强制执行的根据。人民调解制度是符合中国国情和民情的解决纠纷的好方式，具有无穷的生命力，它解决了大量

---

〔1〕　参见柴发邦主编：《民事诉讼法学》，北京大学出版社 1992 年版，第 441 页。

〔2〕　常怡主编：《中国调解制度》，重庆出版社 1990 年版，第 67 页。

的矛盾，是司法工作的第一道防线。

（二）仲裁调解

仲裁调解是指仲裁程序启动后，根据当事人的请求，或者仲裁员征得当事人的同意，在仲裁庭主持下，双方当事人平等协商解决纠纷的一种方式。我国《仲裁法》第51条和第52条对仲裁中的调解作了规定，确立了仲裁调解制度，成为我国仲裁制度的重要组成部分。除此之外，劳动争议仲裁委员会应当在劳动争议仲裁中对双方当事人进行调解。由于对劳动争议仲裁是诉讼的前置程序，在仲裁过程中的调解具有行政调解性质，故在此不表。

仲裁具有民间性质，因此，仲裁调解在性质上是民间调解，但仲裁调解又不同于一般的民间调解，仲裁调解书一旦被双方当事人签收，即具有强制执行力。即使事后一方当事人缺乏自动履行的诚意和行动，对方当事人也可以依仲裁调解书向人民法院申请强制执行。

仲裁调解是把调解融入仲裁程序中而形成的。仲裁和调解的结合，以调解方式简便、快捷地解决民商事纠纷，既体现了仲裁的优点，又体现了调解的优点，可谓是中国首创。调解取决于当事人的意志，只要双方当事人同意，可以随时开始，只要一方当事人反对调解，又可随时终止。调解比仲裁具有更大的灵活性，它不受程序的严格制约，没有固定的规则，当事人可以面对面地谈，也可背靠背谈，也可以两者结合起来。只要双方当事人在仲裁庭主持下，愿意调解并达成和解协议，调解即可成功，调解协议甚至可以不写理由和责任。因此，仲裁调解有利于当事人互谅互让，维护双方商务友谊，迅速处理纠纷。

（三）公证调解

公证调解是指公证机关对因公证后的法律行为、具有法律意义的文书、事实而产生的纠纷所进行的调解。公证机关的职责是对一定的法律行为和具有法律意义的文书、事实进行公证，其调解纠纷是出于对社会的责任感，因此在性质上属于社会调解。

公证调解的范围一般仅限于因公证后的法律行为、具有法律意义的文书和事实而引起的纠纷，对于因没有公证而引起的纠纷，一般不在公证调解之列。原因在于，公证后产生的纠纷，当事人一般要申请公证机关加以解决，公证机关对当事人之间的法律关系也比较了解，便于调解。但是，不是所有经过公证后而产生的纠纷，都可以进行调解。一般来说，在公证继承权、遗嘱权和子女收养后，又出现纠纷的，公证机关可以进行调解。

公证后出现的纠纷，如再次通过调解达成协议并经公证，其公证文书同样具有法律效力。如果一方当事人不执行公证机关作出的具有强制执行力的公证文书，另一方当事人可向有管辖权的人民法院申请强制执行。

（四）行业协会调解

所谓行业协会调解，是指同一行业内的纠纷双方在行业协会的主持下，通过行业协会的专业优势促进当事人的沟通协调，并最终促成纠纷双方达成和解协议的纠纷解决过程。

行业纠纷多源自同行间某一次的竞争或合作，或者行业成员与相关利益主体的交易行为，纠纷双方之间的关系常常是既有竞争又有合作。为了保证长远的商业合作能够继续，纠纷一方或双方往往倾向于做出一定让步，达成妥协。[1] 因此，调解作为一种高效又相对比较平和的纠纷解决方式，为纠纷双方所青睐。基于同行之间纠纷的特殊性和行业协会具有的专业优势，行业协会来调解行业纠纷更为实际而有效。行业协会调解行业纠纷，还有利于维护整个行业的声誉。

根据最高人民法院的司法解释，"经商事调解组织、行业调解组织或者其他具有调解职能的组织调解后达成的具有民事权利义务内容的调解协议，经双方当事人签字或者盖章后，具有民事合同性质。"[2] 该协议经调解组织和调解员签字盖章后，当事人可以申请有管辖权的人民法院确认其效力。确认调解协议效力的决定送达双方当事人后发生法律效力，一方当事人拒绝履行的，另一方当事人可以依法申请人民法院强制执行。

第三节　调解中的律师实务

一、概述

律师调解是指由律师作为一方当事人的代理人或作为中立的第三方，参与、主持与协调解决当事人的纠纷，通过协商和排解疏导方式，帮助发生纠纷的双方当事人自愿达成协议，从而解决纠纷的一种活动。

改革开放后，随着经济建设的飞速发展，各种民商事纠纷也相应增加，律师在社会生活中的作用越来越突出。律师除了从事在刑事诉讼中充任辩护人、担任受害人的代理人，在民事诉讼案件中担任代理人，以及在行政诉讼中担任代理人这些业务之外，还可以在调解中担任一方的代理人，代理当事人参与调解，或者以调解人的身份主持当事人之间的调解。律师应从方便当事人、减少讼累出发，积极在诉讼外参与或主持调解，对当事人据之以法，晓之以理，动之以情，帮助或促使当事人达成调解协议，维护当事人合法权益。

律师具有专业的法律知识和技能，较一般参与调解的人具有不可比拟的专业

[1]　参见范愉：《非诉讼纠纷解决机制研究》，中国人民大学出版社 2000 年版，第 120 页。

[2]　《最高人民法院关于建立健全诉讼与非诉讼相衔接的矛盾纠纷解决机制的若干意见》（法发〔2009〕45 号）第 10 条。

优势，而且律师还具有当事人的信任基础。一般而言，律师具有丰富的办案经验，工作严谨周密，能对纠纷产生的原因、问题的焦点及是非曲直等做出基本的预测和判断，并根据具体情况提出可行的解决方案。另外，由于律师事务所属于非官方的中介服务机构，没有必须调解成功的压力，也没有作出具有强制法律效力文书的权力，因此其地位超然，所以当事人更容易坦诚面对律师，顾虑较少。

参与或主持调解的律师不仅应该有良好的执业道德和职业操守，有扎实的法学理论功底，丰富的执业经验和一定的社会阅历，还需要有高超的沟通技巧。律师参与或主持调解有助于减少诉讼中的对抗性，在维护当事人合法权益的同时，维护良好的人际和社会关系。律师参与或主持调解还可以节省司法成本，有助于促进社会稳定。

二、律师代理当事人参与调解

（一）办理委托手续

办理委托手续是律师参与调解的前提。律师接受当事人委托，在办理委托手续时要表明自己的律师身份，必要时要出示证件，以取得当事人的信任，还要讲明律师参与调解的意义、作用等，以便使当事人明确其权利义务，摆正自己与律师之间的关系。值得注意的是，律师参与调解必须有当事人的明确授权，律师只能在授权范围内进行调解，同时律师还必须明确自己的代理权限。

（二）调解前的准备工作

在参与调解前，律师应仔细地阅读案卷，要对案件事实有足够的认识，对纠纷起因、经过和双方当事人的要求，特别是自己所代理当事人的要求等进行全面了解，理清双方的权利义务关系以及自己所代理的当事人在纠纷中的地位，双方争议的焦点。另外，还要了解自己代理一方当事人的身份地位、心理状况、经济条件等，以及对方当事人的这些情况，确定当事人的实际承担能力。除此之外，还要掌握法律、法规和政策的相关规定，帮助当事人分析案情，分析各自的过错和释明可能承担的风险及诉讼的利弊，以便预测和比较调解和诉讼对自己代理一方当事人可能的结果，因为不是每一起案件都适合通过调解方式解决。然后再做出是否建议当事人进行调解的决定，以及调解的底线在哪里，帮助当事人正确作出取舍的决断，以便更好地维护当事人合法权益。

律师要把握好调解的时机。调解的时机不到，也就是说，过早或过晚调解都可能取得不了好的效果。由于每起案件的情况不同，很难为调解的最佳时机设定一个统一的标准，对调解时机的把握要因个案而定。有时是趁当事人矛盾未公开化、未对簿公堂，为了不致使当事人的关系进一步恶化，可在此时抓住矛盾焦点，动之以情，晓之以理，尽快调解；但有时为了追求一个更好的结果，可能需要利用疲劳战术，即等待较长时间以使对方疲惫时才易促成调解；而有时则需要及时采取保全措施，这样才能将对方当事人拉回到谈判桌前进行调解。因此，究竟是在诉讼前还是诉讼中，抑或开庭后进行调解，既要尊重和听从调解主持人的意见，同时也要自己斟酌，帮当事人把握好有利的调解时机。

（三）代理当事人参加调解

律师要维护当事人合法权益，靠的是自身的诚信和法律专业素养，但是，良好的专业素质和满腔的工作热情未必能获得当事人的承认。调解涉及当事人的切身利益，因此，律师代理当事人参与调解时最好让当事人一同参加，实质问题让当事人自己决定。特别是要注意当事人对自己的授权范围，务必不能对当事人的一些实质问题在无明确授权的情况下代当事人做主。在代理公司及政府的案件时，最好让真正能拍板的决策人到场，另外也要注意对方参与调解的人是否有拍板的能力，否则，代理人往往花费了很长时间达成的一致意见，却很可能最终落实不到调解协议上。

在大多数情况下，当事人双方调解得到的结果要远远好于他们通过诉讼取得的结果。在调解过程中，律师一方面要表现出能通过诉讼解决案件的能力，另一方面，还要表现出愿意通过调解解决案件的态度，但不要表现出急于调解，以免被对方利用。

律师在代理当事人参加调解的过程中，要注意稳定当事人的情绪，以便当事人在头脑冷静的情况下谨慎决策。一个调解协议的达成，一定是有舍有得。这表现在，有时是以价值最大化为目的，放弃一个较小的利益以换取一个较大的利益；有时是以效率最大化为目的，以牺牲一定的利益来换取解决纠纷的速度；有时则是从未来着眼，或念及过往情谊，或着眼于未来的合作愿景，不希望因眼前的纠纷而影响未来的业务往来，故放弃眼前的非根本利益。

（四）调解终结

调解达成一致意见后，应制作调解协议。调解协议可以由主持调解的人起草，也可以由律师代理当事人起草，或者由双方当事人或双方律师共同起草，经修改后交由调解主持人确认，然后根据调解协议制作调解书。调解书的内容一般包括：双方当事人姓名、性别、年龄、工作单位、住址、职业、组织名称、住所或经营场所、负责人（法定代表人）；纠纷的主要事实、责任；调解协议的主要内容及费用的承担；调解的法律效力；调解成立的时间、当事人签字、主持调解的机关或调解人员署名或盖章等。

在这一阶段，律师对要签署的调解协议一定要认真、仔细核实，看是否如实反映自己一方的意见，有无遗漏之处，有无遗留问题或隐患。当事人签字前，一定要提醒当事人调解协议签署后的效力，让当事人做到心中有数。

（五）强化调解协议的效力

调解达成协议后，如果能够由法院、仲裁机构等出具具有强制执行效力的调解书的，律师一定要告知当事人。比如在诉讼过程中，律师庭外促成的调解协议，就可以由人民法院确认其效力，并由人民法院制作与判决书具有同等法律效力的调解书。

根据相关规定，经行政机关、人民调解组织、商事调解组织、行业调解组织或者其他具有调解职能的组织调解达成的具有民事合同性质的协议，经调解组织和调解员签字盖章后，当事人可以申请有管辖权的人民法院确认其效力。当事人请求履行调解协议、请求变更、撤销调解协议或者请求确认调解协议无效的，可以向人民法院提起诉讼。[1] 因此，对于在非诉讼过程中达成的调解协议，律师要在征得当事人同意后，及时到人民法院确认，强化调解协议的效力，以真正达到终结争议的目的。

（六）督促当事人履行调解协议所确定的义务

根据相关规定，经行政机关、人民调解组织、商事调解组织、行业调解组织或者其他具有调解职能的组织对民事纠纷调解后达成的具有给付内容的协议，当事人可以按照有关规定申请公证机关依法赋予强制执行效力。债务人不履行或者不适当履行具有强制执行效力的公证文书的，债权人可以依法向有管辖权的人民法院申请执行。对于具有合同效力和给付内容的调解协议，债权人可以根据相关规定向有管辖权的基层人民法院申请支付令。申请书应当写明请求给付金钱或者有价证券的数量和所根据的事实、证据，并附调解协议原件。因支付拖欠劳动报酬、工伤医疗费、经济补偿或者赔偿金事项达成调解协议，用人单位在协议约定期限内不履行的，劳动者可以持调解协议书依法向人民法院申请支付令。[2]

因此，调解协议达成后，律师要及时督促当事人履行调解协议中所确定的义务，并告知不履行的后果，以使调解达成的协议得以实现。对于当事人主观上不努力履行，或者态度上有变化的，律师要耐心做好当事人的思想教育工作，促使其自觉履行。对于临时出现困难不能按期履行的，律师应做好对方当事人的工作，给自己代理的当事人争取一定的宽展期限。如果是对方确因客观因素影响其履行的，律师应帮助其排除障碍，解决实际困难，给当事人的履行创造条件。但对于那些有履行能力，到期又拒不履行，做思想教育工作又无效的当事人，要建议当事人到法院解决，以免拖欠不决，造成更大的损失。

三、律师主持调解

律师调解是指由律师作为中立的第三方主持、协调，通过讨论协商、排解疏

---

〔1〕《最高人民法院关于建立健全诉讼与非诉讼相衔接的矛盾纠纷解决机制的若干意见》（法发〔2009〕45 号）第 20 条。

〔2〕《最高人民法院关于建立健全诉讼与非诉讼相衔接的矛盾纠纷解决机制的若干意见》（法发〔2009〕45 号）第 12 条、第 13 条。

导，帮助发生纠纷的双方当事人自愿达成协议，从而解决纠纷的一种活动。在大多数的场合，律师是以辩护人或代理人的身份出现的，但在诉讼外主持调解，律师则是以居中的调解人身份出现。律师之所以调解该纠纷，往往是受一方当事人的委托，或者双方当事人都同意由同一个律师主持调解。

律师主持调解有很多的优势，作为法律服务者，律师具有专业的法律知识和丰富的办案经验，而较之国家职能部门，有时更易于取得当事人的信任，因为律师属于社会法律服务机构，没有强制性的行政权力，所以当事人有较少的顾虑和压力。另外，律师调解还具有效率优势。诉讼中的调解必须依法律规定的程序进行，而律师调解则可以化繁为简，不受许多法定程序的约束，能够在优质的同时保证高效。

（一）律师主持调解纠纷的范围

律师主持调解的范围比较广泛，《最高人民法院关于人民法院民事调解工作若干问题的规定》第2条规定："对于有可能通过调解解决的民事案件，人民法院应当调解。但适用特别程序、督促程序、公示催告程序、破产还债程序的案件，婚姻关系、身份关系确认案件以及其他依案件性质不能进行调解的民事案件，人民法院不予调解。"这里需要注意的是，婚姻关系确认案件不是指婚姻纠纷案件，而是指确认婚姻关系效力的案件，如无效婚姻等；身份关系确认案件，也不是指赡养、扶养、抚养、收养、继承纠纷案件，主要是指确认亲属关系和特定身份关系的案件，如血缘关系、配偶关系等。应当说，只要人民法院能够调解的案件，如果当事人不反对，律师也可以进行调解。一般认为，律师可以调解的案件大致包括如下几种：一般的民事纠纷和轻微的刑事案件；经济合同纠纷和其他经济纠纷；其他范围的权益争执纠纷。

（二）程序和方法

调解的程序一般由以下五个阶段组成：纠纷的受理；调解前的调查、取证；对当事人的说服疏导；促成当事人和解并达成调解协议；当事人义务的履行。这五个阶段前后相连，一般情况下，不能逾越，只有经过了前面的阶段并完成了该阶段的任务之后，才能转入下一个阶段，但这几个阶段并非截然分明。按照这一程序进行调解，一般能很好地解决当事人之间的纠纷，否则，就会使调解工作出现反复，甚至达不到调解的目的，但这并不是说每一个纠纷的调解都必须经过这五个阶段。

1. 纠纷的受理。调解的开始，一般是由当事人提出申请，只要有一方当事人不同意的，不得进行调解。律师在接到当事人口头或书面申请后，就是否同意给双方调解要明确告知当事人。如果同意为双方当事人调解的，要办理委托手续，律师必须有明确的授权，律师也只能在授权范围内进行调解。纠纷受理后，要发出调解通知书并确定调解的时间、地点。对于调解的地点，一般考虑找一个相对静谧、和谐，容易为双方都接受的场所来进行，可以选择在律师事务所，也可以在当事人所在地或者纠纷发生地。对于相邻关系纠纷，纠纷发生地也是一个较佳的选择。但是，在调解前律师切忌单独到一方当事人住所，否则，很容易使当事人对律师产生纠纷或误会。在选定的调解时间、地点，当事人双方无故不到场的，视同撤回申请。

2. 调解前的调查取证。在正式调解前，律师要充分了解案情，收集有关的证据材料，掌握事实真相，对纠纷起因、经过和双方的要求等进行全面了解，理清纠纷双方的权利义务关系、法律关系，以及当事人之间争议的焦点和实质。其次，还要充分听取当事人的诉求，了解双方当事人的身份地位、心理状况、经济条件等。此外，还要了解并掌握有关双方争议问题的法律、法规和政策规定，以便有针对性地适用法律。

在调解前，除了要了解双方纠纷的基本情况，还要进行必要的调查取证工作，必要时还要亲自到现场查看，全面客观地了解双方纠纷及产生纠纷的真正原因，准确掌握争议的焦点，防止被当事人单方的说辞所蒙蔽。然后，根据自己的办案经验，对纠纷产生的原因、问题的焦点及是非曲直等先做出一个基本的预测和判断，根据具体情况，确立调解思路，制定可行的调解方案。可以先准备多个方案，确定一个中间方案。中间方案不是绝对的中间点，但要对双方当事人均相对公正合理，又切实可行。根据这个初步方案，再行斡旋，取得双方间大致一致的方案后，即可决定进行正式的调解。切记调解方案不能规避法律的强制性规定。另外，针对调解过程中可能出现的各种情况，还要拟定不同的应对方案。

3. 对当事人的说服疏导。调解会是调解的正式阶段，律师应当通知双方当事人到场，重要的证人也应通知其参加，必要时还可以邀请有关单位或人员参与调解。在有关准备工作完成后，宣布调解会开始，律师首先要表明自己的律师身份，取得当事人的信任。然后由当事人分别介绍纠纷的原因、经过和后果，并提出各自的主张，然后双方交换看法。证人当场作证，出示并核对有关证据。在此基础上，律师进行归纳总结，分析当事人双方的错误与责任，并有针对性的当场进行法律、法规、政策和公德的宣传与教育。然后，律师可公开初步拟订的调解方案，向当事人作出说明，征询当事人的意见，并对当事人的有关分歧再次具体斡旋，力求取得一致意见，促成当事人和解，达成调解协议。不过，这一过程并不是固定的，律师可以灵活掌握，要善于因案因人适用不同调解方法，可以是双方当事人在律师主持下，面对面处理纠纷，也可以先是背对背地谈。在主持调解过程中，应注意调控当事人的情绪，及时制止当事人过激的言辞，帮助当事人剔除由于情绪造成的不明目的，消除双方的对立情绪。

　　为促成调解，律师要告知当事人有关的法律规定，明确双方当事人的责任，告知当事人可能承担的不利后果和法律风险，调与不调的利弊。要抓住当事人的主要目的，适时引导当事人换位思考，体会对方的难处，彼此相互为对方考虑；也可帮助当事人回忆对方的好处感动当事人；或展望未来合作的前景，帮当事人分析舍小利保全局决策的可行性；正确分析当事人的心理，也可以展示相关案例，矫正当事人过高的期待。一旦发现一方当事人有调解的愿望，要马上抓住时机，积极征求另一方当事人的意见，双方同意后，及时进行调解。如果双方暂时不能达成协议，可中止调解会，律师可以对有关当事人再进行具体的说服教育工作，必要时可观察一段时间，待条件成熟后再次恢复调解。但是也要注意对调解进程的有效控制，避免久调不决，增加调解成本。

　　在调解过程中，律师要始终摆正自己的位置，保持好中立地位，不偏不倚，公平合理地为双方当事人考虑并提供法律帮助。律师在调解过程中态度要和蔼、诚恳，对敏感问题要回避，语言文明，措辞客气，尽最大诚意表示对双方的尊重，并以极大的耐心对当事人进行劝解和教育，做好反复数轮调解的准备，求同存异，逐渐缩小双方的差距。为了促成调解，律师也可邀请当地适当的关系人，如在当地有威望的人、当事人所在单位的人、村委会、居委会、亲戚朋友、父母以及其他群众参加，可以增加调解成功的概率。但是对于明显可能引起双方争吵或可能挑起冲突的人，要尽量排除。

　　4. 促成当事人和解并达成调解协议。每起纠纷和每个当事人的具体情况不同，对于有些当事人而言，还是愿意承担其所应承担的责任的，但是，他们却由于对自己所要承担的责任有无及大小不甚清楚，唯恐自己被欺骗，承担了本不应该承担的责任。在这种情况下，只要律师向其讲清法律的规定，明确双方的责任，调解成功的机率还是很大的。

　　律师应通过对当事人的说服劝导，从中找出双方利益的共同点，获知双方让步的限度，在双方可接受的限度内找到一个平衡点，围绕该平衡点，积极促使双方达成协议。对于调解草案，尽可能由各方分别提出，然后再讨论修改，达成一致协议，但在必要时也可以由律师居中提出建议案，征求各方意见，经协商修改后形成一致协议。能不能达成一致协议，最根本的是在调解过程中双方能否形成互谅互让的气氛，没有这种气氛，无法达成协议。因此，在主持调解中，要十分注意培养这种气氛，防止出现对立、对抗的情绪。一旦双方达成一致意见，要马上签订调解协议，避免夜长梦多。至此，调解工作可以说就基本上尘埃落定了。

　　调解成立后，要制作书面的调解笔录，载明双方当事人的姓名、性别、年龄、籍贯、民族、职业、住址、双方当事人陈述、调解结果、时间、地点等事项。调解终结，还要制作调解协议。调解笔录和调解协议应由当事人和参加调解的人员签名或盖章。调解协议一式三份，每增加一个当事人，多制作一份调解协议的副本。

5. 当事人义务的履行。双方当事人达成的协议，能够当场履行的，可以不制作书面协议，由律师制作笔录即可。如果不能当场履行的，应当制作书面的调解协议，由双方当事人和律师签字，并加盖律师事务所的印章。调解协议当场送达当事人后即发生效力，调解会结束。

由于律师事务所只是一般的社会团体，其所主持的调解属社会调解的范围，因此，调解所产生的协议仅具有民事合同的性质和效力，不具有法律约束力，也不具有公权力的强制执行力，只能依靠双方当事人自觉履行。根据最高人民法院的司法解释，双方当事人可以在律师调解达成协议后，将该协议提交公证机关公证，公证后即具有法律效力，或者提请人民法院确认，确认后即具有法律效力。

（三）调解中需要注意的问题

律师在调解纠纷过程中，要注意如下几点：

1. 自愿原则是调解工作的首要原则，调解必须建立在当事人自愿的基础上，只有坚持自愿原则，才能使争议得到彻底解决。另外，调解完成后要督促义务人履行自己的义务。只有督促当事人履行义务之后，才能彻底解决当事人之间的纠纷。

2. 根据《最高人民法院关于审理涉及人民调解协议的民事案件的若干规定》第4条和第5条的规定，只有在当事人具有完全民事行为能力，意思表示真实，并且不违反法律、行政法规的强制性规定或者社会公共利益的情况下作出的调解才是有效的。需要注意的是，首先调解的内容不能违反国家法律、行政法规的强制性规定。其次，调解内容也不能违反社会的公序良俗，损害社会公共利益，或侵害国家、集体和第三人利益。

3. 由于调解所涉事项一般都涉及当事人的切身经济利益和经济能力，因此，在依照政策和法律办事的同时，还要考虑到当事人的实际情况。如调解赡养纠纷时，一方面要保证被赡养人能获得必要的生活资料，同时也要考虑到赡养人的经济能力；又如，调解轻微伤害纠纷和损害赔偿纠纷中，在保证受害人能获得必要的补偿或赔偿的同时，也要考虑到加害人的经济能力。如果只顾及受害人一方的利益而超过了加害人的经济能力，一方面可能使加害人的生活因此而陷入困境，另一方面也可能因加害人无法履行其义务或者只部分地履行其义务而产生新的矛盾和纠纷。

4. 在进行调解工作前，要尽可能对当事人的脾气、性格、心理等进行了解，区分当事人不同的心理状态和特点，然后对症下药进行调解。对明显受到压抑的当事人，可以考虑让当事人将内心的愤怒、委屈、压抑宣泄出来，待当事人的消极情绪得到充分释放后，再进行心理疏导和调解。在此过程中要注意适时冷却当事人情绪，待其恢复平静后再向当事人提一些需要思考的问题，让其进行冷静思考，特别是对离婚纠纷的调解更是如此。但对有些当事人，则要采用适当震慑的方法，利用其趋利避害的心理，唤醒其心中的恐惧，从而使其警醒以促成调解。

5. 说服教育是调解工作的重要工作方法，在调解争议过程中，要通过对当事人进行说服教育，民主协商的方法来解决当事人之间的争议，而不能通过强迫命令的方法，把自己的想法强加于人。调解其实就是当事人之间不断地"讨价还价"的过程，因此，调解人要有足够的耐心，要力戒以强迫命令甚至违法的方式进行强行调解。

除上述几点之外，律师主持诉前调解一定要注意诉讼时效，避免因久拖不决造成一方因超过诉讼时效而丧失胜诉权的结果。

【思考题】

1. 徐某有三个妹妹，其父母分别于1972年、1992年去世。其三个妹妹主张，徐某原居住院内有其父母建成的北房两间半，西房两间，1989年，兄妹四人共同投资建设东房五间、西房六间及门道一间。2008年三个妹妹提出析产继承，2008年4月9日，丰台区法院作出调解书，四人达成协议，对上述房产各占四分之一份额。

徐某与苗女士于1993年登记结婚，婚后生有一女。2008年5月徐某向丰台区法院提起离婚诉讼，苗女士发现了上述房产调解书，随后向二中院提起再审申请，其主张后建的部分房间系1995年其娘家兄弟姐妹出资帮助建设，后于2003年翻建的，并提出了证人证言及村委会证明。

本案涉及析产继承、离婚财产分割及原生效调解协议是否损害第三人利益。试问：如果你作为原告的代理人参与法院调解，你将给你的当事人什么样的建议去处理这一纠纷？

2. 2005年12月，何某被人砍伤，其怀疑此事与张某有关，曾私下跟朋友罗某声称有机会要报复张某。2007年7月，得知张某在一茶楼打牌后，罗某持枪带着冯某等数人到茶楼与张某等人发生斗殴，在此过程中，冯某持枪将被害人王某打死，罗某将张某打伤，另外还有两名被害人被打伤。公诉机关对冯某、罗某、何某等8名被告人以故意杀人罪或故意伤害罪提起公诉，王某家属及其他被害人提起附带民事诉讼。

在本案民事赔偿部分调解中存在的因素：

（1）当事人人数众多，被告有8名，受害人方有4名。

（2）被告人赔偿能力及赔偿意愿参差不齐。

（3）受害人意图不统一：王某家属文化水平低，家庭经济困难，急切想得到赔偿，但没有主见；张某没有调解意愿；其他受害人态度不明确。

试问：如果你作为受害人王某家属聘请的代理人，你会给你的当事人什么样的建议？

3. 2008 年，王某、刘某某、肖某某（三人均无厨师资格证）应聘到成都某餐饮管理有限公司做厨师，聘用时公司并未让三人出示厨师资格证，也未同三人签订劳动合同。2009 年底，王某、刘某某、肖某某以其在餐饮公司工作期间双方没有签订劳动合同等为由，要求该公司支付双倍工资。餐饮公司则以王某等三人隐瞒其没有厨师资格证的真相，双方不存在有效的劳动关系为由，拒绝了三人的请求。双方共同向律师提出申请，请律师居间进行调解。

试问：你作为律师，如何对此案进行调解？请你拟定一份调解程序和调解方案。

第 七 章

法律援助

【内容提要】法律援助律师是实施法律援助的重要力量，是法律援助的主要承担者，提供法律援助已经成为律师执业活动中的一项重要工作内容。学习本章要求熟悉和了解法律援助的概念、性质、功能、基本样态和法律援助制度的特征，以及法律援助确定的原则等基本理论。同时，以法律援助律师实务为视角，阐述法律援助整个程序运作过程。

【重点与难点】法律援助律师的办案程序、法律援助申请书的撰写、法律援助协议书的签订

第一节　法律援助制度概述

一、法律援助的概念和特征

法律援助，又称法律救助、法律扶助，最早起源于中世纪时期的英国，目前已为世界上 140 多个国家所接受，尤其是在英、美、法、日、德等经济发达国家，法律援助制度已相当完善。因此，可以说法律援助制度是许多国家普遍采用的一种司法救济方式。由于多种原因，我国法律援助制度的全面建立起步较晚。司法部于 1994 年提出了要建立有中国特色的法律援助制度，帮助经济困难的公民通过法律保护自己的合法权益，以维护司法公正，实现法律面前人人平等。2003 年，国务院颁布了《法律援助条例》，这是我国第一部关于法律援助的全国性立法，标志着我国的法律援助事业发展到了一个新的阶段。此外，《刑事诉讼法》、《律师法》等法律也对法律援助制度做出了相关的规定，可见法律援助制度与律师制度密不可分。

我国法律援助制度虽然起步较晚，但经过一段快速的发展过程，各种工作规范、规章制度、协调机制均已基本建立，法律援助制度已经进入发展完善阶段，并在司法实践中发挥了重要的作用。

（一）法律援助的概念

1. 法律援助的概念。法律援助的含义因国家和地区不同而有所差异，目前

具有普遍意义的法律援助概念是指国家在司法制度运行的各个环节和层次上，对因经济困难及其他因素而难以通过通常意义上的法律救济手段保障自身基本社会权利的社会弱者，通过减免收费提供法律援助的一项法律保障制度。它的本质是国家以为被援助对象提供经济帮助为途径，保障法律赋予每位公民的合法权益真正得以实现，是保障公民基本权利的一种国家行为。

世界各国的法律援助制度大体可分为两类：一是确立政府为法律援助的主体，即法律援助机构是各级政府出资、面向社会开办的公益性的司法救助部门，由各级司法行政机关领导，代表国家行使管理法律援助的职能。政府设立的法律援助机构组织法律援助人员，依法为经济困难或特殊案件的当事人减、免收费提供法律帮助。与此同时，政府分散了一些职能赋予律师等中介机构，来共同承担社会责任。二是确立法律援助的具体事务的承担主要以律师为主体。律师援助制度是我国贯彻"公民在法律面前一律平等"的宪法原则、保障公民享受平等公正的法律保护、完善社会保障制度、健全人权保障机制的一项重要的法律制度。律师法律援助实际上也是一种法律扶贫、扶弱、扶残，是实现"法律面前人人平等"的一项重要措施。《刑事诉讼法》、《律师法》、《法律援助条例》等有关法律都对法律援助制度作了明确规定，并为这一制度的建立和实施奠定了法律基础。

2. 律师法律援助的立法目的和对象。中国律师法律援助制度是国家维护贫弱者公民合法权益、确保司法公正方面的重要手段。国家实行律师法律援助制度的最终目的在于保护贫弱者平等的司法权，促进司法公正。它的基本原则概括为如下：①贯彻"公民在法律面前一律平等"的宪法原则；②健全人权保障机制；③确保法律保护的平等性、公正性。

律师法律援助的直接法律依据是《刑事诉讼法》和《律师法》。其中《刑事诉讼法》规定了四种可以请求律师提供法律援助的情况：①犯罪嫌疑人、被告人因经济困难或者其他原因没有委托辩护人而向法律援助机构提出申请，对符合法律援助条件的，法律援助机构应当指派律师为其提供辩护；②犯罪嫌疑人、被告人是盲、聋、哑或者未成年人而没有委托辩护人的，人民法院、人民检察院和公安机关应当通知法律援助机构指派律师为其提供辩护；③犯罪嫌疑人、被告人可能被判处无期徒刑、死刑而没有委托辩护人的，人民法院、人民检察院和公安机关应当通知法律援助机构指派律师为其提供辩护；④强制医疗案件中，被申请人或者被告人没有委托诉讼代理人的，人民法院应当通知法律援助机构指派律师为其提供法律帮助。与此同时，《律师法》第42条要求律师、律师事务所应当按照国家规定履行法律援助义务，为受援人提供符合标准的法律服务，维护其合法权益。

（二）法律援助制度的特征

法律援助作为保障公民基本权利的一种国家行为，在一国司法体系中占有十分重要的地位。总体来看，现代法律援助制度一般具有以下特征：

1. 国家的义务性。法律援助责任主体具有政府性。各国一般都规定，法律援助是政府的责任，政府应当积极采取措施推动法律援助工作，为法律援助提供财政支持，保障法律援助事业与经济社会协调发展。《法律援助条例》第3条明确规定，法律援助是政府的责任，县级以上人民政府应当采取积极措施推动法律援助工作。它表明法律援助是政府的责任和义务，即国家在法律援助法律关系中是义务主体，国家有责任使法律赋予公民的权利在现实生活中得以实现。

《法律援助条例》第5条第2款规定："法律援助机构负责受理、审查法律援助申请，指派或者安排人员为符合本条例规定的公民提供法律援助。"这一规定表明由法律援助机构统一受理法律援助的申请；统一标准审查申请人是否符合法律援助条件；统一指派或者安排法律援助人员承办法律援助案件；法律援助机构统一检查法律援助案件的办理情况。

2. 社会福利性。受援人对所得到的法律帮助无须承担任何与此相关的义务，特别是无须向援助机构缴纳服务费用，其所需经费支出由政府负担，这是世界各国的共同做法。这充分体现了援助的无偿性和优惠性。我国法律援助制度以平等、正义、公平为基本价值取向，从程序公正出发，切实保障有经济困难或特殊身份等司法利益需要者的合法利益，避免出现因无力支付法律服务费用而无法享有司法救济的现象，追求司法实质公平，维护贫弱群体利益和社会稳定。

3. 实质正义性。律援助制度的实质是从形式正义到追求实质正义。法律规定的权利只是写在纸上，是一种形式的东西，即一种形式上正义的东西，似乎看来每位公民享受的权利都是平等的，没有什么差别，然而，在现实生活享有这些权利的过程中，由于每位公民所处的社会环境不同，所受的教育程度和自身具备的法律知识的多寡不同，特别是所拥有的社会财富的差异，因而，就造成了在实际生活中获得法律保护机会的不均等，造成了实际享有权利上的差异。为了消除这种事实上的不平等现象，就必须建立法律援助制度，这样一来，对于那些经济困难者，就有可能同那些富裕的公民一样，平等地进入诉讼程序，平等地行使诉权，通过诉讼来保障自己的合法权利不受非法侵害。

法律援助制度在实现法治和保障人权方面具有十分重要的意义。目前，国际上公认的作为法律援助制度基础的理念，正是法治、公正和平等这三项基本价值。法律援助的宗旨是实现司法公正。它通过对贫弱公民提供法律帮助使他们平等地进入诉讼程序，平等地行使诉讼权利，保护他们法定权利得以实现，以维护司法公正。法律援助的司法救济性是其与以经济帮助为目的社会救济、社会保障制度的本质区别。

4. 社会互助性。从受援对象来看，既包括经济困难符合法律援助条件者，也包括法律有特别规定的残疾者、弱者。从司法程序来说，既有刑事诉讼中的辩护和代理，又有行政诉讼中的代理，还有民事诉讼中的代理。法律援助实施人员既有律师、法律援助机构的工作人员，又有社会团体（如工会、妇联、共青团组织等）、事业单位（如法律院校、法学研究机构等）等社会组织利用自身资源提供法律援助的人员，因此法律援助具有社会互助性。国家对受援者的服务实行减免化，对受援对象实行特殊化，都体现了法律援助的社会互助性。

二、法律援助的性质

从世界范围来看，早在 1851 法国就建立了诉讼援助制度，律师义务地为生活处于困境的人提供诉讼援助，帮助其打官司，但是国家不分担任何由此产生的诉讼费用。法国现行的法律援助制度是通过两项立法来实现的：一项是在 1972 年颁布的 "72 – 11" 法，国家通过与律师工会签订协议，为从事法律援助服务的律师提供补贴；另一项是在 1991 年 7 月颁布的法律，该法律将无偿法律援助制度扩展到非诉讼领域，要求国家机关和法律从业人员帮助经济困难的个人知晓其享有的法律权利，并为其实现法律权利提供便利。与美国、英国、德国和意大利几个比较有代表性的国家相比，法国法律援助制度既是最完备的也是最全面的。

英国《简明不列颠百科全书》将法律援助定义为 "在免费或收费很少的情况下对需要专业性法律帮助的穷人所给予的帮助"。从规定的性质来看，其最早将法律援助看成是对他人或弱者的帮助，并且对象是 "穷人"，即缺乏物质财产的人。起初，法律援助看成是对穷人的帮助，符合道德的要素和价值。因此，法律援助对于受援助者来说，不是利益更不是权利，而是法律职业者（律师）的一种职业道德。但随着政治经济的发展，社会思想文化的进步，人们观念的改变，由原来的个人本位、权利本位进入了社会本位、公益本位。法律也从社会责任、福利社会的性质和社会公益的角度，对法律援助的含义和范围予以扩大。我国在 2003 年颁布的《法律援助条例》第 3 条规定："法律援助是政府的责任，县级以上人民政府应当采取积极措施推动法律援助工作，为法律援助提供财政支持，保障法律援助事业与经济、社会协调发展。法律援助经费应当专款专用，接受财政、审计部门的监督。" 第 6 条规定："律师应当依照律师法和本条例的规定履行法律援助义务，为受援人提供符合标准的法律服务，依法维护受援人的合法权益，接受律师协会和司法行政部门的监督。" 这是我国对法律援助性质的界定，由此可见，我国将法律援助看成政府的责任、律师的义务。

关于法律援助的性质界定目前存在以下几种学说，具体如下：

（一）慈善行为说

这种观点认为法律援助是一种慈善行为，是人们出于良心和道德责任自发而为的行为，它不是一种法律责任，无强制性可言，提供法律援助全靠道德责任感的驱使，人们并无法定义务，政府也不能以强制力作后盾加以干涉。由此可见，律师提供的法律援助也是具有慈善性，属于道德行为。

（二）社会保障说

这种观点认为法律援助是"一种社会保障制度"。法律援助是弱者的福音，是政府、社会伸向贫穷者的援助之手，法律援助是实现社会保障权的程序保障，当社会成员的权利不能实现或受到侵害时，他们有权借助法律援助保障自身权利最终得以实现。

（三）国家行为说

这种观点认为法律援助的性质是政府行为或国家行为。政府或国家拨款建立法律援助基金，从而保证法律援助行为得以正常实施。

（四）国家责任说

这种观点认为法律援助是国家的责任，国家责任的重要体现是国家财政对法律援助的投入，当然还包括国家对法律援助的管理责任等。

（五）法律救济说

这种观点认为法律援助是以政府为主导，政府和社会相结合的一种法律救济行为。法律援助是完善"法律面前人人平等"的国家法律制度，实现社会正义和司法公正的重要保证。

本章认为法律援助的性质体现为国家以为被援助对象提供经济帮助为途径，保障法律赋予每位公民的合法权益得到真正实现，其是保障公民基本权利的一种国家行为，是社会正义和司法公正的重要保障。

三、法律援助的功能

法律援助是政府的责任也是公民的权利，我国《法律援助条例》明确规定对受援者提供免费法律服务，不实行"缓交费、减交费"的援助方式。因此，法律援助具有重要的法律保障功能，具体如下：

（一）推动法律服务

"打官司难，难打官司"这句耳熟能详的俗语，道出了中国公民诉讼的普遍困难。除了司法腐败等其他各种因素以外，诉讼费用的居高不下和一些律师不愿意或不敢接手某些类型的案件，也是造成这种局面的重要原因。很多经济窘迫的人虽然渴望通过打官司维护自己的合法权益，但却苦于无力承担巨额诉讼费用而忍气吞声，甚至眼睁睁地看着自己的合法权益持续遭受侵害。虽然没有哪个机构认可或者明示支持这么一种失衡状态，但是当这种状态由于无法启动诉讼程序而不得不无休止的持续下去，实质正义变得遥遥无期。法律援助从根本上解决了这一问题。法律援助制度的实施，有利于将此类当事人引导到采用法律手段解决矛盾的轨道上来，并由此增强法律在社会各个阶层的执行力，促进社会贫弱阶层对法律的理解及亲和。我国每年处理的数十万件民事、行政法律援助案件，使大量可能激化成刑事案件的民事和行政纠纷得以合法方式解决。特别是许多群体性矛盾的法律调解和疏导，如由房屋拆迁、劳动纠纷、争夺土地和水资源引发的集体上访、局部区域紧张等，对稳定地区社会治安、恢复公众对法律和司法的信任起到了促进作用。

（二）保障权利实现

我国《宪法》明确规定，公民在法律面前平等，国家尊重保障人权。每一个政府都将实现宪法的规定作为最终目标，为实现实质的平等权而不懈追求。政府应在实际的运作之中，为纠正由于保障形式上的平等所招致的不平等，依据个人的不同属性（如地位、财富的差异）分别采取不同的方式，对作为个人的人格发展所必需的前期条件进行实质意义上的平等保障。由于人们一出生就在不同的社会阶层中处于不同的社会地位，这种由自然因素或社会偶然性所导致的差异必然影响着他们的生活前景。这种由社会体系、社会基本结构所造成的差异，必将使一部分人处于经济上的弱者地位。如果政府只追求于形式上的平等，而忽略少数人甚至大部分人的平等人权，这将导致整个社会的不正义。正如，罗尔斯在其著作《正义论》中提到："为了平等地对待所有人，提供真正地平等的机会，社会必须更多地注意那些天赋较低和出生于较不利的社会地位的人们……要按平等的方向补偿由偶然因素造成的倾斜。"因此在这种任何制度都不可避免的不平等的基础上，政府应该建立法律援助制度，从而平等的维护公民的合法权益，实现宪法上的实质平等。

（三）维护社会安定

维护社会安定的最优方案是控制社会，就是把社会生产和生活组织到尽可能高的有序状态，有序社会是社会矛盾较少和社会矛盾较容易解决的社会。社会矛盾分为两大类，一类是均势群体之间的利害冲突；另一类是强势群体与弱势群体之间的利害冲突。前者可以通过社会预设的各种调解、仲裁和司法机制来解决；而对于后者中的群体，情况要复杂得多。在实行市场经济的现今社会，各种矛盾解决机制的设计无不打上经济利益的烙印，往往都附有一定的成本。作为社会公正底线的司法机制也不例外，主要表现为法院诉讼费和律师服务费及鉴定费用的收取等。无疑，对于大部分弱势群体而言，附带有各种经济成本的司法机制遥不可及，法律赋予他们的各种权利犹如空中楼阁，在权利受到侵害时除了逆来顺受，只能在状告无门时采取法外手段私力解决。这类矛盾引发的各种冲突，必将严重地危害社会治安，成为许多犯罪现象滋生的根源。因此，从维护社会稳定的角度出发，只要司法制度被预设成本，只要有社会弱势群体的存在，就必须实行法律援助。

和谐的社会中，每一个人都有着平等的法律地位。社会事务的安排在于保障权利的实现，尤其是对那些处于社会或经济上的弱势地位的人们，在社会的各阶层中实现着公正和平等。在和谐的社会中，每个人都实际的享有宪法赋予的权利，能够通过一种有效的制度手段来维护自己合法权益，平等地接近这种措施。而法律援助制度，就好像一个平台，连接着每一个主体和诉讼程序，其发展完善的目的，在于实现公民个人所享有的平等的诉权，在于每一个人都可以通过公正诉讼程序以文明的方式来解决纠纷，为宪法中规定的平等的人权打下坚实的基础。

第二节　法律援助的基本样态

我国目前已初步形成了以四级专职法律援助机构为主，各种社团法律援助机构为辅的法律援助体系。法律援助也从律师个人的道义行为转变为法律化、制度化的国家义务行为。近年来，法律援助制度在维护社会弱势群体的合同权益、保障人权、确保司法公正方面起到了重要作用。目前我国法律援助的范围包括刑事案件、民事案件、行政案件、非讼案件等，依据不同的标准，可将法律援助分为以下类型：

一、以法律援助的责任主体为标准

（一）政府型法律援助

《法律援助条例》作为目前我国法律援助的主要法律依据，总则部分的规定主要是围绕着法律援助的国家责任与社会责任展开的。《法律援助条例》第 3 条第 1 款明确规定："法律援助是政府的责任，县级以上人民政府应当采取积极措施推动法律援助工作，为法律援助工作提供财政支持，保障法律援助职业与经济、社会协调发展。"同时国家通过司法行政部门监督、管理法律援助工作，作为律师自治组织的全国律师协会和地方律师协会对法律援助工作予以协助。法律援助既然是一种政府责任，公民接受法律援助服务应当是免费的，因此《法律援助条例》第 2 条规定法律援助属无偿的法律服务。国家法律援助责任主要履行主体为各级司法行政部门，这些司法行政部门负责确定本行政区域的法律援助机构，实践中一般指定各省的法律援助中心作为法律援助机构，具体实施法律援助活动。

在司法行政部门开展法律援助的过程中，政府其他相关部门应当配合司法行政部门的工作，发展政府各部门的综合力量，充分履行政府责任。2004 年 9 月 6 日司法部联合民政部、财政部、劳动和社会保障部、国土资源部、建设部、卫生部、国家工商行政管理总局、国家档案局联合发布了"九部门意见"。该意见通过明确政府各个职能部门在法律援助工作开展中提供相应的支持，解决法律援助的财政支持方式及相关部门共同减免法律援助案件办理中所涉及费用，降低法律援助的办案成本。各级政府的相关部门通过以下途径积极支持和配合法律援助工作：各级财政部门应当将各地的法律援助经费逐步纳入年度财政预算，省级财政应当尽可能积极支持贫困地区开展法律援助工作；各级民政部门负责出具受援者经济困难的各种证明，及时反映困难群众的法律援助需求；劳动仲裁部门、司法行政部门管理的鉴定机构对于法律援助机构给予法律援助的案件提供有关法律服务时应当先行缓收有关费用；国土资源、建设、卫生、工商、档案管理等部门对于法律援助工作中档案的查找取证工作应当积极配合，免收查阅费用，减免其他相关费用，共同减低法律援助办案费用，减少国家法律援助的支出。通过以上部门的协助，对于人均法律援助费用不足 1 元的我国法律援助事业而言，意义非同一般。同时，国家责任、政府责任也要求作为政府组成部门承担相应的义务，共同促进法律援助事业的发展。

（二）社会型法律援助

法律援助事业也是一项社会事业。《律师法》第 42 条明确规定律师必须按照国家规定承担法律援助义务，《法律援助条例》第 6 条也作出了类似的规定。2004 年 9 月 8 日颁布的《律师和基层法律服务工作者开展法律援助工作暂行管理办法》中进一步细化规定：律师每年都应当接受法律援助机构的指派，办理一定数量的法律援助案件，具体数量由各省、自治区、直辖市司法行政机关根据实际情况确定。这些规定赋予了律师承担法律援助工作的义务，体现了律师作为法律职业者对于促进司法正义、推动法治建设所应当具有的社会角色和社会责任。

（三）政府与社会结合型法律援助

《法律援助条例》规定司法行政部门负有监督律师履行这一义务的职责。在这种情形中，国家责任与社会责任发生了交融。其他体现法律援助作为一种社会事业的规定还包括国家鼓励社会对法律援助活动提供捐助，国家支持和鼓励社会团体、事业单位等社会组织利用自身资源为经济困难的公民提供法律援助。

二、以法律援助的人员为标准

（一）律师提供的法律援助

律师是依法取得律师执业证书后为国家所认可的法务人员，各国对律师的执业条件要求一般较高，律师要精通法律并具备一定的诉讼技能，因此由律师提供法律援助，一般来说，可以保证法律服务的质量。在法律援助较发达的国家，一般将法律援助的主体定为律师，在坚持法律援助主体多元化的国家，律师提供的法律援助也占主导地位。

法律援助中律师基于委托和授权以及法定的义务，有与其他案件相同的权利和义务。律师在执行法律援助时，其权利、义务主要体现在以下五个方面：①律师不得无故推脱，应当接受法律援助机构的指派承办无偿法律援助事项；②律师接受指派后，不得疏于应履行的职责，无正当理由不得拒绝、延迟或终止承办的法律援助事项；③律师拒不履行法律援助义务，或者疏于履行法律援助职责致使受援人遭受重大损失的，法律援助机构可以建议有关司法行政机关不予年审注册或给予相应的处罚；④当事人不遵守法律规定以及不按法律援助协议的规定予以必要合作，经法律援助机构批准，承办律师可以拒绝或终止提供法律援助；⑤受援人以欺骗方式获得法律援助的，法律援助机构应当撤销其受援资格，并责令其支付已获得服务的全部费用。

律师提供法律援助根据委托人的要求不同，工作内容和服务对象相应不同。归纳起来主要有以下四种：①法律咨询、代拟法律文书；②刑事辩护和刑事代理；③民事、行政诉讼代理；④非诉讼法律事务代理。律师法律援助的申请表现为公民在赡养费、扶养费、抚育费、劳动报酬、工伤、养老金、社会保险金、交通事故、医疗事故等方面提起诉讼，可到有管辖权的人民法院所在地的法律援助机构申请法律援助。申请书应当写明申请人、申请事项、申请理由等，由法律援助机构对公民提出的律师法律援助申请进行审查。

（二）公证人员提供的法律援助

公证法律援助是指法律援助机构组织公证机构和公证人员，对符合法律援助条件的当事人，提供免费公证服务的活动。公证法律援助适用于以下六种情况：①办理与领取抚恤金（或劳工赔偿金）、救济金、劳动保险金等有关的公证事项；②办理赡养、抚养、扶养协议的证明；③办理与公益活动有关的公证事项；④列入国家"八七"扶贫攻坚计划贫困县的申请人申办的公证事项；⑤申请人确因经济困难而无力负担的；⑥其他特殊情况需要减免的。

公证人员主要对法律事实及行为的真实性和合法性进行证明，根据1997年12月2日司法部《关于开展公证法律援助工作的通知》的规定，司法部已把公证人员纳入到法律援助的主体之内，这具有中国特色，明显体现了我国法律援助初建阶段充分利用法律服务资源的指导思想。由于我国公证制度起步较晚，公民公证意识不强，现行公证业务较少，要求提供公证法律援助的也不多，因此公证人员提供的法律援助所占的比重较小。

（三）其他法律服务人员提供的法律援助

法律援助人员除律师、公证人员外，还包括其他法律服务人员，其中包括受指派或者安排的法律援助机构的工作人员、基层法律服务工作者以及法律援助志愿者。法律援助机构可以安排本机构的工作人员办理法律援助案件，也可以根据其他社会组织的要求，安排其所属人员办理法律援助案件。基层法律服务工作者的职责是依据司法部规定的业务范围和执业要求，开展法律服务，维护当事人的合法权益，维护法律的正确实施，促进社会稳定、经济发展和法制建设，并每年接受法律援助机构的指派，办理一定数量的法律援助案件。基层法律服务工作者承办法律援助案件的年度工作量，由省、自治区、直辖市司法行政机关根据当地法律援助的需求量、律师和基层法律服务工作者的数量及分布等实际情况确定。

法律援助志愿者是指不为物质报酬，而是基于良知、信念和责任，利用自身所具备的专业知识和能力，自愿为社会和他人提供免费法律服务和帮助的人。注册法律援助志愿者是指按照一定程序在中国志愿者协会法律援助志愿者分会及各地法律援助机构注册登记、参加法律援助服务活动的志愿者。法律援助志愿者具备的基本条件是：年满18周岁，具有奉献精神；具备与所参加的法律援助志愿服务项目及活动相适应的专业知识和素质；有志于为中国法律援助制度的不断完善，为维护贫弱群体的合法权益，实现公平正义，构建社会主义和谐社会贡献力量；遵纪守法，品行良好，乐善好施。法律援助志愿者的权利应包括以下几个方面：参加法律援助志愿者组织提供的培训；要求获得从事志愿服务的必需条件和必要保障；优先获得志愿者组织和其他志愿者提供的服务；就志愿服务工作对法律援助志愿者组织提出建议和意见；相关法律、法规及法律援助志愿者组织所制订的有关规定赋予的其他权利。除具有相应权利外，法律援助志愿者还应履行一定的义务，具体表现为：履行志愿服务承诺；不得以法律援助志愿者身份从事任何以赢利为目的或违背社会公德的活动；自觉维护法律援助志愿者组织和志愿者的形象；遵守相关法律法规及法律援助志愿者组织规定的其他义务。

三、以法律援助的范围为划分标准

（一）诉讼法律援助

诉讼法律援助是指在诉讼领域内提供的法律服务，包括刑事诉讼法律援助、民事诉讼法律援助、行政诉讼法律援助。具体包括以下几个方面：

1. 诉讼法律援助范围。根据《法律援助条例》，法律援助的范围主要有以下几种情形：一是公民对下列需要代理的事项，因经济困难没有委托代理人的，可以向法律援助机构申请法律援助：依法请求国家赔偿的；请求给予社会保险待遇或者最低生活保障待遇的；请求发给抚恤金、救济金的；请求给付赡养费、抚育费、扶养费的；请求支付劳动报酬的；主张因见义勇为行为产生的民事权益的；二是刑事诉讼中，犯罪嫌疑人、被告人因经济困难或者其他原因没有委托辩护人而向法律援助机构提出申请，对符合法律援助条件的，法律援助机构应当指派律师为其提供辩护；犯罪嫌疑人、被告人是盲、聋、哑或者未成年人而没有委托辩护人的，人民法院、人民检察院和公安机关应当通知法律援助机构指派律师为其提供辩护；犯罪嫌疑人、被告人可能被判处无期徒刑、死刑而没有委托辩护人的，人民法院、人民检察院和公安机关应当指定承担法律援助义务的律师为其提供辩护；强制医疗案件中，被申请人或者被告人没有委托诉讼代理人的，人民法院应当通知法律援助机构指派律师为其提供法律帮助。此种情况法律援助机构应当提供法律援助，无须对犯罪嫌疑人、被告人或被申请人进行经济状况的审查。

2. 诉讼法律援助程序。

（1）律师法律援助的申请。公民在赡养费、扶养费、抚育费、劳动报酬、工伤、养老金、社会保险金、交通事故、医疗事故等方面提起民事诉讼的，可到有管辖权的人民法院所在地的法律援助机构申请法律援助。申请书应当写明申请人、申请事项、申请理由等。

（2）律师法律援助申请的审查。律师法律援助机构对公民提出的律师法律援助申请进行审查。对于符合法律援助条件的，做出同意提供法律援助的决定，具体包括公安机关、人民检察院和人民法院要求法律援助机构指派辩护的刑事法律援助案件，由该公安机关、人民检察院和人民法院所在地的法律援助机构统一接受并组织实施；非指定辩护的刑事诉讼案件和其他诉讼案件的法律援助，由申请人向有管辖权的公安机关、人民检察院和人民法院所在地的法律援助机构提出申请，由该机构审查。

（3）律师法律援助申请中的决定。法律援助机构应当自收到申请之日起20日内进行审查，做出是否予以法律援助的决定：对符合条件者，应做出同意提供法律援助的决定，将同意提供法律援助的决定书及具体承办援助事项的律师事务所和律师通知受援人，由律师与法律援助机构、授权人三方签订法律援助协议，明确规定各方权利义务；对不符合条件的，做出不予援助的决定，并通知申请人。

（二）非诉讼法律援助

非诉讼法律援助业务是法律援助业务的重要组成部分，随着市场经济体制的逐步完善和民主法治的进步发展，将在法律援助业务中占据越来越重要的地位。

非诉讼法律援助是与诉讼法律援助相对而言的，指法律援助人员对于受援人申请的无争议的法律事务及已经发生争议的法律事务通过诉讼外途径解决的法律援助业务活动。非诉讼法律援助包括的范围较广泛，如代写法律文书等。随着法律援助的发展，非诉讼法律援助呈扩大的趋势，非诉讼法律援助的扩大有利于预防诉讼纠纷的发生。从价值取向上看，非诉讼法律援助的扩大有利于法律援助安定功能的实现。

1. 非诉讼法律援助的特点。非诉讼法律援助与人民调解委员会和司法所有时会面临相同的工作对象（如对符合法律援助条件的当事人的纠纷进行调解），因而很容易将两者混同。虽然这两者之间会产生联系，并相互影响，但从本质上讲两者的工作性质并不相同，各有特点。非诉讼法律援助具有以下几个特点：

（1）法律服务性。非诉讼法律援助的调解是由律师或者法律工作者提供中介法律服务，是履行司法行政职能，而司法所只是对人民调解委员会工作进行指导，人民调解委员会的调解则是根据一定范围内人民群众授予的民主自治权，进行民主自治。只有律师或法律工作者的参与，具有法律服务的内容的调解工作才能纳入到法律援助的范畴。这是非诉讼法律援助与两者工作性质的不同之处。

（2）主体资格的执业性。非诉讼法律援助中的工作人员是法律援助机构和法律服务机构的律师或法律工作者，都是具有法律执业身份的从业人员，而司法所和人民调解委员会所派出的人员是这两机构的工作人员，这是非诉讼法律援助与两者身份上的不同之处。

（3）实施行为的授权性。非诉讼法律援助虽然也有调解工作，但是这种调解的前提不同，非诉讼法律援助的调解是基于一方当事人的委托授权，以代理人身份代理一方参加调解，是向当事人提供免费法律服务的一种方式。而人民调解委员会和司法所的调解则是基于双方当事人的合意，直接由上述机构的人员居中调解，这是非诉讼法律援助与两者调解前提的不同之处。

2. 非诉讼法律援助的种类。实践中，有的案件因为无法进入诉讼程序而必须以非诉讼方式办理，而有的案件虽然能进入诉讼程序，但程序进行过程前后仍可以进行非诉讼的操作，故而非诉讼法律援助呈现出不同的类型。具体表现为：

（1）无法进入诉讼程序的案件。主要有两种：①已过诉讼时效的案件。由于有证据显示案件已过诉讼时效，已无必要进入诉讼程序，但实体上当事人的权利确实存在，且有法律上的依据和证据支持，受当事人的请求，可以提供非诉讼法律援助，作非诉讼调解的努力寻求解决方案，以最大限度地保护弱势群体的权益。②目前尚无法进入诉讼程序的案件。由于缺少必要的证据，案件目前无法进入诉讼程序，取得相关的证据后才可进入诉讼程序。因此必须提供法律援助，以帮助当事人做好调查取证等案前准备工作。如工伤事故发生后，当事人无法提供和用人单位存在劳动关系的书面证明，因而事故无法被认定为工伤，导致案件不能进入劳动仲裁及以后的诉讼程序，这时非诉讼法律援助的参与十分必要，在援助代理人的帮助下为当事人做好相关的前期准备工作。

（2）能进入诉讼程序的案件。诉讼程序之前和之后都可以进行非诉讼法律援助，诉讼程序前主要是开展"诉前调解"，诉讼程序之后主要是"后期调解"。诉前调解由于法律援助代理人与受援人之间没有报酬关系，而是履行政府对公民的法律援助职能，因而能够比较客观、公正、合理地提出解决纠纷的意见和方案。法律援助代理人的这种特殊的角色地位，也容易得到对方当事人的接受和信任，法律援助代理人促成受援人与对方当事人之间达成调解协议的可能性，往往比有偿服务的诉讼代理人会更高一些。因此，法律援助代理人应当尽可能地利用这一角色优势，争取以调解方式解决纠纷，在诉讼之前首先进行调解，减少进入诉讼程序的案件数量。"后期调解"是法律援助结束后的调解，主要是法律援助案件裁决生效后的权益履行问题。一般而言，赡养纠纷、工伤事故纠纷等具有长期给付内容的援助案件，裁决胜诉并不代表一劳永逸，相反，一定要继续跟踪服务以确保当事人权益如期实现，这期间需要做一系列"后期调解"工作。

四、以提供法律援助的对象为标准

（一）向自然人提供的法律援助

法律援助对象是指有权或有资格申请并获得法律援助的人，根据《法律援助条例》的规定，我国法律援助对象以"公民"作为设限条件，则非自然人的法人及其他组织不在援助对象之列。公民对下列需要代理的事项，因经济困难没有委托代理人的，可以向法律援助机构申请法律援助：依法请求国家赔偿的；请求给予社会保险待遇或者最低生活保障待遇的；请求发给抚恤金、救济金的；请求给付赡养费、抚养费的；请求支付劳动报酬的，或者因劳动争议请求给付经济补偿、赔偿金的；主张因见义勇为行为产生的民事权益的。省、自治区、直辖市人民政府可以对前款规定以外的法律援助事项做出补充规定。

作为自然人的本国公民成为我国法律援助对象，首先体现在 1996 年修订的《刑事诉讼法》第 34 条及尔后在同年通过的《律师法》第 41 条，这两条规定明确了公民作为法律援助对象的初始范围。到 2003 年颁布的《法律援助条例》第 2 条规定的"符合本条例规定的公民，可以依照本条例获得法律咨询、代理、刑事辩护等无偿法律服务"，将公民作为法律援助对象的范围扩大了。由此可见，符合条件的自然人——本国公民是我国法律援助的首当援助对象。那么，在刑事诉讼、民事诉讼和行政诉讼活动中，一方当事人为 5 个以上的不特定多数的自然人所进行的集团诉讼，这些集团诉讼人能否成为法律援助对象呢？我国的法律对此问题没有涉及，世界上有一些国家法律明确规定不给予法律援助，例如，美国法律规定，对劳工集团的有关诉讼不给予法律援助。在实际操作中，援助机构对于集团诉讼人申请法律援助的，因涉及缓解社会矛盾、稳定社会的需要，都比较慎重，对集团诉讼人的经济条件往往会适当放宽。如广州市家谊股份有限公司约 2160 名员工提起仲裁，要求公司支付所拖欠的工资等，海珠区法律援助处为符合条例的 1883 名员工提供援助，并执行到款项，取得了良好的社会效果。还有王喜红等 6 名员工被其单位从化市某钻石厂强制搜身，向法院起诉要求工厂赔偿精神抚慰金的案件，援助机构给予王喜红等 6 名员工法律援助，并取得了胜诉。

在民事诉讼方面，各国对是否给予外国人、无国籍人法律援助待遇也是规定不一。有不少国家给予外籍人士与本国公民同等的国民待遇，而不要求外籍人士所在国以互惠为条件，如丹麦、意大利、挪威、芬兰等国；但更多的国家是通过国际合作缔结的有关条约，给予缔约国的国民与内国国民同等待遇的方法，有条件地给予外籍人士法律援助待遇，而且各国对条件的要求不一。如法国规定长期居住在法国的外国人，在个别情况下非法居留的外国人也可以成为法律援助的对象；还有荷兰、瑞典、卢森堡要求外籍人士必须以在该国有住所或惯常居所为条件；比利时法律规定，外籍人士属于《民事诉讼程序公约》、《便利诉诸司法的国际公约》等国际条约缔结国的国民或属于双边司法协助的协定等缔结国的国民，才能享受法律援助待遇。我国对外籍人士的民事诉讼权利也作了与世界大多数国家相近的规定，如《民事诉讼法》第5条规定："外国人、无国籍人、外国企业和组织在人民法院起诉、应诉，同中华人民共和国公民、法人和其他组织有同等的诉讼权利义务。外国法院对中华人民共和国公民、法人和其他组织的民事诉讼权利加以限制的，中华人民共和国人民法院对该国公民、企业和组织的民事诉讼权利，实行对等原则。"这种"对等原则"体现为权利义务的平等原则。另外，我国与一些国家签订的司法协助的协定或条约中，也对法律援助作了专门规定：例如，中国与比利时、中国与埃及、中国与泰国等30多个国家签订的司法协助的协定，对诉讼费用的减免和司法救助（法律援助）的问题有明确规定。还有其他的如中罗、中波、中乌等签订的司法协助的协定或条约中，也作了类似的规定，如在协定或条约第1条的司法保护条款中规定："缔约一方的国民在缔约另一国境内，享有与缔约另一方国民同等的司法保护，有权在与缔约另一方国民同等的条件下，在缔约另一方法院或其他机关进行诉讼或提出请求。"这些协定或条约，从广义法律援助的定义上理解，也可以看作是关于获得法律援助的规定。由此可见，依我国现行法律的规定，我国对外国人、无国籍人在民事诉讼中给予法律援助是实行对等原则的。虽然，外国人、无国籍人不能成为我国法律援助的当然对象，但根据我国参与缔结的双边司法协助的协定或条约的规定，外国人、无国籍人在一定条件下仍然可以成为我国法律援助的对象。基于联合国大会通过的《公民权利和政治经济权利国际公约》等国际公约和出于保障人权的需要，许多国家都撇开种族、语言等原因而规定外籍人士在刑事诉讼中可以申请法律援助的具体内容，在外籍人士成为被告人而没有委托律师时，内国法院应当指定律师为其提供法律援助。如英、法、美、日、澳及我国香港等发达国家、地区的法律都规定，只要被告人（不问国籍）因贫困或者其他原因不能委托辩护律师，法院都应当为其指定辩护律师。

（二）向法人提供的法律援助

法律援助对象，首选为自然人，尤其是本国公民。将自然人作为法律援助对象，是世界上绝大多数国家的通例，至于是否包括法人，世界各国的规定不一。有个别国家，如韩国、法国等把法人纳入法律援助对象，法国规定法律援助对象包括非营利性法人，如协会和工会等。但英国、德国、美国等只给予自然人法律援助，而把法人排除在外。我国在 1995 年广州市法律援助中心成立以来，关于法律援助对象的资格有两种不同的意见：一种意见仅限于自然人，如《法律援助条例》规定符合条件的公民可以获得法律援助。另一种意见，除了自然人，还应包括非营利性的组织，如福利性质的救济机构等。如《广西壮族自治区法律援助条例》第 10 条第 3 款规定：法律援助机构认为有必要的，可以为公益福利组织、公益事宜举办者提供法律援助。又如 1999 年实施的《广东省法律援助条例》第 11 条规定：社会福利组织可以申请法律援助。《广东省援助条例实施细则》第 10 条进一步明确：《广东省法律援助条例》第 11 条所称"社会福利组织"是指：民政部门直属管理的非营利性质的福利组织；依法成立，从事非营利公益事业的慈善机构。

五、以法律援助的作用为标准

（一）积极法律援助

积极法律援助如解答法律咨询等，能节约法律服务资源，更好地维护受援人的权利，应该为我们所倡导。法律援助既是政府的责任，也是一项社会事业，但主要是政府的职责，法律援助的资金来源主要由政府财政负担，应当纳入同级财政预算，建立起政府对法律援助的最低经费保障机制。同时，可考虑我国的实际情况，设立专门援助基金，接受社会的广泛捐助，专款专用，充分发挥法律援助基金会的功能。在开辟财力资源的同时，也要积极开辟法律援助的人力资源，使众多的优秀法律人才包括社会团体、法学院校有资格的优秀人才参与进来，为法律援助事业的发展贡献力量。

（二）消极法律援助

消极法律援助，又称之为处理法律援助，它具有被动性，为了解决纷争需要相应地需要投入法律援助资源，它所耗费的成本较积极法律援助一般较高，在解决纷争过程中除了耗费法律援助资源外，当事人本人也需耗费一定的物力、人力资源。消极法律援助的缺陷非常明显，应尽量减少消极法律援助，变被动为主动，提倡开展积极法律援助。

六、以提供法律援助的模式为标准

（一）专职律师模式

专职律师模式是指由领取国家薪金的律师专门给符合法定条件的社会成员提供法律援助，如加拿大的"社区服务模式"和美国的"公设辩护人计划"。公设辩护人制度具有辩护服务质量保障与法律援助成本控制两大基本功能，理论上说，公设辩护人（制度）较私人律师模式更具专业性、协调性、对抗性、保障性、监管性、工作热情高等优势，有助于其提供优质的辩护服务；而公设辩护人制度运作的专业化及"官僚方式"、可控性及可预测性、注重服务效率等特征，也使其更能实现国家对法律援助成本控制的功能。

（二）私人律师模式

私人律师模式是指当事人按照自身意愿选择私人律师进行法律援助，如加拿大的"司法保护体系"、英国的法律援助等。英国的法律援助制度最早起源于英格兰，1495 年起，英格兰即承认穷人享有因其身份免付诉讼费用之权利。1949年的《法律援助和法律顾问法》（LEGAL AID AND LEGAL ADVICE ACT 1949）确立了英国现代意义上的法律援助制度，后英国历届政府不断根据形势变化对法律援助制度进行改革和完善，并最终在 1999 年的《获取司法正义法》（ACCESS TO JUSTICE ACT 1999）确立了现行的法律援助制度。现行法律援助制度的管理机构为法律服务委员会（LEGAL SERVICE COMMISSION），为独立的政府机构，受宪法事务部（DEPARTMENT OF CONSTITUTIONAL AFFAIRS）管辖，负责管理英格兰和威尔士的法律援助制度，包括预算，合同仲裁，控制援助项目的数量，评估账目和担当接受法律援助的客户与法律援助提供者之间的联系人。有关法律援助的主要政策由宪法事务部决定，预算由财政部设定。苏格兰和北爱尔兰分设相对独立的法律援助制度，分别由苏格兰法律援助理事会（SCOTLAND LEGAL AID BOARD）和北爱尔兰法律服务委员会（NORTHERN IRELAND LEGAL SERVICE COMMISSION）管理。

法律服务委员会设社区法律服务基金，为符合某些条件的、无法承受法律服务费用的人士提供法律援助。委员会同法律工作者和非营利性组织合作，主要在债务、房产、社会福利和涉及犯罪问题等四个领域内提供法律援助。任何想承担法律援助工作的法律援助提供者必须同法律服务委员会签订合同，达到委员会制定的质量标准的机构被授予社区法律服务专家质量标记。社区法律服务援助项目为：①法律咨询（LEGAL HELP），指向客户提供初始法律咨询和帮助，由同社区法律服务签订合同的律师负责。②法庭协助（HELP AT COURT），指由律师或提供建议者在特定法庭听证会上代表客户发言，但非正式代表客户出庭全部诉讼程序。由同社区法律服务签订合同的律师负责。③调解（FAMILY MEDIATION），指在独立调解人的帮助下，调解家庭争端，协助双方达成谅解。④一般性家庭协助（GENERAL FAMILY HELP），指协助通过谈判或其他方式解决涉及家庭问题的争端。⑤除法律咨询服务外，还包括代理书写诉讼文书或在必要情况下代为担保解决家庭争端的早期方案，或在家庭争端和解后取得同意书（该项服务不包括代理出庭最后阶段的场面激烈的听证会）。⑥律师代理（LEGAL REPRESENTA-

TION），指为客户法庭起诉或法庭辩护提供出庭代理服务。该服务分为两种：调查协助（INVESTIGATIVE HELP），该项援助受限于客户诉求的强度，即只有在胜诉前景不明朗且调查取证费用过高时才能申请该项服务，该项服务不适用于家庭案件；全面代理（FULL REPRESENTATION），指为客户代理法律诉讼。如案件紧急且符合标准，申请人可同时申请这两项援助服务。

（三）多元化模式

又称混合模式，既有专职律师提供法律援助，又有私人律师提供法律援助。如加拿大的魁北克省的相关规定。加拿大的法律援助最早产生于20世纪50年代末、60年代初，当时主要是律师无偿为穷人提供免费服务，属于律师个人为社会做善事。加拿大加入《世界人权宣言》和《公民权利和政治权利国际公约》后，政府认识到有责任建立由政府出资的国家法律援助制度，而不是依靠律师无偿提供法律援助。1968年，加联邦政府向国会提出"公正的社会计划"，在该计划中提出了要帮助各省建立法律援助制度。最早建立法律援助制度的是魁北克省，它在1957年采取了一种既有公职律师专门从事法律援助、又有私人律师提供法律援助的制度。后来安大略省也采纳、实施了这一模式。之后，BC省和沙士卡通省采取了另外两种模式。根据加联邦政府的一项政策要求，各省都必须建立法律援助制度，设立法律援助的管理机构。由于各省的司法程序制度的差异，在法律援助的管理机构和组织模式上，建立并逐渐发展成为三种具有特色的模式。

第三节 法律援助确立的原则

法律援助制度是贯彻"公民在法律面前一律平等"的宪法原则、保障公民享有平等公正的法律保护、完善社会保障制度、健全人权保障机制的一项重要法律制度，是社会主义民主与法治建设的重要内容，是一项扶助贫困、保障社会弱势群体合法权益的社会公益事业，也是我国实践依法治国方略，全面建设小康社会的重要举措。因此法律援助的确立应遵循以下原则：

一、特殊保护原则

以"贫弱"为标准，将法律援助受援对象区分为两大类：一类是因经济绝对"贫弱"需要法律援助的人，这是法律援助的一般对象；二类是因生理、心理、自由、文化等相对"贫弱"而需要法律援助的人，这是法律援助的特殊对象。法律援助特殊对象的提出，对于修正单纯以"经济困难"标准认定受援对象之缺陷，具有很强的针对性，对于客观界定法律援助受援人具有必要性，是公正实现法律援助的现实需要。在我国现阶段，农民工、妇女、老年人、未成年人、残疾人等特殊对象是我们提供法律援助的重点对象。

法律援助始终以保护"贫弱"为己任。它所保护的对象总是社会的弱势群体。这些弱势群体不仅是指社会中一定的经济贫困者，而且还包括生理上、心理有一定有缺陷的特殊案件的当事人。援助对象的特殊性要求我们在法律援助中必须始终贯彻特殊保护的原则，以实现社会的全面正义。贫弱者具有一定的相对性。他们是一定的社会环境中相对于富者、强者而言的，从这个角度来看，只要社会没有达到共同富裕，贫弱者总是存在的，只要贫弱者存在，我们就应伸出法律援助之手。当然，我们保护的是其合法权益，对于非法的、无礼的要求不能纳入保护范围，当"贫困者"需要法律援助时，只要符合保护范围，他们应当平等受援，不能因为地域、出生、文化等不同而有所差异，保护"贫困者"受援是保护"贫困者"合法权益的要求。

二、协调发展原则

协调发展原则是指法律援助的发展要与国家的发展、国际的发展相一致，法律援助内部建设各元素之间，不同区域之间要一致。协调发展原则的主要内容主要体现在以下几个方面：

（一）法律援助的发展与各国政治、经济、文化等发展相协调

法律援助只有和一国的政治、经济、文化等发展相适应，才能在一国内生存并发展。

（二）法律援助的社会需求量与社会承受量相协调

建构法律援助，既要考虑社会需要，尽量满足社会需求量，又要考虑社会承受量，寻找需求量与承受量的结合点，达到两者的一致。

（三）法律援助内部设计的协调

协调原则要求法律援助内部各项制度协调一致。法律援助的主体、受援对象、援助机构、运行程序等整体配套法律援助内部设计应协调一致，从而保证法律援助运行的快捷和效率。

《法律援助条例》第3条第1款规定，法律援助是政府的责任，县级以上人民政府应当采取积极措施推动法律援助工作，为法律援助提供财政支持，保障法律援助事业与经济、社会协调发展。该条款体现了政府主导性。第5条规定，直辖市、设区的市或者县级人民政府司法行政部门根据需要确定本行政区域的法律援助机构。第7条规定，国家鼓励社会对法律援助活动提供捐助。第8条规定，国家支持和鼓励社会团体、事业单位等社会组织利用自身资源为经济困难的公民提供法律援助。上述条款体现了社会参与性。以政府主导为主，并与社会广泛参与相结合，才能保障法律援助的协调发展。

三、效益增进原则

效益增进原则要求国家和法律援助主体在建立法律援助、选择法律援助时既

要尽量争取在单位时间内提供更多的法律援助，让更多的人获得服务，又要保证法律援助质量，获得最佳社会效果。尤其是一国现阶段不可能大幅度提供法律援助资金的情形下，遵循效益原则，使现有法律援助资金效益最大化，不失为一种明智、合理的选择。

法律援助的效益增进原则，主要强调实施法律援助一要及时，二要有效。《法律援助条例》第18条第2款规定，对符合法律援助条件的，法律援助机构应当及时决定提供法律援助；对不符合法律援助条件的，应当书面告知申请人理由。第25条规定，法律援助机构对公民申请的法律咨询服务，应当即时办理；复杂疑难的，可以预约择时办理。

四、社会参与原则

不论是以英国、美国为代表的具有浓厚民间色彩的法律援助运作模式的国家，还是以德国、瑞典为代表的实行国家援助体制的国家，其法律援助参与者的主体都是律师和法律援助管理机构及其人员，部分国家许可法律系学生参与法律援助，提供非诉讼服务。我国的法律援助制度的设计虽然也是采取国家职能的模式，但是与这些国家所不同的是，我国的法律援助参与者更具有多样性和广泛性，不仅包括法律援助管理者、律师和基层法律工作者这样的义务承担者，也包括其他社会组织工作的人员、院校学生和一切自愿致力于法律援助工作的人员，法律援助参与范围十分广泛。只有贯彻实施社会参与原则，才能确保法律援助的公正性和效率性，真正保障公民的基本法律权利。

【思考题】

1. 如何理解法律援助的概念？
2. 如何理解法律援助的性质？
3. 分析法律援助的基本样态。
4. 简述非诉讼法律援助。
5. 简述其他法律服务人员提供的法律援助。
6. 简述消极法律援助。
7. 简述法律援助的国家义务性。
8. 简述法律援助的实质正义性。
9. 分析法律援助的特征。
10. 简述法律援助的原则。
11. 案例分析题

受援人陈某系桐乡人，2007年4月，与其母亲金某及他人同乘李某驾驶的三轮摩托车由浙北高速客运中心往火车站方向行驶，在某一交叉路口与朱某驾驶的重型专项作业车发生碰撞，造成陈某母亲等 3 名乘客死亡，陈某受伤。经交警认定，李某负事故主要责任，朱某负次要责任，陈某母亲不负事故责任。经一审判决，由李某和朱某共赔偿陈某及家人各项损失计 13 万余元。一审判决后，陈某所在的地方已经被拆迁和征用，成了名副其实的居民。陈某不服一审判决，认为应按城市居民的标准予以赔偿，于是到市法律援助中心申请法律援助要求上诉。援助中心指派金鼎律师事务所周君丽、沈鸿伟承办该案，代为上诉。由于一审是由桐乡的律师代理，而上诉的时间只有一天的期限，两位援助律师不辞辛劳，连夜赶往桐乡取证，并及时向上诉法院递交了上诉状。经过调查，两位援助律师终于取得了关键性的证据，证明了陈某母亲已经按照当地政府的批准，户籍均已转为居民户口。在庭审中援助律师提供的证据形成了完整的证据链，最终二审法院采纳了律师的意见，进行了改判，由两位被告赔偿受援人及其家人共计人民币284 387.6 元，使受援人多获赔 15 万余元。两位援助律师凭着精湛的业务技能和敬业负责的态度，终于平息了受援人的情绪，维护了受援人的合法权益。

结合所学知识，谈谈你对这个案件的看法。

第 八 章

律师论辩实务

【内容提要】律师的论辩职能是律师职业得以产生的动因，并且一直是律师的重要业务。辩护制度是否完善，不仅成为衡量一个国家法律制度科学化、民主化程度的标尺，而且代表了该国的法治水平。为此，应不断完善我国律师论辩实务制度，规范律师管理，充分发挥律师在论辩中的积极作用。

【本章重点与难点】律师在刑事辩护中的权利；律师民事代理的工作程序；律师代理行政诉讼的工作程序和方法。

第一节　刑事诉讼中的律师论辩实务

律师刑事辩护是我国刑事辩护制度的重要内容。辩护律师在刑事诉讼中是独立的诉讼参与人，是犯罪嫌疑人、被告人合法权益的维护者。辩护律师不是犯罪嫌疑人、被告人的代言人，辩护律师依法行使辩护权，不受犯罪嫌疑人、被告人的意志约束。辩护律师独立行使辩护权，履行辩护职责。

一、刑事诉讼中的律师辩护概述

（一）律师刑事辩护的概念

律师刑事辩护，是指接受犯罪嫌疑人、被告人委托或由人民法院指定的律师，根据事实和法律，提出证明犯罪嫌疑人、被告人无罪、罪轻或者减刑、免除其刑事责任的材料和意见，维护犯罪嫌疑人、被告人合法权益的诉讼行为。

（二）辩护律师在刑事诉讼中的地位和职责

1. 辩护律师在刑事诉讼中的地位。我国刑事诉讼法虽然只规定犯罪嫌疑人、被告人在审查起诉阶段和审判阶段可以委托律师担任辩护人，但同时也规定在侦查阶段犯罪嫌疑人也可以聘请律师介入刑事诉讼的内容。律师在侦查阶段的法律地位不明确，我们认为这是我国刑事诉讼法立法上值得探讨、并需要在立法上予以完善的一个重要问题。刑事诉讼中律师接受犯罪嫌疑人、被告人的委托，其职责就是依据事实和法律为其进行辩护，因此，我们认为，律师在刑事案件侦查阶段介入刑事诉讼活动，从本质上讲也应该属于辩护人的角色，可以看做是处于辩护地位。本书内容所介绍的辩护律师即包括侦查阶段犯罪嫌疑人委托的律师。

2. 辩护律师在刑事诉讼中的职责。根据《刑事诉讼法》、《律师法》规定，辩护律师的职责是指律师根据事实和法律，提出证明犯罪嫌疑人、被告人无罪、罪轻或者减轻、免除其刑事责任的材料和意见，维护犯罪嫌疑人、被告人的合法权益。具体包括以下几个方面：

（1）律师为犯罪嫌疑人、被告人辩护，应当依据事实和法律进行，不得捏造事实和歪曲法律。律师在履行辩护职责时，不得强词夺理、颠倒黑白，不得帮助犯罪嫌疑人、被告人编造口供、串供、伪造、毁灭证据或者威胁、引诱证人提供虚假证据。

（2）律师为犯罪嫌疑人、被告人辩护的内容是提供证明犯罪嫌疑人、被告人无罪、罪轻或者免除其刑事责任的材料和意见。具体分为两个方面：一是从案件的事实和证据方面提出对犯罪嫌疑人、被告人有利的材料；二是从适用法律方面发表对犯罪嫌疑人、被告人有利的意见。

（3）律师为犯罪嫌疑人、被告人辩护，应当维护被告人的合法权益。律师担任犯罪嫌疑人、被告人的辩护人，无论犯罪嫌疑人、被告人所犯罪行性质如何严重、情节如何恶劣、品行如何败坏、社会舆论对其谴责如何强烈，只要属于他的合法权益，即依照法律规定，犯罪嫌疑人、被告人应享有的权利，包括实体上的权利和程序上应享有的诉讼权利，律师都应当予以维护。律师不得以维护国家利益或社会公共利益为由，侵犯或放弃维护犯罪嫌疑人、被告人的合法利益，也不能以危害社会主义法制的手段去维护犯罪嫌疑人、被告人的非法利益。

（三）辩护律师的权利和义务

1. 辩护律师的权利。根据《刑事诉讼法》、《律师法》等有关法律、法规的规定，律师在刑事诉讼中享有以下权利：

（1）独立辩护权。律师依法履行辩护职责，受国家法律保护，任何个人和单位不得非法干涉。

（2）了解案情权和阅卷权。律师担任犯罪嫌疑人、被告人的辩护人，有向侦查机关、检察机关、人民法院、当事人和其他知情人了解案件有关情况的权利；自案件移送审查起诉之日起，受委托的律师有权查阅、摘抄和复制与案件有关的所有材料。

（3）与在押犯罪嫌疑人、被告人会见和通信权。律师在侦查阶段接受犯罪嫌疑人委托，有与在押犯罪嫌疑人会见的权利，对于不涉及国家秘密的案件，不需经过批准，律师有权要求侦查机关在 48 小时内安排会见。对于组织、领导、参加黑社会组织罪、走私犯罪、毒品犯罪、贪污贿赂罪等重大复杂的两人以上的共同犯罪案件，侦查机关应当在 5 日内安排会见。

侦查机关可以根据案件情况和需要派员在场，但律师在案件的审查起诉和案件审理期间会见在押犯罪嫌疑人、被告人，人民检察院或人民法院不应派员在场。

修订后的《律师法》第33条规定："律师担任辩护人的，有权持律师执业证书、律师事务所证明和委托书或者法律援助公函、依照刑事诉讼法的规定会见在押或者被监视居住的犯罪嫌疑人、被告人。辩护律师会见犯罪嫌疑人、被告人时不被监听。"

律师与在押犯罪嫌疑人、被告人有通信权利。

（4）调查取证和申请调查取证权。辩护律师经证人或其他有关单位和个人同意，可以向他们收集与本案有关的材料，也可以申请人民检察院、人民法院收集、调取证据。经人民检察院或人民法院许可并经被害人或其近亲属、被害人提供的证人同意，可以向他们搜集与本案有关的材料。

修订后的《律师法》第35条第1款规定："受委托的律师根据案情的需要，可以申请人民检察院、人民法院收集、调取证据或者申请人民法院通知证人出庭作证。"从该规定不难看出：辩护律师取证已不需要"经证人或其他有关单位和个人同意"，但由于缺乏制度保障，辩护律师取证难的问题仍然是今后立法上应该解决的问题。

（5）提出意见和建议权。辩护律师在案件的侦查阶段、审查起诉阶段、案件审理阶段，有就本案有关问题提出意见和建议的权利。人民检察院审查案件，应当听取犯罪嫌疑人委托人的意见和建议。

（6）参加法庭调查和法庭辩论权。辩护律师在法庭调查阶段，经审判长许可，可以向被告人、被害人、证人、鉴定人发问；有权申请通知新的证人到庭、调取新的证据；有权申请重新鉴定或勘验。在法庭辩论阶段，可以对证据和案件情况发表意见并且可以与控方展开辩论。

修订后的《律师法》第37条第2款规定："律师在法庭上发表的代理、辩护意见不受法律追究，但是，发表危害国家安全、恶意诽谤他人、严重扰乱法庭秩序的言论除外。"

（7）获得起诉书、判决书、裁定书等诉讼文书权。

（8）经被告人同意，提出上诉权。辩护律师经被告人或其法定代理人同意，可以提出上诉。

（9）拒绝辩护权。修订后的《律师法》第32条第2款规定："律师接受委托后，无正当理由的，不得拒绝辩护或者代理。但是，委托事项违法、委托人利用律师提供的服务从事违法活动或者委托人故意隐瞒与案件有关的重要事实的，律师有权拒绝辩护或者代理。"

（10）其他权利。律师在刑事辩护中享有广泛的诉讼权利，如申请延期审理的权利，为犯罪嫌疑人、被告人申请变更强制措施的权利，人身权不受侵犯的权利，律师在法庭上发表的代理、辩护意见不受法律追究的权利等。

2. 辩护律师的义务。辩护律师履行辩护职责属于律师业务的重要范畴。律师执业必须遵守宪法和法律，恪守律师职业道德和执业纪律。

（四）辩护律师的作用

律师辩护是刑事辩护制度中的核心，律师在刑事辩护中发挥着主导作用。具体说来，可以体现在以下几个方面：

1. 律师辩护有助于司法机关正确处理案件。辩护与控诉的平等对抗，是现代诉讼的必要机制，是公正审判的有力保障。准确、及时的惩罚犯罪分子和保障无罪的人不受刑事追究，是《刑事诉讼法》任务的两个方面，罪行相适应是我国《刑法》的一项重要原则。律师是专业的法律工作者，具有系统的法律知识，律师依法执业有法律的保障，律师在诉讼中享有广泛的权利。辩护律师依据事实和法律提出证明犯罪嫌疑人、被告人无罪、罪轻或者减轻、免除其刑事责任的材料和意见，可以防止司法机关办案人员的主观性、片面性，避免或减少错误，有助于司法机关办案人员全面了解案件情况，作出正确的判断和处理决定，使无罪的人不受刑事追究，有罪的人罚当其罪，保障法律的正确实施。

2. 律师辩护有助于弥补犯罪嫌疑人、被告人辩护能力的不足，维护犯罪嫌疑人、被告人的合法权益。在刑事诉讼中，虽然犯罪嫌疑人、被告人可以自行辩护，但由于犯罪嫌疑人、被告人在刑事诉讼中属于被追究刑事责任的对象，处于被讯问和被审判的地位，其人身自由也受到了不同程度的限制，加之缺乏法律知识等各方面原因，使犯罪嫌疑人、被告人自行辩护具有很大的局限性。犯罪嫌疑人、被告人担心自己的辩解会被认为是狡辩，会被认为是态度不好而被从重处罚，即使有些犯罪嫌疑人、被告人敢于为自己辩护，但由于其无法搜集对自己有利的证据或缺乏法律知识，也可能会显得辩护无力。辩护律师的介入，可以有效地弥补犯罪嫌疑人、被告人辩护能力的不足，维护犯罪嫌疑人、被告人的合法权益。

3. 律师辩护有利于法制宣传教育。宣传法制、提高全民的法律意识是律师的一项重要职责，律师在刑事辩护中，可以根据案件的具体情况，进行法制宣传教育。律师可以根据犯罪嫌疑人、被告人的不同心态，有的放矢地宣传法律知识。一般说来，律师为犯罪嫌疑人、被告人进行辩护的同时，也能对犯罪嫌疑人、被告人和其他关心案件的人理解法律、增强法律意识产生一定积极作用。总之，律师辩护可以起到良好的法律宣传效果。

二、律师在侦查阶段为犯罪嫌疑人提供法律帮助的内容和工作程序

（一）律师在侦查阶段为犯罪嫌疑人提供法律帮助的内容

根据《律师法》、《刑事诉讼法》、《律师办理刑事案件规范》的规定，律师在侦查阶段为犯罪嫌疑人提供的法律帮助主要包括以下几个方面：

1. 向侦查机关了解犯罪嫌疑人涉嫌的罪名，及时提出会见犯罪嫌疑人的要求。

2. 会见犯罪嫌疑人，了解有关案件的情况，为犯罪嫌疑人提供法律咨询。

3. 代理犯罪嫌疑人提出申诉、控告。

4. 为犯罪嫌疑人申请取保候审或要求公安机关解除强制措施。

5. 向有关部门反映有关情况或提出有关建议。

（二）律师在侦查阶段为犯罪嫌疑人提供法律帮助的工作程序

根据《刑事诉讼法》、《律师办理刑事案件规范》、《公安机关办理刑事案件程序规定》、《人民检察院刑事诉讼规则》等有关法律、法规的规定，律师在侦查阶段为犯罪嫌疑人提供法律帮助的工作程序如下：

1. 接受委托。犯罪嫌疑人在被侦查机关第一次讯问或采取强制措施之日起，侦查机关应当告知其有权聘请律师为其提供法律帮助，包括提供法律咨询、代理申诉、控告、代为申请取保候审等。犯罪嫌疑人提出聘请要求的，侦查机关应作相应记录。在押的犯罪嫌疑人提出聘请律师的申请的，看守所应当及时将其申请转达办理案件的侦查机关。不涉及国家秘密的案件，犯罪嫌疑人聘请律师，不需要经侦查机关批准；涉及国家秘密的案件，侦查机关应当在 30 日内作出是否批准其聘请律师的决定。犯罪嫌疑人可以自己聘请律师，也可以由其法定代理人或亲属代为聘请。律师事务所接受委托，与委托人办理委托手续，指派律师为犯罪嫌疑人提供法律帮助。

2. 与侦查机关联系。承办律师接受委托后，应当及时持律师事务所函、授权委托书与侦查机关取得联系。律师应及时向侦查机关了解犯罪嫌疑人涉案的罪名，并提出会见犯罪嫌疑人的具体要求。

3. 会见犯罪嫌疑人。律师会见未在押的犯罪嫌疑人，可以在其住所、单位或律师事务所进行，会见时其他人不应在场。律师会见被取保候审、监视居住的犯罪嫌疑人，不需要通知侦查机关。律师会见在押犯罪嫌疑人，不涉及国家秘密的案件，不需要经过批准，律师有权要求侦查机关在 48 小时内安排会见，对于组织、领导、参加黑社会性质组织罪，组织、领导、参加恐怖活动组织罪或者走私犯罪、毒品犯罪、贪污贿赂罪等重大复杂的两人以上的共同犯罪案件，侦查机关应当在 5 日之内安排会见。对于涉及国家秘密的案件，律师会见在押犯罪嫌疑人，应当向侦查机关提出书面申请并得到批准。侦查机关不批准会见的，应当出

具书面决定，律师有权提出复议。律师会见犯罪嫌疑人、被告人，不被监听。

律师会见在押犯罪嫌疑人时，应当首先征询其对于聘请律师的意见。律师可以向犯罪嫌疑人了解其个人自然状况，了解有关案件的情况，包括犯罪嫌疑人是否参与犯罪、怎样参与所涉嫌的案件、涉及定罪量刑的主要事实和情节或者无罪的辩解等。律师还应当了解犯罪嫌疑人被采取的强制措施是否合法、手续是否完备、人身权利及诉讼权利是否受到侵犯等。律师还可以了解侦查活动中有无其他违法行为和其他需要了解的情况。

律师会见在押犯罪嫌疑人时，应当遵守监管场所和有关机关关于会见的规定，按现行《刑事诉讼法》规定，侦查机关根据案件的需要可以决定是否派员在场，但修订后的《律师法》规定，律师会见犯罪嫌疑人不被监听。这一问题也有待《刑事诉讼法》修订后予以规范。

4. 提供法律咨询。律师会见犯罪嫌疑人时，可以向其提供法律咨询，解释有关问题，律师提供法律咨询可以包括以下内容：有关强制措施的条件、期限、适用程序的法律规定；有关侦查人员、检察人员及审判人员回避的法律规定；犯罪嫌疑人对侦查人员的提问有如实回答的义务及对本案无关的问题有拒绝回答的权利；犯罪嫌疑人享有要求自行书写供述的权利；对侦查人员所作的笔录核对、补充、改正、附加说明的权利以及在承认笔录没有错误应当签名或盖章的义务；犯罪嫌疑人要求侦查机关将用作证据的鉴定结论向其告知的权利和申请补充鉴定或申请重新鉴定的权利；有辩护的权利；有申诉和控告的权利；有了解所涉及罪名的有关规定的权利；有关自首、立功及其他相关规定；有关刑事管辖的规定及其他有关法律咨询等。

5. 代理申诉和控告。律师了解案情后，认为犯罪嫌疑人的行为不构成犯罪、涉嫌的罪名不当或者有《刑事诉讼法》第15条所规定的不需要追究刑事责任情况的，可以代理犯罪嫌疑人向有关机关提出申诉、要求予以纠正。

律师发现侦查机关有侵犯犯罪嫌疑人人身权利、诉讼权利或其他合法权益的，发现有管辖不当、非法搜查、扣押及其他违反法律规定的情况的，可以代理犯罪嫌疑人向有关部门提出控告。

律师对于犯罪嫌疑人要求申诉、控告的事项没有明确的事由或合法依据的，应当向犯罪嫌疑人说明、解释，不应代理申诉、控告。

6. 代为申请取保候审。律师认为在押犯罪嫌疑人符合取保候审条件的，可以为其申请取保候审，也可以协助犯罪嫌疑人及其法定代理人、近亲属直接向侦查机关申请取保候审。律师在为在押犯罪嫌疑人申请取保候审的，侦查机关应当在7日内作出同意或不同意的答复。对于不同意取保候审的，律师有权要求其说明不同意的理由，并且可以提出复议。

律师为犯罪嫌疑人申请取保候审，不得为犯罪嫌疑人作保证人。

7. 向有关部门反映情况和提出有关建议。律师在侦查阶段接受委托为犯罪嫌疑人提供法律帮助，是为维护犯罪嫌疑人合法权益和维护法律的尊严，对于在履行职务中发现的有关问题，有权向有关部门反映情况或提出意见和建议。

三、审查起诉阶段的律师辩护

（一）接受委托

根据《刑事诉讼法》第33条的规定，公诉案件自案件移送审查起诉之日起，犯罪嫌疑人有权委托辩护人。人民检察院自收到移送审查起诉的案件材料之日起3日内，应当告知犯罪嫌疑人有权委托辩护人。一般情况下，由犯罪嫌疑人自行委托辩护人。犯罪嫌疑人系未成年人或间歇性精神病人时，可以由其法定代理人进行委托。对于被限制人身自由的犯罪嫌疑人，可以由其法定代理人、近亲属及近亲属以外的其他公民代为委托。犯罪嫌疑人近亲属或近亲属以外的其他公民代为委托的辩护人在第一次会见犯罪嫌疑人时，必须征求犯罪嫌疑人对委托辩护的意见。犯罪嫌疑人经解释仍拒绝辩护的，应及时解除委托。

（二）与检察机关联系，查阅诉讼文书、技术性鉴定资料

律师接受委托以后，应当及时与检察机关联系，向检察机关送达律师事务所函和辩护委托书。根据律师规定，律师在审查起诉阶段，可以查阅、复制、摘抄本案诉讼文书和技术性鉴定资料。所谓本案诉讼文书，一般是指立案决定书、拘留证、提请批准逮捕书、批准逮捕决定书、逮捕证、搜查证、起诉意见书等为立案采取强制措施和侦查措施以及提请审查起诉而制作的各种程序性文件。所谓技术性鉴定资料，一般包括法医鉴定、司法精神病鉴定、物证技术鉴定等对涉案人员的人身、物品及其他有关证据进行鉴定所形成的鉴定情况和鉴定结论。虽然《刑事诉讼法》有关规定未作修改，但从修订后的《律师法》第34条的规定看，律师在这一阶段可以获取的案卷材料范围将有所扩大。

（三）会见犯罪嫌疑人，为其提供法律帮助

律师在审查起诉阶段会见犯罪嫌疑人为其提供法律帮助的内容和工作程序与侦查阶段大致相同，但应注意以下几点：

1. 进一步确定委托关系。律师会见时，应进一步征求犯罪嫌疑人对委托辩护的意见，向犯罪嫌疑人说明辩护律师的责任和律师辩护的意义，进一步确定委托辩护的关系。

2. 律师会见犯罪嫌疑人时，可以根据案件需要决定会见的时间、次数，可以由一个或两个律师会见，并且在会见时，其他人员不应在场。

3. 律师会见犯罪嫌疑人，可以持律师事务所会见犯罪嫌疑人专用介绍信、辩护委托书和律师执业证，直接到看守所办理会见手续，不需经过批准。看守部

门不得以任何借口推脱或阻挠、干扰会见的进行。

4. 律师会见在押犯罪嫌疑人，应当遵守监管场所有关会见的规定，并注意保证安全。

（四）调查取证

律师通过查阅诉讼文书、技术性鉴定材料、会见犯罪嫌疑人等一系列活动，认为案件事实不清，证据不足的，可以根据犯罪嫌疑人或其近亲属提供的证人名单和其他线索进行必要的调查取证。

律师调查应持律师事务所函和律师执业证，一般由两个人进行。律师向证人或者其他单位和个人收集与案件相关的材料，应征得他们的同意。律师向被害人或者其近亲属提供的证人收集与案件有关的材料，应事先向人民检察院提出申请取得同意并取得被调查人同意。律师认为必要时，可以直接申请人民检察院收集调取证据。

（五）提出辩护意见

依据《刑事诉讼法》的规定，人民检察院审查案件时，应当听取犯罪嫌疑人委托的辩护人的意见。据此，辩护律师在审查起诉阶段，应当从案件的事实和适用法律的角度，向审查起诉机关提出自己的辩护意见。当犯罪嫌疑人具有《刑事诉讼法》第15条规定的情形之一或犯罪情节轻微，依法不需要判处刑罚或者可以免除刑罚的，应当建议人民检察院作出不起诉决定；对于案件经审查事实不清、证据不足，经两次补充侦查仍不符合起诉条件时，也应当建议民检察院依法作出不起诉决定；对于侦查机关定性不准，适用法律不当的，可以建议人民检察院改变定性；对于犯罪嫌疑人有自首、立功或者其他从轻、减轻处罚情节的，可以要求人民检察院在起诉时予以全面反映。

辩护律师在审查起诉阶段的辩护意见可以通过与办案人员交换意见的方式口头表述，必要时也可以用书面形式陈述自己的辩护观点。

（六）代理申诉、控告、向有关部门提出意见和建议

辩护律师依法履行职务时，如果发现侦查机关、审查起诉部门在办案过程中有违反诉讼程序，或侵犯犯罪嫌疑人诉讼权利及其他合法权益的情况，可以代理犯罪嫌疑人提出申诉、控告，也可以直接向有关部门反映情况，提出意见和建议。

四、审判阶段的律师辩护

（一）接受委托或指定

自诉案件的被告人可以委托律师辩护。公诉案件的被告人在审查起诉阶段没有委托律师辩护或在审判阶段需要更换辩护人的，可以委托律师进行辩护。人民法院在开庭前的准备活动中，发现被告人没有委托辩护人的，应当告知被告人可

以委托律师辩护。

律师在审判阶段接受委托担任辩护人应办理的手续和应该注意的问题,与审查起诉阶段基本相同。

律师在审判阶段接受人民法院指定担任辩护人,可以凭借法律援助机构或律师事务所函与法院直接联系。律师接受指定担任被告人的辩护人,应当征得被告人的同意。

（二）审阅起诉书和本案指控犯罪的材料

为了解被告人被指控犯罪的情况,辩护律师应认真审阅起诉书或自诉状,从中发现问题。辩护律师有权查阅、复制、摘抄本案所涉及的犯罪材料,包括相关证据的目录、证人名单、主要证据复印件等。律师认为检察机关移送的证据材料有缺陷时,可以申请人民法院向侦查机关、审查起诉机关依法调取。虽然《刑事诉讼法》有关规定未作修改,但从修订后的《律师法》第 34 条的规定看,律师在这一阶段可以获取的案卷材料范围应包括与案件有关的所有材料,可以理解为包括侦查卷宗、审查起诉卷宗及法院自行调查取证的所有材料。

（三）会见被告人

律师在审判阶段会见被告人,与律师在侦查阶段、审查起诉阶段会见犯罪嫌疑人的内容和工作程序基本相同,但应注意以下几个方面的问题:

1. 律师会见时应就指控的犯罪事实材料与被告人进行核实,听取被告人意见,询问被告人是否还有新的证据或是否能提供调查核实的新的线索。

2. 听取被告人自行辩护的意见,询问其本人对认定事实和适用法律方面的意见和看法。

3. 告知律师对辩护工作的准备情况和初步的辩护意见,如果有分歧时应注意沟通,如果分歧较大,律师可以坚持自己的观点,将分歧部分交与被告人自行辩护。

4. 向被告人告知法庭审理时应注意的事项。告知法庭审理时被告人享有的诉讼权利和法庭审理的基本程序。

（四）调查取证

律师在审判阶段调查取证的基本规定和审查起诉阶段基本相同。律师也可以直接申请人民法院收集、调取证据。

（五）做好开庭准备工作

律师在开庭之前对案件的管辖、审判组织、审判方式等方面,可以与人民法院交换意见和看法。对不适宜适用简易程序的,可以要求人民法院依法组成合议庭;对未成年人的被告人,可以要求人民法院通知其法定代理人出庭;对应当出庭的鉴定人、证人,可以依法申请人民法院通知鉴定人、传唤证人出庭质证;对不应公开审理的案件，可以建议法庭不公开审理。

律师在开庭之前，应当撰写辩护词和准备发问提纲、答辩提纲等书面材料。律师开庭前准备的发问提纲、辩护词、答辩提纲等材料，开庭时应根据庭审实际情况及时作出修改和补充。

（六）出庭辩护

律师出庭辩护工作主要集中在开庭、法庭调查和法庭辩论三个阶段：

1. 开庭阶段的工作。律师在开庭阶段的工作主要包括：注意法庭组成人员是否符合法律规定；是否有依法应当回避的人员没有回避；法庭有无全面告知被告人应当享有的诉讼权利；审判方式是否合法；应当出庭的人员是否到庭等情况。律师发现开庭情况违反法律规定的，应当及时向法庭提出并要求予以纠正。

2. 法庭调查阶段的工作。律师在法庭调查阶段的工作包括：认真听取公诉人、自诉人宣读的起诉书或自诉状，注意指控的内容是否有变化；认真听取被告人、被害人陈述，注意其与案卷材料及庭审前陈述是否有变化；认真听取公诉人对被告人的讯问，注意有无指供、诱供、逼供等情形，如有发现，可及时要求法庭予以制止或纠正；对于对被告人有利的情节，辩护律师经法庭许可可以适时对被告人发问；听取对证人、鉴定人、被害人及其他诉讼参与人的问话并可及时进行质证；向法庭提供证据或请求传唤证人、鉴定人出庭质证；对法庭出示的其他证据进行质证；请求调取新的证据、传唤新的证人或申请重新鉴定。

3. 法庭辩论阶段的工作。律师在法庭辩论阶段的工作主要包括：听取公诉人发表的公诉意见和被害人及其代理人的发言，注意对原准备的辩护材料进行调整；注意听取被告人自行辩护或其他共同犯罪的被告人及其辩护人的辩护意见，对被告人自行辩护意见中正确合理的部分，要在辩护词中予以支持；对其他被告人及其辩护人的意见，应根据情况表示赞同或反驳；发表辩护词；与控方展开辩论。

第二节　民事诉讼中的律师论辩实务

民事诉讼律师代理是指律师接受当事人或法定代理人的委托，受律师事务所的指派，在代理权限内代理当事人等进行一定的民事诉讼行为。律师的民事诉讼代理是一种特殊性质的民事代理，与刑事辩护和行政诉讼中的律师代理均有明显的区别。根据不同的标准对律师代理可以分成不同的种类。代理律师在民事诉讼中具有一定的相对独立性，不是被代理人的"传声筒"，但未经特别授权，不得代为进行实体处分，故代理律师是民事诉讼法律关系主体，但不是诉讼主体。代理律师参与民事诉讼是以维护被代理人的合法权益为出发点，而审判人员是代表国家行使审判权，二者之间表现为相互制约和相互配合的关系，代理律师享有比普通诉讼代理人更加广泛的诉讼权利，同时也履行相应的诉讼义务。律师代理民事诉讼的具体工作程序可分为接受委托、准备起诉或应诉、参加法庭审理等三个方面。

一、民事诉讼律师代理的概念和基本特征

民事诉讼律师代理是指律师接受民事诉讼当事人或法定代理人的委托，受律师事务所的指派，在代理权限内代理当事人等进行一定的民事诉讼行为。

早在奴隶制社会就出现了民事诉讼代理的萌芽。公元前5世纪~公元前4世纪，雅典民主共和国陪审法院审理虐待孤儿案、虐待继承人案、损害孤儿案、虐待继承人案、损害孤儿财产案等，当事人本人出庭诉讼确有困难，法律规定可以由他们的保护人或与继承人同居之近亲属提出诉讼。在古罗马，只有监护人及刑事诉讼上的告诉人，才可以用自己的名义，代他人提起诉讼。公元前5世纪《萨克利法典》规定："凡非公务在身，而拒绝不到，委托别人代赴法庭者，罚款15金币，此罚款归代出庭人所有。"当然，从上面也可以看出，古代萌芽时期的诉讼代理制度和现代意义上的律师代理是有本质区别的。

十一届三中全会后，随着我国民主法制化进程的加快以及社会主义市场经济体制的逐渐形成，民事诉讼中的律师代理制度也得到了长足发展，其作用也日益得到人们的重视。因为，在民事诉讼中的代理律师既可以为具有诉讼权利能力而无诉讼行为能力的当事人提供代其进行诉讼、维护民事实体权益的帮助，也可以为那些虽有诉讼权利能力和诉讼行为能力，能够亲自进行诉讼活动，但由于缺乏法律知识或缺乏时间、经历而无法亲自进行诉讼活动的当事人提供法律上或诉讼上的帮助，以维护其民事实体权益。同时，由诉讼代理人，特别是由具有系统的法学理论知识和丰富的司法实践经验的律师代理当事人进行诉讼行为，也有利于人民法院正确、合法、及时的审理民事纠纷案件，从而解决当事人之间的民事权利义务争议，稳定社会秩序。

在我国，律师代理民事诉讼是由有关的民事实体法、民事程序法、律师法等相关的法律、法规明文规定的。《民法通则》第63条第1款规定："公民、法人可以通过代理人实施民事法律行为。"现行的《民事诉讼法》第58条规定，民事诉讼当事人、法定代理人可以委托1~2人作为诉讼代理人。律师、当事人近亲属、有关的社会团体或者所在单位推荐的人、经人民法院许可的其他公民，都可以被委托为诉讼代理人。《律师法》第28条规定，律师可以接受民事案件、行政案件当事人的委托，担任代理人，参加诉讼。

律师代理民事诉讼，不是一般意义上的民事代理，除了必须具备民事代理的一般特征外，从其自身性质来看，还应具备以下特征：

1. 律师代理关系产生的前提基于两个方面：一是民事诉讼当事人的委托。即当事人与律师签订委托代理合同，授权律师代理当事人参加诉讼；二是法律援助中心的指定，即公民在赡养、工伤、请求国家赔偿和请求依法发给抚恤金等特殊种类的民事诉讼中需要获得律师代理进行诉讼，但是又无力支付律师费用的。理论界和司法实践部门有一种占主流的值得商榷的倾向，即认为律师代理进行民事诉讼只能基于委托关系而产生，而不存在指定代理的情况。这种观点所持的理由首先是民事诉讼法和律师暂行条例（律师法颁布之前）中都没有规定律师指定代理的情形；其次是认为律师担任指定诉讼代理人不符合立法精神，因为，如果存在律师指定代理的情况，那么，立法上必须赋予被指定的诉讼代理人较为完备的诉讼权利，既包括"纯粹意义上的诉讼权利"，也包括"处分实体权利的诉讼权利"。但是，"处分实体权利的诉讼权利"除非当事人特别授权外，律师一般不得享有。而指定诉讼代理人的被代理人为无诉讼行为能力，不可能进行特别授权，或其特别授权无法律意义。法律上关于指定诉讼代理人的权限也没有明确的规定，我们认为，首先，上述观点在律师法颁布之前是有较为充分的理论依据的，在实践中也站得住脚。但是，中华人民共和国律师法颁布之后，这种观点就值得商榷了。因为，2001 年修订的《律师法》第 41 条规定："公民在赡养、工伤、刑事诉讼、请求国家赔偿和请求依法发给抚恤金等方面需要获得律师帮助，但是无力支付律师费用的，可以按照国家规定获得法律援助。"即立法上已经将律师指定代理规定了下来。其次，司法行政部门可以制定律师充当指定代理人的具体办法，对律师作为代理人的程序性权利和实体性权利作出明确的限制性规定，这样就可以缓和与代理制度的基本法理之间的冲突。另外，即使是在律师法颁布之前，律师指定代理的案件在司法实践中也常常出现。同时，在当今世界的其他国家，如英国《1949 年法律援助和咨询法案》中就有关于律师在民事诉讼代理中的专门性规定，美国、瑞典、丹麦等国家的立法例上也都有类似的规定。所以，断然肯定律师指定代理于理于法无据，是站不住脚的。

2. 律师作为民事诉讼代理人具有特定的身份。所谓特定身份是指在民事诉讼中，律师是为社会提供法律服务的执业人员，有专业法律知识和诉讼技巧，既能切实有效的维护当事人的合法权益，又有助于人民法院正确查明事实、适用法律，因而与普通的民事代理有所不同。这种民事诉讼代理除了遵守民法、民事诉讼法的一般性规定外，还要遵守律师法律、法规及行政规章的有关规定。例如，根据律师法的有关规定，当事人或其法定代理人与代理律师之间没有直接的委托关系，代理律师不能直接从委托人处收取费用，必须通过律师事务所作为中介。代理律师参加诉讼，除接受当事人或其法定代理人委托外，同时还接受他所在的律师事务所的指派。

3. 律师的民事诉讼代理存在于诉讼过程中，并且受到民事诉讼法的调整和制约。民事诉讼过程就是当事人打官司的过程，也是人民法院解决民事纠纷的过程，在不同的阶段，其代理可以有不同的内容，但律师的代理活动必须以诉讼过程存在为前提，是为达到一定的诉讼目的而进行的一系列诉讼行为。如果代理活动不存在于诉讼过程中，就不能称其为"诉讼代理"。同时，律师代理民事诉讼是代理当事人进行民事诉讼行为，因此，这种行为必须受到民事诉讼法的制约。例如，代理律师的权限范围、代理关系的开始、终止（中止）等都要受到民事诉讼法的制约。

4. 律师的民事诉讼代理是代理被代理人进行一定的诉讼行为。诉讼代理必须是具有一定的法律意义的诉讼行为，不是一般的民事行为，产生的法律后果是判决、裁定所确定的内容。这种法律后果，具有强制性、稳定性和及时履行性。这是诉讼代理与实体代理的根本区别。诉讼代理的也不同于商务代理，所谓商务代理是由商务代理职能机构进行的纯粹商业意义的代理，如代为财产租赁、股票发行、商品代购代销等事务，这些不属于专业化律师工作职能。民事诉讼代理是律师根据被代理人的授权委托，代为进行起诉和应诉，进行辩论或调解，上诉或申诉，从而产生一定的诉讼上的法律后果，这种法律后果直接涉及被代理人的权利和义务。代理律师就是通过一系列的诉讼活动，达到最终保护被代理人合法权益的目的。

二、民事诉讼中的律师代理的种类

民事诉讼中的律师代理是一项复杂的法律制度，为了便于司法实践部门的把握和理论界对之进行深入的研究，根据一定的标准可以对其进行科学的分类。

（一）根据代理律师的权限范围不同，可将其分为一般的律师代理和特别授权的律师代理

一般的律师代理是指当事人只授予律师纯粹的程序性权利，而不将处分实体的诉讼权利授予代理律师。特别授权是指当事人不仅把程序性权利，而且还将处分实体权的诉讼权利全部或部分授予律师行使的代理。

根据民事诉讼法的规定，当事人在诉讼中的权利分为两类：一是不直接涉及实体权利的纯粹性程序权利，如申请回避权、提供证据的权利、申请证人到庭的权利、进行辩论的权利等；二是直接涉及实体权利的诉讼权利，如起诉权，反诉权，承认、放弃和变更诉讼请求，进行和解和撤诉等。

律师代理民事诉讼产生的前提是基于当事人的委托或者人民法院的指定。在法院的指定代理中，代理律师只享有纯粹的程序性权利，而不享有任何实体性权利。也就是说，在法院的指定代理中，都是一般代理，而不可能是特别授权的律师代理。在委托代理中，当事人可以根据自己的意志，把处分实体权的诉讼权利

授予律师行使，也可以只授予律师纯粹的程序性权利。《民事诉讼法》第59条第1款和第2款规定："委托他人代为诉讼，必须向人民法院提交由委托人签名或者盖章的授权委托书。授权委托书必须记明委托事项和权限。诉讼代理人代为承认、放弃、变更诉讼请求，进行和解，提起反诉或者上诉，必须由委托人的特别授权。"这也就是说，在委托代理中，根据代理权限的不同，律师代理可分为一般的诉讼代理和特别授权的诉讼代理。

在具体司法实践中，经常出现委托人授予律师"全权代理"的现象，"全权代理"从字面上意味着代理律师可以自行处理任何实体性权利和程序性权利，但我们认为这种做法是不正确的，主要是基于以下几点考虑：①"全权代理"是一个容易使人产生歧义的概念，本身的含义不明确，代理双方对"全权代理"具体包括哪些诉讼权利可能也会有不同的理解；②实体性权利的处理直接关系到当事人的切身利益，而代理律师却与案件的处理结果无任何利害关系，当事人一般不会完全放心让代理律师去处理其实体权利，并且代理律师所作出的实体处理的决定也很难符合当事人的意愿；③根据《民事诉讼法》第59条的规定，授权委托书必须载明委托的具体事项，而不能做概括性授权，这表明，所谓的"全权委托"是与现行法律规定相违背的。因此，在具体的司法实践中，对于授权委托书上注明"全权委托"的，法院都是按照一般的律师代理来处理的。

（二）根据代理关系产生的基础不同，可将民事诉讼中的律师代理分为指定的律师代理和委托律师代理

指定代理是指法院根据有关的法律规定，对一些特殊种类的民事案件，为了保证诉讼活动的顺利进行，指定律师代理当事人参加诉讼。

委托代理是指律师依据律师法和其他的相关法律规定，接受当事人的委托，为维护当事人的利益，担任诉讼代理人，参加诉讼。

在民事诉讼的律师代理中，主要的是委托代理，指定代理的情形仅限于几类特殊的民事案件。指定代理和委托代理的主要区别是：①委托代理产生的基础是基于当事人的委托授权，指定代理则是源于人民法院的指定。②委托代理中的律师根据委托代理权限范围的不同，既可能享有实体权利的处分权，也可能只享有纯粹的程序性权利；而指定代理的律师只能享有纯粹的程序上权利，不能处分当事人的实体权利。③代理的对象不同，在委托代理中被代理人一般情况下拥有诉讼行为能力，只是因为主张权利的能力有限才委托具有专门的法律知识和诉讼技巧的律师充当代理人；而指定代理中，被代理人一般是没有诉讼能力人或者是出于经济上的原因而难以主张其权利。

（三）根据代理律师参加的诉讼阶段不同，可将民事诉讼中的律师代理分为一审程序、二审程序和审判监督程序中的律师代理

一审、二审程序和再审程序是民事诉讼中三个不同的审判程序，它们都有各自特定的任务以及不同的诉讼方式和要求。于此相适应，律师在上述三种审判程序中担任代理人，应有不同的工作方式、方法和步骤，也应有不同的工作重点。一审程序是法院初次审理案件所适用的程序，其任务是通过对案件的审理，确认当事人之间的民事权利义务关系，解决民事纠纷。代理律师在第一审程序中，应当通过调查、阅卷等方式方法，帮助当事人举证，向法院提出有利于委托方当事人的事实根据和法律意见，要求法院作出有利于委托方当事人的判决、裁定。二审程序中，二审法院的任务是通过审查一审法院的审判是否正确，来确定当事人之间的民事权利义务关系，审查一审法院的审判程序是否合法。代理律师在二审程序中，首先要了解一审判决、裁定认定的事实是否清楚，证据是否确实充分，适用的法律是否正确，然后听取委托人对一审裁判的意见以及在二审中的诉讼请求，提出代理意见，代理意见应包括对一审裁判评价等内容。再审程序是一种特殊审判程序，它所审理的案件是裁判已经发生效力的案件。再审程序中，代理律师应当就生效判决、裁定存在的错误，对委托人造成的危害以及纠正等问题，发表代理意见，此外，还应根据法院审判案件的方式，采取相应的工作方法。

（四）涉外民事诉讼代理和非涉外民事诉讼的律师代理

涉外民事诉讼是指法院受理、审判和执行具有涉外因素民事案件的诉讼。涉外因素一般包括以下三种：①当事人（包括第三人）一方或双方是外国人、无国籍人或外国企业、公司及其他组织；②产生、变更或消灭民事法律关系的法律事实发生在国外；③诉讼双方争议的财产在国外。

涉外民事诉讼律师代理，是指律师接受涉外民事诉讼当事人、法定代理人委托，担任代理人，参加诉讼。非涉外民事诉讼是指不具有涉外因素的民事诉讼。涉外民事诉讼和非涉外民事诉讼具有不同的特点，各自应遵循一定的独有原则，例如涉外民事诉讼必须遵守国家主权原则，应由国际法的一些基本原则来调整，在管辖、送达、期间、财产保全、仲裁、司法协助上都有其特定的内容。这就决定了涉外民事诉讼律师代理与非涉外民事诉讼律师代理在工作方式、方法、步骤及应注意的有关事项方面，都会存在明显差异。

（五）根据代理诉讼案件性质的不同，可以将民事诉讼律师代理分为经济诉讼案件的律师代理和一般民事案件的律师代理

诉讼程序实质上是将实体上权利义务的纠纷诉诸权威的第三者通过审判予以裁决。从民事诉讼程序所所受理的案件性质来看，可以分为两大类：民事案件和经济案件。理论界虽然对经济法与民法的调整对象存在争议，但是他们都对以下

几个方面没有异议：一是在民事诉讼程序上，人们承认存在民事案件的诉讼和经济案件的诉讼上的划分。二是民事案件是平等主体之间财产和人身关系所产生的纠纷。虽然经济案件种类的划分在理论上还是存在很大的分歧，理论界也曾有学者主张针对经济类案件应该设立经济审判程序，但是出于诸多方面的考虑，我国并没有设立单独的经济诉讼程序，人民法院在审判经济案件过程中仍然是适用民事诉讼程序。三是民事案件的诉讼代理和经济案件的诉讼代理是有一定的区别的。民事案件的诉讼代理，包括对继承案件、婚姻案件的诉讼代理，其特点主要是涉及主体都为公民；经济案件的律师代理，除存在原来以法人主体为特点外，随着我国社会主义市场经济的全面确立及各种经济法律法规的健全，经济案件的诉讼代理业日益呈现出专业化和多样化的特点，如知识产权律师、专利律师等。

三、律师代理的工作程序

律师进行民事诉讼代理的工作程序是指律师代理民事诉讼的工作方法和步骤。这些具体的程序很多是没有法律规定的，而是司法实践中律师代理工作经验的总结。

律师代理民事诉讼，自接受委托开始，到法院送达本审判决书、裁定书或调解书为止，根据不同阶段律师工作的具体内容，我们可以将律师代理民事诉讼的工作程序分为接受委托、准备起诉或应诉、参加法庭审理等三个大的方面。

（一）接受委托

接受委托，是律师代理民事诉讼的初始阶段，当事人、法定代理人的委托和律师事务所的委托，是代理关系产生的必不可少的环节。在接受当事人、法定代理人委托的这个阶段，律师事务所有很多工作要做，在是否接受的考虑中，也有一系列应当注意的事项。这个阶段工作做得好坏，直接影响到律师在以后阶段上的代理工作。

1. 接受委托的时间。律师作为代理民事诉讼代理人，是以接受委托为前提的。何时接受委托，法律未作明确规定，一种观点认为，律师代理民事诉讼，只能在人民法院立案之后，因为尚未起诉或尚未受理的案件只能称为民事纠纷，立案之前不存在诉讼，因此立案之前的活动不能称为诉讼代理活动。上述观点值得商榷的地方在于，律师代理民事诉讼，不能以人民法院的立案为标准，民事诉讼代理应包括诉前代理，其理由如下：

（1）从诉前程序与整个审判程序的功能上分析，诉前代理可以强化当事人的举证责任，提高民事审判工作的效率。现代的民事审判程序，奉行严格的"谁主张，谁举证"原则，否则就可能承担不利的诉讼后果。当事人通过诉前代理的方式可以取得律师的帮助，有利于提供有力的证据，有利于人民法院查明案件事实、正确适用法律。

（2）诉讼和诉讼行为是两个不同的概念。诉讼的本意是在法院和当事人的参与下解决纠纷，这意味着诉讼应以法院立案为起始点。诉讼行为并不仅仅指诉讼阶段的行为，而是"司法机关与诉讼参与人所进行的，能够发生诉讼效果的行为"。在起诉或法院受理案件以前，当事人委托律师进行收集、调查、提供证据的行为，不仅对诉讼程序的发生与否起着决定的作用，而且所进行的诉前诉讼行为对诉讼结果也有重大的影响。律师是专门为社会提供法律服务的职业人员，任务是保护当事人的合法权益，为公民、法人、其他组织提供法律帮助，其在诉前的代理行为与诉后的代理行为是不可分割的，所以代理诉讼应当包括诉前的代理行为。

（3）诉前委托代理能够节省时间，提高律师工作的社会效益，更好地维护当事人的合法权益。人类的任何社会行为都要从经济学的角度来予以考虑，如果将诉前代理与诉后代理截然分开，当事人为解决民事纠纷，往往要结经过长时间、多方的咨询后才能起诉，如果起诉后不被受理，当事人则浪费了大量的精力，即使被受理，接受委托的律师还要重新了解案件，调查证据，重复当事人委托以前的劳动，这样产出和投入的比例就会很小，浪费司法资源。

（4）从民事诉讼代理实务这个角度看，采取诉前委托代理方式，可以强化律师的责任感，避免诉前失误给诉后行为带来的不利后果。诉前代理律师为当事人提供的法律咨询，代书的法律文书，往往在认识上存在偏差，有时诉前的行为会给代理诉讼律师造成无法扭转的被动。将诉前代理视为整个诉讼代理的组成部分，能让律师对案件一包到底，使诉讼代理行为自始至终和代理律师的义务与责任相联系，提高律师的业务素质和办案能力。

2. 接受委托的条件。代理律师接受当事人或法定代理人的委托是以委托代理关系的法律形式表现出来的，委托人与被委托人之间是否签订委托合同，应有协商一致的意思表示，取得完全一致的意见。律师是否接受当事人的委托，应该把握一定的条件，不能无原则的迁就当事人并许诺为其谋取非法利益；当然，对当事人的合法请求也不能随便予以拒绝。根据司法实践的一贯做法，是否接受当事人的委托主要从程序法和实体法方面进行审查，具体包括以下内容：

（1）审查案件是否具备起诉的条件。起诉是法律赋予当事人的一项重要的诉讼权利，但起诉必须具备一定的法定条件，否则起诉是不会被法院受理的。根据民事诉讼法的规定，起诉必须符合下列条件：原告是与本案有直接利害关系的公民、法人和其他组织；有明确的被告；有具体的诉讼请求；属于人民法院受理民事诉讼的范围和受诉人民法院管辖；不属于重复诉讼及依法在一定期限内不得起诉的案件。如果案件不符合上述条件，人民法院就会裁定驳回，民事诉讼程序不能启动，也就无所谓律师代理民事诉讼。

（2）审查委托人的诉讼请求是否违背法律、政策和社会公德。如果委托人将要提起的诉讼请求违背法律、法规、有关国家政策和社会公德，应当向委托人说明这种请求不会得到司法保护，应劝告当事人改变诉讼请求。如果当事人不愿改变或无法改变为符合法律、政策和社会公德的诉讼请求，那么就不能接受委托。

（3）审查委托人的诉讼请求有无事实根据，有无相应的证据予以证明。民事诉讼程序奉行严格的"谁主张，谁举证"，如果委托人将要提起的诉讼请求没有事实根据，也无证据材料予以证明，律师应根据具体案情分析能否通过调查取证收集到有关的证据材料，如果经分析能收集到证据材料的，可以接受委托，否则应向委托人说明没有事实根据和相关证据证明的诉讼请求会被法院裁定驳回，因此不能接受委托。

（4）审查是否超过诉讼时效的期限。如果案件已经超过诉讼时效期限，起诉会被法院驳回，律师代理诉讼没有什么意义，因而不应接受委托。

3. 接受委托的手续。对于符合上述条件的民事纠纷，可以接受委托。同意代理的案件，要由律师事务所与委托人签订委托代理合同。委托代理合同，是由委托人同律师事务所签订的，决定律师民事诉讼代理权利和义务关系的协议，这种协议是以代理诉讼的法律行为为标准的有偿服务合同，是规定委托人与代理律师在诉讼中各自的权利和义务的法律文书。委托代理合同的具体内容包括：①委托人的状况（姓名、性别、年龄、单位名称、法定代理人等基本情况）及案件。②律师事务所指派参加诉讼代理律师的情况。③委托代理事项及权限，必须以委托人的真实意思表示为准。关于委托代理的权限的确定，应明确地界定为是一般诉讼代理还是特殊诉讼代理，以免产生歧义。④代理关系的有效期限。代理期限一般是从接受委托、起诉或应诉开始，至审理终结作出判决或达成调解协议为止，至于上诉或申请再审，则应另行签订委托代理合同，不应存在无期限的代理。⑤委托双方的权利和义务。代理律师应按委托人的委托事项完成委托任务；在代理权限范围内认真维护委托人的合法权益；不能擅自改变或曲解委托人的真实意思表示；对于越权代理、无权代理或代理权终止后的行为及因自己的过错造成委托人损失的，应承担赔偿责任。委托人对于代理律师依委托代理合同规定而进行的委托事务的法律后果承担责任；向代理律师如实介绍与代理有关的全部案情；向代理人支付因完成代理任务所应支付的费用，按法律规定或合同约定支付报酬；赔偿因授权不明或其他过错造成的代理律师在执行任务中的损失等。⑥双方商定的委托代理费用。

委托人还应向人民法院提交授权委托书。授权委托书是委托人单方授权的一种法律行为，其法律意义是向对方当事人、第三人、审判机关证明代理律师的代理资格。

根据民事诉讼法的规定，当事人、法定代理人也可以委托两名律师共同充当诉讼代理人，此时，应在授权委托书中载明各个律师的委托代理事项和权限范围。

根据《律师职业道德和执业纪律规范》第34条的规定，律师接受当事人委托后，不得擅自转委托他人代理。如果律师为了被代理人的利益需要转委托他人代理的，应在事后及时通知被代理人，如果被代理人不同意的，由代理人对自己所转托人的行为负法律责任，但在紧急情况下为保护被代理人利益而转委托他人代理的除外。转委托后，应向人民法院另外提交授权委托书，并告知对方当事人。

（二）准备起诉或应诉

律师接受委托后，成为民事诉讼代理人，要做好以下工作：

1. 调查、了解案件情况。对案件的调查了解，是代理律师正确履行代理职责、维护被代理人合法权益应做的工作。其目的是掌握案件中确凿的证据，为起诉或应诉、制作代理词打下基础。

（1）同委托人谈话，听取委托人对案情的描述。作为委托人的当事人或其法定代理人，一般来说对民事案件事实有比较清楚的了解，而当事人陈述是一种法定证据。代理律师同委托人谈话，是一种收集证据的途径。在谈话过程中，可以要求委托人明确自己的诉讼请求以及双方当事人争执的要点，让委托人拿出能够证明案件事实的证明材料，说明证人和当事人的关系。如果证据不充分，应告知委托人继续补充。

（2）到法院查阅案卷材料。到法院查阅本案卷宗材料是律师的一项诉讼权利，任何机关和个人不得阻止。案卷材料是法院掌握的关于本案的各项材料，其来源有三个方面：一是原告方当事人及其代理人提供的；二是被告方当事人及其代理人提供的；三是法院通过自行调查收集到的。案卷材料包含了当事人制作并提交法院的各项诉讼文书以及各种材料，能够比较客观、全面地反映案件事实以及当事人双方的诉讼请求和主张。

民事诉讼中的证据材料和刑事诉讼案件中的证据材料不同，它是逐步积累起来的，法院的判决、裁定作出前，当事人双方都有可能提出新的证据和诉讼请求，法院也可以通过调查活动收集到新的证据，因而，代理律师查阅案卷材料，决不能只是一次性的，而应连续多次，只有多次查阅案卷材料，才能及时掌握案件的新情况，全面、准确的了解案件事实。

代理律师在查阅案卷材料时，主要弄清原告、被告的诉讼请求，本案争执的主要问题，判断辩驳、反诉是否符合客观事实、政策及法律规定，重点分析、判断证据的来源是否合法、确实和充分，有无事实不清和证据不足的案情，其中要特别掌握对方当事人的情况，以达到知己知彼。律师阅卷应做好记录，并反映案件的基本情况，对委托人有利或不利的证据都要摘录，对于不合法、不可靠的证据要重点摘录，摘录材料要记明卷号、页码。摘录时应尽量原文摘抄，并注意证据的完整性、连贯性。

（3）向有关单位和个人调查、取证。调查取证是代理律师的一项诉讼权利，其目的有二：一是通过调查取证，协助当事人履行举证责任，弥补当事人向法院提供证据之不足；二是通过调查取证，了解案情，为发表代理意见奠定事实和证据基础。

代理律师调查取证，侧重点在于收集和掌握有利于委托方当事人的事实和证据，对于收集到的不利于委托方当事人的事实和证据，不应向法院提供，只可作为自己发表代理意见时的参考资料。

代理律师在调查取证时，要坚持实事求是的原则，不得通过威胁、利诱、暗示等非法方式向知情人调查。对于收集到的实物证据，要注明出处、来源或提供者的姓名；对于证人口述案件事实的，要通过调查笔录的形式予以固定，且调查笔录应让被调查人签名。

2. 开庭准备。代理律师庭前准备工作主要包括以下几点：

（1）全面分析研究案件事实和证据。分析研究案件材料，是在熟悉案情的基础上，分析甄别各个证据材料，去伪存真，然后根据这些材料，运用法律理论，拟出一个总的代理意见。

（2）撰写代理词及其他法律文书。代理词是代理律师参加诉讼的重要法律文书，也是类似代理意见的重要载体，对于代理当事人进行诉讼，有重要意义。代理词的内容因具体案情和被代理人诉讼地位的不同而有差异。因此，拟定代理词要从实际出发，先明确代理事项，再提出支持被代理人诉讼请求的事实根据、证据材料、法律理由，最后归纳被代理人起诉或答辩中的结论性见解和主张。代理词中引用的事实和证据，应当是经过查证属实的或是记录于法院卷宗的。引用的法律及对法律的阐述要正确，不能强词夺理、曲解或生搬硬套。

开庭前，代理律师可能还要撰写其他法律文书，如先行给付请求书、事实保全申请书等。在撰写这些法律文书前，代理律师应审查本案中是否存在"先行给付"或"财产保全"的条件和必要性，依法需要撰写的，代理律师应及时写出递交法院。

（3）预测法庭审理中可能出现的问题。这些问题包括：被告人提出反诉；对方当事人提出新证据、新证人；对方变更诉讼请求等问题。对这些问题，要做一定的准备，避免在法庭上措手不及。

（三）参加法庭审理

法庭审理是指人民法院在完成必要的准备后，在法庭或其他的适宜场合设置的法庭上，对民事案件进行审查处理的活动。法庭审理一般包括以下几个阶段：审理开始、法庭调查、法庭辩论、合议庭评审和宣判等。此外，法院的调解活动贯穿法庭审理的全过程。

法庭审理是民事诉讼的最重要程序，也是律师代理民事诉讼的关键环节，律师在这个阶段上工作如何，直接关系到能否保护被代理人的合法权益，其主要包括以下几个方面：

1. 帮助行使申请回避权。申请回避权是指诉讼当事人在符合法律规定的情况下，申请本案的审判人员和其他有关人员，退出本案审判活动的权利。申请回避的目的是为了保护当事人的利益，防止有关审判人员先入为主。律师应该向当事人解释回避的意义和条件，帮助当事人说明申请回避的事实和理由，法院如不接受回避申请，还要帮助当事人行使申请复议的权利。

2. 参与法庭调查。法庭调查是开庭审理的中心环节，代理律师应帮助当事人履行举证责任，协助当事人向法庭提供证据证明其诉讼主张，对当事人遗漏的证据，可以采取提问的方式补充，还可以直接向法庭提供自己得来的证据材料。此外，代理律师在法庭许可下，有权向对方提供的事实进行询问、质证，有权要求重新鉴定、重新调查、重新勘验，有权向证人、鉴定人、勘验人发问。

3. 发表代理词，参加法庭辩论。法庭辩论是指当事人、第三人及其诉讼代理人在法庭主持下，就已经调查的事实和证据，提出维护被代理人合法权益的意见和对对方提出的主张进行辩驳的活动。进行法庭辩论，需要有综合全案事实和证据，运用法律进行论证的能力，并且法庭辩论可以反复进行，因此，该阶段是代理律师发挥代理作用的重要阶段。担任原告方代理人的，还应在听取辩论发言后，对代理意见作相应的修改。律师通过发表代理词，对本案发表全面系统的意见，充分论证代理方诉讼请求的合理性，反驳对方诉讼请求。

4. 参加法庭调解。法庭调解是指在审判人员的主持下，对当事人双方争议的民事权益或法律关系，通过平等协商，互相体谅达成协议，最后终结诉讼所进行的活动。人民法院应在自愿、合法的原则下进行调解，调解虽不是民事案件的必经程序，但其可以贯穿整个民事审判活动，所以，审判人员只要在事实清楚的情况下，认为有调解的可能，在判决之前可随时主持调解。

代理律师在委托授权范围内，也应在遵循自愿、合法的基础上，查明事实、分清是非，促使双方当事人放弃不合理的诉讼请求，接受审判人员提出的合理解决方案，以调解方式结案。调解协议书一经送达双方当事人后，与判决书具有同等的法律效力。

5. 评议审判。在以上审理活动的基础上，如果未达成调解协议，人民法院应对案件作出裁判。至此，第一审程序的委托任务即告完成。代理律师接到裁判后，应当向当事人解释裁判的内容和意义，就是否上诉等问题向当事人提供咨询。如果判决正确，当事人不服，要求律师继续帮助上诉，律师应说服当事人服从判决，拒绝代理上诉的委托。如果判决确有错误，则应根据当事人的要求，再办理委托手续，代理上诉。如果判决确有错误，当事人出于某种原因不愿意上诉，律师应从维护当事人利益、保证法律实施的角度出发，支持当事人上诉，在取得同意后，继续代理上诉。

第三节　行政诉讼中的律师论辩实务

行政诉讼中的律师代理是指律师接受行政诉讼当事人、法定代理人的委托，担任当事人的代理人，以被代理人的名义参加行政诉讼活动。律师在行政诉讼中主要工作是围绕着论证行政机关的具体行政行为是否合法来进行，行政诉讼中原告代理律师的诉讼权利可以包括部分的实体权利，但被告行政机关的代理律师则不能因被告授权而享有实体处分权利。律师代理行政诉讼的工作程序大致可以分为接受委托、律师代理原告起诉、律师代理被告应诉三个方面。行政赔偿制度是对由于行政机关或其工作人员错误的具体行政行为而给相对人带来实质性损失的一种救济，律师代理行政侵权赔偿诉讼的最大特点是可以运用调解的方式来解决纠纷。

一、律师代理行政诉讼概述

（一）律师代理行政诉讼概念

行政诉讼是指人民法院在行政纠纷双方当事人和其他诉讼参与人参加下，按照审判程序审理和解决行政争议的活动，通俗上说就是"民告官"的活动。行政诉讼制度是现代民主国家普遍设立的一项制度，它体现了国家通过司法权对行政机关行使行政权活动进行的监督和制约。

（二）律师代理行政诉讼的特征

根据《律师法》第28条的规定，律师接受行政案件当事人的委托，担任代理人参加诉讼，是律师的一项主要业务，其特征主要有以下两点：

1. 行政诉讼是由国家行政机关的职务行为而引起的行政纠纷，行政诉讼中的律师代理存在于行政诉讼过程中，其代理关系和代理活动，要受行政诉讼法的调整和规范。因此代理律师应注意以下几个方面的问题：①行政诉讼中的原告始终是行政管理的相对人；②只有国家行政机关才能成为行政诉讼的被告；③以行政机关为被告的诉讼未必都是行政诉讼，只有当行政机关以行政权力主体的身份出现并行使行政管理职权而被相对人所控告时，行政诉讼才成立；④律师代理关系的产生、变更和终结，代理律师的诉讼权利和义务以及代理律师进行的诉讼活动，都要遵守行政诉讼法的规定。

2. 行政诉讼中律师的代理工作，主要是围绕着论证行政机关的具体行政行为是否合法来进行。对此，律师需要把握的问题是：①代理律师只能要求人民法院审查行政机关的某个具体行政行为是否合法（是否裁判原则），而不能审查行政机关的抽象行政行为（如行政机关制定的具有普遍约束力、不针对特定人的行政决议、命令、法规等）。②律师所产生的代理结果是法院判决维持、变更、撤销行政机关的具体行政行为，或判决行政机关在一定期限内履行其法定职责，这些结果对双方当事人都有直接的利害关系。③举证责任倒置。律师充当原告代理人不需要承担举证责任，只需要说明行政机关已作出具体行政行为；如果律师充当被告行政机关的代理人，就需要举出行政机关作出的具体行政行为合法的证据。④结案方式一般不适用调解，人民法院审理行政案件，是对行政机关的具体行政行为的合法性进行审理，不能以调解为结案方式，只能根据法律和事实作出判决。

二、代理律师在行政诉讼中的权利和义务

因行政诉讼产生的原因、解决争议的性质、被告的范围、解决争议所依据的法律和审理行政案件所遵循的原则等都有行政诉讼程序的特殊性，所以行政诉讼代理律师相对于民事诉讼、刑事诉讼的代理律师也呈现不同的特点。

（一）行政诉讼原告代理律师的诉讼权利

行政诉讼中原告的代理律师的诉讼权利来源于两个方面：一是律师法、行政诉讼法所直接赋予律师的权利，主要包括可以查阅有关材料的权利、向有关组织和公民调查收集证据的权利，需注意的是，这两项权利原告并不享有。二是原告的委托。根据行政诉讼法的规定，行政诉讼中原告享有以下诉讼权利，这些权利原告可以部分或全部授予代理律师：①起诉权；②上诉权；③申请回避权；④参加法庭辩论。

（二）行政诉讼被告代理律师的诉讼权利

行政诉讼中的被告，是指被原告指控侵犯其行政法上的合法权益或与之发生争议，而由人民法院通知应诉的行政机关。与民事诉讼、刑事诉讼中的律师代理相比，行政诉讼中被告方的委托人、被代理人总是一致的、同一的，即被控告的行政机关。

由于行政机关在诉讼前的行政管理关系中占据优势地位，且具体行政行为在法院作出判决之前原则上不予停止，因此为保护原告的合法权益，行政诉讼中的被告人的诉讼权利受到了某些限制，其代理律师因此也相应受到限制，如没有起诉权、没有反诉权、没有收集证据的权利、没有和解权（行政侵权赔偿案件除外）。

（三）代理律师的诉讼义务

根据行政诉讼法、律师法的规定，在行政诉讼中原、被告之间的诉讼义务基本相同，主要有以下几点：

1. 依法行使各项权利，不得滥用诉讼权利。

2. 遵守诉讼程序，服从法庭指挥，不得故意捏造或歪曲案件事实。

3. 对于涉及国家机密和个人隐私的材料，依照法律规定保守秘密。

4. 尊重对方当事人和其他诉讼参与人的诉讼权利。

5. 不得复制查阅法律禁止复制查阅的案件材料。

三、律师代理行政诉讼的工作程序和方法

人民法院在审理行政案件时，与民事诉讼程序大致相同。《最高人民法院在关于贯彻执行〈中华人民共和国行政诉讼法〉若干问题的意见（试行）》规定，人民法院审理案件，除依照本规定外，对本规定没有规定的，可以参照民事诉讼法的有关规定。为了使律师对行政诉讼中的代理业务有一个大致的了解，下面主要对律师接受委托、代理原告起诉、代理被告应诉三个方面作简要介绍。

（一）接受委托

律师作为专门从事法律服务工作的执业人员，无论接受谁的委托，都不能不顾法律和事实来者不拒，一味强调经济效益而忽视社会效益。律师在接受委托前，应注意以下几点：

1. 对原告资格的审查。律师在决定是否接受原告的委托之前，对委托人是否具备行政诉讼原告人资格要进行以下几个方面的审查：

（1）行政机关的具体行政行为是否侵犯了原告的合法权益，如果和原告没有直接的利害关系，则原告的诉讼主体资格不能成立。

（2）有无明确的被告，并且有无向人民法院提起诉讼的行为或意思表示。

（3）有无行政机关及其工作人员的具体行政行为侵权的事实和根据以及具体的诉讼请求和目的。

（4）是否属于人民法院的受案范围和受诉管辖。

此外，在具备上述四个条件时，还应注意发生行政争议是先经复议还是直接起诉，如果某些法律、法规明确规定应当先经行政复议的，就不能直接起诉。

2. 审查被告的资格。行政诉讼中的被告是指被原告指控其所作的具体行政行为侵犯了原告的合法权益，而被人民法院通知应诉的行政机关。

作为行政诉讼的被告，应具备两个方面的条件：①被告只能是作出具体行政行为的行政机关，而且行政机关所作的具体行政行为和原告认为的侵犯合法权益之间有因果关系。②被告地位的确定还要因人民法院的受理，而不仅仅是原告的起诉。

作为代理律师，必须明确在具体案件中，哪个行政机关是被告。根据《行政诉讼法》第 25 条规定，可以成为被告的行政机关有以下几种：①直接作出具体行政行为的行政机关；②经过复议的案件，复议机关维持原具体行政行为的，原机关为被告；复议改变了具体行政行为的，复议机关为被告；③两个以上行政机关共同作出同一具体行政行为的，这些行政机关为共同被告；④由法律、法规授权的组织所作的具体行政行为，该组织是被告；由行政机关委托的组织所作的具体行政行为，委托的行政机关是被告；⑤行政机关在作出具体行政行为后被撤销的，继续行使其职权的行政机关是被告；没有继续行使其职权的机关，作出撤销决定的行政机关是被告。

3. 对第三人诉讼资格的审查。行政诉讼的第三人是广义上的当事人，是指同起诉的具体行政行为有利害关系，为了维护自己的合法权益而参加诉讼的公民、法人和其他组织。这种利害关系可能是直接的，也可能是间接的。根据第三人与案件审理结果的情况，可以分为有独立请求权的第三人和无独立请求权的第三人。第三人参加诉讼是为了有利于人民法院查明案件事实，保证案件的审理质量，有利于简化诉讼程序和节省诉讼时间。根据《行政诉讼法》第 27 条的规定，第三人可以主动申请参加诉讼，也可以由人民法院通知第三人参加诉讼。因此，第三人参加行政诉讼只能是参加到他人之间已经开始，但尚未审结的行政诉讼案件之中，这是行政诉讼第三人的重要特点。

第三人在行政诉讼中，享有当事人的诉讼权利和承担相应的诉讼义务，根据《行政诉讼法》第 29、30 条的规定，第三人在行政诉讼中是可以委托律师代理参加诉讼的。

4. 对能否提起行政诉讼期限的审查，这里的期限主要是指行政复议的期限和不服行政行为的起诉期限。单行的行政法律、法规之间，在对某种具体的行政争议是否必须经过复议前置程序或提起行政诉讼的诉讼期限也存在差异。

（1）对诉讼时效的审查。行政诉讼中的诉讼时效规定得比较繁琐，《行政诉讼法》主要规定了两种不同的时效：①公民、法人或其他组织依法直接向法院起诉的案件，从当事人知道作出具体行政行为之日起计算，诉讼时效为 3 个月，而个别行政法规规定，直接向法院起诉的诉讼时效期限为 30 天或 15 天，如《食品卫生法》、《药品管理法》为 15 天，《土地管理法》、《渔业法》为 30 天。②对不服复议决定的案件，从接到复议决定书之日起计算，其诉讼时效期限一般为 15 天，但也有特例，如《治安管理处罚条例》规定为 5 日，《海关法》规定为 30 日，《专利法》规定为 3 个月。

（2）对是否需要先行复议的审查。行政复议和行政诉讼是处理行政争议的两种不同手段，两者之间有着密切的联系。行政复议在行政诉讼中有时成为前置条件，有时成为选择条件，律师在接受委托时要对这一问题审查清楚。

（二）律师代理原告起诉

律师接受原告的委托之后，其代理活动与民事诉讼中的律师代理有很多相似的地方，如撰写起诉书等有关法律文书、阅卷、调查取证、参加法庭辩论等。

1. 调查取证。《行政诉讼法》第 32 条规定："被告对作出的具体行政行为负有举证责任，应当提供作出该具体行政行为的证据和所依据的规范性文件。"虽然根据该条的规定，行政诉讼中所实行的是举证责任倒置的原则，但原告及其代理律师如果能提出有利于相对人的材料和意见，则更促使该具体行政行为被撤销。因此，原告的代理律师，要将委托人提供的基本事实和行政机关的具体行政行为相对照，从中发现有利的证据为自己的立论打下基础。

2. 认真审查案件所涉及的法律法规。行政机关在作出具体行政行为时，根据的是国家的法律、法规和行政规章。这些法律、法规和行政规章的制定部门不同，效力层级也不同，代理律师必须找出可以作为处理行政案件根据的法律文件。《行政诉讼法》第 53 条规定，人民法院审理行政案件，要参照国务院各部、委、办、局、署、行发布的规章；省会、自治区首府和经国务院批准的较大城市人民政府制定发布的规章。因为律师需要查阅这些有关的规定，而在发现这些规章不一致时，则按照第 53 条第 2 款的规定研究处理：规章与法律不一致时，适用法律；规章与法规相抵触的，适用法规；地方性人民政府制定的规章与地方性法规相抵触的，适用地方性法规；省会、自治区首府和较大城市制定的规章和省、自治区人民政府制定的规章相抵触的，适用省、自治区人民政府所制定的规章；地方性法规、地方人民政府制定的规章与国务院有关部门所制定的规章相抵触的，以及国务院各部门之间制定的规章相抵触的，由最高人民法院送请国务院解释或裁决。如果该地方性法规由地方人大制定，国务院不应管辖，应由全国人大解释，但目前立法上并没有相关规定，尚待解决。

3. 撰写起诉状，代理参加法庭诉讼活动。律师接受了原告的委托，了解案件事实后，应着手拟定起诉书，准备诉讼材料，参加法庭的诉讼活动。

起诉书的拟定，基本格式与民事诉状相同，内容视案件具体情况有所不同。根据我国《行政诉讼法》第 54 条的规定，行政诉讼的诉讼请求主要有要求撤销或部分撤销原行政处理决定、要求变更决定、要求行政机关履行法定职责等。

律师担任原告的诉讼代理人，在审查了具体的行政行为之后，认为符合《行政诉讼法》第 54 条第 2 款规定的，应提出要求撤销或部分撤销原具体行政行为：①主要证据不足。律师通过调查，证明被告在作出原具体行政行为时所依据的证据不足，从而导致事实不清的，应主张撤销。②被告在作出具体行政行为时，适用了错误的法律法规。③被告违反法定程序并影响了具体行政行为内容。④被告超越职权作出了行政处罚决定。⑤滥用职权的。

要求变更具体行政行为的诉讼请求是针对显失公正的行政处罚决定而提出的，如两个以上处罚对象，违反情节和危害后果基本相同，但处罚结果悬殊的。

在法庭调查阶段，原告的代理律师的主要工作是：①代理律师如果认为需要法庭组成人员、书记员、鉴定人回避的，应代原告申请回避。②原告律师要积极参与法庭调查，仔细听取对方的发言，以便进一步了解案情。原告陈述和回答法庭询问后，代理律师应当进行补充陈述，着重说明双方争议的焦点和委托方所持理由的正确性、合法性。③原告的代理律师要积极主动、适时的申请审判长对对方当事人、证人、鉴定人发问，或经审判长许可，直接向上述人员发问，查明事实真相。④法庭调查阶段，在核实证据是否真实可靠时应注意：首先是鉴定的证据是否由法定鉴定部门作出，如果不是，律师可提异议，或应由人民法院指定的部门鉴定；其次是被告是何时取得的证据，行政机关应先取证后决定。代理律师应考虑被告方的证据是不是具体行政行为作出后所取得的证据；最后，原告代理律师应该根据法庭调查中的新情况或有变化的情况，随时修改、完善自己的代理意见。

在法庭辩论阶段，无论是原告还是被告的代理律师，主要工作都是根据法庭调查中已查明的事实和审核认定的证据，就行政机关该不该作出具体行政行为和其所作具体行政行为适用的法律、法规正确与否而作出综合性评述。代理律师要从正面发表自己的见解和意见，但有时如果在法庭调查阶段出现了新情况，就不能对自己事先准备的代理词照本宣科。总之，代理律师在法庭辩论阶段的发言要持之有据，言之有物，充分地说理、讲法。

（三）律师代理被告应诉

被告代理律师在行政诉讼中的工作程序和方法与原告代理律师基本相同，但也有其特殊性，一般而言，行政诉讼中被告的代理律师应注意以下问题：

1. 代理律师应与行政机关派出的应诉人员相互配合。《行政诉讼法》第29条规定，当事人、法定代理人、可以委托1～2人代为诉讼，意味着代理人不能超过两人。司法实践中，行政机关往往只委托一位律师，同时再委托本机关一位工作人员作诉讼代理人。这是因为国家的行政管理活动涉及面相当宽，专业化非常强，同时调整国家行政管理活动的法律、法规非常繁杂，代理律师所掌握的行政有关法律不可能面面俱到，因此需要先行机关派出应诉人员相互配合、取长补短。

2. 全面履行举证责任。与民事诉讼、刑事诉讼不同，行政诉讼中举证责任的分担，并非完全是"谁主张，谁举证"，作出具体行政行为的行政机关承担主要的举证责任，哪怕是行政机关在行政诉讼中不提出任何诉讼主张，也得履行举证责任。

《行政诉讼法》第 33 条规定，在诉讼过程中，被告不得自行向原告和证人收集证据。这就使被告的代理律师在履行举证责任时，应注意以下问题：①除了向法院提供作出具体行政行为的证据外，还应提醒被告向法院提交作出具体行政行为所依据的法律法规；②对于需要向原告和证人进行调查的事实和需要收集的证据，不要自行收集，应提请人民法院调查收集；③对于可能灭失和以后难以取得的证据，应向法院提出保全申请。

3. 参加法庭审理前，应同行政机关有关负责人认真讨论，确定应诉的基本意见。代理律师在全面熟悉案件事实和认真研究处理本案应依据的法律、法规和行政规章之后，应当将自己代理诉讼的基本观点同行政机关负责人进行协商和讨论，并在协商和讨论的过程中，形成行政机关认可的应诉基本意见。代理律师不论在任何情况下都不能发表未经行政机关认可的处理意见。这不仅是因为代理制度要求代理人不得违背被代理人的意志，而且因为代理意见直接关系到国家行政的管理活动和行政机关行使行政管理权，代理律师擅自发表代理意见，可能会损害或妨碍行政机关正常的管理活动，给国家利益带来损害。

4. 代理律师要端正态度。行政机关是行使行政管理权的国家机关，在社会生活中占有重要的地位，尤其在有着几千年"官本位"意识的中国传统文化影响下，会使得行政机关的工作人员一时难以接受在法庭上与公民、法人或其他组织地位平等的现实，容易产生一些优越感，从而导致不尊重法院、不能与行政诉讼原告平等进行诉讼的错误想法和做法。被告代理律师不仅自己不能有优越感，而且应及时说服、教育行政机关的应诉人员，正确对待行政诉讼，要尊重事实、尊重法律，服从法院的审判，正确对待行政诉讼原告，不能利用职权对其进行打击报复，只有这样，才能使行政机关克服官僚作风，促使其依法行政，树立民主的工作作风。

【思考题】

1. 简述律师在行政诉讼代理中的方法和步骤。
2. 简述律师在刑事、民事、行政申诉代理中应注意哪些问题。
3. 简述律师在刑事辩护中的权利。
4. 简述律师在刑事辩护论辩中的注意事项。

第 九 章

证据的收集与审查

【内容提要】律师处理诉讼事务及其他法律事务时享有法律赋予的调查权。证据的收集、审查与提交是律师工作的重要内容。律师执业过程中要深知证据收集和审查的重要性，明确证据收集的原则和要求、证据提交的策略和技巧，掌握证据收集和审查的方法和渠道。

【本章重点与难点】证据收集和审查的意义；证据收集的原则和要求；证据收集的途径和方法；证据审查的策略和技巧。

第一节　证据的收集

证据收集和审查在证据制度中居于前提和基础的地位。无论是在刑事诉讼，还是民事、行政诉讼中，证明主体对于自己提出的诉讼主张都要提供证据加以证明，否则就有可能承担不利的诉讼后果。因此，律师接受当事人的委托后应积极与当事人沟通，尽最大可能地了解案件的客观事实，同时尽最大可能地收集案件的所有证据，在此基础上，以当事人利益最大化为核心，立足于证据的"三性"及证据规则，对收集的证据进行细致的审查取舍，以支持当事人的诉讼主张。

一、证据收集的概念和意义

（一）证据收集的概念

证据收集，是指当事人、律师和特定的国家执法机关为了证明自己的诉讼主张或者查明案件事实，运用法律许可的方法和手段，发现、采集、提取证据和固定与案件有关的各种证据材料的活动。这一概念包括了以下几层含义：

1. 证据收集的主体十分广泛。根据我国法律规定，证据收集的主体不仅有特定的国家执法机关，还有律师和当事人。作为收集证据主体的特定国家执法机关包括行政机关和司法机关。除此之外，刑事诉讼中自诉案件的自诉人及其诉讼代理人，刑事诉讼的被告人及其辩护人等都是法定的收集证据的主体。在民事和行政诉讼中，当事人及其诉讼代理人、人民法院皆为收集证据的主体。收集的主体是公安、司法机关的工作人员、当事人及其诉讼代理人。

在刑事诉讼中，收集证据的主体主要是公安机关和人民检察院，法院只有在对控辩双方提出的证据有疑问的情况下，才能对证据进行调查核实，而不能主动收集新的证据。《刑事诉讼法》第191条第1款规定："法庭审理过程中，合议庭对证据有疑问的，可以宣布休庭，对证据进行调查核实。"《最高人民法院关于执行〈中华人民共和国刑事诉讼法〉若干问题的解释》第55条规定："人民法院对公诉案件依法调查、核实证据时，发现对认定案件事实有重要作用的新的证据材料，应当告知检察人员和辩护人。必要时，也可以直接提取、复制后移送检察人员和辩护人。"但在刑事自诉案件中，由于自诉人负有举证责任，因此，他们有权收集证据。除此之外，律师作为犯罪嫌疑人、被告人的辩护人在刑事诉讼中享有一定的调查权。

在行政诉讼中，行政机关有责任收集证据，而人民法院一般只有在以下情况下才可以收集证据：①原告或者第三人及其诉讼代理人提供了证据线索，但无法自己收集因而申请人法院调取的；②当事人应当提供而无法提供原件或者原物的。

值得一提的是，在上述诉讼中，尽管刑事诉讼的证明责任在公安机关和人民检察院，行政诉讼的证明责任在行政机关，但辩护律师或原告律师并非无所作为，恰恰相反，由于对抗双方的地位天生的不平等，辩护律师或原告律师更应尽最大可能地收集对当事人有利的证据。从众多得以平反昭雪的冤假错案可以看出，正是因为律师坚持不懈地收集证据，迟到的正义才终于降临。

在民事诉讼中，当事人及其诉讼代理人有权收集证据。人民法院只有在当事人及其代理人因国家秘密、个人隐私以及客观原因无法提供证据时，或者对当事人提供的证据存在疑问时，以及双方当事人所举证据相互矛盾需要进一步查实时，司法人员才主动调查、收集证据。律师接受当事人的委托参与诉讼，享有证据收集的权利，自案件被人民法院受理之日起，有权查阅、摘抄和复制与案件有关的所有材料。

2. 证据收集的程序和方法必须合法。根据我国法律规定，证据收集主体提供的证据必须合法。实践中，证据不合法主要有以下情形：首先是收集或提供的主体不合法。如未成年人或精神病人作证人提供证言，即不符合法律对于证据收集、提供主体的规定。其次，取证程序不合法。《最高人民法院关于民事诉讼证据的若干规定》第68条规定："以侵害他人合法权益或者违反法律禁止性规定的方法取得的证据，不能作为认定案件事实的依据。"如以暴力、威胁、欺骗、引诱、收买等非法方法收集的证据。

（二）证据收集的意义

证据收集是正确认定案件事实的基础，要正确认定案件事实，必须认真对待收集证据问题。证明主体依照法律积极主动采取措施，运用各种方法，开展深入、细致的调查研究，以发现和提取与案件相关联的各种证据，这是正确处理案件的必经阶段和基本前提，只有这样才能查明案件事实。所以，收集证据对查明案件事实，正确处理案件，具有重要意义。

在三大诉讼中，律师收集证据的规定在刑事诉讼中是最典型的，会见、阅卷和调查这三个方面，构成了律师对案情了解的重要途径。有很多案件，只靠查阅卷宗和会见被告人，可能仍然不能彻底看清楚案件的真实面貌，有很多的东西需要律师去调查和收集这些证据。因此，调查、收集证据是律师进一步了解案件情况的一个重要途径，同时，还有利于进一步地去寻找和发现对犯罪嫌疑人、被告人有利的线索。这是律师调查和收集证据的目的，而且这往往成为律师反败为胜的一种契机。因为有些案件，律师只看案卷、只听仍然不够，有时候委托人什么也说不出来，律师与他交流会感觉到非常的困难，所以有更多的东西需要律师亲自去调查和发现。而且，证据的特点是说服力特别的强，因为律师最终到法庭上是要有辩护观点的，辩护观点靠什么来支持，证据是最有说服力的。被告人的辩解也是证据，但是被告人辩解的力度和律师的证据是有很大差距的。证据的力度越大且越支持律师辩护的观点，说服力就会变得更强，所以经常会出现出奇制胜的局面。

证据收集是保证当事人实体权益的手段。执法人员在收集证据过程中，正确运用法律许可的方法和手段，依照法定程序规范自己的执法活动，有利于相对人实体权益的保护，因为执法人员的职责行为具有直接强制性，容易对当事人的合法权益造成伤害。所以，规范执法程序，制约和保障执法机关履行职责，有利于保护公民的合法权益和诉讼活动的顺利进行。

二、证据收集的原则和要求

（一）证据收集的原则

证据收集是查明案件事实的前提，是办案的必经阶段，是完成证明任务、实现证明过程的基础，因此，根据立法精神和司法实践，收集证据应遵循正确的原则。

1. 合法性原则。首先，律师没有委托人的授权擅自进行查证，是非法的行为。证据的调查、收集和审查都必须符合法定的程序，否则不能作为定案的依据。比如，用盗窃的方法取得借据，或者以私拆他人信件为手段获取证据都是非法证据。非法证据在美国被喻为"毒树果"，不论这种果实看起来多么诱人，均被推定为非法而加以排斥。

2. 客观性原则。不管采取哪种方法收集证据，都要以客观性为前提，千万不能篡改、伪造证据。实务中存在不少这样的案例，本来具有一定证明力的证据因此出现了不应有的疑点，最终导致败诉。比如，有的当事人为了获取更多的损害赔偿金而自伤脸部，有的当事人和证人恶意串通伪造证据。这样做不仅不能增强证据的证明力，反而因证据上的疑点使证据失去了客观性的基础。

3. 有利于当事人的原则。从调查取证的方向看，辩护律师应当遵循有利于当事人的原则。刑事诉讼证据分为有利于被告人和不利于被告人两种。检察机关对上述两种证据应当一律加以注意和收集。辩护职能是辩护律师的核心职能，如果辩护律师也像检察机关那样收集不利于被告人的证据，就会混淆控诉职能和辩护职能，损害辩护律师的形象，妨碍其履行辩护职能。辩护律师对在调查取证中得知的不利于被告人的证据，可区别情况作如下处理：如果有利证据单独存在或者能够与不利证据分开，只调取有利的证据；如果有利证据与不利证据不能分开，而检察机关只注意不利证据的，可以将有利证据连同不利证据一并收集提交法庭。因为在此情况下，不利证据并非秘密。如果有利证据和不利证据不能分开，且检察机关均未收集，辩护律师可根据情况决定是否申请司法机关调取，而不宜自行收集。

同时，证据收集涉及举证责任的问题，只有负担举证责任的时候才有必要去收集证据，如果举证责任在对方，就大可不必费时费力地去收集证据。因此，收集证据之前一定要搞清楚我们有没有这个必要，有没有这个责任。

4. 及时性原则。收集证据一定要讲求时效，早比晚好。如果证据收集不及时，当事人就可能因举证时限和诉讼时效的规定而败诉。在刑事案件中，证据是以不同表现形式存在的犯罪痕迹，随着时间的推移，极有可能遭到外力的破坏而灭失，具有不可逆转性，所以要及时收集并加以固定。例如，王某在某电脑屋认识了一年轻女收银员李某，后因故将其杀死，并将李藏匿在该电脑屋一不为人注意的壁橱内。王起初拒不供认自己的杀人事实，公安人员在现场勘查中及时从藏有尸体的壁橱门上提取一枚灰尘性指纹。经鉴定，系犯罪嫌疑人王某所留。在尸体检验过程中又发现被害人指甲中留有斑迹，经提取并作比对，证实系犯罪嫌疑人王某所留。在证据面前王某不得不供述自己的罪行。此案中，如不是公安人员在现场勘查中及时发现提取犯罪痕迹，现场一旦被破坏，尸体一旦被火化，那么证据也就灭失了。在此案中这两个痕迹的及时提取为证实犯罪起到至关重要的作用。

5. 保守职务秘密的原则。从调查取证与社会关系看，辩护律师应当遵循保守职务秘密的原则。辩护律师保守职务秘密，即对在调查取证中得知的不利于被告人的情况，不向社会泄露，这是各国刑事诉讼的普遍做法。辩护律师对被告人提供的或自行发现的不利被告人的情况应当保密，但是，危害国家和社会安全的重大犯罪预谋除外。

　　6. 事后性原则。从调查取证的时间看，辩护律师应当遵循事后调查取证的原则。辩护律师调查取证的事后性，表现在如下三个方面：一是司法机关调查之后，辩护律师再行补充调查。同一证据来源，首次调查权属于司法机关，辩护律师享有事后补充调查的权利，一旦发掘出有利于被告人的证据，便会与司法形成相得益彰的效果。二是先阅卷再调查。仔细阅读案卷，辩护律师可以了解案情，还可以找出案卷中存在的疑点。找准问题，补充调查才可能是有效的。三是先听取被告陈述再调查取证。被告人最了解案件情况，无论其陈述是否真实，都有助于辩护律师发现问题，以便确定调查取证的方向。其中从调查取证的程序看，辩护律师应当遵循依法调查取证的原则，凡司法机关不得采取的非法取证方法，辩护律师也不得采取。不得威胁、引诱或指使证人作伪证，更不得变造、伪造证据，如果遭到拒绝，也不得强制进行调查。

　　（二）证据收集的要求

　　律师调查取证，应力争达到如下的要求：

　　1. 证据收集要有目的地进行。律师为使当事人利益最大化，应针对案件的不同情况，研究确定调查取证的方向、范围、方法和步骤，如拟定出一个调查取证的计划或提纲，以避免盲目性。

　　2. 证据收集要深入、细致。当事人之所以聘请律师，就在于其对其行为的法律性质和法律后果认识不清，因此导致当事人对哪些是证据，哪些证据需要取舍更认识不清，这就要求律师在调查时必须耐心、细致，不能忽略了那些微不足道、不引人注意的细节。律师收集证据是一个循序渐进的过程，任何一个案件，哪怕是最简单的案件，都不可能和当事人简单地谈谈，由当事人提交证据，就把握了案件的整个事实，除非律师在接手案件前曾和当事人共同处理过该案件。一名优秀的律师必须与当事人多次沟通，在不断的"沟通、调查、再沟通、再调查"过程中，逐渐地接近或逼近客观事实。

　　3. 证据收集要讲究策略。由于律师的调查取证存在着条件和程序限制，会遇到各种错综复杂的情况，这就要求律师在调查取证时讲究策略、方式和技巧。注意研究被调查对象的心理状态，善于运用计谋策略手段，促使他们自愿陈述案件的真实情况。但运用计谋策略绝不等同于欺骗、作伪证、引诱、胁迫证人作证，而要严格遵照法定程序进行。例如在刑事诉讼中，辩护律师在调查取证过程中不得采用暗示的方法，而应对每一个问题作出明示，应该让他们在直接了解自己作证行为后果的情况下作证。

　　三、证据收集的途径和方法

　　对于不同的证据应当结合其特点采用不同的方法予以收集，根据法律规定以及司法实践，证据收集有以下主要途径和方法：

（一）证据收集的途径

1. 向当事人调查收集证据。律师接受当事人委托后，就要着手开始收集相关的证据，代理律师可以要求当事人提供诸如合同、契据、函电、书信、鉴定书、诊断书和其他证据，也可以根据委托人提供的材料和线索进行调查。

律师在向当事人收集证据时应当注意，一定要求委托人如实陈述案情。通常由于当事人处于利害关系之中，往往叙述案情时带有偏见，尽量夸大对自己有利的事实，缩小对自己不利的事实，使律师难以对案情作出正确判断。因此，律师在向当事人收集证据时，不仅要向当事人讲清如实陈述案情的重要性，要求其提供所有对自己有利或不利的事实，将案件情况实事求是地讲清楚，而且还要通过当事人的叙述发现一些有价值的证据。

2. 向证人调查和收集证据。根据《律师法》和《民事诉讼法》的规定，律师向有关单位和个人调查取证时，有关单位和个人有责任给予支持和配合。律师在向证人调查、收集证据时，应持律师事务所的调查专用介绍信，并首先告知律师身份，出示律师执业证，告知证人应当如实反映与本案有关的情况，并向其讲明作伪证应负的法律责任。律师向证人调查、收集证据，可以由证人自己书写证言内容，证人不能自己书写的，可由他人代为书写，真人签名、盖章或按指纹确认；有关单位书写的证人证言，应由单位负责人签名或者盖章，并加盖单位章。

律师调查、收集与本案有关的证据，可以制作调查笔录。调查笔录应当载明调查人、被调查人、调查时间、调查地点、调查内容、调查笔录制作人等基本情况，还应当有律师身份介绍，律师要求被调查人实事求是作证的内容及调查的内容通常是查明民事纠纷发生的时间、地点、原因、人物、经过、结果、争执的焦点，搜集证据和寻找证据来源。但就具体的被调查人来说，则应围绕与当事人谈话，阅卷中出现的存疑和线索进行，同时对不同的案件还要根据其特点进行调查。调查时对于问题单一的，可以不制作调查提纲，对于问题多而复杂的，则应拟定调查提纲，以防遗漏。律师制作调查笔录，应当全面、准确地记录谈话内容，律师应遵守实事求是的原则，切忌先入为主，诱导被调查人回答自己所需要得到的材料。谈话完毕后，应将调查笔录交由被调查人阅读或向其宣读。如有修改补充，应由被调查人在修改、补充处加盖印章或按指纹确认。被调查人在律师调查笔录上，还应签署以下文字："以上笔录我已阅读过（或向我宣读过），与本人陈述的一致。"

律师应向一切了解案件情况的人进行调查，制作调查笔录。律师还应向有关单位收集能够证明案件情况的文件及有关标准等方面的证据，明确双方争执的关键所在和诉讼当事人诉讼请求所依据的根据和理由。

在向证人、被害人、有关单位调查取证时，尤其需要辩护律师掌握方法，利用技巧，把握策略。要对有关单位和个人进行耐心细致的法制教育，掌握其心态，打消其顾虑，使其主动配合，自愿地向辩护律师提供案件的真实情况。另外，律师要合理运用固定证据的技巧，一般来说，辩护律师以笔录的形式收集证据最为合适，并且，在条件允许的情况下，亦可使用录音或录像的方法。

3. 查阅案件卷宗材料。代理律师查阅的主要材料包括：起诉状、被告所作的答辩状、双方当事人的举证材料、法院调查或鉴定而得来的相关证据材料。律师查阅案卷材料应当做到核实事实，了解双方当事人在叙述事实方面的主要观点，且核实事实要根据各方不同的主张抓住最基本的、足以影响实体裁判的事实进行，要了解双方当事人在叙述事实方面的差距。对对方当事人多次叙述的事实，要注意前后是否一致。"以事实为根据"最终要落脚在"以证据证明事实"上。因此，律师在阅读中对双方所提供的证据要通过甄别，注意鉴别真假，找出矛盾证据，并把有利证据和不利证据分开排列，掌握对方当事人的意见和观点，做到知己知彼。

律师查阅案件卷宗材料要有目的，对有疑问的事实和需要进一步弄清楚的事实在阅卷中要认真审读，对有可能在法庭上提出的问题要在阅卷中寻找答案，案卷中审阅不清，寻找不到答案的还要进行调查。在阅卷时注意制作阅卷笔录，笔录的主要内容应包括：对方当事人陈述的主要事实，人民法院的调查结果和有关材料。摘录卷内材料不可断章取义，要保持其连贯性、完整性，摘录材料不可改变原意，并注明卷号、号码。摘录案卷中的材料应注明出处，以便庭审引用。

阅卷不仅要全面细致，更应当注意抓住重点，重点把握案件的关键及焦点问题，双方当事人的主要分歧和矛盾，双方当事人的主要观点和理由，证人证言及有关证据材料证明的事实。

4. 申请法院调查收集证据。《最高人民法院关于民事诉讼证据的若干规定》第17条规定："符合下列条件之一的，当事人及其诉讼代理人可以申请人民法院调查收集证据：①申请调查收集的证据属于国家有关部门保存并需人民法院依职权调取的档案材料；②涉及国家秘密、商业秘密、个人隐私的材料；③当事人及其诉讼代理人确因客观原因不能自行收集的其他材料。"法院调集证据，主要是因当事人存在客观原因不能自行收集证据，只有在确有客观原因的情况下，方可申请法院调查收集。这种客观原因主要是指涉及档案材料和秘密材料的情形。在某些案件中，也可以因特殊情况或律师处境的困难，无法单独对某些需要调查的问题进行调查，更无法取得必要的证据，这种情况下，根据以上的规定，律师可以申请人民法院进行调查。

在申请人民法院调查时，律师应当以书面形式在举证期限内提出，申请书应当载明基本的证据线索，所要调查的证据大致内容，即它为书证、物证、证人证言、当事人陈述、鉴定意见、国家机关笔录、视听材料中的哪一类及其涉及的主要内容，所要证明的事实，以供人民法院判断该证据与争议的案件事实是否具有关联性。书面申请还要载明申请人民法院调查收集证据的原因及不能自行收集的原因，以供人们法院判断申请是否属于《民事诉讼法》和《最高人民法院关于民事诉讼证据的若干规定》所规定的情形。当调查对象是自然人或单位时，应当列明被调查人的姓名或单位名称，住所地或居住地等基本情况，以便人民法院的调查人员能查明被调查人的住所，迅速展开调查工作。且最好在申请书后面附一份调查提纲，写明调查的事项、目的和要求，并可以提出调查的对象和有关建议，供调查人员调查时参考。

（二）证据收集的方法

依照法律规定，律师在诉讼中收集证据的基本方法是调查研究，调查应采取如下方法：

1. 会见访问。会见或访问有关人员时，要制作询问笔录和谈话记录，注明时间、地点、询问人及询问的主要内容。询问笔录和调查笔录，要由被询问人、被调查人核对无误后签名或盖章。询问是任何案件中都经常使用的收集证据的措施和方法，它贯穿于整个案件调查之中。证据收集的其他方法可以不同，但询问是必不可少的。询问的对象一般为案件中的证人和当事人（刑事案件的被告人除外）。向证人询问时要讲究语言艺术，尤其不能出错。在调查中要尽量使用开放性的语言，防止使用诱导性的语言。开放性询问，例如："你那天早上到哪儿去了？""你穿的是什么衣服？""你怎么过去的？"诱导性询问，例如："你穿的是不是蓝色的衣服？""你那天出去开的是不是那辆桑塔纳？"在《刑事诉讼法》中，包括公检法一些关于执行刑事诉讼若干问题的解释规定不能使用诱导性的语言，所以，我们在向证人进行调查的时候，要回避诱导性的语言，尽可能地使用开放性的语言。作为律师进行询问时，不要先下结论，问话要清楚，一定要没有歧义。证人的答话如果有歧义的时候，一定要重新进行询问，让证人说清楚，避免一句话中包含太多的内容，避免语句中包含模棱两可的字词。

2. 抄录、复印。律师对可作为证据的文件、信件、图片等书面材料可以抄录或复印，并由持件人核对无误后签名或盖章。

3. 拍照。对案件事实具有证明意义的文件、因犯罪行为而引起的外界变化的物证和犯罪分子犯罪的地点、遗留的痕迹及物体的现场进行拍照。

4. 录音、录像。

5. 鉴定。对应鉴定而未进行鉴定的案件，或对已经鉴定，但对鉴定结果持异议的案件，应进行鉴定或重新鉴定。

6. 勘验。现场勘验，要制作笔录。

7. 试验。根据案情进行实地验证或模拟试验，应制作试验笔录，记录试验的时间、地点、参加人员、试验方法以及试验的结果等。

以上方法律师根据案情，可以单独使用，也可以选择综合使用。

第二节　证据的审查与提交

一、证据的审查

证据的审查，就是指律师对于收集的证据进行分析、研究和鉴别，找出它们与案件事实之间的客观联系，分析证据材料的证据能力和证明力，从而对案件事实作出正确判断的一种活动。

律师审查证据应依据法律对证据种类的规定并依据各种证据的特性分门别类地进行细致的审查。根据《民事诉讼法》第63条的规定，民事证据有以下八种：书证、物证、视听资料、电子数据、证人证言、当事人陈述、鉴定意见、国家机关笔录。行政诉讼法与民诉法相同。而《刑事诉讼法》第48条第2款规定的证据的种类也有八种：物证、书证；证人证言；被害人陈述；犯罪嫌疑人、被告人供述和辩解；鉴定意见；勘验、检查、辨认、侦查实验等笔录；视听资料、电子数据。刑诉法的证据种类与其他两大诉讼的证据种类表面上不同，但实质上是一致的。我们可将其归纳为书证、物证、证人证言、当事人陈述、鉴定意见、国家机关笔录、视听资料和电子数据八种。律师对于以上证据的审查要基于证据的证明能力和证明价值。

1. 书证。书证是指以文字、符号、图案等所表达的思想内容来证明案件事实的书面文件。它表现为文字或者其他能表达人的思想或意思的有形物。

书证具有以下三个特点：①书证不是一般的物品，而是用文字符号记载和表达一定思想内容的物品。②书证把一定的思想内容固定下来，以此表达人们的思想，并能为一般人所认知或了解，证明有关的案件事实。③书证有较强的客观性和真实性，但它易丢失和被伪造。

书证的证据能力取决于：制作人资格；制作手续；制作程序；有无变造、伪造痕迹等。书证的证明价值取决于：确切含义；是否真实意思表示；关联性；有无错误；立法规定等。

2. 物证。物证是指以外形、处所、质量、数量等客观存在的标志来证明案情的物品、物质、痕迹和文书。

同其他证据相比，物证有如下特征：①物证具有较强的稳定性。②物证具有可靠性，不受人们主观因素的影响和制约。

物证的证据能力取决于：来源；收集保管是否合法等。

物证的证明价值取决于：是否真实可靠；关联性等。

3. 证人证言。证人证言，是指证人以口头或书面形式，就他所了解（感知）的案件情况向人民法院所作的陈述。以自己所感知的案件情况向法院提供有关案件事实的陈述的人，是证人。证人陈述的内容，称为证言。

证人和证人证言有如下特点：①证人与客观存在的案件事实形成的联系是特定的，是他人不可替代的。②证人只是了解案件的某些情况，他与该案的审理结果无法律上的利害关系。③出庭作证的证人应当客观陈述其亲身感知的事实，作证时不得使用猜测、推断或评论性的语言。

证人证言的证据能力取决于：来源是否为亲历、传闻及其途径；是否如实提供证言，主、客观有无不实之因素（如有意作伪、受有胁迫）；作证能力，看其智力不问年龄。

证人证言的证明价值取决于：证言内容与案件事实有无关联、与他证及自身有无矛盾；证人的感知过程、条件（感知能力、记忆能力、表达能力与证人生理、心理、神经、精力、社会出身、阅历、知识、职业、文化教育、思维模式等密切关联）；证人与当事人或案件本身是否有利害关系；证人的品行、操守及是否有不良记录等。

4. 当事人陈述。当事人陈述，指当事人在诉讼中就有关案件的事实情况向法院所作的陈述。当事人就案件有关的事实向法院所作陈述，分事实说明和自认（事实承认）两种情况。

当事人陈述作为证据形式最显著的特点就是具有"两重性"，即真实性和虚假性并存。

对当事人陈述的证据审查，主要是考虑其动机、内容，分有利于己、不利于己加以分析认定。

5. 鉴定意见。鉴定意见是指具备专业知识的人员就案件中的专门问题进行鉴定后所作出的结论性意见。

鉴定意见的特点是：①它是鉴定人对案件的事实材料，以自己的专门知识按科学技术要求进行鉴定后提出的结论性意见；②它是鉴定人对案件中应予查明的案件事实中的一些专门性问题所作的结论，而不是就法律问题提供意见。

鉴定意见的证据能力取决于：鉴定人资格、知识、技能；检材合格（数量、质量、提交时间及主体）；回避；有无外界影响等。

鉴定意见的证明价值取决于：设备、方法、规程；推断标准（依据）；结论有无矛盾，推理是否合乎规则。

6. 国家机关笔录。国家机关笔录是指有关主体对勘查、检查、检验现场、人身、物品等活动所作出的文字记载及绘图、拍照和摄像。

国家机关笔录既是一种独立的证据形式，同时又是收集、固定和保全证据的一种方法，它重视现场和物证的原始状貌，具有较强的客观性和准确性。

国家机关笔录的证据能力取决于：主体合法；有无见证人；签名盖章；有无破坏等。

国家机关笔录的证明价值取决于：内容是否客观、完整；制作人的业务水平和工作态度等。

7. 视听资料。视听资料，也称音像证据，是指利用录音、录像以及电子计算机储存的资料来证明待证事实的证据，大致有录音资料、录像资料、电脑储存资料等表现形式。

视听资料主要有以下几个特点：①具有较大的客观性和可靠性（科技反映）；②易于收集、保管和使用（技术先进、体积小、重量轻）；③具有物证所不具备的动态连续性；④具有各种言词证据所不具有的直感性；⑤容易被裁剪或伪造。

视听资料的证据能力取决于：来源；收集、形成是否合法。

视听资料的证明价值取决于：内容是否真实；关联性；设备性能等。

8. 电子数据。电子数据是指与案件事实有关的电子邮件、网上聊天记录、电子签名、网络访问记录等电子形式的证据。这是 2013 年《民事诉讼法》修改新增加的证据种类。

随着电子商务、网络侵权、计算机犯罪等涉及电子数据的案件逐年增多，电子数据作为一种证据形式日益凸显其重要性。作为现代信息技术的产物，电子数据证据具有明显的特殊性，但由于它通常的形式是存储在各种电子介质上，其本身难以为人们所直接认识，且容易篡改，其调查取证存在困难。比如，如何对计算机现场进行勘查，网络证据如何收集，如何对电子数据进行扣押或者保全，如何对取得的数据进行备份等。特别是在民事案件中，由于缺乏法定程序，当事人调查收集的电子数据证据经常难以得到法官的认可，实践中不少采取公证的形式，但费用较高，其证明力也存在争议。正是考虑到电子数据证据的复杂性和特殊性，其证据调查收集、质证、认证等问题难以在民事诉讼法中作出明确和统一的规定，因此，2013 年修改《民事诉讼法》仅对电子数据证据作了原则性规定，具体运用规则还需要在司法实践中进一步探索，必要时再在法律中作出具体规定。

由于电子数据与视听资料具有诸多的相似性，因此，电子数据的审查可参照审查视听资料的方法。

二、证据提交

律师收集、审查证据完毕后，就应严格依照法律的规定向司法机关提交证据，证据提交应严守程序、强调时效并注意策略、技巧。以下以民事诉讼为例详尽说明。

（一）证据提交的法律规定

《最高人民法院关于民事诉讼证据的若干规定》（以下简称《证据规则》）第14条规定，当事人应当对其提交的证据材料逐一分类编号，对证据材料的来源、证明对象和内容作简要说明，签名盖章，注明提交日期，并依照对方当事人人数提交副本。人民法院收到当事人提交的证据材料，应当出具收据，注明证据的名称、份数和页数以及收到的时间，由经办人员签名或者盖章。该条是对诉讼程序中提交证据的形式要求的规定。

《证据规则》第33条第1款规定，人民法院应当在送达案件受理通知书和应诉通知书的同时向当事人送达举证通知书。举证通知书应当载明举证责任的分配原则与要求、可以向人民法院申请调查取证的情形、人民法院根据案件情况指定的举证期限以及逾期提供证据的法律后果。该条是对举证时限制度的一般规定。对当事人的举证活动限定时间体现了民事诉讼的效率原则。时限之确立有两条途径：一是双方当事人协商一致并经法院认可；二是由人民法院径行指定。由人民法院指定举证期限的，指定的期限不得少于30日，自当事人收到案件受理通知书和应诉通知书的次日起计算。

人民法院指定举证时限应当采用书面形式，即向当事人发送"举证通知书"，并且留给当事人的期限不得少于30日。《关于民事经济审判方式改革问题的若干规定》第1条规定："人民法院可以制定各类案件举证须知，明确举证内容及其范围和要求。"第2条规定："人民法院在送达受理案件通知书和应诉通知书时，应当告知当事人围绕自己的主张提供证据。"

《关于适用民事诉讼法若干问题的意见》第76条规定："人民法院对当事人一时不能提交证据的，应根据具体情况，指定其在合理期限内提交。当事人在指定期限内提交确有困难的，应在指定期限届满之前，向人民法院申请延期。延长的期限由人民法院决定。"

《证据规则》第34条规定，当事人应当在举证期限内向人民法院提交证据材料，当事人在举证期限内不提交的，视为放弃举证权利。该条是对举证时限之后果的规定。举证时限之确立产生如下后果：①在期限内不提交证据的，视为放弃举证权利；②逾期提交的证据材料将被排除在诉讼过程之外（对方当事人同意者例外）；③增加、变更诉讼请求或提起反诉，应当在此期限前。

《证据规则》第35条规定，诉讼过程中，当事人主张的法律关系的性质或者民事行为的效力与人民法院根据案件事实作出的认定不一致的，不受本规定第34条规定的限制，人民法院应当告知当事人可以变更诉讼请求。当事人变更诉讼请求的，人民法院应当重新指定举证期限。

《证据规则》第36条规定，当事人在举证期限内提交证据材料确有困难的，应当在举证期限内向人民法院申请延期举证，经人民法院准许，可以适当延长举证期限。当事人在延长的举证期限内提交证据材料仍有困难的，可以再次提出延期申请，是否准许由人民法院决定。该条是对当事人申请延期举证的规定。

（二）证据提交的策略和技巧

证据是诉讼之王，但有些律师不重视证据的提交，特别是在涉及知识产权、商业秘密、不正当竞争、建设工程纠纷案件中，相关证据比较多，甚至某一种证据，就有几十页、几百页之多，面对这些厚厚的纷杂的材料，有些律师往往由于时间原因或其他原因，未对其进行细致的筛选和梳理归类，而是一股脑地端到法庭，作为证据使用，以为对自己有用的材料都可以搬上法庭，其实这种做法是很危险的，往往给自己造成很大的被动，甚至是致命的后果。因此，律师在提交证据前一定要将准备提交的证据细致审查、梳理，注意以下几点：

1. 证据筛选要细致。千万不要把对自己极为不利的证据交到法庭。要将准备向法庭提交的证据材料，逐页审查，防止无意中证据夹带其他不利于自己的文件材料。

2. 在诉讼中，证据不是越多就越好。证明同一事实的证据选2～3个就可以了。言多必失，在诉讼中同样存在。

3. 与自己的诉讼主张相矛盾的证据、模棱两可、证明力不强的证据应不予提交。

4. 向法庭提交的证据应事先分门别类复印好，最少准备两套，一套交法庭，一套自用。否则，在法庭上现找证据、现归类，必定把自己搞得手忙脚乱，而且法官每天常常要开几个庭，律师因为事先没有准备好而占用法官宝贵的开庭时间，很可能受到法官批评，如此情绪必受到影响，当事人双方尚未交手，自己就已方寸大乱，诉讼结局可想而知。

【思考题】

1. 简要回答证据收集的意义。

2. 简述证据收集应遵循的原则。

3. 简述证据收集的途径和方法。

4. 简述证据审查的策略。

第 十 章

律师的举证与质证

【内容提要】举证、质证是诉讼活动庭审阶段的重要环节，是当事人实现诉讼目的的主要手段，也是法庭辩论得以顺利进行的基础和保障。在庭审中，控辩双方既要举证，又要质证。一方面要举证提出自己的主张，并对对方提出的证据进行质证；另一方面又要接受对方对自己提出的证据进行质证。本章就律师在诉讼中的举证与质证需要注意的问题展开介绍。

【重点与难点】举证要求；举证技巧；质证的内容；质证的技巧；质证的方法。

第一节　律师的举证工作

举证是诉讼活动庭审阶段的重要环节，是当事人实现诉讼目的的主要手段之一。代理律师作为委托人合法权益的维护者，应当按照举证的要求和方法，认真做好举证工作。

一、举证要求

1. 当事人应当对自己提出的诉讼请求所依据的事实或者反驳对方诉讼请求所依据的事实承担举证责任。当事人没有证据或者提出的证据不足以证明其事实主张的，由负有举证责任的当事人承担不利后果。

2. 向人民法院提供证据，应当提供原件或原物，或经人民法院核对无异的复制件或复制品。当事人提交证据时，应当按照提交证据事实的顺序进行分类、编号、装订成册，并填写"证据目录"，对证据材料的来源、证明对象和内容作简要说明，依照对方当事人人数提出副本。

3. 当事人从有关单位、部门摘录证明材料，应说明材料的名称、出处、并由提供证明材料的单位、部门加盖公章。

当事人以某一文件、材料的部分内容作为证据时，应提交该文件、材料的全部，以便全面审查。

4. 当事人提交在域外形成的证据，应当经所在国公证机关予以证明，并经我国该国领事馆认证，或者履行我国与该国相关条约规定的证明手续。

当事人提供外文书证或者外文说明资料，应当附有中文译本。对方当事人提出异议的，应提交该中文译本的公证文书。

5. 当事人申请证人出庭作证的，应提交证人的身份情况并应协助法院通知证人参加庭审。

上述对当事人在举证过程中的要求，均应适用于代理律师。

二、举证技巧

民事诉讼中，举证是当事人及其代理律师在诉讼活动中重要而关键的行为。但是，很多人不能很好地把握其技巧。下面就诉讼过程中的举证技巧作一简单陈述。

（一）证据的列举要与诉讼策略相配合

任何案件，在分析好案情的基础上，首要任务是制定诉讼策略。诉讼策略的制定要考虑到双方攻防的核心和焦点，要考虑各方的优势和劣势，要考虑到司法实践的认知。对某些案件必要时要预留不正当司法行为的防范措施。制定好正确的诉讼策略后，便可以围绕所制定的策略举证。切忌证据堆砌、证据组合目的混乱、举证顺序主次不分。

（二）适当列举影响法官心证的证据

很多人比较容易机械呆板地判断证据的法律效力，凡是不符合法律规定的证据一概不举。这种方式值得商榷。事实上，对于有些证据法官在判决书上不能写明采信的依据。但是，在他心里一定有依据。心证不是一个虚无的东西，他活生生影响法官对事实真相的判断。法官的心证会直接影响其主导庭审的方向、重点、焦点等核心问题。在这个前提下有些问题是否能够展现在庭审中，有些问题能否在庭审中回避掉就尤为重要。所以，那些看起来按照严格的法律规则判断没有作用，但在一个具有正常生活经验的人心中却会发生影响的证据和陈述，请你大胆提交，当然不能矫枉过正。

（三）证据的列举要与庭审对抗相配合

有些事实要通过法官或者当事人发问来展现的，有些矛盾也需要这种方式找出来，在这个基础上配合证据的列举，就会达到我们的目的。当然，有人会问，这样是否会举证失权？个人认为有些证据的提交是不会证据失权的。比如当事人在抗辩中提出新的事由，需要证据反驳时，这时是可以要求举证的。

（四）证据列举要规范

规范的证据目录会让法官一目了然，这样减轻了法官阅读认知的难度，有助于法官全面了解证据。通常，证据目录要清晰，页码要清楚，证据介绍简洁明了。证据组合目的和所证明的事实要叙述清楚。另外要装订规范，不脱落，大小符合标准且整齐，面积小的书面证据要用衬底，面积大的要简单折叠，并预留装订线。这样就增加了法官认定证据的机会。

（五）切忌将有利于对方的证据提交

明显不利于自己的证据，大家都看得出，一般不提交。但是有些证据是双刃剑，一部分可能有利于自己，一部分也可能有利于对方。一种解读对自己有利，一种解读可能对对方有利。这时一定要仔细分析、权衡利弊，否则，就会适得其反。通常，如果我方的证据影响到自己的诉讼策略，此时一般不要列举。需要补强的地方通过其他证据和庭审对抗来解决。

（六）取证深度要适当

取证是麻烦的事情。但是，核心证据不取得，就难以参加法庭对抗。取证深度通常与现有证据的证明力有关。如果现有证据明显不力，则必须调取核心证据。但是，取证需要成本，不能什么证据都调取，什么深度的证据都要到手，这样可能会失去效率。个人认为，核心证据必须调取，其他证据根据案情确定，同时也要让一些事实在法庭对抗中展现。

（七）善于挖掘证据中的证据

有人可能会认为，挖掘证据中的证据提法不妥，它实际上就是质证。个人认为，还是有所区别。质证是对证据真实性、合法性、关联性的认可或者否定。而挖掘证据中的证据是要求我们在对方的举证或陈述中找出有利于我方的东西，将其提取出来与我方的证据组合，形成自己的一组证据。这种挖掘就具有归纳、提炼、组合的功能，比质证更进一步。

三、常见案件类型的举证指导

（一）合同纠纷案件的举证指导

合同种类众多，下面以买卖合同和承揽合同为例简要说明。

1. 证明当事人（原、被告或第三人）诉讼主体资格的证据。①当事人为自然人的，应提交身份证明资料，如身份证或户口簿、暂住证等；②当事人为法人或其他经济组织的，应提交主体登记资料，如工商营业执照副本、工商登记机关出具的工商注册资料、社团法人登记证等；③当事人在讼争的法律事实发生后曾有名称变更或分立、合并的，应提交变更登记资料。

2. 证明买卖合同、承揽合同关系及从属的担保合同关系成立的证据。①买卖合同、承揽合同；②订（定）货单；③证明要约、承诺生效的信函、数据电文（包括电报、电传、传真、电子数据交换、电子邮件等）；④证明口头合同成立和生效的证据，如证人证言、实际履行凭证等；⑤证明担保合同关系的保证合同、抵押合同、质押合同、定金合同或交付定金的凭证、保函等。

3. 证明合同履行情况的证据。①交、收货凭证：交货单、送货单、提货单、收货单、入库单、仓单、运单等；②货款收支凭证：收据、银行付款凭证、发票等；③证明拖欠货款的证据：结算清单、欠条、还款计划、还款承诺书、能证明欠货款事实的信函等；④合同约定向第三人履行或第三人履行的，则提交第三人关于合同履行情况的证明及相应凭证。

4. 当事人诉讼请求的计算清单，并注明计算方法、公式、依据等。

5. 其他与举证有关的注意事项包括：

（1）人民法院在使用普通程序审理民事案件时，要求当事人须于收到人民法院举证通知书之次日起30日内完成举证；在适用简易程序时，要求当事人须于收到举证通知书之次日起15日内完成举证，委托律师与当事人应于举证期限内完成举证任务。

（2）当事人在举证期限内提交证据材料确有困难的，应当在举证期限内向人民法院申请延期举证，经人民法院准许，可适当延长举证期限。委托律师与当事人在延长的举证期限内提交证据材料仍有困难的，可以再次提出延期申请，是否准许由人民法院决定。

（3）当事人申请人民法院调查收集证据的，应依法在举证期限届满7日前提出。

当事人及其诉讼代理人申请人民法院调查收集证据，应当提交书面申请。申请书应当载明被调查人的姓名或者单位名称、住所地等基本情况、所要调查收集的证据的内容、需要由人民法院调查收集证据的原因及其要证明的事实。

符合下列条件之一的，当事人及其诉讼代理人可以申请人民法院调查收集证据：①申请调查收集的证据属于国家有关部门保存并需人民法院依职权调取的档案；②涉及国家秘密、商业秘密、个人隐私的材料；③当事人及诉讼代理人确因客观原因不能自行收集的其他材料。

（4）证人应当出庭作证。当事人及其诉讼代理人申请证人出庭作证应当在举证期限届满10日前向人民法院书面申请。

（5）在证据有可能灭失或者以后难以取得的情况下，当事人及其诉讼代理人可向人民法院申请保全证据，此申请应当在举证期限届满7日前向人民法院书面提出。

（6）当事人申请鉴定，除《最高人民法院关于民事诉讼证据的若干规定》第27条规定的情形外，应在举证期限内提出；对需要鉴定的事项负有举证责任的当事人，在人民法院指定的期限内无正当理由不提出鉴定申请或者不预交鉴定费用或者拒不提供相关材料，致使对案件争议的事实无法通过鉴定意见予以认定的，对该事实承担举证不能的法律后果。

（7）当事人增加、变更诉讼请求或者提起反诉的，应当在举证期限届满前提出。

（8）当事人向人民法院提供证据，应当提供原件或者原物。如需要自己保存证据原件、原物或者提供原件、原物确有困难的，可以提供经人民法院核对无异的复制件或者复制品。开庭时应提交证据原件、原物进行质证。

（9）当事人向人民法院提供的证据是在中华人民共和国领域外形成的，该证据应当经所在国公证机关予以证明，并经中华人民共和国驻该国使领馆予以认证，或者履行中华人民共和国与该所在国订立的有关条约中规定的证明手续。当事人向人民法院提供的证据是在香港、澳门、台湾形成的，应该履行相关的证明手续。

（10）当事人向人民法院提供外文书证或者外文说明资料，应当附有中文译本。

（11）当事人应当对其提交的证据材料逐一分类编号，对证据材料的来源、证明对象和内容作简要说明，签名盖章，注明提交日期，并依照对方当事人的人数提出副本。

（12）当事人未按要求完成举证责任的，应依法承担举证不能的相应法律后果。

（二）损害赔偿纠纷案件的举证指导

损害赔纠纷案件同样种类比较多，下面以交通事故损害赔偿案件为例简要说明。

1. 证明原、被告主体资格的证据。

（1）原告为自然人的，应提交身份证明资料和户籍证明，如身份证、户口本等。

（2）原告为法人或其他组织的，应提交工商营业执照副本（加盖公章）、法定代表人身份证明（加盖公章）、组织代码证副本（加盖公章）。

（3）被告为自然人的，原告应提交被告的身份证明资料。

（4）被告为法人的，原告应提交被告的企业资料查询卡。

（5）当事人名称在诉争的法律事实发生后有变更的，应提交变更登记资料等。

（6）当事人为道路交通损害赔偿纠纷中死者亲属的，应提交死者第一顺序继承人的证明及继承人基本情况的证明等。

（7）提交肇事车辆的所有人、实际支配人、驾驶人的证明及其相互关系的证明等。

2. 证明具有诉讼及代理资格的证据。当事人委托他人代为诉讼的，应提交由委托人签名或盖章的授权委托书，委托书应写明委托事项、权限、期限及联系电话，并提交代理人身份证明复印件。

3. 证明双方当事人发生交通事故的证据。①提供交警部门出具的道路交通事故认定书；②其他证明道路交通事故确已发生的证据（如证人证言）。

4. 可要求赔偿的项目。

（1）医疗费用的证据，包括：①抢救费用单据；②医院的住院费收据、住院费用明细单、医疗费收据、医疗处方单；③医院治疗诊断证明书、病历、转院治疗证明、法医鉴定书；④医疗终结后，需要继续治疗的费用，应当有治疗医院的继续治疗意见或法医鉴定意见；⑤自购药费单据，应当附治疗医院的处方。

（2）误工费的证据。包括：①治疗医院出具的住院治疗与休治时间或法医鉴定确定的休治时间，需评定伤残等级的，评定伤残之日前为误工日期。②当事人有固定收入的，由单位出具因为交通事故误工减少收入的证明、误工人员的工资单、误工人员的完税证明。误工证明应写明受害人的工资收入（包括工资、奖金及国家规定的补贴、津贴。奖金以交通事故发生时上一年度本单位人均奖金计算。农业人口中有固定收入的从事农、林、牧、渔业的在业人员，其收入按照交通事故发生地劳动力人均年纯收入计算），误工的时间，扣发了哪些钱，扣发的具体额度。③无固定收入的。交通事故发生前从事某种劳动，如城乡个体工商户，家庭劳动服务人员等，应有街道办事处或乡镇人民政府的证明。④受害人工资超过个人所得税起征点时，提供个人所得税的纳税证明。

（3）护理费的证据。包括：①医院同意护理人员、护理人数和护理时间的证明。②护理人员的收入证明或当地护工从事同级别的劳务报酬标准。③护理人员另行聘请的，提供向护理人员支付工资的证明。

（4）交通费的证据。包括：①转院治疗或到医院就诊的，其本人和陪护人员的交通费及参加事故处理人员有关的交通费，一般要出具按照实际必需的普通交通工具的票据。②特殊需要乘坐出租车、飞机、火车软卧和轮船二等舱的应有公安交通管理机关同意的证明。③受害人主张交通费的时候，必须说明用途并出具交通费的正式票据。

注意，法院要审查这些票据与就医的时间、地点、人数、次数是否吻合，如不吻合，就不能计入赔偿数额。

（5）伙食费的证据。包括：①住院伙食补助费补助的是住院的受害人（需提交抢救或住院治疗期间的天数证明，赔偿标准按当地国家机关工作人员出差伙食补助标准的证明）；②受害人确有必要到外地治疗，因客观原因不能住院，受害人本人及其陪护人员实际发生的住宿费和伙食费，其合理部分应予赔偿。

（6）住宿费的证据。包括：①证明到外地治疗"确有必要"，比如当地没有足够的医疗条件或没有先进的仪器，并且因为客观原因不能住院，比如病房已经注满或医院晚上停诊等情况；②正式票据证明受害人确实花费了住宿费；③对应时间内的就诊票据或处理事故的凭证。

（7）营养费的证据：医疗机构的意见。

（8）残疾赔偿金证据，包括：①道路交通事故伤残评定书或道路交通事故伤残重新评定书；②身份证和户籍证明；③受诉法院所在地，或受害人住所地或经常居住地的统计局关于上一年度城镇居民人均可支配收入或农村居民人均纯收入的统计数据。

（9）残疾辅助器具费的证据，包括：①残疾辅助器具购置发票；②县级以上医院对伤者需要残疾辅助器具的证明；③省民政部门指定的国产普及型器具的价格标准证明；④义肢配置机构对义肢的更换周期和赔偿期限的证明；⑤事故伤残评定书。

（10）丧葬费证据：受诉法院所在地上一年度职工月平均工资标准。

（11）被抚养人生活费的证据，包括：①当事人的死亡证明或丧失劳动能力的证明、户口簿和身份证；②被抚养人户籍证明和身份证明；③被抚养人的年龄、无劳动能力证明，同时提供村民委员会或居民委员会证明其无其他生活来源的书面证明；④在校学生学校的证明；⑤街道或乡（镇）政府及派出所出具的抚养关系证明；⑥城镇居民人均消费性支出或农村人均年生活消费性支出。

（12）死亡赔偿金的证明，包括：①死亡证明书；②受诉法院所在地，或受害人住所地或经常居住地的统计局关于上一年度城镇居民人均可支配收入或农村居民人均纯收入的统计数据。

（13）财产直接损失费证据，包括：①车辆损坏的评估单，修理施工单及发票；②财物损失清单；③关于牲畜因伤失去使用价值或死亡的物价部门的评估单；④不便提交的大宗物品，易烂霉变和不易保管的物品，应有原物的照片、估价证明及鉴定结论。

（14）财产间接损失费证据，包括：①机动车行驶证、车辆营运证及营运合同、劳动合同等证明车辆有运营资格且有营运任务；②行驶线路和每天营运收入的证明；③停运时间的证明，主要是修复出厂的证明；④受损物品批发价格和自己所在地区零售价格差，以证明货物损失了必将获得的利益。

第二节　律师的质证工作

一、律师质证的程序

根据《最高人民法院关于民事诉讼证据的若干规定》的规定，质证时，当事人应当围绕证据的真实性、关联性、合法性，针对证据证明力有无以及证明力大小，进行质疑、说明与辩驳。一般说来，质证的程序包括以下三下步骤：

1. 一方出示证据。

2. 另一方辨认证据。一方当事人出示证据后，由另一方进行辨认。辨认的意义在于了解另一方当事人对所出示证据的态度，以便决定是否需要进行质证。辨认的结果分为认可和不予认可两种。如承认对方出示的证据的真实性和证明力，法官可以当庭确认其证明力，无须作进一步质证。

3. 对证据质询和辩驳。一方出示的证据为另一方否认其真实性、关联性或合法性的，否认一方需要向法庭说明否认的理由。质证方陈述完否认的理由后，出示方还可以针对否认的理由进行反驳。然后再由质证方对反驳的理由进行辩驳，直至法庭认为该证据已审查核实清楚。

在质证过程中，质证方经法庭许可可以向出示方提出各种问题，除非所提问题与质证目的无关。

审判人员在必要时，也可以向当事人发问。如果在当事人的陈述中，法官认为有些事实还没有说清查清，可以主动询问当事人。法官就举证质证所提问题带有明显目的性，当事人一定要重视，想好后再回答，不能过于草率。

二、质证的具体顺序

当事人质证按下列顺序进行：

1. 原告出示证据，被告、第三人与原告进行质证。

2. 被告出示证据，原告、第三人与被告进行质证。

3. 第三人出示证据，原告、被告与第三人进行质证。

质证时需注意以下问题：

1. 人民法院依照当事人申请调查收集的证据，作为提出申请的一方当事人提供的证据。

2. 人民法院依照职权调查收集的证据应当在庭审时出示，听取当事人意见，并可就调查收集该证据的情况予以说明。

3. 对人民法院依照当事人申请调查收集的证据的态度：①人民法院依照当事人申请调查收集的证据，作为提出申请的一方当事人提供的证据，在本质属性上仍然属于当事人提出的支持其诉讼主张的证据。因此，仍应质证。②要对证据质证，而不是对法官评论。

4. 对人民法院依照职权调查收集的证据的态度：①人民法院依照职权调查收集的证据，并不具有优越的地位。因此，人民法院依照职权调查收集的证据应当在庭审时出示，听取当事人意见，并可就调查收集该证据的情况予以说明。②对该证据如果有不同意见，要针对证据与当事人辩驳，而不要同法官争执与辩驳。

三、质证的内容

作为定案根据的证据的特性，表现在证据的证据能力和证明力两个方面。质证时，应当围绕这两个方面来进行质疑、说明和辩驳。

（一）质证应当审查证据的证据能力

证据能力，即证据资格或者称为证据的可采性。证据必须具有真实性、关联性、合法性的特征，因而质证要围绕这"三性"，并针对证据证明力有无以及证明力大小，进行质疑、说明与辩驳。任何一个具体事实，要成为定案的根据，必须符合以下三个特征：

1. 证据的真实性。"真实性"，主要是指证据的内容是否真实。比如，为证明第三者与被告来往密切的电话清单，上面因为没有电信部门的盖章，因此，对于该通话记录的真实性，在一方提出异议的情况下，法院就很难予以采纳。对证据真实性的要求，主要在于庭审时，需要当事人将证据原件一并带上，准备接受对方质证，切不可将关键证据的原件遗忘，造成诉讼中的被动。

2. 证据的关联性。"关联性"，主要是要求出示的证据与本案争议焦点有关联，而不是与本案无关。比如，在离婚案件中，原告提交了被告舅舅因故意伤害罪被判刑的判决书，欲证实被告家有家庭暴力的遗风。这里，被告就可以对该证据的关联性提出异议。因为原告是和被告打离婚官司，而不是要和被告舅舅离婚，被告亲属是否曾有暴力行为，与被告没有直接关系，也与本离婚案件的审理没有直接关系。因此，该份证据就可能因缺乏证据的"关联性"而不被法院采纳。

3. 证据的合法性。"合法性"，主要是证据的来源是否合法。具体包括：①证据必须是法定人员依照法律规定的程序和方法收集的。②证据必须具备合法的形式。③证据必须有合法的来源。比如说，某案件中，某女欲证明某男有婚外情，请私人侦探利用针孔摄像头拍摄的录像就存在合法性问题。因为根据法律规定，针孔摄像头是国家明令非侦察部门禁止使用的专用设备，用非法设备获取的证据，自然不能被法院认定。再如，为了证明第三者与自己的配偶有婚外情，到第三者家破门而入，搜寻到的双方的情书，也因为违法行为在先，导致证据取得的非法。

（二）质证应当审查证据的证明力

当事人针对证据的证明力有无以及证明力大小，进行质疑、说明与辩驳的过程，这也是法官心证的形成过程。

1. 要根据每个证据本身所具有的不同特点，具体问题具体分析，进行必要的查证核实。

2. 要综合全案证据，审查所有的证据之间是否协调一致。

3. 在庭审质证时，不仅要从证据本身出发对证据进行质证，也要从程序上对证据进行质证。比如，对方是否在指定的期限内向法院提交证据。如果一方的举证不是在举证期限内的举证，或者不属于"新的证据"的范围，另一方当事人有权拒绝质证。

四、质证方法

（一）单一质证

即一事一证一质，即将对方当事人所举的证据和法院调取的证据逐一加以质证，并提出反驳证据或意见。

（二）一组一质证

即阶段质证，即一事一证，一证一质。

（三）分类质证

即对证据或诉讼请求依据一定的标准先进行分类，确定几条线索，再加以质证。

（四）综合质证

即对全案待证事实和所有证据进行集中认证。

以上四种质证方式，在审判实践中可以单独运用，也可以交叉运用。

五、质证的技巧

（一）听的技巧

1. 聚精会神。边听、边记，做到不遗漏、不误解。

2. 不被对方情绪性词语所干扰。

3. 注意对方的语气、语调、语速等。要善于听音辨调，注意对方的言外之意。

（二）看的技巧

对法庭上出示的书证、物证、视听资料等证据材料，要仔细辨别。辨认，是对该类证据最主要的调查手段。

（三）问的技巧

出庭前准备发问提纲，在法庭调查时依据庭审调查情况变化，再适当调整。主要审查以下内容：

1. 证人、鉴定人、勘验人员的作证资格。

2. 证人证言和鉴定意见及勘验结果是否真实。

3. 证人、鉴定人、勘验人员是否在程序上违法。

4. 证人、鉴定人、勘验人员的证明是否与案件相关等。

已经清楚的问题，不必再质问；比较清楚的但还有些不足的问题，要变换角度发问，以免"重复发问"之嫌；对根本未涉及的或不够清楚的问题应有计划地发问。

六、对常见证据种类的质证方法

(一) 对物证、书证的质证方法

对物证、书证的质证，应针对物证、书证本身存在的问题，通过提出质疑，否定其证据效力。就单个证据的质证来讲，通常是从证据的客观性、关联性、合法性三个方面提出问题、发表意见。因为否定了证据的客观性，就使该证据失去了证明的事实基础；否定了证据的关联性，就使该证据割裂了与待证案件事实之间的联系；否定了证据的合法性，就使该证据丧失了作为证据的法律资格。但是，对物证、书证的质证不能局限于、分散在一个一个孤立的证据外，还要注意从物证、书证的相互联系上、整体关系上进行质证。下面以刑事诉讼为例，简要说明物证、书证的质证方法。

1. 对证据不足的物证、书证的质证方法。证据不足，即对被告人构成犯罪的关键情节没有证据证明，或者控方指控犯罪的证据与其他证据之间存在矛盾，不能排除。其原因往往在于，侦查机关认为在勘验、检查、搜查中发现的血迹、指纹、足迹、字迹、毛发、液体、人体组织等与案件无关，就没有提取，或认为物证、书证应当提取，但因客观条件限制而未提取到。对此，控方应当说明具体原因，如果控方拒绝说明，辩护律师就应向法庭阐释提取相关物证、书证的必要性和可能性。这种论证证据的立足点主要有二，一是犯罪构成四要件的物证、书证不充分，二是用以证明犯罪构成要件的物证、书证之间存在矛盾。论证物证、书证不足的方法主要是归纳论证和对比论证。归纳论证，就是用案件中已经能够得到证明的客观事实来证明，如果不提取相关物证、书证，控方的指控就不成立。对比论证，就是在同一个证明标准的指引下，将控方意图证明的事项与已有充分的证据能够证明的事实之间进行对比，从而得出，在相同证明标准的要求下，控方证据中缺少了必要的物证、书证，也就不能证明待证事实。

2. 对不能作为定案根据的物证、书证的质证方法。不能作为定案根据的物证、书证，一是物证、书证本身不具有客观性，不是原物、原件，或者复印件、复制品与原件、原物不相符合；二是勘验、检查、搜查提取的物证、书证，程序违法，或者没有附勘验、检查、搜查记录，无法证明物证、书证的来源。

对此，辩护人可以从三个方面进行质证：①如果控方当庭没有出示物证、书证的原物、原件，辩护人就应提问控方是否提取了原物、原件，如果已提取，就应当当庭质证。如果没有提取，辩护人应当提出质疑，要求控方说明没有提取的理由，并审查该理由是否合法合理。②对于控方当庭出示的物证照片、录像或复制品，书证副本、复印件，如果辩护人在会见被告人时或从案卷中发现上述物证、书证模糊不清，不能客观反映原物的外形和特征，或者与原件、原物不相符合，就应当庭对其客观性、真实性提出质疑。③如果是勘验、检查、搜查获取的物证，辩护人可以对其取得程序的合法性进行质证，着重审查制作过程是否合法，有无记录，如果控方无法出示勘验、检查、搜查笔录，又不能说清证据来源，辩护人则可以提出该证据缺乏真实性，建议法庭不予采信。

3. 对需要辨认、鉴定的物证、书证的质证方法。辩护律师首先需要明确物证、书证辨认、鉴定的要求，即具备辨认条件的物证、书证应当交由当事人或者证人进行辨认，必要时应当进行鉴定。

（1）具备辨认条件的物证、书证，就应当进行辨认。司法实践中，并非所有的物证、书证都具备辨认条件。有些物证本身由于空间、自然环境的变化，已经丧失原有特性；有些书证由于涂改、毁损、丢失等，已无法辨认或鉴定。从辩护律师的视角出发，笔者认为，应当以辨认为原则，不辨认为例外，不能仅因控方认为指控被告人犯罪的事实已然确实、充分，就不再辨认。是否具备辨认条件，控方有义务说明，如果控方拒绝说明，辩护人就应当就具备辨认条件予以论证，并向法庭书面提出辨认申请。此时，重点在于如何对具备辨认条件进行论证。辨认条件，主要有二，一是辨认对象，主要有四类，即人、物、尸体和犯罪地点，在它们客观存在的情况下，就应当具备了辨认的部分条件，二是部分辨认主体的自愿，辨认原则上是强制侦查行为，但例外情况下（经被辨认人同意）也可以是任意侦查行为。因此，在证人辨认的情况下，如果证人同意，就应当认为具备了部分辨认条件。

对于具备辨认条件的物证、书证，如果侦查机关进行了辨认，作为辩护律师，还应当从辨认程序、规则等角度进行质证。辨认的规则之一就是自由辨认，辩护律师通过对辨认人（如被告人、被害人、证人）的发问或阅卷，质证辨认程序是否违背自由辨认规则，在辨认过程中侦查人员有无暗示或诱导，如果存在这种情况，律师就可以从证据的真实性角度提出质证意见。对于控方举证的辨认笔录，辩护律师可以从混杂辨认规则的角度质证。侦查人员应当将被辨认的人或物混杂在若干个无关但与其相似的人或物中，让辨认人辨认，否则，辩护律师可以提出该证据不具有客观性，因为，辨认人没有比较，就不能保证辨认的准确性；辨认主体为两个以上的，应当分别、单独辨认，辩护律师也可以从此角度质证，如果违背这一原则，则可以提出证据缺乏客观性，辨认无效。

对于辨认程序的质证，律师可以通过对公诉方出示的辨认笔录，从辨认笔录的形式上，如辨认笔录是否有辨认时间、地点、对象、目的等内容，辨认时间是否有起止时间，是否具体填写到几时几分；辨认活动过程及结论部分是否写明了辨认人进行辨认的具体情况和现实条件，提供辨认的对象的情况，辨认的方法和辨认过程中辨认人的态度，以及辨认结果；笔录中是否如实记录辨认人的原话，有时还要有辨认人对辨认提出的异议和要求等；辨认笔录的尾部是否有参加辨认的侦查人员、辨认人、见证人和记录人签名，并由辨认人加盖本人私章或按指印等方面进行质证，以提出证据不具有客观真实性，或程序违法等质证意见。

（2）对具备条件的物证、书证的鉴定，法律规定为"必要时"，但如何理解"必要时"，法律并未细化。笔者认为，如具备鉴定条件，从刑事诉讼"事实清楚，证据确实、充分"的证明标准出发，对与案件事实具有关联性的物证、书证都应当毫无例外地进行鉴定。这里，控辩双方对"关联性"的判断将直接影响到鉴定程序的启动。笔者认为，《刑事诉讼法》明确要求控方既要提供对被告人不利的证据，也要提供对被告人有利的证据，对那些与有利证据相关的鉴定，将直接影响到对被告人的定罪量刑。因此，应当尽可能地对物证、书证进行鉴定。虽然，司法实践中是否启动鉴定程序的最终决定权并不在辩护律师，但应当把握两个原则：一是物证、书证本身具备鉴定的条件；二是只有通过鉴定才能确定证据的唯一性，排除其他合理怀疑。如果是这两种情况，应当认为有必要进行鉴定，如没有鉴定，律师可以提出质证意见，认为该证据不能排除合理怀疑，没有鉴定不能确定其唯一性，在存在其他可能性的情况下，不能作为定案的根据。

4. 对瑕疵物证、书证的质证方法。瑕疵物证、书证是指，因物证、书证的收集程序、方式、形式存在瑕疵而造成的物证、书证作为证据使用时的缺陷。比如，收集调取的物证、书证，在勘验、检查、辨认、侦查实验笔录，搜查笔录，提取笔录，扣押清单上没有侦查人员、物品持有人、见证人签名或者物品特征、数量、质量、名称等注明不详；收集调取物证照片、录像或者复制品，书证的副本、复制件未注明与原件核对无异，无复制时间、无被收集、调取人（单位）签名（盖章）的；物证照片、录像或者复制品，书证的副本、复制件没有制作人关于制作过程及原物、原件存放于何处的说明或者说明中无签名的；物证、书证的收集程序、方式存在其他瑕疵的；等等。

对于这样的证据进行质证，辩护律师首先要清楚物证、书证的收集程序和方式。《刑事诉讼法》第50条规定："审判人员、检察人员、侦查人员必须依照法定程序，收集能够证实犯罪嫌疑人、被告人有罪或者无罪、犯罪情节轻重的各种证据。严禁刑讯逼供和以威胁、引诱、欺骗以及其他非法方法收集证据，不得强迫任何人证实自己有罪。必须保证一切与案件有关或者了解案情的公民，有客观地充分地提供证据的条件，除特殊情况外，可以吸收他们协助调查。"这里仅规定了收集证据要按照法定程序，并列举了几种非法取证的手段、方式。司法实践中，辩护律师应当以此为参照，结合被告人供述和辩解等其他证据，如果发现对物证、书证的取证存在程序违法，则可以从证据的合法性角度进行质证。

辩护律师应当掌握勘验、检查、辨认、侦查实验、搜查、提取笔录、扣押清单如何制作，内容上应包含哪些方面，哪些内容是不可缺少的，哪些内容缺少了将影响证据的证明力。法律并没有明确规定上述笔录的制作标准，司法实践中，一般把握这样的原则：现场勘查笔录应把现场一切与犯罪有关的客观事实和侦查人员进行勘验的情况以及现场绘图、现场照相和现场录像都如实记录下来，并且参加勘验的人员及见证人都应签名或盖章；搜查情况应制成笔录，有侦查人员和被搜查人或者家属、邻居或者其他见证人签名或盖章，如被搜查人或者家属在逃或者拒绝签名盖章，应在笔录中注明；对扣押的物品、文件，应当会同在场见证人和被扣押物品持有人查点清楚，当场开列清单一式两份，由侦查人员、见证人和持有人签名或盖章，一份交给持有人，另一份附卷备查。在勘验、检查、辨认、侦查实验、搜查、扣押笔录中，还应当载明物品特征、数量、质量、名称等；对于物证的照片、录像、复制品或书证的副本、复印件应当注明与原件核对无异，注明复制时间、制作过程，原物、原件存放何处，并有收集人、调取人或单位的签名或盖章。

辩护律师通过阅卷掌握这些证据的瑕疵后，质证时，应先提出证据存在什么样的瑕疵，之后，再从证据的客观性、合法性方面提出质证意见。如没有相关人员签字，物证、书证的名称、数量不详，怎么作为定案的根据。又如，没有制作时间、制作过程，对原物、原件存放何处没有说明，也不能确定证据的客观性、合法性。再比如，物证、书证的收集方式存在瑕疵，无证扣押等，这种程序违法，不能让人信服证据的合法性，不能作为定案依据。

（二）对证人证言的质证方法

在诉讼中，证人证言是指证人就所了解的案件情况向人民法院、人民检察院和公安机关以及辩护律师作出的口头或书面的陈述。证人证言是刑事诉讼中广泛采用的证据。几乎所有的案件都有证人证言，有些案件主要靠证人证言定案。可证人证言并不都是可靠的，由于主观和客观方面的某些原因，证人的证言常出现虚假和错误，因此，律师必须对证人证言进行充分的质证。一般来说，对证人证言的质证要注意以下问题。

1. 证人资格。证人资格，是指证人应具备的条件。证人必须符合以下三个条件：

（1）证人必须是自然人，而不是法人。在司法实践中，有些单位也经常写一些与案件有关的材料提交给公检法机关或辩护律师，例如被告人在单位的一贯表现或者对案件情况的某些说明，这些材料也是作为证据材料来使用的，但他们不是证人证言，使用时，可以做一些转化工作，即将其转化为证人证言。但也可以将其视为是一种书证，按照审查书证的方法去审查这些材料的真实性。

（2）证人必须了解案件的真实情况。证人是以其感觉器官了解案件情况的人。当然这种了解可以是自己亲眼看到的或亲耳听到的，也可以是别人听到和别人看到后而转告的。对别人转告的情况，必须说明来源，说不出来源，或者道听途说的消息，或者只是个人的估计、猜测等，则属于"不了解案件情况的人"，不具有证人资格。

（3）证人必须是能够正确表达的人。证人证言要通过证人自己口头或书面的形式表达出来。不能正确表达的人，提供不了对查清案件事实有意义的证言，不能作为证人。

司法实践中，关于证人资格，有五种特殊情况需注意：

（1）精神病患者能否作为证人。精神病患者，其大脑已失去正常的机能，不能辨别是非，因此不能作证。不过，间歇性的精神病人在精神正常期间，如果能够辨别是非、正确表达的，则可以作为证人。当然，对间歇性的精神病患者提供的证言，也要对患者感受记忆案件事实的时间进行分析，以对其作证能力作出判断。限制责任能力的精神病人，虽然可以作证，但其证言的可靠性相对较低。

（2）未满14周岁的儿童能否作为证人。未满14周岁的儿童，由于不能正确表达自己的意志，一般不能作为证人。但对于一些与其感受能力相当的简单的人或事物，幼童则是能够表达的。例如，一小男孩虽只有10周岁，但在案发现场看到一个作案者是其认识的"叔叔"，这个证言经查证属实，是可以作为证实被告人身份的证据使用的。在具体案件中，某年幼人能否作为证人，应根据具体情况及向他们询问的事实的繁简程度而定，在向他们询问时，应符合年幼人的特点。

（3）被告人亲属或被害人亲属的证言的效力应如何评价。应该说，法律上没有限制亲属作证。《最高人民法院关于与案件有直接利害关系的人能否当证人等问题的复函》（法研字第12573号）中答复："除法律有特别规定外，一般公民不论他与案件有无直接利害关系都可以作为证人出庭作证。但在衡量他的证言时，应当对他与案件有直接利害关系一点，加以斟酌，采纳他的证言时需要慎重，真实可靠的证言仍可采用。"因此，对被告人或被害人亲属的证言不能一概地排斥。相反，对被告人有利的辩护证据，则应努力坚持，而对被告人不利的证据，则要想办法削弱其证明力。

（4）警察或其他侦查人员是否为证人。国外司法界有句名言："警察是法庭的公仆。"意思是说，警察有义务为法庭审判的顺利进行、为保证司法公正提供服务。其中作为证人出庭也是警察服务于法庭审判的一个重要的内容。警察常作为控方的证人，在辩方的要求下出庭作证，作证的重要内容是了解警察在实施侦查行为时的情况，如逮捕、搜查、扣押、讯问、现场勘验等，使法庭明确警察对某一实物证据的保全情况等。在我国的司法实践中，很少有警察作为证人出庭作证，即使辩护律师对警察是否刑讯逼供需要质证，也大都以书面证言的方式解决。事实上，根据刑事诉讼法的规定，警察既然了解案件的情况，而这一情况与被告人定罪量刑有联系，就应该出庭作证。

（5）同案的被告人是否为证人。这在理论上和实践中都有争议。有观点认为，既然刑事诉讼法规定，凡是知道案件情况的人，都有作证的义务。同案的共犯知道案件的情况，应该是证人。有学者认为，共同犯罪的嫌疑人的供述，特殊情况下可作为证词使用。司法实践中，经常利用同案的被告人互相揭发作证，这就使被告人在共同犯罪的案件中，既是被告人，又是证人。笔者以为，从诉讼地位看，证人是刑事诉讼的参与人，共犯是刑事诉讼的当事人；从程序上看，共犯的"证言"是通过讯问犯罪嫌疑人、被告人取得的，而证人证言是通过询问证人的方式取得的，因此，共犯的口供不是证人证言。故共同被告人不具有独立的相互证明性。共同被告人是由于实体上的涉嫌共同犯罪形成的，由于彼此的犯罪行为具有牵连性，因而不能用某一犯罪嫌疑人、被告人供述来审查另一犯罪嫌疑人、被告人供述是否确实，也不能简单地以若干犯罪嫌疑人、被告人供述的机械相加表明某一案件的证据已经达到充分的程度。总之，在共同犯罪案件中，同案犯罪嫌疑人、被告人供述虽然作为一个单独的证据种类，但其仍是犯罪嫌疑人、被告人供述，并没有增加新的证据种类。

2. 对证人证言的质证的具体要求。对证人证言的质证分为两种情形：

（1）对到庭证人证言的质询。包括：①证人与当事人之间的关系。②证人的主观能力，如理解力、记忆力、表达能力、感觉能力等。③证人的基本情况。④证人证言的来源及合法性。⑤证人感知案件事实时的环境和条件。证人是否受到欺骗、引诱、指使、贿赂、收买、威胁等行为的干预。⑥证言的内容及要证明的问题。⑦证人前后的证言是否矛盾。⑧证言与其他证据的相互印证及其因果关系。

（2）对证人证词的质证，即是对法庭上宣读的未到庭的证人证言的质证。包括：①证词形成的时间、地点和环境。②证词的来源。是证人耳闻目睹的事实，还是听别人传说的。③证人与当事人之间的关系。④证人的基本情况。⑤证人的主观能力。如理解力、记忆力、表达能力、感觉能力等。⑥证词的内容及要证明的问题。⑦证词的真伪。⑧证词与其他证据的相互印证及其因果关系。⑨证人未能出庭的原因；必要时，要求当庭质证，或提出不可信的意见。⑩证人与事故处理结果有无利害关系。

注意证人与案件和当事人的关系，尤其是与当事人有利害关系的证人，更要通过查明他作证的思想动机来判断其证言的可靠性，对于与案件或当事人没有利害关系的证人，主要是审查证人提供证据的准确程度，例如考虑案件发生时证人所处的周围环境如何，辨别是非的能力，记忆力情况以及再度重述的能力怎样等等。证人的觉悟高低、思想品质好坏等也是影响证人证言真实性的重要因素。

对证人证词进行质证时应当注意以下问题：①对宣读的证词有疑问的，一定要亲自辨认。②证人未出庭的原因不属于法定情形的，可向法庭要求证人出庭作证，否则，不认可该证据。

（三）对鉴定意见的质证方法

对鉴定书的质证至少应关注以下几个方面：

1. 鉴定人和鉴定机构是否具有鉴定资质。一份鉴定书上载明的鉴定人和鉴定机构任一不具有相应资质的，鉴定意见即为非法，不应作为定案的依据。

一般情况下，鉴定书附有鉴定人和鉴定机构的鉴定资质证书。资质证书是证明鉴定资质的凭证。如果不附有鉴定资质证书，代理律师应该要求鉴定人和鉴定机构出具。审查鉴定证书至少需注意以下三点：①核对鉴定证书中的姓名或名称与鉴定人或鉴定机构是否完全一致；②审查鉴定证书的有效日期，看鉴定意见是否在资质证书有效期内出具；③审查资质证书的颁发单位，进一步查证颁发单位是否有权力颁发该鉴定资质证书。

从事法医类鉴定、物证类鉴定、声像类鉴定的鉴定人和鉴定机构应为在各省级司法行政部门登记的鉴定人和鉴定机构。

2. 鉴定委托程序是否合法。在刑事诉讼中，鉴定的委托分为法院委托、检察院委托和公安机关委托。鉴定委托程序的合法性表现在三方面：①鉴定委托人限于人民法院、人民检察院和公安机关；②接受委托的只能是鉴定机构，鉴定人不得直接接受委托；③鉴定委托协议不得约定根据鉴定结果的具体情况支付鉴定费用。

3. 委托鉴定事项与鉴定意见一致。超出鉴定委托范围的鉴定意见不应作为定案的依据。

4. 样本必须是真实的。如果样本书写人可以到场，可以监督书写人书写，以确保样本真实。如果样本书写人因其他客观原因无法亲自到场，应尽量要求以公证的形式提取笔迹样本。如果样本书写人已经过世，代理律师应使出浑身解数查证样本的真实性。

5. 鉴定程序和鉴定方法是否符合规范，鉴定所依据的标准是否正确、有效。鉴定是运用科学技术或者专门知识对专门性问题进行鉴别和判断并提供鉴定意见的活动。鉴定的程序和方法是否符合规范，决定了鉴定结果的准确、可信程度。但对于没有鉴定专业知识背景的普通代理律师而言，查证这个问题是相当困难的。如果当事人同意，我们可以聘请另外一家鉴定机构或者专家辅助人，对已有的鉴定意见进行审查。在查证过程中尤其应关注鉴定程序、鉴定方法是否符合规范。

6. 鉴定报告形式是否合法。代理律师对鉴定书进行形式审查包括：①委托人名称、委托鉴定的内容；②委托鉴定的材料；③鉴定的依据及使用的科学技术手段；④对鉴定过程的说明；⑤明确的鉴定意见；⑥对鉴定人鉴定资格的说明；⑦鉴定人员及鉴定机构签名盖章。

7. 鉴定人出庭。《全国人民代表大会常务委员会关于司法鉴定管理问题的决定》第11条规定："在诉讼中，当事人对鉴定意见有异议的，经人民法院依法通知，鉴定人应当出庭作证。"根据前述规定，当事人对鉴定有异议时，鉴定人应当出庭作证，并就鉴定方法、程序等事宜进行说明，这已经构成鉴定人的法定义务。如果鉴定人没有正当理由，拒绝出庭，导致当事人的异议无法查证的，鉴定意见不能作为定案的依据。

【思考题】

1. 民间借贷纠纷、医疗纠纷、著作权纠纷、劳动争议纠纷、名誉权纠纷等案件在举证的时候需要注意哪些问题？

2. 当事人陈述、视听资料、电子数据、勘验笔录等证据种类的质证需要注意哪些问题？

第 十 一 章

律师专项法律事务

【内容提要】律师专项法律事务可分为律师专项诉讼法律事务和律师专项非诉讼法律事务。律师在从事法律事务的过程中，无论是从事专项诉讼法律事务还是专项非诉讼法律事务，都离不开如何面对当事人的咨询和代书问题。因此，本章首先对咨询和代书进行讲述。然后，考虑到本书的编排，分别选取律师专项诉讼法律事务中的律师如何处理企业或公司破产法律事务和道路交通事故处理事务，以及律师专项非诉讼法律事务中的项目谈判事务、公司治理事务，以及公司如何上市事务等进行讲述。

【本章重点与难点】专项非诉讼法律事务；公司治理事务；公司上市事务。

第一节　破产法律事务

市场经济之发展必然会导致市场主体的优胜劣汰，而发展途径之一则为破产，即市场主体之破产。然而自有破产之说以来，破产总不能成为其"破产"，破产秩序一片混乱，如破产秩序混乱，则市场秩序必然混乱，长此以往，必将导致市场衰退，民众生活悲苦，由此国民经济之发展、社会之和谐也将成为一句空话。

一、我国破产立法的现状及现实应用

根据我国破产立法的现状可以看出，围绕政府这个中心有五个主体与之相对应，它们分别是债权人、清算组、职工、法院及企业的上级主管部门，由此形成了五对关系，即政府与债权人关系、政府与清算组关系、政府与职工关系、政府与法院关系及政府与企业的上级主管部门关系。而作为破产人呢？它作为这些关系的一个连接点，如果没有这个连接点，这些关系将无法形成，而实际上，破产人也在这些关系主体中，它是一个纯粹的被动主体，它犹如法律客体一样，被动地接受来自主体的支配。在现存的破产秩序中，的确就是这样的一种模型，政府在破产程序中，处于一个主导者的地位，企业破产与否的申请首先要向政府提出申请，然后才可以向法院提出申请。其实作为法律主体，企业是有资格在具备一

定条件时向法院申请破产的，也就是说这是企业的一个基本权利，然而现实的破产生活中则恰恰相反，必须要通过政府才可以，政府的手伸得过长，不利于市场经济的自我调节，也不利于企业的长远发展，对于职工的利益保护更是起不到应有的作用。通过以下这则政府文件，我们可以看出政府对于破产的主导作用。日政发〔2004〕9号《关于市属企业破产有关问题的试行意见》中第7条规定："切实加强对企业破产重组工作的组织领导。市政府成立以分管秘书长任组长，体改办、经贸委、财政局、国土资源局、劳动和社会保障局、审计局、公安局、工会等部门负责人参加的市企业破产工作协调指导小组，主要职责是：负责企业进入破产程序前、破产清算过程中和破产终结后的指导组织协调工作；审查企业破产预案；及时处理企业破产过程中的重点、难点问题。指导小组办公室设在市体改办，负责市属企业破产重组的日常管理工作。企业申请破产，应事先报经企业主管部门和市破产工作协调指导小组同意。协调指导小组要认真审核破产原因、企业职工情况和安置预案、土地资产、相关财产情况及变卖意向、重组预案等，确保企业破产过程中和破产后的稳定工作。经审查同意后出具相关文件。企业按法定程序向人民法院提出书面破产申请，并提交有关材料……"企业申请破产以后，就很有可能进入和解、重整或清算程序。

二、律师在公司或企业破产过程中所从事的法律事务

由于破产事务复杂，非专业人士很难处理。因此，律师介入破产程序就显得格外重要。在破产的不同阶段，律师可以为企业或公司提供不同的法律服务。

1. 律师代理债权人申请对债务人进行破产清算。如果债务人不能清偿到期债务并且明显缺乏清偿能力，债权人最为明智的选择是要尽快主动向有关法院申请对债务人进行破产清算。众所周知，时间越长，市场的不确定因素也就越多，因此，拖延时间只会使债权人的损失越来越大。为了避免债权人受到重大损失、保护债权人的利益，律师可以代理债权人向法院申请对债务人进行破产清算。律师在进行代理的过程中，要注意做到以下几个方面：

（1）审查债务人是否已出现破产原因。

（2）审查确认债务人是否已无挽救可能。

（3）设计如何运作万一破产成功之预案。

（4）准备申请破产的证据和材料。

（5）担任代理人参与破产清算程序。

2. 律师代理债权人申请对债务人进行重整运作。如果债务人不能清偿到期债务，并且明显缺乏清偿能力，或者债务人有明显丧失清偿能力可能的，债权人依法可以向法院申请对债务人进行重整。当然，前提是债权人认为债务人仍有发展前景，同时对债务人进行重整也有利于维护债权人之利益，那么，律师就可以代理债权人对债务人进行重整。律师在进行代理的过程中，要注意做到以下几个方面：

（1）审查论证债务人是否符合重整条件及能否挽救。

（2）设计重整计划草案。

（3）准备申请重整的证据和材料。

（4）担任代理人参与重整程序。

（5）为重整计划的执行提供咨询服务。

3. 律师如何帮助债权人应对债务人已被申请破产清算的情况。在债务人自行申请破产清算或者被某一债权人申请破产清算的情况下，其他债权人只能被动参与破产程序。由于现实中的确存在一些破产逃债以及强烈的地方保护主义等不利因素，所以，此时更需要专业的律师来保护债权人的利益。律师在进行代理的过程中，要注意做到以下几个方面：

（1）申报债权并查明债务人的基本情况。

（2）设计应对预案。

（3）代理出席债权人会议行使各项权利。

（4）通过债权人委员会对管理人和债务人行使监督权。

（5）代理债权人对各项议案行使表决权。

（6）对破产清算程序中出现的问题依法行使诉权或请求权。

第二节　项目谈判事务

项目谈判事务是律师非诉法律事务的一个重要方面。与法庭诉讼不同，项目谈判往往是民间的、非官方的发生在当事人双方之间的一种平等交流的对话方式，通过此种方式，当事人双方了解彼此的合同签订目的及其他注意事项，从而实现自己利益最大化。

一、项目谈判的定义及其特征

（一）项目谈判的定义

项目谈判又称为合同谈判，是指合同当事人双方为了订立合同而进行的相互了解以及明确双方权利与义务的商谈活动。因合同谈判往往涉及一些较大的或是较为复杂的项目，比如房地产开发、国际贸易货物买卖等，所以又称为项目谈判。

（二）项目谈判的特征

1. 项目谈判的参加者多样化。除了合同双方的当事人之外，还包括双方聘请的律师、会计人员，等等。

2. 谈判的目的是为了签订合同。

3. 谈判的内容往往都很复杂，标的数额较大。

二、项目谈判时应遵循的基本原则

（一）平等原则

谈判双方不分单位大小、实力强弱，在法律地位上都是平等的，都应当互惠互利。如果一方只享受权利而不承担义务或者是另一方只尽义务却不享受权利，这样的合同很难签订。只有平等互利才能达到"双赢"的结果。

（二）协商原则

谈判时，不可避免地要发生争议。在发生争议的时候，强迫、要挟、欺骗等手段都不是解决问题的好办法。谈判往往正是在冲突中实现双方的合同目的。双方应通过友好协商的方式解决争议。如果双方在合作的开始就不愉快，以后就很难顺利履行合同。

（三）求同存异原则

在现实的谈判过程中，只有极少数的谈判是经过一次谈判而签订合同的。因此这就要求谈判双方在商谈过程中要采取求同存异的原则来进行。一次商谈达不成的内容，可以采取再另外选择时间或是其他的方式来进行商谈。不能因为一件事情不能谈妥而耽搁整个合同的签订。

三、项目谈判的程序

（一）谈判前的准备

1. 谈判目的。谈判前首先必须明确谈判的目的。谈判目的就是为了促使合同的签订。对于律师来说，则是在保证所代理方利益最大化的前提下，促成谈判达成共识。

2. 谈判人员的组成。在项目谈判中，律师要帮助委托方实现参加项目谈判人员组成的最大合理化。一般可建议委托方，谈判人员由以下人员构成：①项目决策人员，一般是委托方的董事长或是其他董事会成员等；②项目直接的管理人员，比如项目经理、项目组织人员等；③专业技术人员，如工程师、会计师、审计师、统计师等；④专业律师；⑤谈判助手，比如翻译、电脑文员等。

3. 谈判资料的构成。

（1）对方的工商登记资料、经营范围、经营特点。

（2）对方合作伙伴的商登记资料、经营范围、经营特点。

（3）对方的资信情况。包括向合作伙伴注册地或主要经营地政府主管部门调查合作伙伴的履行合同状况、纳税情况及各方面表现，了解其企业在当地政府部门及行业中的威望及信誉。

（4）对方谈判人员的身份、地位、性格、爱好、办事作风。

（5）设计多种谈判方案。

（6）设计出谈判的程序。首先开始谈什么，然后谈什么，最后谈什么，事先都要有一个大致的安排。同时，要想到哪些环节可能出现分歧，出现了这些分歧应采取什么对策，等等。

（7）谈判的文件，包括谈判预测报告、谈判议程、谈判建议、谈判方案、谈判笔记、谈判备忘录、谈判总结、谈判报告、谈判信件、项目建议书、可行性论证、意向书、协议书、章程、合同等。

比如，近几年发生的一起真实案例就显示出准备完善材料的重要性。2008年4月，我国某集团公司的董事长王某及所聘请律师李某一行带着产品图样去美国，直接同美商在谈判桌上商讨某设备出口事宜。谈判正式开始，在美国公司会议室内，双方进行了一次科研成果和策略的较量。双方因讨价还价、互不相让而致谈判陷入僵局。这时对方总裁提议休息一下。对此，董事长王某没有异议。第二天，依然如此。第三天、第四天，还没动静。连续几天，美国公司没有任何答复，也没有磋商意图。这时，董事长王某担心这样拖下去不仅会使谈判告吹，而且时间也将白费。面对如此局面的代理律师李某告诉董事长王某要冷静，特别是要给美方一副沉得住气的模样。律师李某到美国之前曾做过大量的调查研究，通过各种信息渠道了解到美国对外贸易政策的调整和机械制造行业的行情变化，对谈判全然成竹在胸。原来，美国为了保护本国的对外贸易，对韩国等国家或地区实行高关税政策。由于税率高及其他原因，韩国迟迟不发货，而美国公司已同客户签订了合同，急需投入生产。正巧，他们所需要的产品型号与中方公司生产的产品的规格基本一致，这就为中方公司讨价还价提供了保证。中方亲自送货上门，等于解决了美方燃眉之急，他们又哪里会拒绝呢？正是在这样充分调查的基础之上，律师李某才建议董事长王某稳坐泰山。后来，美方公司终于沉不住气，决定重开谈判，经过认真商谈，最后达成了协议。我们可以这样认为，这场谈判，关键是所聘请的律师李某事先做了准备，做到了未雨绸缪。在做好准备之后，又作出了正确的判断，终使谈判成功，未在对方控制的谈判节奏中失利。

不打无准备之仗，依赖于事前的调查，而需要调查的内容很多，诸如谈判所需的文字、图表、数据、音像等资料的收集整理，谈判地点的选择，谈判协议的草拟，谈判人员的衣食住行，等等。另外，选好谈判代表，明确谈判目的，确定最佳结果和最低限度，提出多种思路并预先设计好方案，拟定谈判日期、程序及使用的策略和技巧，分析对方可能采用的策略和战术并制订一套相应的对策。所有这些，都是谈判者应当考虑到的。办好这一切，这一仗才能打得有信心，才能做到出手准确无误，取得胜利。

（二）谈判过程

一般而言，谈判过程包括介绍、叙述、发问、答复、签字五个阶段。

介绍是指双方当事人以及参加项目谈判人员的介绍，包括对于项目本身的简单介绍等。叙述是指对项目本身作详细的阐述并提出自己的方案。叙述时，务必明确易懂、使对方明白自己的意思，如有较为艰深的词语，要加以解释。因为对方决不会同意做他们根本就不懂的事情。发问是根据一方对项目的阐述，另一方对其提出的一些疑问。答复则是指针对一方提出的疑问，另一方给予的回答。签字是指双方在洽谈达成一致的基础之上，在项目书上的签字，或是虽然没有达成一致，但是在会谈纪要上所作的签字。

四、项目谈判的技巧

（一）律师的身份

通常认为，律师参与谈判，当然是律师的身份。其实不然。虽然我们国家在快步向"法治国"前进，但是作为律师是否必须以律师的身份参与谈判值得大家探讨。一般而言，与国外的客户谈判，中方直接介绍律师的身份，外商一般都给予充分的理解，并且外商都很欢迎。因为从中国律师身上，可以了解中国的法规与政策，可以从法律角度了解中国的投资环境，许多问题有律师参与讨论，会有很好的结果，有助于提高工作效率。另外，可以提高中方投资商的地位，外商一定会认为，你是一家注重法律、恪守法律的企业，而不至于在今后的合作中翻云覆雨，任意改变投资决策。但在双方合作伙伴都是中国企业的情况下，除非双方都委托律师到场。否则有很多企业的老总都会心存芥蒂，往往以为生意还未做，就叫律师出场，似乎你会设计一个圈套叫别人钻进去。往往使谈判的气氛变得紧张，甚至谈到最后，没有聘请律师的一方会拒绝在会谈纪要上签字。比如有一名律师在参与房地产项目谈判中就碰到过这样的情况。谈判对手指着律师所代理的那方总经理说："还未谈合作，你就请律师来，想打官司哪！今天我不谈了。"所以，在中方企业之间的谈判中，要视情况向对方介绍是否是律师身份，必要时，可以向对方介绍律师是公司的副总，或为办公室主任，或业务部经理，或是公司董事等。

（二）倾听的艺术

倾听不但有助于了解问题的实质，而且有助于了解对方的动机，从而及时正确地作出判断，采取恰当的行为。倾听，要做到专注。一般听话时思索的速度比讲话时思索的速度要快 4 倍，要利用这多出来的时间进行思考、作出判断和寻求对策。倾听时还要以体态语言，如口头语、表情、手势等，向对方表达自己的了解程度，或是要求对方解释、澄清问题。同时，还要注意对方的面部表情、眼神和体态，以便对对方的感情、态度进行推断。另外要特别注意的是不要随便打断对方的谈话，要让对方把话说完。只有让对方把话说完，才能了解对方的真正意图，从而给予恰当的回答。

（三）发问的艺术

问话的作用在于取得自己所不知道的信息，或希望对方提供自己尚不知道的资料，或要求对方澄清我方尚未弄明确的问题，或是借此表达发问人的感受，或是提醒对方注意到某些重要的问题，为对方的思考提供新的思路等。有的问话还有利于终结话题。举例如下："您的意思是否是说……?"一类，这表示要澄清某个问题；"您有什么想法?"、"您有什么打算?"等一类表达了问话人探索的语气；"本协议，你们是今天实施还是明天实施?"这是将自己的意见抛给对方，使对方在一个很小的范围内进行选择；"这些货物，是本月中旬运到还是下旬运到?"这种提问方式属于强迫选择式，给人态度很坚决的印象。但应注意语气要缓和，措辞要得体，不要显得专横跋扈、强加于人；如果您只想了解一般情况，则提出一连串的问题请对方回答即可，如："能否请你们在质量、价款、运输各个方面谈谈意见呢?"还有一种有强烈暗示作用的问话，如："如果你方违约，我方就有权要求赔偿经济损失，是不是?"由此可见，发问的艺术对于谈判的结果是很重要的。比如，有一位做服装生意的个体户，当他预测到某一新款式的西装有较大销路时，便决定购进 400 件。于是与卖主进行谈判。为了了解从卖主处批发这批服装的最大报价，也就是服装的最大价格，他要求卖主分别提供对购买40 件、400 件、4000 件乃至 40 000 件的报价。卖主把价单送来后，眼光敏锐的他立即从中获得了许多有用的信息。由于卖主一般不愿失去此次卖出 400 件乃至多十倍百倍的大笔生意，因而在报价中它的价格会作相应的下降。从这种下降趋势中，就可以了解到西服的最低价（最小极限值）。在这种知己知彼的情况下，这位个体户以最合理的价格做成了这笔西装交易。其实，类似这样的案子数不胜数。一般说来，买主投出的每一块"石头"都能使自己更进一步了解卖主的商业习惯和动机，了解他可能抛售的最低价，从而增加选择机会。你可以这样丢出你的每块"石头"来测试卖方的反应。如："假如我们想再增大一些订货，你们在价格上能优惠到什么程度?""如果与贵厂订立长期合同，你们在价格上又怎么考虑?"每一个提问都是了解极限值（最低价）的探路"石头"，你可以通过对方购买数量、付款方式、交货时间、服务环节等问题的提问来了解对方的虚实。对卖主来说，拒绝对方的提问是不礼貌的，甚至有可能损失一笔大生意。如果能够销出一大批服装，卖主也愿意薄利多销，以最低的价格把货物送出手。有时候，买方不但要投石问路，了解情况，而且还可以来点胡搅蛮缠，用合理的冲撞去冲破卖方的心理防线。

（四）"退步"的艺术

"退步"，是使谈判继续进行并取得成功的常用技巧。其原则是：以小换大。但谈判中妥协让步并不简单，它牵扯到使用什么方法、在什么时机、以什么为代价等几方面的因素。必须经过缜密的考虑后才不至于出现失误或得不偿失的结果。

在一场谈判中，无论双方的实力如何，如果一方无原则地做出大幅度让步，那它便注定会失败。不管你事前站在多么有利的位置上，也不管你是出于怎么样的一种目的，一旦做了这种让步，那你在心理上就已经屈从对方了。从客观上讲，任何让步，不管大小，都会削弱自己的实力，使对方对他自己所采取的一切行动更有信心，甚至会使你的对手在头脑中改变对你的印象。当然，如果这种让步处于你能控制的范围之内，那么这种劣势，这种"心中印象的改变"就只是暂时的。但是如果你的让步过大，那么这种劣势将继续存在下去，甚至很可能进一步加深，严重影响谈判的进展，等待你的将是一个黯淡的前景。那么，谈判者怎样才能不至于在不知不觉之间做出大幅度的让步呢？很简单，不要打无准备之仗。事前你必须做好周密的准备，必须掌握足以支持和证实主张的凭据，以便有足够的力量对对方进行反击式的讨价还价，使对方有所收敛。

谈判场上风云突变，即使是非常有经验的谈判专家，有时也不得不做出适当的让步。不过，既然是非常有经验的谈判专家，他就有应付这一问题的办法。当你在迫不得已的被动情况下做出某种让步（甚至这种让步已经有损于你的利益）时，应该做的第一步是向对方详细说明自己之所以作出这种决定的原因。这种解释绝不是多此一举、可有可无的。它可让对方知道，你做出让步，并不是因为你的立场不稳，也不是你的主张有错误的地方。

在做出让步的同时，应尽量提出某种交换条件。比如可以说："关于你方所提的条件，我可以答应。但是这一让步对我们以后的发展非常不利，所以，我们希望你们能够……"这就向对方明确表示自己这一方不会做出单方面的让步，必须双方同时做出一定让步，谈判才可能达成某种妥协。这对双方都是极为有利的。

（五）答复的艺术

答复更趋向于承诺，是谈判中最重要的方面之一。答复不准确，就会给自己造成极大的被动。所以，答复时应掌握好以下技巧：

1. 在答复之前，要深思熟虑，充分思考。这样才能使答复恳切明确，有利于确定互利互惠的合作关系。如果对方提出的问题是自己始料不及的，千万不要随口答复。为了使自己获得一个充分的思考时间，或者获得一个内部商量的机会，可以用"记不清"、"资料不全"或"这个问题我们尚未进行认真的思考"等为由，拖延答复。

2. 要在弄清了问题的真正含义之后再进行答复。对方提出询问，或是为了了解问题的真正实质，或是为了获得确切的数据、数值，或是为了说定甚至说死我方到底要承担什么样的义务。对于这些问题，答复时要采取极为慎重的态度，说错了就要承担责任。

3. 谈判中要有标底，但不要一开始就将标底和盘端出。在谈判中，应知道什么该说什么不该说，什么先说什么后说。要知道，谈判是在双方之间进行的，双方的目标很少百分之百的一致。要使双方的目标趋于一致，就要通过一个反复的要约—反要约—要约最后到承诺的过程。因此，在谈判时，不仅要顾及自己的目标，同时也要顾及对方的目标。要准备在较高的标底的基础上，一点点让步，最后才能接近自己的标底。如果你一开始就交出标底，就没有讨价还价的余地了。

4. 要适时地运用回避手段。对于有些问题，当不能答或不便于答时就不可勉强作答，而要采取回避手法。如果能用一个幽默的方式回避一下，则更有利于打破僵局。

5. 在谈判终了时，对谈判要给予正面的、肯定的评价。不管结论如何，谈判都会给参与的双方带来一定的积极成果。所以，切勿以否定的话来结束谈判。不满意时，可以重开谈判或推迟订立合同的时间，但不必全盘否定。对于对方提出的问题予以巧妙的回答。应答技巧也有很多，但无论采用何种技巧，都应围绕"什么该说，什么不该说和如何去说"的原则进行，使自己在谈判中占据有利位置。

曾经有这样一个案子，据说，日本有几个人是世界上著名的谈判专家，被称为谈判高手。他们谈判成功的诀窍之一就是具有很强的耐心，对许多问题绝不会立即作答。有一次，日本一家航空公司就引进法国飞机的问题与法国的飞机制造厂商进行谈判。为让日方了解产品的性能，法国方面做了大量的准备工作，各种资料一应俱全。谈判一开始，急于求成的法方代表口若悬河，滔滔不绝地进行讲解，翻译忙得满头大汗。日本人埋头做笔记，仔细聆听，一言不发。法方最后问道："你们觉得怎样？"日本代表有礼貌地回答道："我们不明白。""不明白？这是什么意思？"法方代表焦急地问道。日方代表仍然以微笑作答："不明白，一切都不明白。"法方代表看到一切都要前功尽弃，付诸东流，沮丧地说："那么……你们希望我们怎么办？"日方提出："你们可以把全部资料再为我们重新解释一遍吗？"法方不得已，又重复一遍。这样反复几次的结果，日本人把价格压到了最低点。

其实，日本人之所以能把价格压到了最低点，关键就在于日本抓住代表急于达成协议的弱点，以"不明白"为借口，施以拖延战术，迫使对方主动把价格压下来。

第三节　律师专项道路交通安全事故法律事务

随着我国经济的发展，汽车等机动车越来越多地进入了家庭，由此使人们的生活发生了深刻变化，比如我们可以更加方便地以车代步出入城市的各个角落，甚或可以在双休日就走出城市，享受驾游的乐趣等，但不可否认的是，当你拥有机动车的那一刻起你就不得不防备着伴随你左右的车祸。据公安部交通管理局提供的数字显示，我国交通事故总量由 1986 年的 29 万起上升到 2002 年 77 万起，年均增长 6.3%；死亡人数由 1986 年的 5 万人上升到 2002 年的 10.9 万人，年均增长 5%；2000 年~2002 年，平均每年发生一次死亡 10 人以上的群死群伤特大交通事故 40 起左右；2013 年 1~8 月，全国发生一次死亡 10 人以上的群死群伤特大道路交通事故 32 起，造成 511 人死亡。发生交通事故之后，如何处理后续的事情，对于保障一个家庭甚或社会的稳定至关重要，由此，由律师代理当事人，处理交通安全事故就显得格外重要。

律师在处理交通安全事故中，要特别注意分清损害赔偿责任主体。因为只有确定了损害赔偿责任的主体，受害人被侵犯的权益才能得以维护。当然，这里，大家要注意交通事故损害赔偿责任主体和交通事故责任主体并不是一回事，交通事故责任主体是指是违反道路交通法规，对交通事故的发生负有责任，依法应当接受行政处罚的人，包括车辆驾驶员、行人、乘车人以及其他在道路上进行与交通活动有关的人员。而交通事故损害赔偿的责任主体则是因发生交通事故而依法应当承担损害赔偿责任的人，损害赔偿责任主体并不一定就是交通事故责任主体。简言之，损害赔偿责任实质是一种民事责任，而交通事故责任是由行政机关所认定的一种责任。所以损害赔偿责任主体是民事责任主体，而交通事故责任主体是所负行政处罚责任的主体。

一、在机动车所有人自主驾驶机动车和雇佣人驾驶机动车的场合

对于机动车所有人自主驾驶机动车的场合来说，所有人既是拥有汽车的支配者，又是运行利益的支配者，因此，汽车所有人在这时既为损害赔偿责任主体，也为交通事故责任主体。而在雇佣人驾驶机动车的场合，雇主理所当然的是机动车运行的支配者，又是运行利益的支配者，而雇员只不过是执行事务的一种工具，雇佣人（驾驶员）在执行职务中或依雇佣合同进行运输造成他人损害的，雇主应承担民事赔偿责任，驾驶员不承担民事赔偿责任。当然，驾驶员所在单位或者机动车的所有人在赔偿损失后，可以向驾驶员追偿部分或者全部费用。

二、在执行职务中驾驶机动车的场合

交通事故责任者对交通事故造成的损失，应当承担赔偿责任。承担赔偿责任

的机动车驾驶员暂时无力赔偿的，由驾驶员所在单位或者机动车所有人负责垫付。但是，机动车驾驶员在执行职务中发生交通事故，负有交通事故责任的，驾驶员所在单位或者机动车所有人承担赔偿责任，事后可以向驾驶员追偿部分或者全部费用。

三、擅自驾驶机动车的场合

所谓擅自驾驶，即没有经机动车所有人或管理人或使用人的允许来驾驶。关于擅自驾驶机动车的情形，颇为复杂，要具体情况具体分析，不能一概而论。国家公职人员、公司职员、雇佣人擅自驾驶单位用车的，由国家公职人员、公司职员、雇佣人来承担损害赔偿责任，因为在此情况下，单位对于机动车的运行支配和运行利益已无法控制，而是由其所属人员控制，因此单位不承担损害赔偿责任。但是对于家庭成员擅自驾驶机动车的场合，就要由机动车所有者和机动车驾驶人共同承担损害赔偿责任，虽然根据"运行供用者理论"，即由运行支配和运行利益的支配者来承担损害赔偿责任，但是机动车事故的受害者或交通部门都很难认定机动车驾驶人是擅自驾驶的，如果擅自驾驶都由驾驶人来承担责任的话，则可能使受害人得不到足够的赔偿，比如说机动车驾驶人无能力或赔偿能力有限，则受害人的利益就会受到很大损害，相反，如果让机动车的所有者来举证是不是擅自驾驶，则会更大限度地保护受害人的利益。

四、分期付款买卖机动车的场合

何为分期付款，又称所有权保留买卖，是买卖合同中所采用的一种交易方式。其基本特征是，购买人按照合同的约定分期支付一定数额的款项来取得机动车的占有权和使用权，但车辆的所有权只有到完全付清车辆所有款项后方能取得，当购买人违约时，出卖人依据其所有权可以取回其车辆。显然，出卖人保留所有权的目的是为了担保债权的实现。而对车辆的占有、使用等实际的支配权已经转移给购买人，运行利益也归属于购买人，运行支配和运行利益同属购买人，因此购买人应当是损害赔偿的责任主体。

五、未完成法定手续的情形

此种情况主要指的是车辆买卖未过户而发生交通事故的，登记车主是否承担赔偿责任。车辆作为物权法上的动产，以转移占有为交付，即在当事人之间交付时发生所有权转移的法律效力。因此，当机动车所有权转移后，权利义务一并转移，原登记所有人丧失了对机动车的运行支配和运行利益。因而，发生交通事故的，应由实际支配车辆运行或者取得运行利益的买方承担损害赔偿责任，原登记所有人不应再承担损害赔偿责任。

六、盗窃、抢劫车辆的情形

机动车辆被盗、被抢劫后，驾驶者发生道路交通事故造成他人损害的，因机动车所有人对事故的发生不具有主观方面的任何过错，并且机动车的运行支配和运行利益也不归属于其所有人，因此造成交通事故，机动车所有人不承担赔偿责任，而应由机动车的实际驾驶者承担或由驾驶者和盗窃、抢劫该机动车的人承担连带责任。

七、租用机动车和借用机动车的情形

这两种场合的情形较为复杂。如机动车出租或出借是有偿还是无偿，是连续性的还是一时的，以及是否属于附驾驶者的出租或出借等。需要说明的是，在这些场合，裁判大多从运行支配与运行利益有无这一基准判定谁是运行供用者。比如，以无偿方式将机动车长期出借给借用人使用的场合，除此时出借人确实已经丧失了机动车的运行支配并且不能获得运行利益的场合外，在绝大多数场合，都肯定了出借人的运行供用者的责任。因此当借用或租用他人机动车辆时，发生交通事故并负有责任的，就由借用人或租用人承担民事责任，当然如果出借人或出租人有过错的也要承担相应责任，比如明知借用人无驾照而借车给其驾驶。

八、机动车挂靠情形

在实践中，有不少私有机动车辆往往挂靠在单位的名义下，比如说单位职工自己买车后以单位为车主，而实际上车主则是个人。在这种情形下发生了交通事故，除了实际车主（通常就是驾驶员）承担赔偿责任外，挂靠单位一般也应承担连带责任，这主要是考虑挂靠单位通常要收取一定的管理费，从挂靠车辆那里获得了一定的利益。因此，根据民事主体的权利义务相对等的原则，挂靠单位对挂靠车辆发生的交通事故理应承担连带赔偿责任或者相应的民事赔偿责任。当然如果没有收取，则还是由实际上的车主承担责任。

九、机动车维修或保管期间的情形

在车辆的维修和保管期间，由于机动车的所有人失去了对机动车的运行支配和运行利益，因此其不承担责任，而维修人或保管人因为对机动车的维修和保管而对机动车产生了暂时的运行支配和运行利益，因此在此期间所发生的交通事故，应由维修人或保管人来承担损害赔偿责任。比如说在维修期间的试车和保管期间的私自用车等，都要由其来承担责任。

第四节　农村商人法律事务

一、农村商人的概念

所谓农村商人，是指具有农村户籍并脱离或者还没有完全脱离土地，居住于农村抑或城镇结合处并以商业经营收益为主要生活来源且仅以个体经营抑或合伙经营为经营形式的特殊群体。农村商人由来已久，早在商人产生之初，就出现了

许多既从事农业生产，为生活所迫又从事商业经营活动的半农半商的特殊群体，这应该就是农村商人的最早起源了。后来，伴随着商业的发展，利润越来越成为这部分特殊群体的主要生活来源，农业生产对他们来说显得不再那么重要，他们可以完全脱离农业生产活动，专心经商，于是保留着农村户籍和农民某些特征的所谓的农村商人便逐步形成。

农村商人在繁荣农村市场、活跃农村经济方面起到了非常关键的作用。他们也属于农村中先富的一部分，在新农村建设、农村城镇化建设和劳动力转移的过程中，起着承上启下的作用。他们在城镇中的生存如何、转型的成功与否都有着极其重要的意义。农村商人一方面具有农民的勤劳纯朴的特征，另一方面也具有商人的精明能干的特点，处于商人的较低层次，他们的经营规模相对较小，资金也少，虽然有船小好掉头的优势，但毕竟经不起大风浪的吹打。同时，在经营过程当中，由于出身的特殊性和周围环境的影响，他们的正当权益往往很难得到很好的保护。中国农民自古有"和为贵"、"和气生财"、多一事不如少一事的传统观念，在这些传统观念的影响下，农村商人在其合法权益受到侵害时，选择的多是默默忍受，而不是用法律武器来维护自己权益，没找到一个很好的救济途径，即使有，他们可能也不知道，也不用。所以，作为新时期的律师，有义务也有责任帮助农村这一特殊群体即农村商人维护他们的利益。

二、律师如何处理农村商人纠纷的法律事务

由于农村商人的特殊情况，律师在处理农村商人的法律事务中要注意以下几个方面：

1. 律师接待农村商人时，要拉近和农村商人的距离。由于农村商人普遍文化水平不高，在接见所谓城里人"律师"时，不自觉就会存在一定的距离感，如果律师不注意拉近和农村商人的距离，可能就不会取得理想的代理效果。

2. 律师在调查取证过程中，要注意入乡随俗。要做到入乡随俗，首先要多看，即平时就要养成注意观察或了解农村商人在各类场合或情景中是怎样言谈举止的。其次是要多问，不明白的地方要问个清楚，但一定要抱着请教和学习的态度，要尊重农村当地的风俗习惯。无论与自己所知道的差异有多大，都不得存一点不尊重的心理。最后是要多学，学不仅仅是学习有关的知识，了解有关的背景，它还指模仿，即模仿对方的行为和言谈方式。比如，律师到一农民家取证，如果依某地农村人的好客习惯，进门之后必定会喝一杯茶的。如果律师嫌农民的杯子不卫生不喝，那么就有可能拉开了与农民的距离，甚至有可能取不了证。实际上，要想认真地做好入乡随俗，没有心理上的相应调整是很难做到的。所以，作为律师，首先自己要有意识地把自己看作是对方团体中的一员，而不是个局外人。这样，你才会对他们产生亲切感，或者至少你做了这样的准备，才能更好地代理农村商人案件。

第五节　公司上市法律事务

一、律师要审查公司上市的法律要求

法律规定，公司或企业只有达到以下标准，才可以进行上市的申请：

1. 股票经国务院证券监督管理机构核准已向社会公开发行。

2. 公司股本总额不少于人民币 3000 万元。

3. 开业时间在 3 年以上，最近 3 年连续盈利；原国有企业依法改建而设立的，或者本法实施后新组建成立，其主要发起人为国有大中型企业的，可连续计算。

4. 持有股票面值达人民币 1000 元以上的股东人数不少于 1000 人，向社会公开发行的股份达公司股份总数的 25% 以上；公司股本总额超过人民币四亿元的，其向社会公开发行股份的比例为 10% 以上。

5. 公司在最近 3 年内无重大违法行为，财务会计报告无虚假记载。

6. 国务院规定的其他条件。

二、律师要全面审查并遵守公司上市程序

根据《证券法》与《公司法》的有关规定，股份有限公司上市的程序如下：

（一）向证券监督管理机构提出股票上市申请

股份有限公司申请股票上市，必须报经国务院证券监督管理机构核准。证券监督管理部门可以授权证券交易所根据法定条件和法定程序核准公司股票上市申请。

（二）接受证券监督管理部门的核准

对于股份有限公司报送的申请股票上市的材料，证券监督管理部门应当予以审查，符合条件的，对申请予以批准；不符合条件的，予以驳回；缺少所要求的文件的，可以限期要求补交；预期不补交的，驳回申请。

（三）向证券交易所上市委员会提出上市申请

股票上市申请经过证券监督管理机构核准后，应当向证券交易所提交核准文件以及下列文件：上市报告书；申请上市的股东大会决定；公司章程；公司营业执照；经法定验证机构验证的公司最近 3 年的或公司成立以来的财务会计报告；法律意见书和证券公司的推荐书；最近一次的招股说明书；证券交易所要求的其他文件。

证券交易所应当自接到该股票发行人提交的上述文件之日起 6 个月内安排该股票上市交易。《股票发行和交易管理暂行条例》还规定，被批准股票上市的股份有限公司在上市前应当与证券交易所签订上市契约，确定具体的上市日期并向证券交易所交纳有关费用。《证券法》对此未作规定。《证券法》第 53 条规定："股票上市交易申请经证券交易所审核同意后，签订上市协议的公司应当在规定的期限内公告股票上市的有关文件，并将该文件置备于指定场所供公众查阅。"《证券法》第 54 条规定："签订上市协议的公司除公告前条规定的文件外，还应当公告下列事项：①股票获准在证券交易所交易的日期；②持有公司股份最多的前 10 名股东的名单和持股数额；③公司的实际控制人；④董事、监事、高级管理人员的姓名及其持有本公司股票和债券的情况。"通过上述程序，股份有限公司的股票可以上市进行交易。

作为律师，要特别注意，申请股票上市交易，应当向证券交易所报送下列文件：上市报告书；申请股票上市的股东大会决议；公司章程；公司营业执照；依法经会计师事务所审计的公司最近 3 年的财务会计报告；法律意见书和上市保荐书；最近一次的招股说明书；证券交易所上市规则规定的其他文件。

公司申请公司债券上市交易，应当符合下列条件：公司债券的期限为 1 年以上；公司债券实际发行额不少于人民币 5000 万元；公司申请债券上市时仍符合法定的公司债券发行条件。

申请公司债券上市交易，应当向证券交易所报送下列文件：上市报告书；申请公司债券上市的董事会决议；公司章程；公司营业执照；公司债券募集办法；公司债券的实际发行数额；证券交易所上市规则规定的其他文件。申请可转换为股票的公司债券上市交易，还应当报送保荐人出具的上市保荐书。

（四）签署法律意见书和出具律师工作报告

按照相关规则规定，律师对于公司上市，应出具法律意见书。在意见书中，应对有关的法律问题明确发表结论性意见。对有些事项，尽管规则未明确要求，但对发行人发行上市有重大影响的，律师也应当发表结论性法律意见。对不符合有关法律、法规和中国证监会有关规定的事项，律师也应发表保留意见，并注明相应的理由。律师在签署的法律意见书和律师工作报告报送后，不得进行修改。如律师认为需补充或更正，应另行出具补充法律意见书和律师工作报告。另外，律师应当在法律意见书和律师工作报告中承诺对发行人的行为以及本次申请的合法、合规进行充分的核查验证，并对招股说明书及其摘要进行审慎审阅。最后，律师在招股说明书及其概要中发表声明："本所及经办律师保证由本所同意发行人在招股说明书及其摘要中引用的法律意见书和律师工作报告的内容已经本所审阅，确认招股说明书及其摘要不致因上述内容出现虚假记载、误导性陈述及重大遗漏引致的法律风险，并对其真实性、准确性和完整性承担相应的法律责任"。

（五）谨慎注意风险评价和参与招股书编制工作

律师要对发行人招股说明书法律风险作出明确评价，以说明是否参与招股说明书的编制及讨论和是否已审阅招股说明书，等等。当然，律师在发行申请文件公开前负有保密义务，如有泄密的，要承担相应责任。

第六节　上市公司专项治理法律事务

一、律师参与上市公司专项治理的概念

律师参与上市公司专项治理就是指在上市公司的运作过程中，由律师参与公司的治理，促使上市公司合法、高效发展。

二、律师参与上市公司专项治理的注意事项

1. 律师要着重审查上市公司是否能依据《公司法》、《上市公司治理准则》、《上市公司股东大会规范意见》、《上市公司章程指引》等法律法规以及《关于提高上市公司质量的意见》等文件建立完善的治理结构并规范运作，实际运作中有没有违反相关规定或与相关规定不一致的情况；要明确审查上市公司股东大会是否职责清晰，权责分明，是否有明确的议事规则并得到切实执行。比如，公司控股股东或实际控制人是否存在"一控多"现象，如存在，请说明对公司治理和稳定经营的影响或风险，多家上市公司之间是否存在同业竞争、关联交易等情况。再比如，股东大会的召集、召开程序是否符合相关规定；股东大会的通知时间、授权委托等是否符合相关规定；股东大会提案审议是否符合程序，是否能够确保中小股东的话语权；是否有单独或合计持有3%以上股份的股东提出临时提案的情况，股东大会会议记录是否完整、保存是否安全，等等。

2. 律师要着重审查上市公司董事会、监事会以及经理及其他高级管理人员是否职责清晰，有明确的议事规则并得到切实执行，全体董事（包括独立董事）是否切实履行了职责。比如，公司是否制定有《董事会议事规则》、《独立董事制度》等相关内部规则；公司董事会的构成与来源情况是否清楚；董事长的简历及其主要职责，是否存在兼职情况，是否存在缺乏制约监督的情形。如果是国有控股的上市公司，上市公司任免董事是否符合法定程序；兼职董事的数量及比例，董事的兼职及对公司运作的影响，董事与公司是否存在利益冲突，存在利益冲突时其处理方式是否恰当；董事会是否设立了下属委员会，如提名委员会、薪酬委员会、审计委员会、投资战略委员会等专门委员会，各委员会职责分工及运作情况；董事会会议记录是否完整、保存是否安全，会议决议是否充分及时披露；独立董事对公司重大生产经营决策、对外投资、高管人员的提名及其薪酬与考核、内部审计等方面是否起到了监督咨询作用；独立董事履行职责是否受到上市公司主要股东、实际控制人等的影响；是否存在独立董事任期届满前，无正当理由被免职的情形，是否得到恰当处理；股东大会是否对董事会有授权投资权

限，该授权是否合理合法，是否得到有效监督。律师在调查监事会时，要注意监事会的构成与来源，职工监事是否符合有关规定；监事会的构成与来源，职工监事是否符合有关规定；以及监事会近 3 年是否有对董事会决议否决的情况，是否发现并纠正了公司财务报告的不实之处，是否发现并纠正了董事、总经理履行职务时的违法违规行为。对于经理层，要注意总经理是否来自控股股东单位；经理层是否能够对公司日常生产经营实施有效控制；经理层在任期内是否能保持稳定性；经理层是否有越权行使职权的行为，经理层等高级管理人员是否忠实履行职务，维护公司和全体股东的最大利益，未能忠实履行职务，违背诚信义务的，其行为是否得到惩处，等等。

3. 要注意上市公司是否已建立了完善的内部控制制度，比如财务管理制度、重大投资决策、关联交易决策以及是否定期对内部控制制度进行检查和评估，确定了内部约束机制和责任追究机制，有明确的责任人，并且能及时披露相关的真实、准确、完整、及时、公平信息，等等。

附：

上市公司治理合同

第一章　总则

第一条　本合同遵循自愿、公平、等价有偿、诚实信用之原则，经由双方协商一致签署并履行。

第二条　本合同的签署与履行应遵守法律规定。

第三条　律师履行本合同义务应勤勉尽责并恪守职业道德。

第二章　释义

第四条　本合同文本中，除非另作说明，下述概念系指：

1. 合同：指本聘请上市专项法律顾问合同书，及本合同之附件，以及本合同通过正式签署书面协议加以修订变更内容之书面文件。

2. 法律规定：指中国法律、行政法规、规章、规则和政策规定之统称。

3. 本市：指乙方法定住所所在市。

第三章　合同双方

第五条　甲方：_____；法定地址：_____；法定代表人：_____；联系电话：_____。

第六条　乙方：_____；法定地址：_____；法定代表人：_____；联系电话：_____。

第四章　合同收费

第七条　乙方应收律师费人民币_____元。

第八条　甲方支付律师费方式具体如下：

1. 甲乙双方签署本合同之日起 3 个工作日内支付人民币＿＿＿＿＿＿＿元；

2. 乙方正式出具《法律意见书》之日起 3 个工作日内支付人民币＿＿＿＿＿＿＿＿元；

3. 甲方拟上市的境外公司向公众发表《招股说明书》之日起 3 个工作日内支付人民币＿＿＿＿＿＿＿元。

第五章　甲方权利义务

第九条　甲方有权要求乙方安排能胜任上市工作的律师及工作人员为甲方办理法律事务。

第十条　甲方有权要求乙方在合法的基础上与甲方充分合作并维护甲方的最大利益。

第十一条　甲方须如期足额向乙方支付律师费。

第十二条　乙方在本市辖区之外的地区为甲方办理法律事务，甲方承担交通、食宿及相关工作费用，包括但不限于打字、复印、传真、电邮、鉴定、查询等费用。甲方须于乙方出差办理法律事务之前 2 日向乙方一次性预支或同期支付上述费用。

第十三条　甲方须保证向乙方提供文件资料的真实性、合法性、准确性和完整性，并协助配合乙方开展工作。

第六章　乙方职责

第十四条　乙方工作范围

（一）乙方工作项目：乙方担任甲方的上市事务地区专项法律顾问。

（二）乙方工作事项：

1. 参与制订甲方上市方案并提供法律意见；

2. 参与甲方制作上市申请材料；

3. 草拟、审查、修改与甲方上市有关的合同、协议、备忘、声明、承诺等法律文件；

4. 就甲方上市有关事项出具单项法律意见书；

5. 就甲方上市事宜出具综合法律意见书及法律工作报告；

6. 就证券管理部门对甲方上市申报材料的反馈意见出具补充法律意见书和律师工作报告；

7. 对甲方上市申报材料中不能提供原件的部分进行见证；

8. 赴证券管理部门及有关部门就甲方上市申报材料中的相关问题进行解释与说明。

第十五条　乙方工作方式

1. 本市辖区内，乙方采用不定期工作方式，与甲方管理人员及相关部门工作人员会晤并办理上市法律事务；

2. 本市辖区之外，乙方采用全日制工作方式，办理甲方上市所涉法律事务。

第十六条 乙方工作人员

1. 乙方指派律师作为甲方法律事务承办律师，处理甲方的法律事务；

2. 经甲方同意，乙方根据需要指派其他律师或工作人员办理甲方法律事务。

第十七条 乙方工作准则

1. 乙方指派之律师和工作人员对在履行职责时获悉的甲方的商业秘密、文件资料、涉及的法律事务等，承担保密责任；除甲方书面同意外，无论在本合同期内与否，乙方不得将甲方提供的任何文件、资料和信息以任何方式对外披露或提供给第三方；

2. 乙方指派的律师和工作人员应认真学习并熟知与甲方业务有关的法律、法规、规章和有关文件，认真履行职责，全力维护甲方合法权益。乙方指派人员在工作范围内因严重疏忽，给甲方造成损失或引起纠纷诉讼，乙方须承担相应的责任。

第七章 乙方权利

第十八条 乙方有权要求甲方提供相关业务的文件资料，并协助、配合乙方工作。

第十九条 在本合同正常执行时，甲方未按约定及时和足额支付律师费用，乙方有权不办理或中止已办理的相关法律事务。

第二十条 乙方有权拒绝办理违反法律规定的事务。

第八章 合同变更与修改

第二十一条 本合同内容如需变更，须双方协商一致并以书面形式确认。

第二十二条 本合同未尽事宜，双方可另行协商，所签署之补充协议或其他文件作为本合同附件，与本合同具有同等法律效力。

第九章 附则

第二十三条 本协议各方当事人对本协议有关条款的解释或履行发生争议时，应通过友好协商的方式予以解决。协商不成的，选择下列方式第_____种方式进行解决：

（一）提交仲裁委员会仲裁；

（二）依法向人民法院提起诉讼。

第二十四条 本合同签订地：_____。

第二十五条 本合同自双方授权代表签署并加盖公章之日起生效。

第二十六条 本合同正式文本为中文；本合同正本一式_____份，双方各执_____份。

甲方（盖章）：＿＿＿＿＿＿＿

授权代表（签字）：＿＿＿＿＿

＿＿＿＿＿年＿＿＿月＿＿＿日

乙方（盖章）：＿＿＿＿＿＿＿

授权代表（签字）：＿＿＿＿＿

＿＿＿＿＿年＿＿＿月＿＿＿日

【思考题】

1. 简述专项诉讼事务与非诉事务的区别。

2. 简述律师谈判的技巧。

3. 简述我国现行破产法的优缺点。

4. 简述律师如何处理道路交通事故事务。

5. 简述公司治理过程中律师所起的作用。

6. 假设你是一名律师，你如何为一家准备上市的公司服务？

7. 请指出下列法律意见书的不足之处。

公司上市法律意见书

＿＿＿＿＿＿＿律师事务所关于＿＿＿＿＿股份有限公司＿＿＿＿＿年度股票发行、上市的法律意见书

致：＿＿＿＿＿＿＿股份有限公司

自：＿＿＿＿＿＿＿律师事务所

根据《中华人民共和国证券法》（"《证券法》"）、《中华人民共和国公司法》（"《公司法》"）、《股票发行与交易管理暂行条例》（"《股票条例》"）及中国证券监督管理委员会（"中国证监会"）《公开发行证券公司信息披露的编报规则第12号—公开发行证券的法律意见书和律师工作报告》（"规则"）的有关规定，＿＿＿＿＿＿律师事务所（"本所"）受＿＿＿＿＿＿＿股份有限公司（"公司"或"发行人"）委托，作为公司＿＿＿＿＿年度A种股票发行并上市（"本次发行"）的特聘法律顾问，出具本法律意见书。

本法律意见书依据规则的规定及本法律意见书出具日以前已经发生或存在的事实和我国现行法律、法规和中国证监会的有关规定发表法律意见。

为出具本法律意见书，本所根据中国现行的法律、法规、国务院证券管理部门的有关规定及本所与发行人签订的《股票发行与上市法律业务委托合同》之要求，对与出具本法律意见书有关的所有文件资料及证言进行审查判断，包括但不限于涉及授权与批准、公司主体资格、实质条件、公司的设立及独立性、发起

人、股本结构及其演变、业务、关联交易及同业竞争、公司的主要资产、重大债权债务、公司的重大资产变化及收购兼并、公司章程的制订与修改、法人治理结构、税务、环保和产品质量及技术、募集资金运用、业务发展目标、诉讼及招股说明书法律评价等情况的文件、记录、资料，以及就有关事项向发行人高级管理人员和其他相关人员进行的必要的询问和调查。

发行人保证已经提供了本所认为出具法律意见书所必需的、真实的原始材料、副本材料或者口头证言；并保证上述文件和证言真实、准确、完整；文件上所有签字与印章真实；复印件与原件一致。

本所已严格履行法定职责，遵循了勤勉尽责和诚实信用原则，对发行人的行为以及本次申请的合法、合规、真实、有效进行了充分的核查验证，保证本法律意见书和律师工作报告不存在虚假记载、误导性陈述及重大遗漏。

本所同意将本法律意见书和律师工作报告作为发行人申请公开发行股票所必备的法律文件，随其他材料一同上报，并依法对其出具的法律意见承担相应的法律责任。

本法律意见书仅供发行人为本次股票发行、上市之目的使用，不得用作任何其他目的。

本所同意发行人部分或全部在招股说明书中自行引用或按中国证监会审核要求引用本法律意见书或律师工作报告的内容，但发行人作上述引用时，不得因引用而导致法律上的歧义或曲解，本所有权对有关招股说明书的内容进行再次审阅并确认。

本所根据《证券法》第13条的要求，按照律师行业公认的业务标准、道德规范和勤勉尽责精神，对发行人提供的有关文件和事实进行了核查和验证，现出具法律意见如下：

一、本次发行上市的授权和批准

1. 发行人的股东大会已依法定程序作出批准发行上市的决议。

2. 根据法律、法规、规范性文件以及《公司章程》等规定，上述决议的内容合法有效。

3. 股东大会已授权董事会办理公开发行上市事宜。

上述授权范围、程序合法有效。

二、发行人本次发行上市的主体资格

1. 发行人是经_____省经济体制改革委员会_____改股批［_____］_____号《关于同意设立_____股份有限公司的批复》批准、经_____省人民政府_____政文_____号《关于对_____股份有限公司设立的确认函》确认，以发起方式设立的股份有限公司，领有_____省工商行政管理局颁发的企业法人营业执照（注册号：_____），具备发行上市的主体资格。

2. 发行人依法有效存续，不存在根据法律、法规及《公司章程》需要终止的情形出现。

三、本次发行上市的实质条件

1. 根据发行人经营范围以及发行人募集资金运用投资项目批准文件，发行人生产经营符合国家产业政策。

2. 经审阅发行人_____年第_____次临时股东大会决议、《公司章程》、《公司章程》（草案）及发行人《招股说明书》（送审稿）（"《招股说明书》"），发行人本次发行的股票全部为人民币普通股，且同股同权。

3. 经核查，发行人目前股本总额为人民币_____万元，发行人成立时及经过减资后，发起人认购的股本数为股本总额的100%；若本次公开发行_____万股成功，发行人股本总额将达到人民币_____万元，且发起人持有的股份数不少于发行人股本总额的35%。

4. 根据《招股说明书》第三章的内容，发行人拟向社会公众发行的股本额为_____万元，不少于本次发行后股本总额_____万元的25%。

5. 经核查，未发现发行人及其主发起人在最近3年内有重大违法行为。

6. 根据_____会计师事务所有限责任公司（"事务所"）_____年_____月_____日出具的事务所会师审字（_____）第_____号《审计报告》（"审计报告"），发行前一年末（即截止_____年_____月_____日），发行人总资产为_____元人民币，净资产为_____元人民币，没有无形资产，净资产占总资产的比例不低于30%，无形资产占净资产的比例不高于20%。

7. 根据《审计报告》，发行人_____年度、_____年度、_____年度和_____年1~6月份，净利润额分别为_____元人民币、_____元人民币、_____元人民币及_____元人民币。发行人过去3年连续盈利，并可向股东支付股利。

8. 根据《审计报告》和本所的适当核查，发行人最近3年财务会计文件无虚假记载。

9. 根据事务所_____年_____月_____日出具的H事务所会师审字（_____）第_____号《盈利预测审核报告》，公司预期利润率可达同期银行存款利率。

据此，本所认为发行人具备发行、上市的实质条件。

四、发行人的设立

发行人设立的程序、资格、条件、方式等符合当时国家法律、法规和规范性文件的规定，并得到有权部门的批准和确认。

1. 发起人作为一方当事人的合同、协议及其他使其财产或者行为受约束的文件不存在导致发行人设立不成或使设立行为存在潜在纠纷的法律障碍。

2. 发行人设立过程中的有关资产评估、验资事项已履行了必要程序，符合当时法律、法规和规范性文件的规定。

3. 发行人创立大会的程序及所议事项符合法律、法规和规范性文件的规定。

五、发行人的独立性

1. 发行人的业务独立于主发起人 A 公司及其他股东。

2. 发行人的资产独立完整。

3. 发行人系生产经营企业，具有独立完整的供应、生产、销售系统。

4. 发行人人员独立。

5. 发行人机构独立。

基于上述，本所认为，发行人具有面向市场自主经营的能力。

六、发起人或股东

1. 发行人的发起人依法存续，具有法律、法规和规范性文件规定担任发起人的资格。

2. 发行人的发起人人数、住所、出资比例符合有关法律、法规和规范性文件的规定。

3. 发起人已投入发行人的资产在投入发行人前属于发起人，发起人将该等资产投入发行人不存在法律障碍。

4. 发起人投入到发行人的资产或权利的有关权属证书已由发起人转移给发行人，有关财产所有权、使用权由发起人转移给发行人不存在法律障碍。

七、发行人的股本及其演变

1. 发行人设立时的股权设置、股本结构合法有效，产权界定和确认不存在纠纷及风险。

2. _____年，发行人回购公司职工持股会（"持股会"）持有的公司_____万股股份。本所经核查后认为，该等股份回购行为已取得了所有必需的批准与授权，并已履行了必要的公告及工商变更登记手续，合法、合规、真实、有效。本次回购完成后，持股会不再持有发行人的股份。

3. _____年_____月_____日，经_____省财政厅以_____财国资函［_____］_____号《关于_____股份有限公司国有股股权变更有关问题的批复》批准，A 公司持有的发行人_____万股国家股变更为国有法人股。

八、发行人的业务

1. 发行人的经营范围符合有关法律、法规和规范性文件的规定。

2. 根据《审计报告》、发行人历次股东大会决议和董事会决议，本所未发现发行人在中国大陆以外从事任何经营活动。

3. 发行人在成立后，业务未发生变更。

4. 根据《审计报告》，发行人的主营业务突出。

九、关联交易及同业竞争

1. A 公司是持有发行人 5% 以上股份的关联方。A 公司是公司的控股股东，对公司有控制关系。A 公司及其全资附属企业及控股企业是发行人的关联企业。发行人的其他股东亦发行人的关联企业。

2. 发行人除与 A 公司及其全资附属企业 B 公司存在关联交易外，与其他关联企业不存在重大关联交易。

3. 经核查，本所认为有关关联交易是基于市场公平、公正的原则，以协议、合同形式进行的，是公允的，不存在损害发行人及其他股东利益的内容。

4. 上述关联交易的一方是发行人的控股股东，发行人已在《公司章程》（草案）中规定了关联关系股东审议关联交易事项的回避制度。

5. 发行人在《公司章程》（草案）及《公司关联交易准则》中明确了关联交易公允决策的程序。

6. 经本所适当核查，发行人与关联方之间不存在同业竞争。

7. 发行人的控股股东 A 公司及其他股东已承诺未从事与发行人构成竞争的业务，并且将来也不从事对发行人构成竞争的业务。

十、发行人的主要财产

1. 发行人现拥有的主要财产包括房屋建筑物、机器设备、商标。经适当核查，发行人的主要财产不存在产权纠纷或潜在纠纷。

2. 发行人财产的取得是合法有效的。发行人的房产是 A 公司在设立发行人时以其部分房产折价入股人发行人的，并在_____房地产管理局办理了_____房权证_____字第（公）_____号、_____号共_____份房屋所有权证。发行人合法拥有注册号为第_____号、第_____号的注册商标专用权。发行人拥有的主要生产设备是 A 公司在设立发行人时以其所拥有的部分主营生产设备折股投入发行人及发行人成立后自购取得。

十一、发行人的重大债权债务

1. 经本所适当核查，发行人正在履行的以及已履行完毕的重大合同合法有效，不存在潜在纠纷。

2. 上述合同不存在须变更合同主体的问题，合同履行不存在法律障碍。

3. 经本所适当核查，发行人不存在因环境保护、知识产权、产品质量、劳动安全、人身权等原因产生的侵权之债，不存在由于担保、诉讼等事项引起的或有负债。

4. 根据《审计报告》和本所适当核查，除已披露的关联交易，发行人与 A 公司及其他股东不存在重大的债权债务关系。发行人的股东为发行人提供的担保合法、合规。

十二、发行人的大资产变化及收购兼并

1. 发行人设立至今无合并、分立、增资扩股、收购或出售资产等行为。

2. _____年发行人回购职工持股会持有的发行人_____万股股份，注册资本变更为_____万元人民币。本所认为，该等股份回购行为已取得了所有必需的批准与授权，并已履行了必要的公告及工商变更登记等法律手续，符合当时法律、法规和规范性文件的规定。本次回购完成后，持股会不再持有发行人的股份。

3. 发行人目前无任何进行资产置换、资产剥离、资产出售或收购的安排或计划。

十三、发行人公司章程的制度与修改

1. 发行人《公司章程》和《公司章程》（草案）的制订及修改已履行法定程序。

2.《公司章程》和《公司章程》（草案）的内容符合《公司法》第79条要求载明的事项及现行法律、法规和规范性文件的规定。

十四、发行人股东大会、董事会、监事会议事规则及规范运作

1. 根据发行人《公司章程》、《公司章程》（草案）、《招股说明书》第____章，发行人已建立了符合法律、法规及中国证监会有关要求的股东大会、董事会、监事会的法人治理结构，具有健全的组织机构。

2. 经本所适当核查，发行人具有健全的股东大会、董事会、监事会议事规则，该议事规则符合相关法律、法规和规范性文件的规定。

3. 本所认为，发行人历次股东大会、董事会、监事会的召开、决议内容及签署合法、合规、真实、有效。

4. 本所认为，发行人股东大会对董事会的历次授权及股东大会或董事会的重大决策等行为合法、合规、真实、有效。

十五、发行人董事、监事和高级管理人员及其变化

1. 发行人董事、监事、高级管理人员的任职，符合法律、法规和规范性文件以及《公司章程》的规定；董事、总经理未自营或为他人经营与发行人同类的业务，未从事损害发行人利益的活动。

2. 经本所适当核查，发行人自成立以来董事、监事和高级管理人员的任职变动情况符合有关法律、法规的规定，并履行了必要的法律程序。

十六、发行人的税务

1. 根据《审计报告》、发行人提供的纳税资料及各有关部门出具的文件，本所认为发地人目前执行的税种税率符合现行法律、法规和规范性文件的要求。发行人享受的优惠政策和财政补贴等政策合法、合规、真实、有效。

2. 根据《审计报告》及_____地方税务局_____国家税务局出具的证明并经本所适当核查，本所认为，发行人近3年依法纳税，不存在拖欠税款或被税务部门处罚的情形。

十七、发行人的环境保护和产品质量、技术等标准

1. 经本所适当核查，发行人的生产经营活动和拟投资项目符合有关国家环境保护的要求。

2. 经本所适当核查，发行人近3年来不存在因违反环境保护方面的法律、法规而被处罚的情形。

十八、发行人募集资金的运用

根据发行人《招股说明书》第_____章，发行人本次发行A股的募集资金用于下列项目：略

十九、发行人业务发展目标

1. 发行人的业务发展目标与其主营业务一致。

2. 发行人业务发展目标符合国家法律、法规和规范性文件的规定，不存在潜在的法律风险。

二十、诉讼、仲裁或行政处罚

1. 经本所的适当核查，发行人不存在尚未了结或虽未发生但可预见的重大诉讼、仲裁或行政处罚案件。

2. 发行人董事长、总经理等高级管理人员不存在尚未了结或虽未发生但可预见的重大诉讼、仲裁或行政处罚案件。

二十一、发行人招股说明书法律风险的评价

本所参与了招股说明书的部分章节编制和讨论，并已审阅了招股说明书，并对其中引用法律意见书和律师工作报告相关内容的部分进行了核验。经核查，未发现发行人招股说明书对重大事实的披露有虚假、严重误导性陈述或重大遗漏。

二十二、本所认为需要说明的其他问题

问题：略

本所经核查后认为，发行人对上述问题的处理符合_____（法律、法规的名称）的规定（或者_____（问题及其处理）对发行人本次发行上市无重大不利影响）。

二十三、本次发行上市的总体结论性意见

基于上述事实，本所认为：

1. 发行人符合股票发行上市条件，未发现发行人存在重大违法违规行为。

2. 发行人的招股说明书及其摘要所引用的法律意见书和律师工作报告的内容适当。

本法律意见书一式 3 份，正本 1 份，副本 2 份。

_____律师事务所

经办律师：_____

经办律师：_____

_____年_____月_____日

第十二章

法律顾问实务

【内容提要】法律顾问是律师执业过程中必然涉及的实务，了解法律顾问的基本职责，掌握法律顾问合同的内容与签订注意事项，熟悉法律顾问工作的流程。掌握企业法律顾问与政府法律顾问工作的不同特点，培养合同审查的基本能力。

【本章重点与难点】法律顾问合同签订的注意事项；企业法律顾问与政府法律顾问不同的工作重点；合同审查的基本技能。

第一节 法律顾问实务概述

律师作为自由职业者，除少数授薪制律师外，常因为没有固定收入而倍感生存压力。诉讼业务的承接具有较大的偶然性，尤其是对步入执业律师队伍不久的新人而言。担任法律顾问是保证律师收入相对稳定的重要途径，不仅可以获得固定的顾问费，而且能从顾问单位得到诉讼案源，收取代理费。随着我国市场经济的快速发展，企业法律需求旺盛，政府重视依法行政，聘请法律顾问也较为常见。法律顾问业务作为非诉业务的一种，律师应积极开拓。据调查，我国现有企业5000多万家，聘请法律顾问的仅为40万家，不到1%，服务市场空间巨大。

法律顾问的主要工作是从事法律咨询、合同起草与审查、出具法律风险意见书等，与诉讼相比，似乎缺乏对抗性，甚至有人觉得法律顾问工作风险较小，不会直接导致败诉等局面。其实，这样的看法是片面的。法律顾问起草的合同若存在重大法律瑕疵，完全可能给顾问单位带来灭顶之灾，只是法律顾问工作的风险具有滞后性而已。因此，不断提高法律顾问服务工作的业务水平至关重要。

一、法律顾问的概念

法律顾问，是指接受自然人、企业法人、政府机关及其他组织的聘请，为聘请人解答法律问题，处理法律事务，提供法律服务的专业人员。法律顾问的业务范围主要包括为聘请人就有关法律问题提供意见，草拟、审查法律文书，代理参加诉讼、调解或者仲裁活动，办理聘请人委托的其他法律事务。

　　法律顾问有广义和狭义之分，广义的法律顾问是指接受聘请为自然人、法人和其他组织提供法律服务的具有法律专业知识的人员，包括律师、企业法律顾问和其他法律专业人员。狭义的法律顾问专指受聘提供法律服务的执业律师。本书所称的法律顾问，专指接受自然人、法人和其他组织聘请，为其提供常年法律服务或者针对某项具体事务提供专项法律服务的执业律师，不包括企业内部的法律顾问、公司律师和政府公职律师。

　　在我国，企业法律顾问制度是独立于律师执业制度以外的另一种法律职业制度。1997 年 3 月 12 日，原人事部、原国家经贸委、司法部联合颁布了《关于印发〈企业法律顾问执业资格制度暂行规定〉及〈企业法律顾问执业资格考试实施办法〉的通知》，由原人事部设立了专门的企业法律顾问执业资格考试，使企业法律顾问成为独立法律职业。

　　2002 年 10 月 22 日，司法部颁布了《关于开展公司律师试点工作的意见》，开始在全国推行公司律师制度。所谓公司律师，是指具有中华人民共和国律师资格或者法律职业资格，作为企业职工在本企业内部专职从事法律事务工作。显然，公司律师和企业法律顾问在功能和作用上是相同的，公司律师的性质就是企业的专职法律顾问。

　　司法部在试行公司律师制度的同时，同年颁布了《关于开展公职律师试点工作的意见》，推行公职律师的试点。所谓公职律师，是指具有中华人民共和国律师资格或法律职业资格，供职于政府职能的部门或被招聘到上述部门专职从事法律事务的人员，如重庆市法律援助中心招录了一定数量的公职律师。可见，公职律师是政府机关的专职法律顾问。

二、法律顾问的特征

（一）身份的双重性

　　受聘于自然人、法人和其他组织的社会律师既是隶属于律师事务所的执业律师，又是作为聘请人的代理人处理法律事务的专业人员。一方面，要接受律师事务所的管理和监督，受到律师行为规范、律师职业道德和律师执业纪律的约束；另一方面，要依照法律顾问聘请合同的规定，积极履行自己的职责，遵守合同约定的义务，为聘请人做好法律服务。

（二）法律地位的独立性与平等性

　　法律顾问作为法律职业人，以自己的法律知识依法独立地执行职务，其执业行为受国家法律保护，任何单位和个人不得非法干涉。律师担任法律顾问，只忠实于事实和法律，依法保护受服务人的合法权益，不受聘任人的意志左右。对于聘任人的无理要求和违法行为，应予以说服、劝阻或者纠正，以维护法律的严肃性。特别是担任政府部门的法律顾问时，其工作不同于行政事务工作，政府不能用行政命令干涉法律顾问的活动。律师事务所与聘请人之间的关系无疑是法律地位平等的民事合同关系，作为具体提供法律服务的律师而言，本身与聘请方也不存在隶属关系，即律师不是其职员，这与具有公务员身份的公职律师与政府机关的关系有所区别。

（三）服务内容与对象的广泛性

法律顾问是一项综合性法律服务工作，服务范围广泛。从服务的内容看，法律顾问工作包括各种法律服务的需求，凡涉及法律的事务都可以作为法律顾问的服务内容。依照《律师法》的规定，法律顾问的服务内容包括为聘请人就有关法律问题提供意见，草拟、审查法律文书，代理参加诉讼、调解或者仲裁活动，办理聘请人委托的其他法律事务。从服务的对象看，受服务的主体包括国家机关、企事业单位、各种社会团体、公民个人和家庭等，凡是有法律服务需求的单位和个人都可以是法律顾问的服务对象。目前我国法律顾问的服务对象主要是企业。

三、法律顾问的分类

（一）根据服务对象分类

1. 企业单位法律顾问。企业单位法律顾问是最常见、最主要的一种法律顾问形式。企业是市场最活跃的主体，在企业的生产经营的过程中，除了面临市场风险外，还可能遭遇大量的法律风险。为了促进交易安全，预防和减少法律风险，越来越多的企业聘请法律顾问为自己在市场经济活动中保驾护航。法律顾问不仅代理企业处理各类法律纠纷，而且帮助企业积极避免或减少纠纷的发生，在法律允许的框架下，谋求企业利益的最大化。因此，法律顾问不仅代表企业出庭诉讼，而且应协助企业完善各项制度。

2. 政府法律顾问。依法治国方略的提出，预示着依法行政时代的到来，各级政府及其行政管理部门纷纷建立政府法律顾问制度，法律顾问为政府重大决策及在经济活动中提供法律意见和建议，参与国家和地方立法草案的咨询论证工作，参加涉及行政复议等法律事务的咨询论证，充分发挥咨询、顾问和参谋作用，成为各级政府运用法律手段管理经济和社会事务的生力军。由于政府的专职律师——公职律师的推行进程较慢，政府及其行政管理部门聘请律师作为其外部法律顾问的情况仍然较为普遍。随着行政相对人法律意识的增强，行政复议、行政诉讼案件增多，为行政机关依法行政提出了更高的要求，行政管理应走向规范化、制度化，政府自身也急需法律服务。

3. 事业单位和社会团体法律顾问。医疗、文化、科技、教育等事业单位和工会、妇联、作协、记协等社会团体聘请法律顾问，可帮助单位建章立制，实行法制化管理，提高效率，运用法律手段维护自己的合法权益，防止和排除非法侵害，提高单位干部职工和团体成员的法律意识，防止和化解法律风险。如学校与学生常常因伤害事故发生纠纷、医院与患者之间产生医疗纠纷，聘请法律顾问很有必要。工会、妇联等需要为会员、弱势群体维权提供法律咨询与援助，也离不开专业法律人士的介入。

4. 私人法律顾问。在我国，最初的私人法律顾问一般是个体工商户，而现在，歌星影星、著名作家也纷纷聘请私人法律顾问。随着人们生活水平提高，个人财产增加，社会交往增多，以及文化素质和法律意识增强，越来越多的普通人聘请律师为自己和家人提供法律服务。

（二）根据法律顾问业务范围分类

1. 综合法律顾问。综合法律顾问，是指为聘请人的所有法律事项提供法律服务的法律顾问。律师接受聘请出任法律顾问时，对工作范围没有作限制，受聘请律师应当为聘请人的各种法律事务提供法律服务。当然，需要注意的是，法律顾问的固定服务费一般仅针对法律咨询、草拟、审查合同等非诉业务，提供代理诉讼、仲裁法律服务的，需要另行付费。对于重大、复杂的法律服务，如尽职调查、股权并购等，通常也需额外付费，建议在法律顾问服务合同中进行明确约定。

2. 专项法律顾问。专项法律顾问，是指聘任人就某一项或者某一类具体法律事项，聘请律师从事顾问工作，如就著作权、专利和专有技术、商标、商业秘密和竞业禁止、房地产开发与买卖、企业改制、建设工程招投标、政府采购、劳动保障等专项事务聘请法律顾问。

（三）根据法律顾问服务时间分类

1. 常年法律顾问。受聘期在一年以上的法律顾问，为常年法律顾问。常年法律顾问对聘请人的日常法律事项提供法律服务，一般是综合性服务，当然也可以是专项服务。实践中常年法律顾问一般以一年为期，因此，在法律顾问合同期满前，若双方均有续约意愿的，应及时续签合同。

2. 临时法律顾问。就某个特定事项，临时受聘从事法律顾问工作的，为临时法律顾问。临时法律顾问从事的一般为单一业务的服务，服务时间短，需要服务的事项完成了，法律顾问工作即终止。临时法律顾问是专项法律顾问的一种，与专项法律顾问的区别在于，专项法律顾问有可能是常年的，也可能是临时的。

第二节　法律顾问合同的签订

根据《律师法》的规定，社会律师担任法律顾问，只能由律师事务所接受聘请。国家机关、企事业单位、社会团体或者公民个人需要聘请法律顾问的，应当向律师事务所提出要求。实践中，聘请人往往发布招聘信息，律师个人参加应聘，聘请人认为符合其要求后，再与律师所在的律师事务所签订法律顾问合同。有些规模较大的企业集团，甚至采取招标的方式选择法律顾问，律师事务所则通过竞标的方式获得签约机会，这类企业集团往往聘请律师团队为其提供法律顾问服务，甚至由多家律师事务所为其提供服务。

律师事务所及律师与聘请单位或个人建立起聘请法律顾问的意向后，应当对聘请人进行资信调查，认为可以接受其法律顾问的聘请后，与聘请人签订法律顾问聘请合同，再指派本所执业律师负责在聘期内为聘请人提供法律服务。

一、资信调查

律师事务所受聘担任法律顾问前，应对聘请人资信进行初步调查。对于法人或者其他组织，应调查下列内容：

1. 是否依法成立，是否合法存续。对于企业法人或其他组织，主要调查其工商和税务登记情况，查验营业执照等。对于事业单位和社会团体，主要调查其法人登记或者成立该组织的批准文件。若该法人或其他组织并非依法成立或合法存续，则其主体地位不适格，与律师事务所签订的法律顾问服务合同存在效力瑕疵，且该法人或者其他组织从事的其他活动也可能违法，律师作为法律职业者，不应当支持其行为，防止非法组织或已注销企业招摇撞骗。

2. 该单位目前的基本状况。主要调查法人或其他组织的经营状况或运转情况是否正常，是否持续营业，有无重大的诉讼或者其他重大事项，组织机构是否完善，管理体制是否健全等。

3. 证照上所核准的经营范围，实际上的主营业务范围。主要调查公司章程规定的经营范围，营业执照上核准的经营范围，企业实际的业务范围是否超出了章程和核准的范围，经营业务有没有违法现象和其他不规范的现象。

4. 聘请法律顾问的基本目的及要求。了解聘请人为什么要聘请法律顾问，准备聘请法律顾问提供哪些法律服务，解决什么问题，对顾问律师的专业、资历、年龄、性别等是否有特别要求等。

对于自然人，应调查下列内容：国籍及居住地；职业及其他自然状况；聘请法律顾问的基本目的及要求。

二、签订法律顾问合同

聘请人与受聘人协商一致后，应签订法律顾问聘请合同。法律顾问聘请合同是法律顾问关系成立的法律依据，只有签订了合同，律师才能担任法律顾问。在签订合同前，顾问费及顾问期限是双方磋商的主要内容，顾问费的确定主要考虑服务对象的规模大小、日常法律事务的多少、法律培训事务的难易度等。服务对象的性质也是决定收费高低的一个重要因素，一般外企、大型国有企业的付费敏感度会低一些，个人或私营企业、工厂类企业对收费敏感度较高。对法律顾问合同的主要内容协商达成一致后，由律师事务所与聘请人签订书面法律顾问合同。

三、指派律师担任法律顾问

律师事务所按法律顾问合同的规定，为聘请人指派执业律师。一般情况下，律师事务所应当安排聘请人指定的律师。聘请人如果没有指定律师，律师事务所应根据服务对象的法律服务需求指派合适的律师。律师代表律师事务所为聘请人提供法律服务，按照顾问合同约定的服务内容、范围、工作安排展开工作。聘请人可以给顾问律师颁发聘书，也可以登报声明。

未经律师事务所指派，律师不得以任何名义或形式担任法律顾问。如果律师私自接受聘请人的聘请担任法律顾问，私自收取顾问费，依照《律师法》的有关规定，司法行政主管部门可以依法追究其法律责任。在我国，律师不能以个人身份承接法律业务，但在符合法定条件的情况下，可以开办个人律师事务所。

四、法律顾问聘请合同的主要内容及注意事项

（一）法律顾问聘请合同的主要内容

1. 聘请人及受聘人的基本情况，包括名称（姓名）、住所、通讯方式。确定合同当事人双方的基本情况非常必要，如一方住所发生变更，未及时通知对方，对方向合同载明的原住所地寄送函件的，视为送达。注意受聘人一方只能是律师事务所。

2. 法律顾问的工作范围、工作方式、履行职责的权限。工作范围是顾问律师提供法律服务的范围，应明确、具体。法律服务的范围决定了工作量的大小、服务的难易程度，由于法律顾问的收费差距很大，从数千元到数十万元不等，明确服务范围可减少纠纷。实践中一般约定代理诉讼、仲裁、复杂的专项法律服务另行收费。工作方式主要有四种：专职式、定时式、会晤式和临时约请式，主要由聘请人的服务量确定工作方式。履行职责的权限，根据法律服务的业务性质，由双方协商确定。

3. 担任法律顾问的律师姓名、执业证号。聘请人要求律师事务所委派某一特定律师的，律师事务所应尽量满足，并约定在合同中。

4. 聘期起止时间。根据聘请人的需要由双方协商约定。

5. 聘请人为保证法律顾问职责的履行提供的必要工作条件和物质保障。这是顾问律师顺利完成合同约定义务的重要物质条件，约定应具体、明确。如有些聘请人需要律师"专职式"服务，提供办公场所就是必要的。

6. 顾问律师应有的知情权。这是顺利开展顾问工作的保证，法律顾问得有的放矢，只有了解情况，才能给出相应的法律意见，应当明确约定，如果聘请人隐瞒事实，法律顾问有权拒绝提供法律服务。

7. 法律顾问费的支付标准和办法。法律顾问费应当向律所支付，不能约定向律师发放。

8. 合同的变更和解除。由于常年法律顾问合同履行期限较长，可能会出现一方要求解除合同的情况，鉴于实践中聘请人解除合同的情形更多，故在合同中应对聘请人的合同解除权加以必要的限制。

9. 双方约定的其他权利、义务。

10. 违约责任。由于法律顾问服务在性质上是提供咨询、参考意见，最终决策仍由聘请人作出，因此，除非基于重大职业过失，否则不应约定受聘方承担过重的违约责任，事实上，多数律师事务所、律师承担经济赔偿责任的能力非常有限。

11. 解决争议的方法。

（二）签订法律顾问合同的注意事项

法律顾问合同是约定聘请人和受聘人之间权利义务关系的重要法律文件，为了避免在合同履行过程中发生争议，约定合同内容时应注意下列问题：

1. 由于《律师法》禁止律师以个人身份提供法律服务，律师执业须隶属于一家律师事务所，因此，即使是律师个人开拓的顾问单位，法律顾问合同的受聘人也是律师事务所，而不是律师。

2. 法律顾问的工作范围是确定合同双方的权利义务的重要内容，应尽量把提供服务的项目写具体。聘请人，尤其是首次聘请法律顾问的当事人，对法律顾问的服务范围不一定熟悉，对律师行业的惯例不一定了解，往往会认为既然聘请了法律顾问，那么自己所发生的所有法律问题都应当是法律顾问的职责范围，不应向其另收费用。这是法律顾问合同没有约定清楚导致的误解，特别是常年法律顾问，一些非日常性的项目，如重大合同谈判、参加诉讼、仲裁等事项，一般是另行委托并收费的，律师事务所应向聘请人说清楚，并在合同中写明。事实上，一项标的额较大的诉讼案件，其代理费可能大大超过法律顾问费。

3. 为了保证法律服务质量，律师事务所应合理地安排律师提供法律顾问的服务。有些顾问单位的业务专业性很强，如房地产、涉外业务等，并非取得了执业资格的律师均能胜任，律师事务所应指派具有相应专业特长的律师提供服务，而有些顾问单位业务量很大，律师事务所则应指派多名律师提供服务。

第三节　法律顾问的工作原则及工作流程

一、律师担任法律顾问的工作原则

律师担任法律顾问的工作原则，是律师担任法律顾问的基本准则和根本性要求。从事法律顾问的律师首先应遵守《律师法》规定的执业原则，即律师执业必须遵守宪法和法律，恪守律师职业道德和执业纪律；必须以事实为依据、以法律为准绳；依法执业受法律保护。除此前述共有原则外，担任法律顾问的律师为了优质、高效地为聘请人服务，还应遵守下列工作原则：

（一）切实维护聘方合法权益原则

聘请人之所以聘请法律顾问，其根本目的就在于杜绝或减少法律风险，保护自身的合法权益不受侵害。顾问律师在服务过程中须始终把切实维护聘方合法权益作为重要原则。由于顾问律师工作的特殊性，一般能接触到聘请人的生产、经营等方面的商业秘密，不得泄露聘请人的商业秘密，更不能借此谋私利。在律师担任多家企业法律顾问的情况下，可能聘请人本身存在竞争关系，顾问律师更应注意保守商业秘密，否则可能承担民事、刑事责任。

（二）地位平等原则

法律顾问与聘用人之间不是领导与被领导的隶属关系，双方的法律地位是平等的。法律顾问的职责是为聘请人提供法律意见和建议，进行法律上的帮助，是聘请人在法律上的参谋，没有决定权和指挥权，即使是法律顾问工作范围内的法律事务，也必须是聘请人提议或者征得聘请人同意方可参与，不得自行或强行插手，更不能干涉聘请人的内部事务。但是，由于聘请人不是法律职业人，对法律问题敏感性不足，律师应当发挥主观能动性，想聘请人之所想、需聘请人之所需，适时地为聘请人提出法律方面的预警，主动地提醒聘请人应注意的法律问题。

（三）预防为主原则

法律顾问的一项重要作用是防范和化解法律风险。如果当事人发生了无法自行解决的法律纠纷才去聘请律师的话，必然已经给当事人带来了一定的损失。而且，律师事后介入，取证也相对困难，势必增加处理纠纷的成本。因此，随着人们法律意识的提高，纷纷将事后处理变为事前预防，进而聘请律师提供日常的法律服务。担任法律顾问的律师应坚决贯彻预防为主的原则，将工作重点放在预防纠纷的发生上，从源头消除纠纷隐患，从根本上防止或减少纠纷的产生。

（四）指导为主原则

法律顾问是聘请人的法律参谋，不是聘请人的决策者，也不是聘请人的办事员，对聘请人在法律事务上应以指导为主，不应包办代替。聘请人的法律事务可能纷繁复杂，法律顾问不可能面面俱到、事必躬亲，应当抓住聘请人的特征和主要的法律需求，做到重点突出。例如，对于企事业单位，律师应积极向聘请人传授法律知识和处理一般法律事务的方法，提高其依法办事的能力和管理水平。对一般法律事务与职能部门共同研究解决的方案、办法和步骤，由职能部门去组织落实。对聘请人重要的法律事务，才亲自出面代理承办，并在承办中有意识地向聘请人的工作人员传授处理方法。

二、法律顾问的工作流程

律师受律师事务所指派担任顾问后，应尽快熟悉聘请人的情况。

（一）了解聘请人的基本情况

聘请人是法人的，应了解聘请人的单位性质、职能、业务范围、内部结构；主要负责人、隶属关系、对聘请人拥有直接管理权的单位、主要关联方；聘请人在本行业或者本系统的地位、作用、业务伙伴、竞争对手等。聘请人是自然人的，应了解其个人及家庭的自然情况、工作简况等。

1. 了解聘请人与法律顾问业务有关的财产状况。包括物权、债券、专利权、商标权、商业秘密等，以及财产的流转状况。

2. 积累与聘请人相关的知识。掌握与聘请人的生产、经营或技术相关的知识，改善自己的知识结构，准备将来更好地为聘请人服务。

3. 了解聘请人的法律需求。了解聘请人近期的法律事务的性质、种类、有否特急事项；中远期可能需要提供法律服务的性质、种类及应进行的前期准备。对需要提供法律服务的事项进行归类、整理。

（二）业务宣传

在熟悉聘请人的各种情况的同时，律师应主动宣传自己。虽然人们的法律意识有了很大的提高，人们对律师、律师业务、律师功能与作用有了越来越多的认识，聘请人已经有了聘请法律顾问的意识与需求，但是，聘请人对法律顾问工作的性质、作用、范围、原则、方式等并不一定十分清楚，律师应当宣传法律顾问的作用，以引起聘请人对法律顾问工作的理解和重视，建立起法律顾问与聘方的紧密型、信任型的关系。

法律服务是一项非常专业的工作，律师要有职业的敏感性，要善于发现与法律有关的问题，要将法律顾问在某一具体事项上的作用说清楚，让聘请人的负责人或经办人明白该事项应当请律师帮助，逐步培养他们的法律意识和法律需求，扩大法律顾问工作在聘请人经营、管理中的影响力，强化聘请人对法律顾问工作的依赖性。

（三）主动参与

要积极主动参与到企业的经营管理和各项经济活动中去，对诸如谈判、签约、规章制度的订立、债权债务的清理、资产重组、财产租赁、融资租赁补偿贸易等领域，不失时机地提出自己的法律见解或主张，必要时及时出具法律意见书。在参与中积极宣传律师业务，将业务宣传贯穿于自己的每一项工作中；在参与中体现自己的价值；在参与中让企业领导认识自己，了解自己。

　　有些聘请过法律顾问的单位，认为顾问律师发挥不了太大的作用，不再续聘；而有些律师对担任法律顾问工作也很迷惘，不知如何开展法律顾问工作。事实上，并不是聘请法律顾问的单位没有法律方面的业务，而是很多单位的领导及经办人员不清楚法律服务对哪些工作有帮助。如果律师积极主动地参与相关工作，将法律服务身体力行地传授给相关人员，他们就会对法律顾问工作有个新的认识，遇见类似事务，他们就会自然想到需要律师参与这类事情的处理。这要求顾问律师不但要有主动参与的意识和丰富的法律知识，而且还要有开阔的视野和丰富的实践经验，不但能处理法律事务，而且能发现和开拓法律业务。

　　（四）定期上门

　　唯有定期上门工作，才能把积极主动地为聘请人提供法律服务落到实处。例如，企业的法律顾问定期上门服务，可以发现企业生产经营中已出现或可能出现的法律问题，并及时提出法律意见和建议，以防患于未然。上门服务的通常做法是应坚持定期坐班制度和现场办公制度，无论企业有无法律事务，都应坚持到企业主动过问，主动和企业高、中层领导及生产经营负责人取得联系，积极捕捉法律方面的信息，做到有事情积极办理，没事情找问题、找漏洞，勤过问、勤建议、主动办，真正成为企业离不了的法律参谋。

　　许多顾问律师虽然为企业做了大量法律服务工作，但这些工作往往通过电话、传真的方式进行，很少到现场服务，使得企业的领导误认为法律顾问作用不大，对法律顾问工作并不满意，很大的原因就是顾问律师很少上门，让聘请人感觉法律顾问是可有可无的。为了消除这种误解，法律顾问应当建立定期上门服务的制度，有计划地为聘请人提供法律服务。这样，一方面，有利于完成法律顾问的任务；另一方面，也使法律顾问工作与律师的其他工作不至于发生冲突。

　　（五）建章立制

　　前已述及，法律顾问的工作原则之一是以预防为主，做到预防为主需做好以下法律服务：

　　1. 健全公司章程。公司章程是公司最重要、最基本的制度，是公司高级管理人员的主要工作指引。如果章程可操作性不强，一些重大事项没有规定或规定不清，会发生操作无依据。因此对公司章程进行修订或者补正是做好预防为主的法律服务的重要内容。

　　2. 议事和工作规则。包括股东议事规则、董事会议事规则、监事会议事规则和经理工作细则等方面。

　　3. 合同管理制度。合同管理制度是公司防范风险的基础性制度。其主要作用在于事前防范与事中控制，辅助作用是事后补救。该制度的作用将体现在合同缔约准备、审核签订、依约履行、争议救济等方面，是法律顾问帮助建章立制的最重要的工作。

合同管理制度的内容主要包括：合同管理机构的设置与职责、合同基础资料管理、合同模版、合同签订、合同履行、纠纷处理、监督检查与奖惩。依照合同管理制度，将使公司职员在合同范本使用、授权委托、公章（合同专用章）的使用、合同评审、合同纠纷处理、合同管理统计和合同监督检查等细节方面有章可循。

4. 劳动管理制度。劳动管理制度包括劳动管理和商业秘密保护、竞业禁止制度等方面。

5. 知识产权管理制度。知识产权管理制度包括各类知识产权与技术在每个进程的管理制度。

6. 突发事件预案。突发事件预案是指针对某些可能对公司造成重大影响的法律事件作出安排的制度，一般包括预防性措施与突发事件处理程序。

（六）集体讨论

顾问律师应将聘方交与承办的重大的、疑难的或事关重大利益的法律事务提交律师事务所讨论，以保证工作质量。律师事务所要定期听取顾问律师的工作汇报，定期到聘方征求意见，不断提高服务质量。

（七）法制讲座

提高聘请人及其工作人员的法律意识和依法办事的能力是法律顾问的重要职责。对于质量监督、公安、消防等专业性较强的行政部门，还应举办有关专门的法律讲座。针对企事业单位的管理人员，应当定期举办《公司法》、《合同法》、《劳动法》、《担保法》、《产品质量法》等法律讲座；对于企事业单位的营销、采购、业务代办人员应集中组织学习《合同法》知识，使其掌握签订各类购销合同的知识和技巧，在起草、审查各类合同的工作中还应不失时机地向有关人员灌输合同知识，加强其合同知识的积累和提高。

（八）加强沟通

法律顾问工作离不开聘请人的密切配合和支持，担任法律顾问的律师应当积极主动地与聘请人及其工作人员进行沟通，加强联系，促进双方的了解，在工作上取得聘请人的理解和支持。

顾问律师可以从以下几个方面入手，加强与聘请人的联系：①掌握聘请人的基本状况，便于发现有可能出现的法律问题；②了解聘请人债权债务基本状况，掌握有关资料，便于随时摸底调查和清理债权债务；③了解聘请人管理人员的基本情况，便于律师和各部门联系；④积极参加聘请人与法律服务有关的各种活动，以适时提出法律意见；⑤积极了解和掌握聘请人的经营决策和方针政策，为法律顾问工作提供方便和信息。

法律顾问应与聘请人确立联系制度，使联系真正落到实处，富有成效。

（九）立卷归档

顾问律师应当建立为聘请人服务的工作日记，准确记录为聘请人提供法律服务的基本情况。工作日记应当记载法律服务的时间、地点、方式、内容和结果。如果法律顾问的建议与聘请人的意见产生分歧，应如实翔实地记载，使工作日志能够客观、全面地反映法律顾问的实际工作情况，既便于法律顾问全面掌握聘请人的情况，又便于法律顾问进行工作总结，改进和提高法律服务的质量。

工作日志原则上做到一次一记，一事一记。律师担任多家聘请人的法律顾问时，应为每个聘请人单独建立一本工作日志。

律师应为每个聘请人建立一个工作档案，内容主要包括聘请人的基本情况，法律顾问聘请合同，工作日志，聘请人的规章制度、合同、章程、诉讼文书和其他法律文书，以及与聘请人有关的法律、法规、规章、政策文件。

第三节　政府法律顾问实务

上节法律顾问工作的具体流程主要是针对企业法律顾问实务而言的，政府法律顾问具有自身的一些特殊性，不少执业律师虽然熟悉企业法律顾问业务，但对于政府法律顾问工作并不了解，因此要对政府法律顾问实务予以简要介绍。

一、政府法律顾问作用

（一）提供法律咨询及专项法律论证

政府法律顾问最基本的工作就是提供法律咨询。此外，对于政府的一些重要行政行为，一般会在事前进行讨论与部署。在讨论与部署过程中，法律顾问应当从法律的角度提出建议，对行政行为的合法性、法律可操作性、法律后果及可能带来的法律纠纷等，从法律角度进行论证。政府法律顾问还可以在政府遇到行政诉讼后，协助政府对案件的法律关系、调处方案及诉讼方案进行分析，使政府能依法解决纠纷。当前，在一些地方，"红头文件"存在杂、乱、不规范等问题，"红头文件"甚至成了部门争权、乱收费的依据，越来越多的公民、法人或其他组织对政府"红头文件"的合法性提出质疑。因此，政府依法行政需要法律顾问的帮助，在政府制定和颁布规范性文件时严格地进行合法性审查，依法维护政府的良好形象。

（二）受政府委托进行规范性文件的起草与论证

目前，政府规范性文件大多由政府职能部门起草。由于缺乏法律专家的参与，部分规范性文件从行文技巧到可行性方面都存在欠缺。政府法律顾问可接受委托起草规范性文件，从实务操作角度、行文技巧方面保障规范性文件的合法性和合理性。同时，政府法律顾问还可以就政府相关部门起草的规范性文件进行论证，提出修改建议，保证规范性文件更加规范与完善。

（三）对政府重大项目投资进行法律风险评估

政府承担着基础设施建设的重任，这些政府项目投资大，建设周期长，涉及法律关系众多，且往往关系百姓的基本利益。因此，政府投资项目的法律问题尤为重要。因此，政府在决策之前，必须对重大项目投资的各种法律风险有充分的认识，并做好相应的准备。

律师出具项目法律风险评估书需要对政府拟投资的重大项目概况进行全方位的了解，所以首先要进行可行性调查。政府应当提供关于该项目的一切资料，并安排人员协助律师工作。一份完整的项目法律风险评估书应包括以下几个部分：①项目总体概况，律师制作项目法律评估书必须站在客观中立的角度为政府进行法律风险的评估。评估时就必须对重大项目的概况有全面的了解。因此，有必要对政府提供的资料进行梳理，并在可行性调查研究的基础上对投资的背景、规模、发展前景等总体情况进行概况分析。②拟投资重大项目面临法律风险分析，这是重大项目法律风险评估书的主要内容。律师进行法律风险评估时，必须全方位地根据行政法、民法、合同法等相关法律法规对重大项目的各个方面、各个阶段可能产生的法律风险、产生风险的原因、可能造成的后果作出详尽的分析，使政府能做出应对的准备。③总体结论，这是最后部分，重大项目投资法律风险评估书的总体作用就是对政府投资重大项目的法律风险进行分析，明确重大投资项目的合法性、可行性。因此，结论部分必须对该重大投资项目的法律风险程度予以明确，并且对相关的法律风险提出一些有前瞻性的预防措施。

（四）协助政府预防及处理各种纠纷

政府作为一个主体，同社会其他主体发生经济往来及其他民事法律关系是难免的。近年来，以政府为一方主体的经济民事案件大量增加，如房屋租赁、建设问题、土地使用权问题以及政府采购后的支付问题的纠纷十分普遍。而且，随着我国多项行政法律的实施，行政复议与行政诉讼案件大量增加，政府法律顾问宜参与其中。在行政执法中，政府法律顾问参与违法主体违法证据的收集，做到证据充分，收集完证据实施行政处罚时，做到程序规范，同时保证作出的处罚与事实相符，法律依据充分。在行政复议与听证中，认真审查行政复议与行政听证申请书中的事实与法律依据，提供相应的解决方案，维护政府执法公正的形象。在行政诉讼中，整理相关行政执法证据，论证行政诉讼的答辩意图，力求最有利的诉讼方向，做到法庭外准备充分，法庭上论辩有力，切实实现诉讼目的。事实上，政府法律顾问的介入，可以大大减少政府成为诉讼主体的概率，从而在解决问题的基础上，取得更好的社会效益。

二、政府法律顾问工作原则

政府法律顾问的工作原则，是指政府法律顾问在为政府部门提供各种法律服务的过程中所必须遵循的基本准则。这些基本准则是由政府法律顾问的特殊职业性质决定的，在政府法律顾问执业活动中，这些工作原则的精神渗透到各个环节。因此明确政府法律顾问的工作原则十分必要。

（一）维护政府合法权益原则

政府法律顾问服务的对象是各级人民政府及各部门，因此政府法律顾问应依法维护政府的合法权益。政府聘请法律顾问是通过法律顾问的工作，使其合法权益不受侵害，保护政府行使法律赋予的权力。因此，法律顾问在开展任何业务活动时，都必须本着维护政府的合法权益的宗旨，不能做出任何有损政府的行为。那种对工作不负责任，敷衍了事，从中为自己牟利，或者与第三人恶意串通，损坏政府合法权益的行为，都是严格予以禁止的。由此给政府造成损失的，法律顾问应承担行政责任、民事责任甚至刑事责任。

同时，必须明确的是政府法律顾问维护的是政府的合法权益，因此，政府法律顾问应当忠于宪法和法律，以事实为依据，以法律为准绳。凡是政府的合法权益，政府法律顾问应尽心尽责地提供法律服务。凡是政府的违法行为，作为政府法律顾问应及时向政府提出，不能不顾原则地为之服务。

（二）严格依法履行职务原则

政府法律顾问在进行各项工作时，必须严格依法办事，以客观事实为依据，为政府提供法律服务，不能为了维护政府的利益而采取非法手段损坏国家、集体或他人的利益。严格依法办事与保护政府的利益是互不抵触的，维护政府的利益是目的，依法办事是手段。只有严格依法履行职务，才能真正保护政府的合法权益。

（三）平等与独立原则

政府法律顾问与作为聘方的政府法律地位是平等的，双方形成的是平等的法律关系。政府法律顾问与政府的关系，通过聘用合同产生，是一种服务合同关系。根据我国民事法律关系的基本原则，合同关系的主体在法律上的地位一律平等。平等原则确定了法律顾问是以独立主体的身份为政府提供法律服务的。作为政府法律顾问从事法律服务活动具有独立性，接受政府部门的监督，向其汇报工作情况，但没有行政上的隶属关系。

政府法律顾问在执行职务时只对事实和法律负责，不受他人干涉，这是法律顾问工作的独立原则。《律师法》第3条第4款规定："律师依法执业受法律保护，任何组织和个人不得侵害律师的合法权益。"这条规定，就是确定律师执业独立原则的法律依据。独立原则对政府法律顾问来说，就是实事求是，依法办事，不受他人的影响和干扰。坚持独立原则，对于政府来讲，则要求政府正确对待政府法律顾问的工作，特别要防止利用法律顾问的名义进行违法活动，损害国家、社会和他人的利益。这一原则同时也要求法律顾问所属律师事务所保证所聘政府顾问法律依法办事的独立性，不宜乱加限制或干预。

（四）保密原则

《律师法》第38条第1款规定："律师应当保守在执业活动中知悉的国家秘密、商业秘密，不得泄露当事人的隐私。"这从法律上规定了法律顾问的又一工作原则。这一原则要求国家机关的法律顾问严守国家机密，国家机密包括国家科技机密、经济机密、行政机密、军事机密等。除国家机密以外，政府法律顾问对因履行职责所了解或掌握的企业商业机密，同样具有保密义务，不得从获取的秘密中获利。

（五）优质高效、及时准确原则

政府法律顾问人选应当由律师事务所业务能力强的律师组成团队，提供最专业的法律顾问服务。接受政府交办的事件，注重效率与公正，提供切实可行的法律服务。尤其注重法律意见的可行性、可操作性和法律依据的充分性。

保障信息畅通，能够及时了解政府的法律服务需求，并快捷地提供相关法律服务。对提出的法律服务，严格把关，做到事实清楚，法律依据充分。政府法律顾问应维护政府"为民执政、科学理政、依法行政、从严治政"，承办政府交办的各项法律事务，对政府负责。

三、政府法律顾问的主要业务技能

（一）信访接待

1. 律师参与信访接待的意义。

（1）律师参与接访，能够及时化解矛盾，促进信访人的问题尽快解决或息访。由于不少信访人对于信访问题的相关政策了解不够，理解不深，研究的不透。同时再加上个别单位或部门对上访人的问题解答的不准确，工作中时常出现推诿、扯皮现象，致使上访人与基层单位矛盾激化，给信访接待工作造成阻力。一些不懂信访程序的上访人，甚至有时将信访工作人员也变成了对立面。信访工作中的正常接待解答也常常被诬蔑为"官官相护，天下乌鸦一般黑"。对此类上访人员如果由律师参与接访，情形就会有所改变。因为律师独立的懂法身份，会使上访人有相对的亲近感和信任感。律师的依法咨询、引导解答，很可能让上访人解开疑团、心悦诚服。

（2）律师参与接访，有利于减少缠访和越级上访，减轻信访部门的工作压力，维护社会稳定。《信访条例》第14条第2款规定："对依法应当通过诉讼、仲裁、行政复议等法定途径解决的投诉请求，信访人应当依照有关法律、行政法规规定的程序向有关机关提出。"由于上访人的素质、理解问题的能力千差万别，因而如何辨别信访受理范围，如何准确运用政策和法律来解释信访案件，已成为广大信访工作人员面对的一大难题。而律师的介入将会解决这一难题。通过律师对上访人的问题的剖析以及对相关法律、法规的分析，使一些上访人认清了上访问题解决的可能性和解决途径，从而化解社会不安定因素。一些无理缠访人也在有理有据的法律解释中表示心悦诚服，并自动放弃再访念头。

最后，律师参与接访，有利于积累依法治访经验，增强广大人民群众对信访工作的理解，维护信访公正，促进信访工作向良性化流程发展。律师在参访中，通过与广大上访人的接触交流，能最大限度地了解广大来访者的主要呼声要求，从而为信访工作人员运用法律解决同类问题积累了经验，也在一定程度上提高了信访接待工作质量。与此同时，由于律师咨询、答疑和为有关单位或上访人代理均是有政策和法律依据作后盾的，因而信访部门或有关政府部门采纳律师意见后，将会增强解决信访问题的公正性、客观性、准确性。再者由于律师经常起到的信访部门与上访人之间的桥梁和纽带作用，也促进了上访人之间的与信访接待部门之间的相互理解，进一步树立了信访人员在人们心目中的形象。

2. 律师参与信访接待的主要工作内容。

（1）认真做好信访咨询工作。咨询是每位律师的基本功，更是考验律师掌握法律知识全面程度的试金石。律师参与信访接待的主要工作就是接待上访人的咨询，通过咨询使上访人明确以下问题：①上访的问题是否符合国家有关法律法规，是否符合国家政策；②上访的要求是否能得到法律或政策的保护；③上访的途径、应访部门以及与上访有关的法律实体规定和程序规定，等等。律师在解答咨询时应做到：细听、慎审、细问、明答。细听就是认真听取来访人对问题前因后果叙述；慎审就是认真慎重地审查来访者带来的各种材料及材料之间的相互关系；细问就是有针对性地从提问中总结出关键点，逐一确认；明答是针对问题作出明确的答复。答复要么肯定上访问题符合法律和政策规定，应当解决；要么认定上访问题不符合法律或政策规定，规劝上访人息访；要么谈清上访问题具有某种情形时合法，不具有某种情形时不合法；同时针对合理、合法的上访，应告之其解决问题的方法、途径。对不合理、不合法的问题也应讲明依据、理由，从而让上访群众在接受咨询后获得真正的受益。

（2）引导来访者通过准确的途径解决上访问题。由于大多数上访者缺乏上访程序意识，于是一出现问题，便到处上访，到处告状。一封上访材料可能投寄人大、纪委、监察、检察院、信访、有关领导、相关部门，只要能想到的就来一封，从而造成了多层次多头绪上访。给信访接待工作造成了不应有的麻烦。针对这种情况，参访律师就应当在发现苗头的同时正确引导，准确指出来访问题是否应由信访解决，是否应当按诉讼、仲裁或行政复议解决。如对于法定必须仲裁的劳动争议上访，应告之其进行劳动仲裁。同时还应告之来访者解决各种问题的诉讼时效，保护期限等。通过律师的引导，让来访者知道如何维护自身权益，如何珍惜权利的使用期限，以及丧失权利的法律后果。

（3）认真地做好代理工作。代理工作是律师参与接待信访工作的结果延伸，更是律师本身业务和律师参访相结合的产物。律师在参与接待中如发现上访问题必须通过诉讼解决，就应建议上访人运用法律来维护自身的合法利益。律师在帮助当事人早日打赢官司的同时，也等于解决了信访问题。律师代理中应当本着有理、有据、有节的原则，尽心竭力地完成当事人委托事项，以维护当事人的合法权益。

（4）耐心细致地做好疏导工作。信访问题较突出的表现在农村土地承包、下岗职工安置和社会保障、拖欠工资、房屋动迁、安置补偿、行政机关违法侵权，等等。同时由以上原因引发的群体上访事件也频频发生。相当一部分上访人属无理缠访。针对这些问题，参访律师应以专业法律人士的特殊身份正面疏导无理上访者，面对现实，正确理解有关规定、政策。对无理缠访、聚众闹事的首要分子，要在讲清其危害后果的同时，建议其息诉罢访。对一些顽固不化的挑起事端的首要分子，应建议有关部门予以行政拘留处罚，直至追究刑事责任。

3. 律师参与接访应注意的几个问题。

（1）参与接访的律师应树立正确的参访目的。律师参访的目的是依法维护上访人与被访单位的合法权益，维护社会稳定的良好秩序。律师不应以扩大自己的知名度作为参与接访的前提。因而参与接访律师应有志愿者的心态和奉献者的精神。

（2）参与接访的律师应具有良好的政治文化素质和较高的职业道德修养，尤其是应具备较全面的法律知识功底。律师接访应具有高度的责任感、事业心，接访应以事实为依据，以法律为准绳，决不能利用法律某些方面不完善煽动来访者，挑起事端，给政府及有关部门施加压力。更不能在利益的驱动下，挑诉架讼，损害当事人的利益。

（3）参与接访的律师应努力做好信访部门的法律参谋作用。在接访中发现问题，应当及时与信访部门联系通报，律师参访的处理答复结果要及时反馈给信访部门。对可能出现的不良上访苗头，要及时与政府相关部门通报。同时有针对性的，向有关部门提出解决问题的法律依据、意见。

（二）参与突发事件的处理

近年来突发事件越来越多，由于群众对政府处置不力等不满，导致群体的上访、静坐、示威，甚至发展到冲击政府机关等，干扰了政府机关的正常工作，阻碍政府机关正常履行职责，造成了恶劣的社会影响。这些突发事件具有突然性、扩散性等特点，如果处理不当或者处理不及时将造成严重的后果，危害人民群众生命财产安全、影响政府形象和社会稳定。政府法律顾问作为维护社会稳定的重要力量，应当参与突发事件的处理，在协助处理突发事件过程中需注意以下问题：

1. 树立危机意识。多数突发事件在发生前并非没有迹象可寻，这些突发事件也有一个矛盾累积、激化直至爆发的过程，有自身的特点和规律。正所谓"凡事预则立，不预则废"，能够在平时的工作中去发现这些可能激化的矛盾，以实际行动将其化解，即使没有达到最佳效果，但在心理上也有了相应准备，而不会被打个措手不及。特别是看似细小的问题，如果解决措施不当很有可能引发大的矛盾。危机意识的培养也是与预防和处理突发事件的措施相联系的，例如制定处理突发事件的预案，进行处理突发事件的演练等。突发事件应急预案必须具有可操作性。其中要特别注意遇到重大问题时要及时向有关领导汇报，沟通途径要畅通。

2. 注意临场心理状态。面对突发事件，必须冷静、理智，不可一味地针锋相对，一时冲动往往会导致矛盾更加激化，错过妥善处理的最佳时机。这种冷静、理智可以通过个人的行为和语言传递给事件参与者，使各方都能够冷静下来，防止突发事件扩散。首先，要认真倾听，很多突发事件都是当事人为了向政府机关表达自己的某些诉求，这些诉求可能是不合理或者不合法，甚至夹杂着由于愤怒而进行的人身攻击，这种情况下，一定要保持克制，冷静全面地倾听当事人想说的话，显示出解决问题的诚意。其次，态度真诚可亲，细致耐心地说明、教育。结合法律、法规以及党和国家的政策，切合实际地向当事人进行说明，解答其提出的问题，消除其心中疑虑，对于确属政府工作疏忽或者错误的，应及时提出补救和纠正的措施。这一过程以说明教育为主，保持平和的心态，不能急躁。最后，在与当事人的对话中要注意自己的语气和举止，要坚持立场，有理有节，举止稳重，既不因当事人的无理诉争而显露不满或不屑，也不可因工作失误而一味退让道歉，始终做到不卑不亢，依法办理。

3. 敢于担当的勇气和责任。处理突发事件容不得半点拖延，在这种情况下作出决策和采取措施的思考和准备时间非常有限，带来的处理结果难以预测，具有一定的风险。可能突发事件没有得到处理，有时甚至起到相反的作用，有时采取的措施本身就具有一定的危险性。这种情况下，要求政府法律顾问有承担风险的勇气和决心，本着对人民群众负责，对党和国家负责的态度，果断地采取措施控制局势。

4. 确立大局观。处理突发事件的重要原则是要以大局为重，这个大局就是构建和谐社会。处理突发事件要以保障人民群众的利益、化解矛盾、解决问题、维护社会稳定和我国的国际形象为首要目标。在整个过程中要时刻紧紧围绕这个大局，迅速采取有效措施处理问题。不能因为小团体利益而损害和谐社会这个大局。有了这样的大局观，便能在紧急情况下找准问题的切入点，做出反应，稳住阵脚，不至于面对复杂的情势畏首畏尾，互相推脱，延误事件的处理，导致事态扩大。

5. 贯彻以人为本的理念。处理突发事件要坚持以人为本和群众利益无小事的原则，关心民生，心系群众。不能仅仅就事论事，要善于把各种消极因素转化为促进社会和谐的积极因素，要让人民群众在事件处理过程中有安全感，还要让他们感受到社会和谐的重要性。

（三）招商引资法律服务

目前，政府在招商引资中承担着重要的角色，招商引资是考核地方政府业绩的重要指标。但是，招商引资中面临的法律风险不少，政府法律顾问为招商引资提供优质、高效的法律服务，营造良好的法制环境，在招商引资过程中的作用十分重要。

一方面，律师既懂法律又了解国家政策和当地的一些经济发展政策，在为外地区投资者提供法律服务时，不但要宣传应遵守的法律规范，还要向他们讲明当地政府出台的一系列投资优惠政策，尽可能的介绍一些当地的经济自然优势和政府公布的投资项目，增加本地区规范性文件及发展政策的透明度，使投资者能够有针对性地选择适合自身发展的项目，消除疑虑，大胆投资。

另一方面，律师是法律服务平台上的领衔主体，对于招商引资带来的经济结构的变化、利益格局的调整和人财物的流动而产生各种各样的纠纷，要起到"法律调节器"的作用。调整好在招商引资中涉及的利益关系，消除不安定因素，创造良好的投资软环境。

政府法律顾问为招商引资提供法律服务主要内容为：

1. 参与谈判。在进行商业项目谈判中，要组成一个谈判班子，该班子成员除主谈、工程技术、企业管理、财会、翻译人员外，必须要有懂法律的人员参加，律师则是最佳人选。而律师在谈判中角色大多为副主谈、要求律师要做好谈判前的准备工作。积极参与询价资料的研究，掌握好有关的专业技术性能问题，备齐有关的法律、法规、规章以及技术性规范。谈判时，当好主谈的辅佐，法律谋士，有理有力有节，力促双方达成共识，结为贸易伙伴。

2. 风险防范。在招商引资中不乏少数奸商、掮客，利用招商引资为幌子进行经济违法犯罪活动。如买空卖空的皮包公司、虚报注册资金取得工商执照、"三无"公司、虚假广告、合同诈骗、伪造国外有价证券进行诈骗、借以引进巨额外资行骗、以存款名义诈骗贷款或者利用当地的优惠政策，少出钱拿到"土地使用证"，再以此证向银行抵押贷款，继而"公司破产"或携款逃跑。因此，律师在顾问服务的各个环节中，应及时提醒商家增强风险意识，谨防假冒，必要时出具法律意见书。

关于可行性的法律论证。根据项目双方提供的有关材料，就该项目可行性从法律上给予论证，由律师出具法律意见书。其主要论证内容是对提供的可行性研究报告的项目基本情况、国内外市场需求情况、原料供应安排、项目选址及依据，技术设备和工艺过程选择及依据、环境污染治理和劳动保护、人才选择、卫生设施及依据、建设方式、进度安排、资金筹备及依据等方面进行审查，综合分析社会、经济、技术、财务及法律等方面的可行性，并出具法律意见书。

关于诚信状况的调查。律师接受委托后对投资方诚信状况进行周密调查，以核实其合作的诚信及履行合同的能力，主要包括两方面：一是法人资格的调查；二是资信调查。法人资格的调查主要是了解投资方的法定注册地，组织形式，逐一分析其商业登记证（营业执照）的真实性、有效性、实效性；了解参加谈判的投资方代表的真实身份；了解投资方企业的所有制形式及内部组织和决策程序，同时查明股东情况。资信调查主要是要求投资方出具银行资信证明或注册会计师出具的会计报告书；了解投资的资产结构，对财务收支负债情况进行分析；了解投资方在国际国内经济活动的信誉，通过多渠道、全方位的调查取证，确保欺诈、诈骗等非法行为在招商引资过程中能有效避免。

3. 起草审查法律文书。律师在为项目服务过程中，可以协助起草、审查有关的法律事务文书，尤其是合同的起草与审查。合同是最基本的法律文件，一经签订就具有法律效力。应认真审查合同的内容，明确合同双方的权利义务关系。如双方合同条款的合法性，双方投资方式，以知识产权、土地使用权投资的要进行评估，土地使用权的有效证件要齐全，是否是法律法规规定应当办理批准、登记手续才能生效的合同，违约责任和争议解决的方式等，防止违法条款和恶意条款以及其他合同瑕疵的出现。

4. 还应该强化仲裁或司法解决争议的职能。在合作协议、合同中约定，发生争议后先由双方协商，协商不了的，提交项目所在地的仲裁机构进行仲裁或人民法院提起诉讼，减少行政调解程序，减轻相关部门的压力。

第四节　合同审查实务

作为法律顾问，除了接受聘方的法律咨询外，最为常见的事务就是合同审查。合同审查业务，系指律师接受当事人委托，就其送审的合同根据委托人的要求及律师的专业判断，通过检查、核对、分析等方法，就合同中存在的法律问题及其他瑕疵提出意见供委托人进行决策或商务谈判时参考的专业活动。

一、合同送审稿的接收及审查前处理

律师在接收合同送审稿及辅助性的背景文件、参考文件时，应尽可能避免接收原件，以免造成管理上的不便或造成遗失、破损、污染。若必须接收原件，且委托人在移交时要求律师签收的，相关原件在归还时一定要由委托人或其指定的工作人员签收，以免带来执业风险。考虑到双方意见交换的便利，原则上应要求委托人提交电子文档，既便于保管和修改，又易于保持版面的整洁。如果委托人有保密要求，可选择与委托人签订保密协议后再开始工作。该保密协议应当包括保密的事项、范围、期限等内容。

对于委托人送审的电子文稿，应另存为规范的文件名称并标注日期，同时将附属资料一并列入专用的文件夹。任何审查均应针对另存的文件，原文件仍旧保留以资日后核对。对于委托人送审的纸质文稿，应复印后保留原稿，而无论原稿为复印件还是原件。任何审查工作均在复印件上进行，同时所有文件应装入文件夹以便于管理。如果可能，可将纸质文稿转换成电子文档，并在保留原稿的基础上进行审查工作。

对于送审合同的审查，应当尽可能保证原稿与审查意见的可识别性。对于电子文档，应以批注的方式提交审查意见，WORD 文档打开后，点击工具栏上的"插入"，选择"批注"即可。如以其他方式，应注意改变字体颜色以便识别原稿，并可把加入的内容放在括号内。对于纸质文档，应以规范的校对符号等方式提交审查意见，将意见写在纸页的空白处，并注意防止原稿文字无法识别。如有必要，应在问题部位加注序号，并另用纸张说明各序号下存在的问题。对于来稿中表述不清或用意不明的条款，律师可以通过问询并得到准确答案后，再提供审查意见。也可以直接在审查意见中写明该条款或措辞无法理解、语意不明等。

在进行合同审查前，还需要从委托人处了解交易背景，尤其是合同当事人双方的地位。合同是用以约定当事人的权利义务，从应然的角度而言，合同应注意当事人之间的权利义务的平衡，但是，当事人权利义务的安排在实践中往往是由当事人的市场地位决定的。如果委托人处于优势地位，作为委托人的法律顾问，在保证合同不因显失公平被撤销的前提下，应当谋求委托人利益的最大化。相反，若委托人处于劣势地位，律师约定了交易相对人的严格义务可能导致交易失败，相对人拒绝签署合同，例如，目前国内一般产品的市场是买方市场，作为卖方的律师，一旦将买方的义务规定的过于严苛，可能导致交易失败，明智的选择应该是"抓大放小"，对于影响委托人的重大权利的事项明确约定，降低法律风险，对于委托人权利影响不大的相对人的义务则可以不一一坚持。

二、合同审查的基本技能

一项有效的合同，必然要求主体适格、意思表示真实，不违反法律、行政法规的强制性规定。从合同审查的要求而言，首要的就是避免无效合同的产生。

(一) 合同名称准确性的审查

合同名称在很多人看来似乎不是问题，往往忽视了其准确性。但名称不准确的现象并不罕见。如某活动板房生产制造企业，其提供的原始合同名称为"买卖合同"，通过审查合同条款，可以明确的是：活动板房企业是按照"买方"提供的规格（如房间数量、大小、层数等）进行生产，可见该合同实为"承揽合同"，毋庸置疑，承揽合同与买卖合同的差异不小，如承揽合同的定作人享有单方合同解除权。又如某机械有限公司生产动力机械产品，产品销售到全国各地，由于行业竞争激烈，购买机械产品的买方往往要求获得一定地域的独家销售权（厂家不得将产品销售给该地域的其他经销商），该机械有限公司的合同命名为"代理销售合同"，而事实上双方并非委托合同关系，而是买卖合同关系，冠以"代理"二字，可能给卖方带来不必要的法律风险。

合同名称若与合同内容不一致容易引起纠纷，因为合同名称不同，意味着合同性质的不同，合同性质不同，则合同当事人的权利义务不同。《合同法》第124条规定，本法分则或者其他法律没有明文规定的合同，适用本法总则的规定，并可以参照本法分则或者其他法律最相类似的规定。因此，凡是符合《合同法》15种有名合同的协议，应采用正确的有名合同的名称。对于不符合15种有名合同的协议，可直接命名为"协议书"，不宜牵强附会，采用某种有名合同的名称。

(二) 主体适格的审查

由于某些交易涉及健康、安全、社会公共利益等，法律往往对于交易主体的资格施加特别限制，对于某些交易实行特别许可、专营等管理，如食盐。主体不适格，必然影响合同的有效性。对于有资格限制的交易，律师应当审查相对人的营业执照、资质、许可等方面是否符合法律规定。其中：①对于营业执照的审查，应注意根据其原件判断相对人的经营期限、经营范围、是否年检等信息，以判定其身份是否符合工商法规的规定；②对于资质等级的判断，应审查其相关的资质证书，以确定其是否合法、有效及是否在合法的范围之内从事经营活动；③对于某些特定交易内容，应审查其是否符合相关的生产许可或经营许可等相关许可制度，以确定合同是否存在效力问题；④对于涉及从业人员专业资格的交易，应结合委托人的需要或合同履行的需要，审查履行合同过程中所需的特定人员是否具备相应的专业资格。

在实践中，常常遇到企业法人的分支机构作为合同一方当事人的情况，除子公司外，分支机构是没有独立的法人地位的，能否作为合同主体的关键在于分支机构是否进行工商登记。尤其需要注意的是，法人的内部职能部门是不能作为合同主体的。对于通过代理人签订的合同，审查代理人的权限也十分关键，若代理人无代理权或超越代理权限签订合同，也将影响合同效力，一旦得不到被代理人的追认，合同将归于无效。

（三）内容合法性的审查

审查合同的合法性应当根据法律、行政法规、地方性法规、各类规章、相关国际条约的规定，《合同法》第 52 条第 5 款规定，有下列情形之一的，合同无效：违反法律、行政法规的强制性规定。合同是否无效只能依据狭义的法律及国务院行政法规，而依照《合同法》司法解释，违反的强制性规范还应当是效力性规范。至于违反部委规章、地方性法规等法律的合同，虽然不会导致合同无效，但可能给合同当事人带来行政法律责任，如行政处罚等，因此，律师也应提示委托人。对于一项合同的审查，应穷尽与合同有关的一切法律法规，作为律师，基本的法律、行政法规比较熟悉，但是部委规章、地方性法规等则未必清楚，需要加以注意。合同内容合法性审查工作主要包括：①审查合同条款及签订合同的过程中，是否涉嫌存在《合同法》中所规定的合同无效、免责条款无效、可变更撤销的情况；②合同中的约定是否违反法律、行政法规的强制性规定；③审查合同中所用的法律术语、技术术语是否规范；④审查交易标的物的质量标准是否符合法律的明确规定。对于某些合同，必须结合合同主体资格的审查，判断其是否违法或无效。《合同法》第 52 条规定了合同无效的情形，第 53 条规定了免责条款无效的约定，第 54 条规定了可变更可撤销的合同类型，第 47 条、第 48 条、第 51 条则规定了效力待定合同，上述法律条文是审查合同效力的重要依据。作为律师，若未能审查出合同效力上的瑕疵，这是严重失职。

（四）内容明确性、完备性、严谨性的审查

作为一份合格的合同，不仅要保证内容的合法性，而且要做到内容明确，实践中不少合同争议恰恰是约定不明确引起的。虽然《合同法》规定了约定不明的情况下可以协议补充、按照交易习惯等补救措施，但约定不明毕竟留下了引发争议的隐患。因此，在审查合同时，应注意合同中的权利义务是否明确，以避免当事人因权利义务不明而丧失权益或导致损失的情形。此类审查包括可识别性、明确性，具体包括：①交易内容是否明确、具体、可识别、可履行；②交易程序是否明确、具体且定有时限、义务归属；③争议处理方式是否明确具体且有时限、义务归属；④条款之间是否由于配合问题而存在权利义务不明确的缺陷；⑤是否由于表述不严谨而存在权利义务不明确；⑥权利义务及违约是否具备可识别性；⑦附件内容是否明确、是否与合同正文冲突，如有冲突是否有解释顺序。

合同的完备性审查是指通过对合同已经设立的各层标题，判断合同条款是否完备，检查是否缺少影响合同履行及权利义务明确的条款。对于篇幅较大但未设立标题体系的合同，可先整理出不同层级的标题，然后进行此项审查。此类整理仅为辅助审查之用，也可用于后续的修改。具体流程为：①判断各层级的标题体系是否合理、完整；②判断最小标题下的条款是否完备、假设的可能性是否齐全；③审查合同的辅助性条款是否完备，是否足以明确合同本身的秩序并能够满足解决争议等情况下履行附随义务所需。例如，合同纠纷管辖法院的约定不容忽视。在我国现行司法体制下，由于存在着案件承办人员办案水准不一、地方保护主义等客观因素，造成管辖法院的选择对诉讼结果会产生影响。管辖法院的选择，也影响到诉讼成本。根据《民事诉讼法》的规定，可供当事人选择的管辖法院包括原告住所地法院、被告住所地法院、合同签订地法院、合同履行地法院、标的物所在地法院。当事人只能根据需要选择其一，如果选择两个或两个以上的管辖法院视为选择无效，由被告住所地或合同履行地法院管辖。当事人协议选择管辖法院，不得违反《民事诉讼法》关于级别管辖和专属管辖的规定。各地经济发展状况不同，关于多大诉讼标的额纠纷一审归中级人民法院管辖，各地亦不相同，故不宜直接约定由基层法院或中级人民法院管辖。

合同的严谨性是专业性的重要体现，在审查合同时，律师要防止因合同约定不严谨而产生的缺陷，避免因约定存在冲突而产生的争议。合同的严谨性审查的主要关注点有：①合同中是否由于假设不足而导致某些情况未予以约定，从而导致权利义务不明确；②是否存在有禁止性规定但无违约责任条款，以及类似的合同条款；③是否存在由于术语或关键词不统一而造成的条款冲突，或由于表述不一致而影响权利义务的明确性；④合同生效的时间是否控制得当、辅助条款是否利于合同履行或争议处理。律师不可能熟悉所有交易，尤其是对于某种交易容易出现的违约行为，委托人作为该行业的参与者，可能更加清楚，因此，为了避免违约问题的假设不足，应当虚心向委托人求教。前后表述不一也是合同不够严谨的体现，如在《工程建设合同》中，先后出现工程款、承包费、合同款等措辞，明显有失严谨。又如，关于合同的成立生效时间，《合同法》第 32 条规定："采用合同书形式订立合同的，合同自双方当事人签字或者盖章之日起成立。"第 44 条规定："依法成立的合同，自成立时生效。法律、行政法规规定应当办理批准、登记等手续生效的，依照其规定。"法律要求的是签字"或者"盖章，但从控制签约风险的角度考虑，尤其是实践中业务员作为代理人携带空白合同外出签约的情况下，公司对外签订合同可约定为："法定代表人或授权代表签字并由合同主体盖章后生效"。

（五）合同外在问题的审查

审查合同以求达到合法有效、严谨完备固然重要，但合同具体内容以外的问题也值得关注，同样能反映出律师的执业水准与敬业精神。就合同的美观度而言，需要注意以下事项：①合同排版是否整齐、美观、大方，其中采用中文版式的合同应审查是否符合中文的排版规范；②全文的版式必须整齐划一，是否存在不同的排版形式混杂使用；③不同层级条款序号的使用是否符合规范或习惯，各层序号是否连贯并显示出明确的层级，页码是否连续。实践中有些委托人提供的合同没有页码，看似小事，但同样存在隐患，发生纠纷后甲方提供的合同比乙方多了一页，诉讼结果具有极大的不确定性。

　　实践中还存在令人困惑的问题，如合同的篇幅长短如何控制。某律师为了维护买方的权利，拟定的《商品房买卖合同》多达200多页，约定固然详细完备，但缺乏实用性，交易相对人也无法接受。因此，合同的篇幅受到很多因素的影响，如交易的复杂程度、交易习惯、双方的市场地位等，故不能简单地判断孰是孰非。总之，合同是为交易服务的，有助于交易顺利实现、减少纠纷的合同就是适宜的合同。

【思考题】

1. 简述法律顾问合同签订的流程及注意事项。

2. 简述担任企业法律顾问的主要工作内容。

3. 试述政府法律顾问在参与信访接待、突发事件处理及招商引资的工作内容及需注意问题。

4. 如何进行合同审查？

5. 以下是某公司提供的合同文本，该公司系按照客户要求制作、安装活动板房。请对该合同进行审查与修改。

销售合同

　　根据《中华人民共和国合同法》及其他有关法律、法规，结合本工程的特点，甲乙双方在平等、自愿的基础上协商一致，就乙方承包甲方的临时设施工程（以下简称工程）有关事宜，达成如下协议：

第一条　工程概况

1.1 工程地点＿＿＿＿＿＿＿＿＿＿＿＿＿＿＿＿＿＿＿＿＿＿＿＿＿＿＿

1.2 工程开工时间：双方约定于＿＿＿＿＿年＿＿＿＿＿月＿＿＿＿＿日在甲方指定施工现场处验货、交货安装，工期＿＿＿＿＿天。

1.3 工程货品、数量、价格

产品名称	单价	数量	金额（元）							
			十	万	千	百	十	元	角	分
总金额										
大写：										

注：面积以实际收方为准。

彩钢活动板房的面积计算规则为：

1）板房主体面积＝外墙边长×宽；

2）室外楼梯，走道按自然投影面积计算；

3）雨棚面积按水平投影面积的一半计算；

4）彩钢房总面积＝（1）＋（2）＋（3）

第二条　专项职责

2.1 甲方工作

（1）委派＿＿＿＿＿＿＿＿为甲方代表，电话＿＿＿＿＿＿＿＿负责合同履行及与乙方接洽，对工程质量，进度进行监督检查和工程验收。

（2）甲方负责为乙方提供安全的电源、水源在施工时使用。

（3）甲方必须在乙方材料到场之前做好地基，地基必须符合乙方要求（地基要求方正、水平、笔直，厚度10cm，参考乙方提供的地基图），如由于地基的影响对乙方造成的工期延误及房屋的不美观性、不牢固性，乙方不承担责任。

（4）活动房的地基、吊顶、内外部装饰和水电均由甲方自行安装，乙方概不负责。

2.2 乙方工作

（1）乙方应根据合同向甲方提交活动房建造所需的施工图，供甲方审批，甲方审核无误之后，签字方能生效。乙方根据甲方签字后的图纸准备材料。

（2）＿＿＿＿＿＿＿＿为乙方代表，电话＿＿＿＿＿＿＿＿负责合同履行，按要求组织施工，保质、保量按期完成施工任务，解决由乙方负责的各项事宜。

第三条 工程变更

3.1 甲方图纸签字后，不得任意更改图纸。如需变更，双方应协商一致，由甲方代表与乙方签订书面变更单后再施工。因变更图纸产生的一切费用和后果均由甲方承担。

第四条 工 期

4.1 因以下原因造成工期延误，经甲方确认，工期相应顺延：

（1）工程量变化或设计变更；

（2）大风、雨、雪天气及停电等不可抗力；

（3）甲方同意工程顺延的其他情况；

第五条 工程价款支付方式及责任

5.1 签订合同之时，甲方向乙方支付定金_____元整。乙方材料到甲方指定工地开始动工建房后，甲方须向乙方支付_____。乙方施工、验收完毕后乙方支付_____剩余所有工程款项_____。反之，乙方可以停止建房，直至甲方向乙方支付该款项，为此所发生的费用（运费、误工费、材料费等）由甲方承担，工期顺延。

5.2 乙方完工后，甲方应在验收完毕，并按合同付清剩余款项后，方可使用活动房。

5.3 活动房所有权自甲方按合同向乙方支付相关款项后转移，如甲方未按合同履行支付价款的义务，则活动房属于乙方所有，乙方有权拆除活动房。

第六条 验 收

6.1 工程竣工后，乙方在施工完毕的当天将验收单及施工图纸交给甲方通知验收，甲方应在接到验收通知单后的1天内组织验收，并办理验收移交手续。如果甲方在规定的时间内未能组织验收，需及时通知乙方，另定验收日期，但甲方应承认竣工日期。如2天内未给乙方答复、不能完成验收和未验收就已经使用活动房的，乙方视为甲方验收合格。

6.2 原则上甲方验收完毕并按合同付清相关款项后，乙方向甲方移交房子钥匙。

第七条 违约责任

7.1 合同当事人中的任何一方因未履行合同的约定给对方造成损失，均由责任方承担相关责任。

7.2 因一方原因，造成合同无法继续履行时，应及时通知对方，办理合同终止协议，并由责任方赔偿对方由此造成的经济损失。

7.3 本合同生效后甲乙双方应严格履行合同所规定的各项条款，不得擅自变更或解除合同，否则违约方将支付对方工程价款10%的违约金，并承担由此造成的经济损失。

甲方责任

（1）未按合同规定的时间和要求将场地、资金提供给乙方，除工期得予顺延外，还应赔偿乙方因此造成停工、误工的实际损失。每停工或误工一天，甲方支付乙方 300 元。

（2）工程未经验收，甲方提前使用，出现质量问题，甲方承担责任。

（3）甲方未按期支付合同约定款项，每逾期一天，按未付款项的 1％ 向乙方支付违约金。如甲方逾期 15 日以上，则乙方有权收回房屋，由此给乙方造成的人工及材料损失由甲方负责全额赔偿。

乙方责任

（1）应妥善保护甲方提供的设备及活动房施工现场堆放的材料和其他物品，如有损坏应照价赔偿。

（2）由于乙方原因致使工程延误，每延误一天向甲方支付违约金 300 元。

（3）活动房主体与地基结合部位防水由乙方负责。

第八条 工程质量保证

8.1 本工程施工质量按施工图纸、设计变更的内容执行。

8.2 乙方保证屋面不漏雨，墙面不透风。彩钢房、防火板房一年内保修、磷镁房半年内保修。不可抗拒力（7 级以上大风、山洪、泥石流、地基沉降、暴雪、冰雹、地震等）及人为损坏除外。

8.3 门、窗（均不包括玻璃）一个月包修包换。不可抗拒力（7 级以上大风、山洪、泥石流、地基沉降、暴雪、冰雹、地震等）及人为损坏除外。

8.4 如需维修，乙方保证在接到甲方负责人通知后 24 小时内到现场维修。

第九条 争议解决方式

双方发生争议协商解决不成时，向重庆仲裁委员会申请仲裁或向当地法院提起诉讼。

第十条 其他

10.1 本合同中未尽事宜，双方友好协商解决：

_____

10.2 本合同一式二份，甲、乙双方各执一份，本合同一经签订即具法律效力。

10.3 对本合同的任何修改和补充，只有在双方授权的代表在书面文件上签字后有效，并成为本合同不可分割的组成部分。

10.4 本合同解除条件：货款两讫，本合同解除。

甲方（章）：　　　　　　　　　乙方（章）：
法定代表人：　　　　　　　　　法定代表人：
委托代理人：　　　　　　　　　委托代理人：
电　　话：　　　　　　　　　电　　话：
年　月　日　　　　　　　　　年　月　日

第 十 三 章

法律咨询

【内容提要】律师作为法律领域专业技术人员，职责就是为需要的人提供法律服务。法律咨询是律师的日常工作之一，其服务质量的高低直接影响到当事人的切身利益，同时也反映着律师的业务水平和解决实际问题的能力。本章学习要求了解法律咨询的概念及其意义；深入了解律师在解答法律咨询应遵守的基本程序和具体方式；并且熟练记忆律师解答法律咨询的基本原则和注意事项；熟悉常见问题的咨询与答复，并且能够熟练的运用所学的知识解决实际问题。

【本章重点与难点】法律咨询的概念；法律咨询的基本原则；法律咨询的范围；解答法律咨询的程序；解答法律咨询的方式；解答法律咨询的注意事项；常见问题的咨询与答复

【案例导入】

26 岁的丁某与 37 岁的女邻居发生婚外情，结果被后者的丈夫发现，遭到敲诈，后者索要 1 万元。丁某被敲诈后，打电话进行了法律咨询，律师告诉他如果强奸罪名成立，他至少被判刑 3 年，由于丁某家庭贫困，1 万块对他来说太难了，在无力支付 1 万元的情况下，最后决定全家一起自杀。在留下 3 封遗书后，他与妻子相约自杀，还杀害了自己年仅 3 岁的女儿。但是其因自杀未遂被以故意杀人罪提起公诉。

由于，他没有找到一位好的律师进行法律咨询，没有正确的了解到自己的行为是否涉及犯罪，所以才发生了这个惨剧，杀妻然后杀子，最后自杀，可见在这个案件中法律咨询不但没有起到帮助，反而是让他绝望，走向绝路。

也许是这位律师没有了解到事情的具体过程，所以在进行法律咨询解答时，给出了错误的判断，导致了一场悲剧的发生。从这一点我们可以看出法律咨询对于当事人是何等的重要，当然对于律师也十分重要。

第一节　法律咨询概述

咨询，顾名思义，是指当某些人因为在生活中遇到了难以用自己已经掌握的知识解决的疑问时，就要去寻找一些对这些疑问有专门的知识储备、有见解有能力的人，并且向他们请教和询问。目的是要解决自己在生活中遇到的问题。咨询存在于各行各业，本章所讲的咨询是法律行业中的咨询。

律师的各项服务中都包括咨询，如：房地产业务、公司业务、知识产权业务、民商事业务、刑事业务等。在律师事务所的日常业务活动中，客户由于本身欠缺法律知识，因此会提出各种各样的法律问题请求律师给予回答。如：公司招聘职工，劳动合同怎么签订？公司的购销合同有没有问题？遗产如何分配？货款被诈骗后怎么办？公司的大股东侵害小股东的权益怎么办？客户请求律师解答各种各样的问题，目的在于解决已经发生的或者将来可能发生的法律问题，维护自身的合法权益。律师作为法律方面的专家，应该尽己所能最大限度维护客户的利益。

一、法律咨询的概念、特点

（一）法律咨询的概念

咨询分为广义和狭义两类。广义的咨询范围很广，整个律师行业都属于咨询业；狭义的咨询仅指作为律师传统业务的咨询，本章所讲的法律咨询取狭义上的法律咨询。

法律咨询是指律师就国家机关、事业单位、企业、社会团体、其他经济组织和公民个人提出的有关法律事务问题，以口头或者书面的形式作出解释或者说明，提出建议和提供解决方案的一项业务活动。[1]

律师开展法律咨询，是法律赋予律师的一项重要职责，也是律师向社会提供法律帮助、法律服务的一种普遍方式。我国《律师法》第 2 条规定："本法所称的律师，是指依法取得律师执业证书，为社会提法律服务的执业人员。"《律师法》第 28 条第 7 项规定，律师可以从事"解答有关法律的询问"。

（二）法律咨询的特征

1. 法律咨询是律师事务所提供的一项专业服务。其实，只要具有法律方面的知识，都可以为他人解答法律问题、提供法律咨询服务。例如：法学界的学者、高校的法律老师、法学专业的学生、机关工作者等，甚至不是法律专业的行外人如果自学过法律，也可以接受他人的咨询，为他人解决难题。而且许多政府机关、群众团体都成立有专门的法律机构，它们也为社会提供一些法律咨询服务。

但是我们这里所探讨的是依据《律师法》规定而开展的咨询活动，是以律师的工作机构为咨询单位向社会提供法律服务，是律师事务所提供的一项专业服

---

〔1〕 中华全国律师协会编：《律师执业基本技能》，北京大学出版社 2007 年版，第 3 页。

务，相比较其他业务而言，具有独立性。如诉讼代理、仲裁代理等，整个代理程序中除了咨询之外还有连续的其他法律业务。而法律咨询则可以与其他业务分开，并不是有了咨询就一定会延续至其他业务，律师事务所提供法律咨询，可以是免费的，也可以单独收取咨询费用。

法律咨询是律师事务所提供的一项专业服务。之所以称之为专业服务，是因为律师是法律专家，解决问题是有针对性地从实际问题着手，实现实效。咨询服务必然要求具有专业性，提供解决问题的方案，在律师的引导下供当事人选择。

2. 法律咨询的服务对象和服务内容具有广泛性。首先，法律咨询的服务对象不仅包括国家机关、事业单位、企业、其他经济组织，还包括各种社会团体、群众组织和公民个人；不仅包括中国的公民、法人和其他组织，还包括外国的公民、法人和其他组织。总之，法律咨询的服务对象没有国界、没有限制，谁有法律疑问，谁就可以寻求法律咨询；其次，法律咨询的服务内容十分广泛，从婚姻家庭到国家政策，从国内法律问题到涉外法律问题；有涉及诉讼的，也有非诉讼的问题，有日常生活中鸡毛蒜皮的小纠纷问题，也有人命关天的大问题，有对法律、法规、法令、政策理解方面的问题，也有关于法律事务方面的问题。

总之，凡是事关法律的问题，无所不在其内。其中，关于婚姻家庭关系、劳动关系、消费者权益保护、医疗事故、交通事故、人身权利、购房纠纷、相邻关系、各种诉讼程序的基本问题占了绝大部分。

这就对律师提出了很高的要求，同时，我国的法律部门较多，通学现行所有法律也并非易事，现实中律师都具有自己的主攻方向，所以，在律师事务所，都划分出不同的部门，比如劳动法律部、道路交通法律部、婚姻家庭、房地产、公司法律、刑事法律、行政法律……予以应对，这也说明了法律咨询的内容具有广泛性。

3. 法律咨询形式多样，业务具有经常性、普遍性。法律咨询的形式呈现出多样化，有律师在的地方客户就可以使用各种可以联系到律师的方式进行法律咨询。客户可以直接来到律师事务所当面咨询，也可以通过电话、信件、传真的形式表达自己的法律疑问，可以向街头设点的律师询问，也可以在电视、电台、报纸等传统媒体上进行询问，还可以在网络上向网络注册律师进行询问。

律师解答法律咨询没有法定的时间限制，不分白天黑夜，不分上班时间或是休息时间，而是经常、普遍进行的一种业务活动，客户有了法律疑问便可随时向律师咨询，因为这种咨询方式是律师为社会提供法律服务最简便、最直接、最普遍的工作方式。只是，客户在准备进行法律咨询时，应该考虑选择合理的时间。

4. 法律咨询的意见和建议不具有法律约束力，仅供咨询者参考。在所有案件做出最终结论前，都必须须经过周密的事实调查和严谨的法律分析。律师面对所有的法律咨询，都须以负责任的态度充分运用律师自己的经验、专业知识来解答，这种咨询可以是免费的，也可以相应收取一定费用，同时不附带任何条件，因此律师对所有答复不承担法律责任，同时律师在所有咨询而非案件代理中的解答，都不作为最终的结论性判断。

在法律咨询业务中，律师与咨询者之间没有建立合同法律关系，律师解答咨询者的法律问题，只是律师在运用自己的法律知识和专业技能为询问者提供法律上的帮助，是律师众多业务中的一种业务。律师在解答咨询者的法律问题时，不论是书面的、口头的还是其他方式，他们就有关问题作出的解答对咨询者都不具有任何法律上的约束力，仅仅属于一种参考性的意见或建议。由于正确的咨询意见和建议对咨询者问题的解决有很大的影响作用，所以律师在解答咨询者法律问题时，要提高责任心、恪守律师职业道德，不能因为没有订立合同、不能因为咨询意见没有法律约束力，就随意答复，不懂装懂，敷衍了事。这样不但影响了咨询者法律问题的处理，也影响了律师的形象。

二、法律咨询的意义

1. 法律咨询工作具有普遍性、群众性和迫切性，能够为公民和法人排忧解难。设立法律咨询制度的最终目的是希望更多的人勇于拿起法律武器来维护自己的权益，帮助咨询者提高认识，正确理性的对待和处理矛盾、纠纷，把纠纷消灭在萌芽状态，防止纠纷扩大化，这样才能推动中国法治进步，促进社会文明与和谐。

2. 通过法律咨询，可以普及法律知识，增强公民的法律意识。律师通过解答法律咨询，可以告诉咨询者什么是合法的、什么是非法的；怎样处理纠纷是正确的、怎样做是不正确的；法律依据是什么，从而可以最直接、最有针对性的起到宣传法律、法规和政策的作用。

3. 法律咨询工作是律师联系实际、了解社会的重要窗口，律师通过解答咨询者的问题，可以掌握社会动态，了解群众亟待解决的法律问题，对立法、司法工作具有很重要的参考价值。

4. 法律咨询工作有利于全面锻炼律师，促使律师不断提高业务素质和办案能力，增长才干。解答法律咨询，要接触各种各样复杂的法律问题，肯定会碰到许多新问题、新情况，这样就为律师积累了大量的第一手资料，促使律师进一步深入钻研法学理论，丰富法律知识，提高律师业务水平。

三、法律咨询工作的基本原则

法律咨询工作的原则，是指律师在解答询问者提出的问题时应当遵循的工作准则，体现了律师工作公平、正义、严谨、求实的精神。由于律师解答法律咨询，涉及国家法律、政策的权威，更关系到咨询者的切身利益，律师在解答法律咨询时只有遵守以下基本原则，才能做好法律咨询工作，维护咨询者的利益。

（一）坚持"以事实为依据，以法律为准绳"原则

"以事实为根据，以法律为准绳"是法律适用过程中的一项重要原则，此项基本原则同时也贯穿于律师全部业务活动中，法律咨询工作是法律实务的一种，毫无疑问必须遵循这一基本原则。律师在提供法律咨询时要恪守以事实为依据，以法律为准绳的原则，一定要在全面准确了解客观事实和分析适用法律的基础上，客观地表达自己的法律意见和建议。

律师是法律专家，法律专家追求的是在现实中获得实效，这也是当事人从自我实际利益出发的心理决定的，因而讲的是实然，因为当事人的权利义务的享有与负担，取决于法律的规定，而不是法学家追求的应然。因此，律师在解答咨询时，应该"以法律为准绳"。尽管前面也说到律师应该掌握多方面的知识，如政策，在解答时也应该面向社会现状结合法律，但这依然是从实然角度出发，只是说"法律并非万能的"，从现实出发，最大限度地维护当事人的权益。法律的评判标准即是法律事实，律师的解答应该建立在事实的基础之上，要充分听取当事人的叙述，最大限度地掌握事实后做解答。这也是"证据是法律纠纷的核心"的思维，适用法律规则时，法律规则作用的对象是案件事实，因此，律师应该具有"案件事实—案件证据—法律规则—权益或胜诉"的思维，这样才能最大限度地维护当事人的合法权益。

首先，律师应当要求咨询者客观真实全面地陈述有关事实，不得歪曲事实，不要只表述对自己有利的事实和提供对自己有利的证据，从而了解真实的情况。其次，律师要利用自己所掌握的法律知识，凭借自身的工作经验，对咨询者的陈述进行综合分析，同时也要注意咨询者的陈述，注意发现矛盾和问题，从而辨别真伪、查清事实。最后，律师在进行法律分析时，要准确独立的适用法律，不能一味迎合咨询者从而助长咨询者的错误认识和主张；对于确实比较复杂的问题，一时没有把握解答清楚的，应当及时请求其他律师帮助或者仔细查阅有关法律、法规和政策，绝不能不懂装懂，敷衍了事。

如果在当事人讲述案情的过程中，陈述的事实自相矛盾，或者看出当事人在撒谎，或者根据法律和道德，认为当事人在案件里面的表现有很多不妥之处，作为律师，应当向其讲明不如实陈述的后果。要支持当事人有法律依据的利益主张，保护其合法权益；对无根据的要求，要有针对性地讲明相关法律规定，劝其息诉解纷。

举例说明：罗某等 40 多人被拖欠工资案中，罗某以北京某装饰有限公司的名义从北京某市政工程有限公司处承包了某区一个园林景观配套工程，主要从事外装面层贴砖和强电、弱电安装。罗某带领了 40 多人做工，工程结束后对方北

京某市政工程有限公司拒绝支付工程款。发生纠纷后，罗某来到工作站求助，说他带领的 40 多个农民工被拖欠工资，还带来了 3 个工人作证。接待律师在询问罗某本人并查看相关施工协议、考勤表、工程结算单等证据时，发现罗某叙述事情过程时有的说得很清楚，有的则含混不清；3 个工人也说得不清楚。经过律师的详细询问，尤其是对细节的核实，才发现罗某所说的市政公司拖欠 40 多农民工工资的事实并不存在，实际上对方已经支付 5 万元，还有 7 万多没有给。罗某本人凑齐了 8 万元将农民工的工资都结清了，他不过是想借农民工维权的名义给自己要回工程款。查明事实真相后，接待律师告知罗某其不符合援助条件，工作站不能援助。考虑到证据比较充分，建议罗某直接到法院起诉。

（二）坚持"最大限度地维护当事人的合法权益"原则

为维护当事人的合法权益，律师应当在法律允许的范围内作出最大的努力。在提供法律咨询时，凡是涉及咨询者合法权益的地方，律师都应着重强调，并尽可能提出可操作的有利建议。当然对于不利于咨询者的问题，律师也不能隐瞒、回避，而应当在可能的范围内提出尽可能好的方案。律师应当区分咨询者的正当要求和不正当要求。对于咨询者的正当要求，律师应当为其提供多种形式的法律帮助，在法律允许的范围内作出最大努力。对于咨询者的不合法要求，律师应当尽量说服其放弃。

举例说明：夏某工伤案中，夏某于 2006 年 9 月在北京某工地打工，包工头是王某。9 月 11 日下午，夏某在操作机器时不慎将手指挤伤，被送到医院后经诊断为左手食指裂伤，表皮组织挫伤，畸形。手术费用 3000 多元由包工头王某承担。夏某做完手术出院后与王某就赔偿问题发生纠纷，夏某不知道自己该要多少赔偿，就来到工作站咨询。接待律师告知夏某最好依法申请工伤认定，然后通过劳动能力鉴定确定伤残级别，伤残级别确定了法定的赔偿数额基本就确定了。但接待律师发现夏某没有任何证据材料能证明他与王某或发包给王某的发包公司之间的雇用或者劳动关系，接待律师将工伤认定的程序和大致时间告知夏某，夏某觉得自己现在受伤没法干活，最好能尽快拿到钱就回家养伤。律师考虑到夏某受伤不算特别严重，当即就与包工头王某和发包公司的负责人电话联系，希望能尽快解决夏某的工伤问题，经过几次电话联系和两次到工地调解，三方达成了和解协议：王某一次性支付夏某 2 万元赔偿金，这与律师估算的数额基本相符，而且迅速拿到赔偿款，夏某本人也十分满意。

（三）坚持"和为贵"的原则

中国历来就有对律师的一种不雅的品评——讼棍，这也在一定程度上显示出律师行业里存在的问题，主要根源于律师服务与其利益直接挂钩，可以说，律师服务越多，律师收入则越大。因此有些律师为了自己的利益就夸大纠纷的程度，鼓动当事人打官司，更有一部分律师故意激化原本不十分激烈的争议，希望从中获取更多利益。同时由于行业内的竞争，一些律师出于快速招揽业务的心理，夸大、鼓动的程度会更大，甚至做出并无法律约束力的口头承诺。在当前，行业内的竞争有增无减，行业运作在一定区域欠规范的现实下，这种现象在一定区域一定期限内将长期存在。

前面已经阐述"服务第一、收费第二"，这是一种良性循环的行业状态，也只有这样才能实现律师行业的健康发展和律师利益最大化。中国传统文化讲求和谐，且一直以来我国都存在勿讼的社会习惯，所以这也是符合中国人的特性的。当前我国提倡建设和谐社会，因此坚持"和为贵"也是律师应该担负起的社会责任。所以律师在解答法律咨询时，应当从维护国家社会安定团结的大局出发，本着化解纠纷、消除矛盾的态度来开展业务，在可能的范围内采取积极的措施，避免激化矛盾；通过有针对性宣传，提高人们遵纪守法的自觉性，从而起到维护社会稳定和减少当事人诉累的作用。

（四）坚持"信守正义"的原则

追求正义是人类不懈的追求，不论是哪个国家、阶层、时代，正义是永恒的主题。法律是正义的表现形式，在价值目标层面，法律追求的主要目标就是正义。作为法律家的律师更应该具有维护正义的品质，在解答法律咨询工作中，应当站在国家和人民的立场上，区分咨询者的正当要求和非正当要求，维护国家、集体和公民个人的合法权益。当人民群众的合法权益受到非法侵害而提出法律咨询，律师应当仗义执言，旗帜鲜明的支持受害者的正当要求，特别是在遇到强势的时候，要在维护当事人最大利益的基础上，敢于坚持正义，拿起法律武器与强势斗争。律师不仅要积极为受害人提供法律帮助，而且还应当向有关部门反映，促成问题尽快妥善解决，不能混淆是非、畏惧权势或者为金钱左右。

（五）坚持"尽力为当事人服好务"原则

律师行业是一种服务性职业，为需要者服务是律师应该遵循的道义，这是律师职业道德的基本要求。律师是我国法律、法规、政策的执行者，同时也是最有力的宣传者，律师代表着法律的廉洁和威严。因此，律师应该将"提供合格、优质的法律服务为第一位，收取咨询费、律师费为第二位"。

但是社会上不乏这样的情形：如有的律师为了拉业务，鼓动当事人将纠纷诉诸公力救济以实现自己挣取律师费；有些律师只从自我利益着想，随意就给咨询者作出承诺，不能兑现承诺就推卸责任，进而将不能兑现承诺的原因归咎于法官处理不公。这就违反了律师为需要者服务的道义，也是一种诚信的缺失。如果缺失了诚信，律师行业也将遭受损失。事实上，律师只有尽力为当事人服好务，才能实现自我利益的最大化或实现利益，即双赢。

第二节 法律咨询的环节

一、咨询者寻求法律咨询的途径

1. 直接找律师或者律师事务所咨询。当面法律咨询，适合急需请律师代理处理法律问题的当事人，当面法律咨询的地点一般是在当地的律师事务所或法律事务所，当面法律咨询的收费标准并没有全国统一的规定，一般按小时收费，15分钟以内不收咨询费。当面律师法律咨询要和律师提前约好时间，并带上案件相关的一切详细材料，材料越多对事情的法律分析就越充分。

2. 给律师或者法律事务所、律所打电话法律咨询。电话法律咨询，这是比较大众的法律咨询方法，而且一般是不收费的。如果了解到一些提供电话法律咨询的律师事务所或者律师的联系方式，可以从其中选择适合的专长律师。在给律师打咨询电话之前，先准备好相关资料，整理好思路，想好问题的重点，尽量简单清晰地说出问题。

3. 在提供法律咨询的服务网站上发布问题。通过网站空间、网上平台发布问题，等待律师看见问题，解答回答。网上免费法律咨询以互联网为载体，电脑为媒介，当事人需要具备一定的计算机和网络知识。把法律咨询问题提交在相应的提供法律服务的网站上，同时可以上传材料、图片，补充问题等。然后等待在线律师免费解答你的法律咨询。只是网上免费法律咨询可能需要比较长的时间等待回答。

4. 通过网络工具向律师法律咨询。网络免费法律咨询，建立在网络工具上的交流咨询，是咨询类服务的非主流方式。通过软件和互联网把律师与咨询者连线。这种方法同样以电脑多媒体为载体，同时还需要有一定的软件操作能力。但是它具有更多的优势，真正打破地域、时间的限制做到即时交谈，甚至影音交流。同时相关材料也可以通过工具马上即时传输；还可以像医师网络会诊一样支持多人多律师同时交流讨论有关法律咨询。

5. 其他咨询方式。除了以上比较常见的咨询方式外，也可以信件、传真的形式表达自己的法律疑问；可以向街头设点的律师询问，也可以在电视、电台、报纸等传统媒体上进行询问。

二、律师解答法律咨询的方式与程序

解答法律咨询，是律师执业的入门课，也是基本功。在律师的业务中，解答法律咨询也是一项经常性的工作。一次成功的解答，可以全面展现一个律师的业务素质，令当事人感到亲切和信任。同样，一次糟糕的解答，会令当事人感到失望，当然不会把案子交给这样的律师来做。事实上，律师应当如何解答法律咨

询，不仅是一个专业技能问题，也是一个解答方式与程序的问题。

（一）律师解答法律咨询的方式

目前，由于我国通讯业获得飞速的发展，咨询者寻求法律咨询的途径多种多样，因此律师解答法律咨询的方法也呈现出多样化，其中主要的方式有电话解答、网络沟通，律师事务所内当面解答、公共场所所设咨询点解答等，其中以当面解答和电话解答为最多。解答的方法虽为多样，但是方式不外乎只有以下两种：

1. 口头解答。在实践中，口头解答是律师在解答法律咨询时采用最多的一种方式，是指律师当面或者通过电话等其他形式听取咨询者的陈述和提问，经过思考分析后，立即给予解答。一般分为听取咨询和解答咨询两个阶段。

在听取询问阶段，律师的任务是听清咨询者陈述的事实和需要解答的问题，在这个阶段律师要掌握好"倾听、记录、提问、观看"这几个环节。在解答法律咨询阶段，律师的任务是正确分析问题和认真解答问题，在这个阶段律师要掌握好"分析、解答"两个环节。[1]

当然，上述两个阶段中的各个环节是互相联系，相辅相成的，并没有严格的排列顺序，在实践工作中，为了解答法律咨询的正确性，可以互相结合进行，律师应该灵活掌握，综合运用。

2. 书面解答。书面解答法律咨询，是指针对公民、法人、其他组织来访时提出的问题、针对咨询者带来的书面材料或者咨询者寄来的信函中所提出的问题，律师根据有关法律、法规、政策的规定，以书面形式所作的解答。既包括律师针对来函所给予的书面答复，也包括律师出具的法律意见书。一般性书面解答，是律师针对来访的函件或者其他书面资料进行分析后的书面简单答复；律师的法律意见书，是律师提供法律服务的一种综合性书面文件，其内容包括向咨询者提供法律依据、法律建议和解决问题的方案，律师就咨询者提出的有关专门性的重大法律事务的询问，一般会通过出具法律意见书的方式给予解答。

在书面解答咨询的过程中，首先，律师要认真阅读信函和书面材料的内容，准确提炼出相关事实和所咨询的问题。对于事实清楚的，可以依据法律及时作出解答；对于事实含糊不清的，则要慎重对待，与咨询者进行沟通，不可轻率答复。其次，律师在书面解答时，要严格根据已经掌握的事实真相有针对性的予以解答，还要考虑到咨询者的文化水平、家庭背景等因素，注意表述方式，保证通俗易懂、清晰明确。

（二）律师解答法律咨询的程序

律师在解答法律咨询的时候，应当把握局势，争取主动，引导谈话顺利进

---

〔1〕 朱崇实、关今华主编：《律师与公正》，厦门大学出版社 2007 年版，第 316 页。

行，不能让当事人接二连三的问题把律师难倒。不管律师采取何种方法或方式解答法律咨询，就整个工作流程来说，一般都不可缺少以下六个步骤，即：记、听、问、看、析、答。解答法律咨询只有遵守完整的程序，才能得出充分精确的结果。

但是以上列出的六个步骤在解答询问工作中并不是彼此孤立存在的，它们是互相联系的，既可以按照顺序进行，也可以相互穿插进行，至于这几个步骤中哪个是关键环节，应该根据具体问题、具体情况来定，而不能简单地得出绝对的结论。

1. 登记和记录。上述步骤中的"记"包括登记和记录。

（1）登记。律师接待咨询者应当作记录，在正式开始询问和解答前，律师应当根据咨询工作制度的要求首先登记询问者的姓名、性别、年龄、工作单位、家庭住址、电话号码等一般情况；其次要了解并登记咨询者的文化程度及家庭背景等基本情况，了解这些基本情况后，进行有针对性的询问，然后按照《法律咨询登记表》对来访者所问的问题进行记录，留作资料存档，便于日后总结和进行统计分析。最后，根据所掌握的情况，如果当即能够解答的，就当即解答并把结果填入表内；如果当即不能作出解答，可以约定时间解答或以打电话、写信件或出具法律意见书等方式予以解答，并按规定收取费用。

（2）记录。律师将咨询者陈述过程中听到的主要情况、事实真相、所需解答的问题进行记录；律师在询问咨询者过程中得出的重要信息也要进行记录；律师在查看书面资料和观察咨询者状态时所发现的问题也应当进行记录，进行记录的主要目的是整理思路、抓住重点信息，方便今后综合分析并且有针对性地进行解答咨询。如果在面对口头咨询时，遇到某些一时难以圆满解答的问题，也应当把问题记录下来，方便以后再进行回复或者补充。对有些重大问题或案件的咨询，如果当事人拒绝公开身份不同意登记的，律师可以不解答。

2. 听取咨询者的陈述。听取咨询者的陈述是解答法律咨询的前提和基础。律师解答法律咨询，对于咨询者的陈述必须认真倾听，这样才能了解咨询者情况，并从中提炼出事实真相和咨询者需要解决的问题。

在听取咨询者陈述的过程中，要清楚明确的了解当事人的问题和意图，切实掌握基本情况。对于使用方言、说话有口音、口吃或者表达能力不好的咨询者，一定要耐心听取，并且反复核对和询问，确保准确掌握信息，以免影响对案情的理解和解答。

在听取咨询者陈述的过程中，律师应能关心咨询者的疾苦，做到满腔热情，否则难以听"真"；其次，要有耐心，即便是杂乱无章的冗长叙述，也要耐心听取，否则难以听"准"；最后，务必聚精会神地听完问题的全过程，一定要听

"全"。为了正确答疑，一定要听真、听准、听全，必要时应该做相应的记录，绝不能含糊或有疏漏。对于律师来说，并不要求"听后全信"，而要弄清真相、了解实质，为解答打下良好的基础。

举例说明：2007 年 7 月 19 日，工作站来了一位老太太咨询。没等接待律师开口，老太太就自我介绍说来自湖北襄樊，今年已经 70 多岁，就在这附近租房子住，日子实在没法过下去了，女儿读博士，可患病好几年一直没好转；老伴现在还在医院做透析……看样子老人非常急切地想把自己的事情一股脑儿地说出来，但叙述啰唆、杂乱，没有重点。根据初步判断，老人应该是为自己女儿的事情操心，有关信息可以从她带来的材料中反映出，于是接待律师就将老太太带来的一大包材料做了整理，整理过程中发现一份 2005 年的聘用合同、一本诊断为精神分裂症的医院病历和北京某大学的辞退决定。看完这些，律师差不多可以肯定，老人一定是为自己女儿工作的事情而操劳，于是提示她围绕自己女儿工作的事情讲。老人在律师的引导下，将女儿的事情前前后后说了一遍。原来她的女儿沈某是某大学的博士，6 年前毕业后受聘于北京某大学，工作不久因婚姻问题导致精神分裂，学校便以旷工为由作出了开除决定，这一决定使原本脆弱的沈某再受打击，病情恶化，至今没有痊愈。老人在叙述时虽然仍有很多无关的事情，但基本上把事情说清楚了，律师花了 2 个多小时才听完。虽然老人的事情很难过，但这确实不是法律能解决的，律师对此只能深表同情，告知老人如有困难可以向民政部门求助，接待律师的热心和耐心的态度让老人很感动。

3. 有针对性的询问。有针对性的询问应当穿插在整个法律咨询的过程中，律师在听取咨询者陈述时，在查看资料或者观察咨询者状态时，发现其中的问题应当及时询问，一方面可以及时解开律师对案情产生的疑问，另一方面可以使咨询者省去那些不必要的或者重复的叙述，让其叙述所涉及的事实尽快明确起来，为分析和解答咨询提供条件，节约时间。

有针对性的询问大致可以分为以下几类：第一类问，目的是大致地了解当事人咨询的是什么事，该划归于法律问题还是其他，并进而划归于哪个法律部门的问题，做到有的放矢。第二类问，由于前来咨询的当事人都是因为遇到了自己难以解决的问题，而当事人不懂法律，他们的述说会遗漏忽略一些重要的法律事实，所以律师应当主动发问，让当事人来回答，甚至还要根据自己的经验，从相关的问题推测一些可能存在的问题和事实，以求证于当事人。第三类问，律师就自己心中产生的不解与疑惑，询问案情的前因后果和当事人的心理状态。

为了不使来访者产生误解，发生疑虑，形成心理压力，律师提问的基本方法是要靠"引导"。引导的方向就是引向"问题"的中心点，但有时候也应问问过程的细节。提问的方式应当根据不同的对象和不同性质的问题而有所区分：对于顾虑重重、有理不敢直说的咨询者，律师应首先讲明执业纪律和职业道德，为咨询者保密，不泄露、宣扬其隐私，力求使其放下心理负担，能对律师坦言。对于一些重大而又有疑难，或者在目前情况下出现的新问题，或者是已经发生了争议、但法无明文规定的一些问题，可以将目前的规定告知当事人，坦率地说出自己的疑问，还可以与其他律师商讨后再给其答复，不能为了给当事人一个明确答案，不懂装懂，执一己之见一言以蔽之，这样会对当事人产生误导，甚至使其合法权益受到损失。对于特殊人群，如女性或者老年人来访者，要根据他们的性别、年龄，他们对问题的理解程度等来提问，千万不可不作区分"一视同仁"，否则难以与来访者达到有效的沟通，问题了解不清楚，自然也无法达到理想的解答效果。

4. 观察和审阅。

（1）观察。是指观察咨询者的精神状态、情绪反应、感情变化等表情现象，目的在于弄清楚咨询者的真实意图。在观察咨询者的精神状态时，要力求避免表面化和片面性，不能看到咨询者悲伤落泪就随意断定他确实有理。对于一时感情过激者要善于稳定他们的情绪，透过现象看本质，找出问题的症结所在，为正确地解答法律咨询创造条件。

（2）审阅。是要查看咨询者提供的证据与其叙述有无关联，其提供的书面材料与整个案情有无关联。

有些来访咨询者会带来证据、证件、资料等有关的书面材料，审阅材料不能怕多怕长，但应注意是否与"问题"有关。首先，应快速地看一遍都有哪些材料，分出哪些是有关的、哪些是无关的，如确实无关或关系不大的，自然无须全看。对于与问题有关的材料，也应是有选择有重点的看，根据《民事诉讼法》"谁主张，谁举证"的原则，证据是决定能否实现当事人诉讼请求的关键。对与事实有关的证据材料应当重点审阅，看其显示的情况与待证事实之间的关联性，能否为当事人的诉求提供证据支持。

举例说明：2007 年 7 月 9 日，一名来自安徽省淮北市的农民工前来申请援助，申请人介绍说自己的哥哥 2007 年 6 月 16 日经人介绍来到北京，第二天便在某区一建筑工地受伤，现被迫转回老家治疗，劳务公司只支付了 7000 元医疗费便一直推脱不管。很明显这是一起工伤，且调解工作已经难以进行，申请工伤认定最重要的是要提供双方存在劳动关系和因工受伤的证据，于是接待人员询问他手中有哪些证据，但发现申请人手中最多的材料就是医院的病历和车票，有一大包；关于能够直接证明在工地受伤的证据却一个也没有。接待人员当即安排申请人与建筑劳务公司电话联系，并为咨询者准备好了录音设备并做了简要的谈话内容提示，对方在电话中承认了工伤的事实，于是便取得了证明在工地受伤的证据，最后该接待人员为申请人办理了援助手续。

5. 综合分析。分析，当然是结合"问、听、看、记"的结果，律师应该就自己的知识，得出法律上大致的分析结果，比如案件属于什么性质，归类于哪个法律关系，并就现行法律规定，作出具体的分析。

在解答法律咨询过程中，分析是很重要的一个环节，在具体分析案件时，律师对于界限不清、自己不了解的问题，要及时仔细的查阅相关法律、法规、政策文件，或者向有关机关和同事进行请教，不能凭着不确定的记忆内容或想象作出判断，对于现有的法律法规、政策没有规定的，一时无法律根据的问题，要诚恳地向咨询者说明。

对于咨询者提出的问题，首先要从总的方面分类，然后再具体弄清纠纷的性质，只有这样才能找准具体的法律依据，才能提出切实可行的解决方法和途径。对于比较复杂的问题，要进行综合分析，首先弄清案件的性质是什么，然后根据已经了解的案件事实和相关证据，再进行具体事件的分析，以便有针对性地提出法律意见和最佳处理方案。

6. 解答。这个环节是解答法律咨询程序的最后一个环节。一般来说，在经过对案件综合分析后，除了一时不能回答的问题需要另约时间回答之外，都应该当即回答。解答的内容包括：提出解决方案，提出可以采取的解决途径，如协商、诉诸行政救济、仲裁、诉讼等；再针对每个途径，需要做哪些准备，可以在多大程度上实现权益；甚至还需要做劝解工作，比如离婚案件，首先应该劝当事人不离婚。

律师如果要做出很好的法律咨询解答，要求律师有扎实的法律知识，还要有丰富的社会经验和综合分析问题的能力。

对于失败的解答，主要存在这么两种：一是由于律师的法律知识存在某些盲点，在当事人的追问下，无法熟练快速应对。这种现象固然会使得咨询者对律师失去信任。二是律师虽然对案情和相关法律知识都非常熟悉，但是解答咨询问题没有针对性和重点，滔滔不绝尽说理论和不相关的事情，结果使当事人不知所云，一头雾水。这种现象，咨询者对律师也许会产生一种敬畏的心态，但是对于律师能不能真正维护自己的利益，还是存有疑虑。

所以，解答法律咨询时语言一定要通俗易懂，解答的内容一定要具体，作出的结论和提供的解决方案都应该具体可行；解答法律咨询时一定要有的放矢，针对咨询者的具体情况具体分析，并且有针对性的解答咨询者最关心的问题；解答法律咨询时一定要以事实为根据，以法律为准绳，不能随声附和、不懂装懂，更不能帮助咨询者规避法律提供不合法的意见，对于明显不符合法律规定的不合理要求，要耐心的做宣传工作，使之心悦诚服，不要激化矛盾；如果遇到涉及一些机密或隐私的问题，需要保密的，要注意做好保密工作。

三、律师解答法律咨询的要求

律师解答法律咨询，是一项群众性、政治性和业务性都很强的法律服务工作，其服务质量的高低，集中反映着律师的业务水平和解决实际问题的能力，直接影响着当事人的切身利益。因此，不仅要求律师必须具有丰富的法律知识、政策水平、社会经验和判断能力，而且要求律师必须具有认真细致的工作作风和很强的责任心。

所以，律师在解答法律咨询的理程中，首先要严格遵守法律咨询工作的基本原则，其次应当按照相应的方式和程序进行，确保解答法律咨询的准确性和规范性。当然，律师在解答法律咨询的过程中，还应当注意以下事项：

1. 要有服务意识。律师作为法律领域的专业技术人员，为需求者提供法律服务是律师的职责，接受并解答法律咨询是律师的工作任务之一。律师在为咨询者解答法律咨询时，咨询者就是服务的对象，律师应当谦虚、耐心、真诚地对待，而不能傲慢冷漠和不屑一顾。

2. 要注意文明礼貌。态度友善、和蔼，是律师事务所对律师的基本要求。良好的态度是做好法律咨询工作的前提。律师要以友善的态度接待咨询，并带着同情心倾听当事人向你说的一切。如果律师在解答咨询的时候，能够达到这些效果，应该说，双方的沟通就会变得很容易，当事人对律师的依赖和信任也会随之增加。总之律师在解答法律咨询时，应本着认真负责、为当事人排忧解难的宗旨。

3. 解答要有针对性且有理有据。律师对咨询者的问题，应当有针对性的作出准确、清楚的回答，就事论事，少品评社会，不得答非所问。同时应当做到既有事实依据，又有法律依据，不能不懂装懂敷衍了事，如果案件证据及事实情况或者现存法律存在不能直接下定论的地方，则可以根据所掌握的具体情况提出个人意见并予以说明。

4. 要有性别意识，注意保护咨询者隐私。律师提供咨询意见时，面对的都是具体的个人，他们的问题各个不同；除了问题本身的差异外，提出问题的咨询者也有差别：男性和女性因性别不同，其权利内容、权利特点、对问题的感受和处理办法等都会有所不同。因此在接待咨询时，应当合理配备人员，要有适当比例的女性工作人员，并且接待律师应当有性别意识，对女性的问题，尤其是涉及"隐私"的问题，一定要特别处理，切不可在咨询中对女性当事人又造成伤害。

举例说明：工作站的律师曾接待一名女性来访咨询者，当时办公室里同时有4名律师在办公，这个当事人看看周围欲言又止，接待律师就把她带到会议室（没有人），给她倒了一杯热水，告诉她为当事人保密是律师的职责，这时当事人周某才放下心理负担，说出了自己的心事。原来她是一名家庭暴力的受害者，丈夫每次喝完酒就打她，但酒后又给自己道歉，这种情况已经持续了两年。周某不知道自己是该离婚，还是劝丈夫改正，还是别的方法。律师听完她的讲述，告知她可以认真的和丈夫谈一次，如果对方仍然打她，最好还是立刻结束这样的婚姻，不应该再成为受暴对象。周某对律师的细心和耐心非常感谢。

5. 有错必纠。解答法律咨询是一项很复杂的工作，而律师也并非圣人，知识也具有局限性，解答错误或不充分也在所难免。出于职业道德素养，且为了最大限度维护咨询者的利益，在解答咨询后应该自我复查，将有关的问题进一步分析研究，发现解答错误，解答不充分的问题，应该主动与当事人沟通，再做进一步的解答。这也要求律所应该在咨询制度上保持适当的咨询制度，如解答律师负责制、登记备案制，复查制度等。

6. 不断学习积累知识，提高执业技能。咨询者提出的法律问题，一般都是来源于社会及司法实践，所以比较广泛和多样化，而律师掌握的现有的法律知识相较具有滞后性，难免会因为知识的局限性难以及时正确的解答咨询者的问题。因此，律师就需要熟悉法律知识、精通法律业务，还应当具有一定的阅历和社会经验，要做到这一点，律师必须坚持自我学习和向社会学习，既要注意积累掌握法律及相关知识，还要对如计算机、历史文化、建筑工程、财务会计等学科的一些知识有所了解，以便更好地为社会提供法律服务。

第三节　常见问题的咨询与答复

律师作为法律专业技术人员，熟悉国家法律、法规、政策，律师的工作任务就是帮助需要的人运用法律分析并解决问题。在社会主义市场经济条件下，公民、法人和其他组织难免会碰到各种各样各个领域的问题，其中包括法律领域、经济领域、文化领域、政治领域、道德领域等，并不是遇见的所有问题都可以寻求法律咨询，因为法律咨询只涉及法律领域的问题。

一、法律领域内的法律咨询

虽然我国法律在逐步完善，但是由于经济的快速发展，社会的不断进步，竞争愈发激烈，人际关系愈发复杂，法律纠纷也越来越多。而法律的滞后性决定了我国现有的法律无法概括所有的法律问题。由此，法律咨询事项不仅很多，而且还呈现与日俱增的态势。就目前而言，法律咨询的范围有三大部分。

（一）实体法律方面的法律咨询

实体法是指规定具体权利义务和法律责任内容或者法律保护的具体情况的法律。即律师解答咨询者就刑法、民法、商法、经济法、国际法、行政法等实体法方面的，涉及人身权、财产权、知识产权等权益的法律问题。

1. 关于单纯法律条文理解的咨询。对于此类咨询进行解答时，不仅要注意到制定该条文的立法解释和法学理论根据，还要注意到有关的特殊规定。有明确规定、司法解释、立法解释的，要按照规定、司法和立法解释进行解答；没有规定、司法和立法解释的，要根据立法意图和学理解释进行解答。

2. 关于相近或者相似法律条文及法律名词理解的咨询。是指咨询者对于界限不清、容易发生混淆的法律条文和法律名词进行的咨询。律师在解答此类问题时，要注意弄清各个概念，抓住相互区别的本质特征，并且结合案件的实际情况，将两个相似概念进行充分的对比分析。

3. 关于司法文书中引用具体法律条文理解的咨询。律师在解答此类咨询时，首先要分析司法文书中概括的案情，然后针对具体案件予以解答。解答时一般只能说明这些条款引用是否正确，至于其他从现有材料中不能全面、深入反映的内容，则不宜做过细阐述。

（二）程序法律方面的法律咨询

程序法是指规定以保证权利和职权得以实现或行使，义务和责任得以履行的有关程序为主要内容的法律。即律师解答咨询者就刑事诉讼、民事诉讼、行政诉讼等程序法方面的，涉及管辖、诉讼时效、起诉、上诉、财产保全、取保候审、扣押财产等合法权益的法律程序问题。对此类咨询的解答，律师应当首先向咨询者讲明法律是怎么规定的，其次告诉咨询者可以具体怎么做，尽可能地让咨询者熟练掌握具体办法，并且独立运用已经掌握的法律知识维护自己的诉讼权利。

（三）法律领域其他方面的法律咨询

即律师解答除实体法和诉讼法以外的有关事项的法律咨询，如涉及其他法律部门的问题、涉及执法部门的问题、其他涉及国家法律领域的问题也可以向律师寻求咨询。如解答通过非诉讼方式解决债权债务纠纷，以及公民的婚姻纠纷，继承与财产纠纷，抚养纠纷等的法律咨询；有关《国家赔偿法》、《治安管理处罚法》、《行政复议法》、《行政处罚法》的法律咨询；还有国家政策，地方性法律、法规，地方规章等也在法律咨询之列。律师解答此类法律咨询，对所涉及问题能当即解答的就当即解答，如果对具体规定或细则不清楚的，可以向咨询者指明相关单位，让咨询者去该单位进行详细的咨询。比如：咨询者提出国有资产管理的有关内容，可以指引他到国有资产管理部门进行咨询；有关审计、验资、资产评估方面的问题，可以指引他到会计师事务所、资产评估事务所去进行咨询。

二、其他问题的咨询

律师作为法律专业技术人员，身份为法律服务者，因此律师只解答涉及法律领域的问题，其他超出法律领域的问题不构成法律咨询。针对法律咨询范围之外的问题，律师可以仅根据自己的能力提供意见和建议，也可以拒绝解答。

1. 涉及拒绝使用法律途径解决法律问题。咨询者："我不相信法律（或法院），不想通过法律来解决，请问有什么其他的办法吗？"。律师是法律的遵守者、宣传者、拥护者和运用者，律师解答法律问题的基本原则就是以事实为根据，以法律为准绳，如果咨询者本身就不相信法律，不想用法律解决，那么就不用寻找律师进行法律咨询，律师针对这样的问题可以适当劝说，也可以拒绝回答。

2. 涉及规避法律为自己谋取利益。咨询者："我已经在合同上签字了，可是我现在觉得有更好的机会，请问怎么让合同不生效？"。律师的职责就是帮助需要者使用法律武器维护自己的合法权益，规避法律的行为本身就是为法律所制裁的，律师作为法律的维护者当然不能纵容咨询者的这种想法。

3. 涉及群众与有关部门之间产生冲突与矛盾。咨询者："政府要征收我家的地，强制性要进行拆迁，首先我对政府强制拆迁的做法不满意，其次我对政府出的价也不满意，所以我坚决不配合拆迁，请问我该怎么办？"。律师面对这类咨询，要采取慎重的态度，既不能掩盖、偏袒，更不能挑拨生事，而是要向咨询者分析利弊，尽可能做好疏导工作，防止事态扩大。

4. 涉及法律领域以外的其他专业问题。咨询者："医生采取的治疗方案是……（后面很多专业名词和药品名），请问医生有错吗？要承担什么责任？"律师只是法律领域的专业技术人员，有义务且有能力就法律领域内的问题进行解答，医疗领域及其他专业领域问题，应该告知咨询者另找相应的专家进行咨询。

5. 涉及当事人就有关事项难以作出决策的问题。咨询者："我半年前跟一个客户签订了合同，可是现在我发现他存在违约行为，我到底是应该直接起诉他呢？还是再跟他谈一谈呢？"律师解答这方面的咨询，不应该直接代替咨询者径直作出抉择，而是应当从正反两个方面进行分析，清楚的说明相关利害关系，为咨询者提供相应的参考意见，最后让咨询者根据自己的价值观和实际情况作出抉择，以避免相应的法律风险。

6. 涉及与法律无关的生活琐事。咨询者："我跟李某产生误会了，我该用怎样的方式和对方谈？应该什么时间什么地点谈？具体该谈些什么内容呢？"虽然律师有义务为咨询者解答问题，可是律师不是调解委员会，也不是口才培训机构，律师最主要的时间精力应该放在与法律相关的问题上，使用法律维护更广大人民的合法权益。

律师作为法律领域专业技术人员，职责就是为需要的人提供法律服务。法律咨询是律师的日常工作之一，法律咨询是一项群众性、政治性和业务性都很强的法律服务工作，服务质量的高低直接影响到当事人的切身利益，同时也反映着律师的业务水平和解决实际问题的能力。如果不重视此项工作，不仅会影响到当事人的切身利益，还会影响到律师的专业性。因此，律师在解答法律咨询时，必须具有丰富的法律知识、政策水平、社会经验和判断能力，还应当熟练掌握法律咨询的原则、严格遵守各项程序，对解答咨询工作要有责任心，必须认真细致慎重地对待，提高重视度。

【思考题】

1. 什么是法律咨询？法律咨询的特点有哪些？
2. 律师解答法律咨询应当遵循哪些基本原则？
3. 试论律师解答法律咨询时应当按照什么程序进行？
4. 律师在解答法律咨询时，应当注意那些事项？
5. 案例评析：

张先生就其与某商贸有限公司买卖合同纠纷一案向一家律师事务所的马律师进行咨询。张先生称，其与某商贸有限公司长期以来一直保持业务联系。2001年10月11日，张先生向某商贸有限公司送货，货物为饮料100件，价款为3500元。某商贸有限公司收到货物后，向张先生出具收条一张，收条上写明了货物的数量、价款等，并由某商贸有限公司盖章。但是商贸有限公司收到货物后，拒不向张先生支付货物价款，经张先生多次催要，无果。

马律师经过分析认为，上述货物买卖行为事实清楚、证据充分，某商贸有限公司应当向张先生支付货款，并建议张先生在继续催要无果的情况下提起民事诉讼。后张先生依据马律师的建议向法院提起民事诉讼。经法院审理查明，张先生提供的货物是自己私自生产的产品，没有经过任何部门审批，也没有食品卫生许可证等必要的资质证件，属于假冒伪劣产品，遂驳回张先生的诉讼请求。

问：

（1）张先生提起民事诉讼最后被驳回诉讼请求的后果，跟法律咨询有什么联系？

（2）马律师解答法律咨询的过程中出现了什么错误？

（3）请就本案谈谈自己对法律咨询工作的理解并提出建议。

第十四章

代 书

【内容提要】 律师代书是律师的一项重要业务，作为一名合格的律师，应该熟练掌握各种法律文书的使用规定、写作方法和写作基本要求，以便更好地为当事人提供法律服务。本章全面介绍律师代书的基本要求和方法，详细解读起诉状、答辩状、上诉状、再审申请书、合同、遗嘱、遗赠扶养协议书和收养协议书等八大文书的写作要点，对实践中的文书写作具有极其重要的指导意义。

【本章重点与难点】 律师代书的方法、起诉状、答辩状、上诉状和合同的写法。

第一节 律师代书的基本要求和程序

一、律师代书的概念

律师代书是指律师接受委托，就委托人所指定的事件以委托人的名义，根据事实和法律，按照委托人的意见书写有关法律事务文书的一种业务活动。根据《律师法》的规定，为委托人代写诉讼文书和有关法律事务的其他文书，是律师的主要业务活动之一。

根据法律规定和律师的业务实践，律师代书的范围包括以下几个方面：

1. 代写诉讼文书。诉讼文书是指当事人为了进行刑事、民事或行政诉讼，依据国家法律向人民法院提出的书面文件。其中主要有刑事自诉状、民事诉状（其中包括刑事附带民事诉状）、行政诉状、刑事上诉状、刑事附带民事上诉状、民事上诉状、行政上诉状、刑事答辩状、民事答辩状、行政答辩状、刑事上诉答辩状、民事被上诉答辩状、行政被上诉答辩状、申诉状、撤诉状，等等。

2. 代写其他有关法律事务文书。有关法律事务的其他文书，是指诉讼文书以外的其他有关法律事务的文书。其中主要有协议书，委托书，各种合同书，遗嘱，分单，申请收养子女的申请书，申办社会救济、抚恤金、减免税收、恢复工作的申请书，办理法律行为、具有法律意义的事实和文书公证的申请书，办理专利、商业登记的申请书，当事人请求代写的声明书以及检举书，等等。

二、律师代书的基本要求

律师开展代书业务，与从事其他法律事务一样，都必须坚持以事实为根据、以法律为准绳的原则，以维护法律的公正和当事人的合法权益为宗旨。同时，律师代书应当符合以下基本要求：

（一）格式统一，事项齐全

律师代书的不同文书，多有其统一、固定的格式，并有其特定的事项要求。律师代书应当注重格式和事项的要求，对于法定的以及形成惯例的格式必须严格遵守，不得随意更改。

（二）叙事全面，客观真实

律师代书应当尊重客观事实，无论是文书中表述的内容还是文书所引用的内容，都必须客观地反映现实，不允许有半点虚假，更不能胡编乱造、夸大或缩小；同时，论述事实应当全面，不能随意取舍、断章取义。

（三）观点明确，以法服人

律师代书应当准确地表达委托人的观点和主张，文字表述应当高度准确、解释单一，同时，文书中的观点和主张都应当符合法律的规定。

（四）文字简练，语言朴实

律师代书应当注重文风朴素，语言表达准确，文字力求简洁、精炼又不失原意，语言通俗易懂又不失庄重。语言干瘪、文意不清或者叙事啰唆、文书冗长，都是与代书的要求相违背的。

三、律师代书的程序

（一）了解咨询者的基本情况，其要求代书的主要目的和要求

律师在代书之前应该要与委托人进行细致的沟通，要耐心地听取委托人对整个事情的陈述，查看委托人提供的各种书面材料或者对委托人提供的相关证人逐一会面，以此了解相关情况。对于关键性问题，应反复仔细的与委托人核对，询问并做好记录，对于缺乏的文字资料，应要求委托人及时提供。通过以上工作，明确当事人要求代书的目的和具体要求。

（二）了解代书所涉事件的来龙去脉

律师在代书过程中，应该充分了解事件的整个过程，对于当事人有所隐瞒的事情，应细心与委托人沟通，让当事人能够信任律师。只有充分了解事件的来龙去脉，才能在代书的时候最大限度的保护委托人的相关权利。

（三）对代书事件作分析判断并及时告知当事人相关事宜

在代书之前，律师应该对文书中使用的法律术语与其他专业术语向委托人解释。并分析文书中所涉及委托人利益的事件或相关法条，待其理解并同意之后，才能动手制作正式文书。

（四）代写法律文书

代写法律文书是代书工作的中心环节，可以说这是律师代书工作的正式产品。律师代书时一定要严格按照有关法律规定的格式、遵循律师代书工作的基本要求，认真负责。只有这样，才能制作出高水平、高质量的法律文书。

第二节　常见法律文书的写法要点

一、起诉状

起诉状，又叫起诉书。它是刑事案件或民事案件中的当事人或其法定代理人，依法向人民法院提出诉讼请求的一种书面材料。它是诉讼程序发生的根据。起诉状一般可分为刑事起诉状和民事起诉状。刑事起诉书可分为公诉和自诉两种。公诉起诉状即为各级检察机关写的诉状；自诉起诉状是刑事自诉中自诉人或其代理人书写的。而需要律师代书的起诉状一般为民事起诉状和刑事自诉案件中的自诉状。

（一）刑事起诉书

根据我国法律规定，可以自诉的案件有：告诉才处理的案件；被害人有证据证明的轻微刑事案件；被害人有证据证明对被告人侵犯自己人身、财产权利的行为应当依法追究刑事责任，而公安机关或者人民检察院不予追究被告人刑事责任的案件。除上述三类以外的案件则必须由人民检察院向人民法院提出公诉。

刑事起诉书必须符合法律规定的案件。我国法律规定，刑事起诉书的内容应当包含三个方面：①就刑事案件而言，原告人必须是犯罪行为的受害人或其法定的代理人；②不管是什么案件，都必须有明确的被告，具体的诉讼请求和事实根据；③提出起诉的案件，必须属于人民法院管辖的范围，并必须向有管辖权的人民法院起诉。

1. 刑事自诉状的内容和结构。刑事自诉状的内容和结构，通常由以下六个部分组成：

（1）标题和案号，刑事自诉状的标题居中写"刑事起诉书"。

（2）当事人的基本事项。首先写明自诉人基本情况，包括姓名、性别、出生年月日、民族、籍贯、职业、工作单位和职务、住址等；其次，要写明被告人的姓名、性别、年龄、籍贯、民族、文化程度、所在单位和所任职务、住址等基本情况。姓名按户籍写；性别不能有误；年龄写足岁（被告人犯罪时不足18岁的可写出生年月日）；籍贯由省写至县（直辖市则写市或由市写至县（区））；民族要写准确；外籍被告人要写明其国籍；文化程度按文盲、小学、初中、高中、中专、大专、大学等实际情况写；所任职务要写具体；住址城镇的写市、镇、路、弄、号、室，乡村的写乡、村、屯。被告人如有前科但不构成累犯的，则在写完上述项目后另起一行写明何时、何地、犯何罪、被法院判处何种刑罚、刑期及终止日期。

（3）案由和案件来源。案由是指被告人犯罪行为触犯刑法条款所构成的罪名，由代理律师根据被告人犯罪事实，参照刑法条款加以认定。案件来源要写明被告人是谁、因何案、于何时、经法院批准，由公安机关执行逮捕，现羁押于何处。

（4）犯罪的事实和证据。这是刑事自诉状的主体。代理律师在认真调查研究的基础上，按照案件发生、发展、结束的顺序或根据数种罪行的性质有主次地写明被告人犯罪的动机、目的、作案的时间和地点，作案的手段和方法，行为过程和结果，犯罪的对象，犯罪的证据（包括人证物证等）。

（5）起诉的理由和根据。根据被告人的犯罪事实以及认罪态度，认定其犯罪行为的性质、对社会的危害，参照法律条款，提出其应负的法律责任，要求法院审理和判决。

（6）具体的诉讼请求。即要求追究被告人何种刑事责任。

（7）致送人民法院的名称、自诉人的姓名及具状时间。

（8）证人的姓名、住址及其他证据的名称、来源等。

2．刑事起诉书写作应注意的问题。

（1）事实要真实具体，重点要突出。刑事起诉书，不管是自诉还是公诉，所写的事实必须是确认的犯罪事实。如果是公安机关移送的案件，对于他们写在起诉意见书上的犯罪事实，必须全面地重新核实。如果案件是检察院自己侦察的，必须做到事实清楚，证据充分。在具体事实的基础上，还必须分清罪与非罪的界线，不属犯罪范畴的事实不要写，因为在起诉书上的事实是要提供人民法院作定罪判刑的依据的。如道德品质，思想作风和一般的缺点错误等问题，根本不涉及刑法，用批评教育、行政处分或党纪制裁等办法就可以解决。另外，对犯罪事实必须抓住中心，突出重点，不要平铺直叙、罗列现象。一个案件如有几个被告人，应将主要的先写，次要的后写。一个被告人如犯有数罪，应将严重的罪行先写，详写，轻微的后写、略写，不够定罪的事实不写。还要注意，对某些涉及个人隐私的案件，在起诉书中关于犯罪的具体情节不能写出，但对被告人的事实又不能全然不写。既要做到事实清楚，又要防止产生副作用。

（2）理由要充足。要揭示实质，有法律依据。刑事起诉书所写的理由，是对案情事实的概括；它应包括在下几个方面：①犯罪性质。通过对被告人的犯罪事实的分析，揭示其犯罪的实质。如杀人案件，研究是故意杀人，还是伤害致死，还是因抢劫、盗窃所致，这些都必须针对犯罪事实加以揭露。②犯罪责任。

在说清犯罪事实的基础上，被告人应负的责任，如几个被告人一起杀人，谁是主谋，谁是胁从，谁是被迫的等，都要分清。③犯罪的社会危害。这包括造成的后果和产生的影响等。其危害要说得实事求是，恰如其分，不能言过其实。④触犯的法律条款。犯罪事实必须和法律条文相吻合。什么样的罪行，适合用什么样的法律条文来定罪，这都必须确切。如根据法律规定是失火罪，决不能定为放火罪。⑤从轻从重的条件。从轻包括投案自首，主动坦白交代，积极检举揭发，初犯等。从重包括累犯，惯犯、拒不低头认罪等。这些条件都必须阐述清楚。

以上五个方面，可根据案情、抓住特点加以论说。

（3）结构要严谨，内容要完备，文字要简明，表达要确切。刑事起诉书的结构要严谨，内容要完备，不能离开诉讼中心，东拉西扯，使人不知所云；不要使用含糊不清、模棱两可、可做多种理解的词句；语言要朴实，不要滥用形容词和修饰词。

（二）民事起诉书

民事起诉书，是民事案件原告人或其法定代理人，为了维护民事权利，就有关民事权利和义务的争执，向人民法院提出起诉的书状。民事案件，主要是指财产权益、婚姻和家庭纠纷、经济纠纷等。这些案件的当事人，可以是国家机关，企事业单位，社会团体和公民，在认为自己或受自己保护的民事权益受到侵犯或与他人发生争执、纠纷时，都依法享有起诉权。民事起诉书，必须有具体的被告、具体的诉讼请求和事实根据。民事起诉书一般都要用书面提出，书写起诉状确有困难的公民，也可以口头起诉，由人民法院作出记录，并告知对方当事人。律师在为公民代书民事起诉书时需要注意以下内容：

1. 要有明确的被告。被告是指被原告诉称侵犯原告民事权益或与原告发生民事争议，而由法院通知应诉的人。被告作为起诉状中不可或缺的要素，必须在书写时尽量完善被告的相关信息。主要包括被告的姓名、性别、年龄、民族、职业、工作单位和住所，法人或者其他组织的名称、住所和法定代表人或者主要负责人的姓名、职务等。

2. 请求目的明确具体。在书写起诉状时，起诉请求必须明确具体，但这并不意味着，起诉请求不能变更或增加，这就必须得弄清诉讼标的与诉讼请求之间的关系。

（1）诉讼标的，是指当事人之间发生争执并要求法院作出裁判的民事权利义务关系。诉讼标的是诉的客体，是法院裁判的对象。是任何一起民事案件都必须具备的。诉讼标的是整个诉讼的核心。具体来说，诉讼标的的核心地位表现在以下几个方面：首先，当事人的攻击和防御都围绕着诉讼标的进行；其次，人民法院的判决是对诉讼标的的最终处理。最后，诉讼标的还是人民法院判定当事人是否重复起诉的根据。如果前诉的诉讼标的与后诉的诉讼标的相同，则当事人不得就该诉讼标的向人民法院再行起诉。

（2）诉讼请求，是指向人民法院提出的，要求人民法院予以判决的请求（当事人希望人民法院对其请求作出与之相应的确认、给付、形成这些具体的判决）。

诉讼标的与诉讼请求具有密切联系，但两者并不等同，诉讼标的是当事人争议的民事权利义务关系，诉讼请求则是基于法律关系要求法院作出的特点判决。由于诉讼请求在书写诉状时必须明确清晰，必须让人民法院了解原告的主张，所以要书写出准确的诉讼请求就必须要了解该诉讼标的。因为在原告起诉之时，诉讼标的就已经特定化，在起诉过程中，起诉标的不允许任意变更。因为变更诉讼标的实际上是要求法院对一个新的民事关系进行裁判，这就会给被告的防御和人民法院的审理带来困难。但在不变更诉讼标的的前提下变更诉讼请求则是允许的。例如，原告提起依据借款合同要求被告返还本金的诉讼后，可增加支付利息的诉讼请求。

3. 事实要清楚，理由要充足。这部分是诉状的重点，是请求人民法院受理案件的依据。它的主要任务是围绕无数请求全面地反映客观的真实情况，即写明被告人做出侵权行为的具体事实和当事人双方权益争执或纠纷的具体内容，包括时间、地点、原因、情节及事情经过等，以及被告人一方所应承担的法律责任。特别要把被告的侵权行为所造成的后果和应承担的法律责任，以及当事人双方争执的焦点和实质性分歧写清楚。叙述事实要实事求是，一般按时间顺序写，要详略得当，突出主要情节。

事实写清楚后，接着就应写明能证明所控事实的证据来源，证人的姓名、职业、住址和交验的具体物证等。因为确实充分的证据是人民法院审判案件的依据，它直接关系到诉讼是否成立和诉讼的进程，是诉讼成败的关键。证据可以在叙述事实经过时写明，也可以在叙述事实之后列举。

最后写理由部分，主要写明下列两点：第一，根据事实和证据，写明认定被告行为的性质，所造成的后果，应承担的法律责任，并且要阐明理由；第二，写明提出请求的法律依据。凡是有法可依的诉讼请求和主张，均应写明是根据我国什么法律的条、款、项的规定。引用法律条款要确切、完整。陈述理由、分析问题必须观点明确。

4. 民事起诉书写作应注意的问题。民事起诉书和刑事起诉书的写作基本相同。由于民事起诉书的内容比刑事起诉书复杂，它涉及的面广，因而写作要求更具体全面。通常要注意下面几个问题：

（1）事实要具体真实。民事起诉书所列的事实必须具体、真实，绝不能伪造或推测。事实的真实性，这是起诉书能否获胜的关键。如所列的事实不具体、不真实，不但达不到起诉的目的，同时还要受到法律的制裁。

（2）证据必须确实、充分。起诉书所举的证据，必须经过检查核实，做到准确无误，这样才能有力支持诉讼。

（3）引用的法律根据恰当确切。民事起诉书中所请求的事项，必须符合《民事诉讼法》的规定和要求，所引用的法律条款要得当。

（4）结构要严谨。由于民事案件比较复杂、头绪多，所以结构就要更严谨，条理要更明晰，逻辑性要更强。

二、民事答辩状

民事答辩状是在民事诉讼活动中，被告或被上诉人提出的一种应诉文书。它是被告或被上诉人对于原告或者上诉人向人民法院告诉他侵犯了民事权利或者与其发生了争执的事实和理由的反驳，也就是对起诉状或上诉状的答复。

民事答辩状在下述两种情况下提出：一是原告向第一审人民法院起诉后，被告针对起诉状提出答辩状；二是案件经第一审人民法院审理终结后，一方当事人不服一审判决，依法向二审法院提出上诉，被上诉人针对上诉提出答辩状。

民事答辩状通常由以下几部分组成：

1. 标题。标题一般应反映文书名称，案件性质和诉讼程序。如"民事答辩状"、"民事被上诉答辩状"。

2. 答辩人的身份事项和答辩主张。这部分应写清以下几项内容：

（1）答辩人的姓名、性别、年龄、籍贯、民族（外籍的写国籍）、工作单位、职业、住址。

（2）答辩的主张。由于诉讼程序不同，民事答辩状和民事上诉答辩状，在行文时有所不同。如系民事答辩状则写："答辩人于×年×月×接到你院的通知，并收到原告×××起诉状副本，阅后甚感原告请求无理，并违反×法×条×款的有关规定。因此，请根据下列答辩意见，驳回原告之状，并判令原告负担本案诉讼费用"；如系民事被上诉答辩状则写："×年×月×日××区人民法院对×××（原告姓名）诉×××（被告姓名）××（案由）一案所作的〔××〕×法民字第×号民事判决书，事实清楚，证据充分，判处正确，而上诉人的上诉则是没有理由的。请求根据下列答辩意见驳回上诉。"

（3）答辩理由。这是答辩状的核心部分，要针对起诉状或上诉状所提出的事实、证据、理由和法律依据，据理反驳。制作时可根据案情，从以下几方面反驳：

第一，如果起诉状或上诉状在事实的真实性、证据的可靠性和法律的适用上均有问题，那么，答辩的锋芒就针对有问题的部分进行反驳。

第二，由于原告或上诉人经过充分准备，他们所提出的诉讼请求，往往有相当的根据，是不可能轻易被驳倒的。这时答辩状就不能局限于原告或上诉人所提出的材料，而应从自己这一方面提出能够驳倒对方诉讼请求所必需的新的事实材料，并根据这些新提出的事实依法作出推翻对方诉讼请求的结论。

（4）结尾部分。通常是把答辩主张再简要地强调一下，最后由答辩人署名，并写上日期即可。

三、上诉状

上诉状也称上诉书，是刑事被告人或民事当事人（即原告或被告）一方，不服人民法院第一审的判决、裁定，依照法定程序和期限，向上一级人民法院上诉的文书。它主要是针对法院的判决、裁定提出不同意见，目的是通过上诉来撤销或者部分更改已作出的第一审判决和裁定。

根据上诉书所诉讼问题的性质，可分为刑事上诉书和民事上诉书两种。以下分别对这两种上诉书的写作逐一叙述。

（一）刑事上诉书

1. 刑事上诉书的性质。刑事上诉书，是指刑事诉讼当事人或其法定代理人对地方各级人民法院第一审案件的判决或裁定不服，在法定的上诉期限内，按照法定程序，请求上一级人民法院撤销、变更原审裁判或重新审理而提出的书状。刑事上诉书，必须是具有法定身份的人和依照法定程序，才有权上诉。被告人的法定代理人以外的近亲属、辩护人，如果没有得到被告人的同意，即使认为判决和裁定有错误，也无权提出上诉，提出了也不具有引起第二审程序的法律效力；他们只能提出申诉，按照法定的审判监督程序处理。刑事上诉必须在法定的期限内提出，如果超过法定期限，就不能提出刑事上诉，只能按审判监督程序提出申诉。当事人和法定代理人，可以书面上诉，也可以口头上诉。如果口头上诉，必须由人民法院书记员将口头上诉制成笔录，作为上诉文书。

2. 刑事上诉书的内容和结构。刑事上诉书的内容和结构，通常由以下几部分组成：

（1）上诉书名称（标题）：应写明"刑事上诉书"五个字。

（2）上诉人的基本情况：应写明上诉人姓名、性别、年龄、民族、籍贯、职业、工作单位、住址。

（3）被上诉人基本情况：应写明上诉人因何案（案件名称）、不服人民法院于何时、以何字、号（×字×号）作出的判决或裁定。

（4）上诉请求：应写明上诉人不服原判决或裁定而对第二审人民法院提出上诉的请求。上诉请求的内容，应概括、明确地请求第二审人民法院撤销或变更原审的判决、裁定，或请求重新审理。

（5）上诉理由：这是刑事上诉书中最关键的部分。上诉理由必须针对原判决或裁定，做到有理有据。理由要充足，证据要有力，否则就达不到上诉的目的。

（6）结尾：应写明刑事上诉书所提交和将送的人民法院，上诉人签名盖章，并写明具状时间（×年×月×日）。

（7）附项。应写明上诉书副本×份；证物×件；书证×件。

3．刑事上诉书写作应注意的问题。写刑事上诉书必须注意以下几个方面的问题：

（1）所述理由必须真实、充分。上诉书和起诉书一样，都必须坚持以事实为根据，以法律为准绳的原则。上诉人对原审判决所认定的事实，或认为不实、或认为不清、或认为不正确。总之，认为有错误或不当时，可以作上诉的理由；上诉人对原审判决所认定的证据，或认为所认定的证据无力，或与案情缺乏客观联系等，也可以作为上诉的理由；另外，上诉人对于原审裁判所适用的法律，如认为有不当之处，也可以作为上诉的理由；上诉人认为原审的诉讼程序不合法的，也可以作为上诉的理由。总之，上诉理由要真实、充分。

（2）上诉的理由必须有针对性。上诉的理由要抓准原判中的错误之外，进行反驳。如原判全错了，可全驳；如有某一点错了，就驳其一点。可驳论点，也可以驳论据。在反驳中必须提出充分的事实证据和法律依据。要防止空洞，含糊不清。

（3）上诉书的请求要简明扼要，清楚明白。

（4）上诉书的语言要准确，通俗易懂。

（二）民事上诉书

1．民事上诉书的性质。民事上诉书是民事诉讼当事人及其法定代理人不服地方各级人民法院第一审民事判决或裁定，写给上一级人民法院，请求撤销、变更原审裁判，或重新审判的文书。在民事诉讼中，必须是民事诉讼的当事人或法定代理人才有权上诉。经特别授权的委托代理人，也可以以被代理人的名义上诉。必须是当事人不服地方各级人民法院第一审判决或裁定而有上诉请求的，才能写民事上诉书。同时，民事上诉书必须在规定的期限内上诉才能有法律效力。

2．民事上诉书的内容与结构。民事上诉书的内容和结构，通常由以下几部分组成：

（1）上诉名称（标题）：应写明"民事上诉书"五个字。

（2）上诉人基本情况：应写明姓名、年龄、籍贯、民族、职业、工作单位、地址。企事业单位、机关团体对判决、裁定不服而上诉的，应写明其单位名称及法定代理人姓名。

（3）被上诉人基本情况：应写明姓名、性别、年龄、籍贯、民族、职业、工作单位、地址。

（4）被提起上诉的原审案件的案由：应写明上诉人因何案不服人民法院、何时、何字、何号（×字第×号）的判决或裁定而提出上诉的。

（5）上诉的请求：应概括准确地、有针对性地请求第二审人民法院撤销、变更原审判决或裁定，或者请求重新审理。

（6）上诉理由：这是民事上诉书的主要部分。民事案件情况复杂，上诉人应有针对性地反驳原错误的认定，陈述正确的事实，举出有关证据，摆明其中道理。所摆事实必须真实、充分、所讲道理应当明确、透彻。

（7）结尾：应写明上诉书所致送人民法院的名称，上诉人签名盖章，具状时间（×年×月×日）。

（8）附项：应写明上诉书副本×份，物证×份，书证×件。

3．民事上诉书写作应注意的问题。写民事上诉书，应注意以下几个方面的问题：

（1）要有针对性。民事上诉书要把自己所认为的原判决或裁定中的错误之处找出来，是属于认定事实不当，还是引用法律发生错误，或者审判程序严重违法。只有紧紧围绕上诉人所不服的原裁判中的问题，摆事实，讲道理，才能解决问题。如果无边际或没有目的地诉说一遍，就达不到上诉的目的。

（2）材料和观点要一致。上诉书的理由，主要是针对原裁判的错误加以辩驳。在辩驳中要有理有据，有事实有证据，以理服人。不论是驳论点，还是驳论据或论证，都要做到观点和材料一致，不能只罗列事实，而无观点，也不能只有观点而无事实。

（3）上诉书所论事理符合客观事物的规律，符合逻辑规律。

（4）书写要整洁、清楚。

四、再审申请书

再审，是指为纠正已经发生法律效力的错误判决、裁定，依照审判监督程序，对案件重新进行的审理。法院对已经审理终结的案件，依照再审程序对案件的再行审理，其目的是纠正已经发生法律效力但确属错误的判决或裁定。

再审是一项重要的诉讼程序，也是各国刑事诉讼法和民事诉讼法的重要组成部分。纵观各国的刑事诉讼法和民事诉讼法，对再审制度的规定大致可分为两类：一类是规定审判监督程序，即法定的机关和公职人员基于法律赋予的审判监督权，对有错误的已经发生法律效力的裁判，提起再行审理。因为审判监督程序是以审判监督权为基础的，因此，一般对提起的期限不作强制性规定，对提起再审的条件和理由等也只作原则性规定。另一类是基于当事人诉权的再审，即当事人不服已经生效的裁判，向再审法院提起再审之诉，再审法院对案件再行审理。这时就可能需要律师代为书写再审申请书。起草再审申请书应注意的几个问题：

（一）标题

最好是"民事再审申请书"，不可省去"民事"，以区分刑事、行政案件，便于法院分案；不可写成"申诉状"，原因在于申请再审与申诉有重大区别，完全适用不同的程序。如最高人民法院立案一庭处理申诉案件，立案二庭处理申请再审案件。

（二）当事人

1. 申请再审人。不要写成"再审申请人"，原因是"再审申请人"给人的感觉是案件已经进入再审程序，同时以括号方式列明其在原一、二审中的诉讼地位，如"（一审原告、二审被上诉人）"。如申请再审人有委托代理人的，应一并列明委托代理人的联系电话（手机及固定电话）及送达地址。这一点非常重要，如果列错了，人民法院联系不上，很可能按自动撤回再审申请处理。

2. 被申请人。为简洁起见，无须写成"再审被申请人"，同时以括号方式列明其在原一、二审中的诉讼地位。

3. 原审其他当事人。对原审其他当事人是否均应列明，司法解释没有明确，司法实践也做法不一。我们的经验认为，最好是列明所有的原审当事人，这样可能会增加工作量（因为再审人民法院要求的材料份数是当事人人数加一），但可以免去人民法院以材料不符合要求而拒收的麻烦。

此外，还需注意如下两点：

（1）被申请人与原审其他当事人如何区分。关键在于申请再审人是否对其提出了再审请求。被提出了再审请求的当事人，是被申请人，其余的则是原审其他当事人。

（2）是否需列明被申请人及原审其他当事人的联系人、联系地址。司法解释对此也没有明确要求。基于诚信诉讼原则，当然应向再审人民法院告知这一信息，以方便再审人民法院通知对方当事人和对方当事人行使抗辩权利。但从实务角度，通知对方当事人意味着申请再审难度的加大。而且，对方的代理人也可能发生变动，因此我们的经验是按原审列明对方当事人的联系地址及法定代表人情况列写。

（三）案由

常见的写法是：再审申请人×××因与被申请人×××、原审被告××（案由）一案，不服×××人民法院于某年某月某日作出的×民×字第×号民事判决（裁决），向贵院申请再审。

需注意的是，如裁判落款时间与生效时间不一致，且对计算申请再审是否逾期有影响时，应写明判决、裁定生效的时间；如对一、二审裁判文书均不服，应一并列明；如仅对二审裁判文书不服，则只列二审裁判文书。

（四）再审请求

即要求再审人民法院如何撤销原生效裁判文书和本案应当如何裁决。通常有三部分内容：

1. 如何撤销原生效裁判文书。是全部撤销，还是撤销其中的哪些判项。

2. 本案应如何裁判。注意不能与原一审及二审所提请求相抵触，更不能超出原审请求。

3. 诉讼费用应如何承担。

（五）再审理由

这部分是再审申请书的重点，也是难点。再审申请书所列明的申请再审法定事由，必须具体到《民事诉讼法》第200条的第几项。如再审依据仅写明"《民事诉讼法》第200条之规定"，则人民法院将不予受理。以下即为常见的表述：

"再审事由：申请再审人认为原判决……且在事实认定和法律适用上均存在明显错误。申请再审人的申请符合《民事诉讼法》第200条第2项'原判决、裁定认定的基本事实缺乏证据证明的'，第6项'原判决、裁定适用法律确有错误的'，第11项'原判决、裁定遗漏或者超出诉讼请求的'的规定。"

人民法院仅对申请人列明的再审事由予以审查，因此申请人必须准确提炼申请再审的法定事由，有多项事由要一并提出，避免漏列、多列或错列法定事由。如漏列、错列再审事由导致人民法院裁定驳回再审申请的，理论上当事人还有以新事由再次申请再审的权利，但人民法院首先会要求当事人就原来没有列明该事由的理由作出说明，再次，人民法院会判断从原判决生效之日起，至该新事由提起之日，是否超过了两年的法定期限。

我们认为，首先要把案件吃透，尤其是精读原裁判文书，从中找出原审在程序和裁判基础上的瑕疵，再从《民事诉讼法》第200条中找出对应的再审理由。其次，分层次逐一论证申请再审法定事由。再审理由的分述应针对原审裁判的瑕疵，切忌直接针对对方当事人或原审法官。最后，要结合案件实际情况和各再审法定事由的特点，进行分析论证。如以新证据申请再审的，首先要论证属于新证据，再论证该新证据"足以推翻原判决、裁定"；如再审事由是原判决认定的基本事实缺乏证据支持的，则首先概括原判决认定的基本事实，以及认定该基本事实的依据，再分析这一依据在事实上并不存在，或其中的逻辑如何不成立；如再审事由是原审判决认定事实错误的，则同样首先概括原判决认定的基本事实，再分析原审在证据采信、逻辑推理上存在的错误，最后分析基于正确的证据采信原则和逻辑推理，本案的事实应该如何；如以适用法律错误申请再审的，则论证原审适用的哪个法律错了，正确适用的应是哪一个，以及适用该正确的法律，本案应如何处理。

（六）致送人民法院名称

即"此致××人民法院"，表明系向作出原生效判决、裁决的法院的上一级人民法院申请再审。

（七）附件

即原审主要证据清单，以及新证据。

五、合同

从法理角度讲，所有的市场交易行为都是一种合同行为。这里所指的合同，特指"明确不同法律主体之间权利义务之法律关系的书面协议"。虽然并非所有的合同行为都存在表征其存在且用来明确交易各方权利义务之法律关系内容的书面合同或协议，但是凡涉及复杂或重大交易事项，交易各方无不重视书面合同的作用。另外，律师作为一名从事法律业务的工作人员，起草或审核合同的能力应当说是一项最基本、最重要的素质，也是一项反映其所掌握的法律知识水平高低和将其运用于法律实践能力大小的综合测评指标。律师在代书合同时一定要注意以下内容：

1．注意合同性质界定的确切性。正是由于市场交易的复杂化和多样化，所以才会产生不同类型的交易形式，从而导致表现交易形式的合同必然会被划分为性质不同的类别。合同性质不同，法律所规定的合同成立或生效要件、合同各方具体的权利义务关系及违约责任的承担方式自然会有所差异，如买卖合同与设备安装服务合同性质是不一样的、单纯的设备或房屋租赁合同与包括经营权在内的承包合同也是有差别的、委托合同与行纪合同或居间合同也是需要区分的。对合同的起草或审核而言，首先要对合同的性质进行确认或归类，切记起草性质难以界定、无法归类的合同，最好在合同的"标题名称"中直接明确合同的性质。因为只有确认了合同的性质，才能够更好地确认合同的效力及合同各方的权利、义务及责任的划分，尤其是对合同约定不明确部分，必须按照《合同法》分则规定的内容去查找相关规定是否存在对某一方的不利因素或影响等。

2．注意合同主体签约资格的有效性。对某些业务领域，按照相关的法律或法规规定，需要合同一方或双方主体必须具备相应的资质或经营许可才可从事。如建设工程设计合同需要国家建设部门核发的设计资质、物业服务管理合同需要物业管理资质、部分外贸或进出口合同需要的行业特殊代理权资质或经营许可、从事房地产开发业务需要开发资质、从事药品生产或经营需要药品批号、生产或卫生许可等。对实行资质管理或特殊许可的业务，若签约一方不具备相应的从业资质或经营许可，由此所订立的合同一般属于违反国家法律法规的合同。一旦纠纷产生，容易被确认为无效合同。另外，还要注意审核或确认负责签订合同的单位或个人是否已取得相应的合法授权，以防止无权代理或超越代理权限订立合同的情形存在。

3. 注意合同标的约定的明确性。合同的标的是最能体现合同性质的核心内容，相当于我们写文章时所表述的文章中心思想。所以，我们在起草合同时，最好要单独写明"合的标的"这样一条内容，以便让人一看便知合同的大概内容；从法律功用角度讲，通过"合同标的"条款还能够更好地界定合同的性质。对"合同标的"的描述务必要达到"准确、简练、清晰"的标准要求，切忌含混不清。如对合同标的为货物买卖的，一定要写明货物的名称、品牌、计量单位和价格，切忌只写"购买沙子一车"之类的描述；如合同标的是提供服务的，一定要写明服务的质量、标准或效果要求等，切忌只写"按照行业的通常标准提供服务或达到行业通常的服务标准要求等"之类的描述。否则，一旦纠纷产生，往往就造成"合同约定不明"的状况。

4. 注意各方责任分担的合理性。诚实信用、等价有偿、买卖公平是市场交易的基本法则，在合同的具体内容中必须能够体现这些法则。我们在起草或审核合同时，切忌只片面强调一方当事人的权利而忽略其义务或片面强调一方当事人的义务而忽略其权利的情形。因为按照合同法关于"合同对价"的基本要求，一方当事人享有权利必须以承担一定的义务为前提，反之就是一方当事人承担义务必须以享有一定的权利为基础。法律禁止以强凌弱的"不平等条约"存在；对责任分担显失公平的合同，合同法赋予受不公平条款约束的一方当事人一定期限内的合同撤销权。尤其是起草涉及多方利益的"格式合同"时，一定要注意各方责任分担的合理性，切忌侵害多数人利益的"霸王条款"出现。因为在合同约定中，若各方责任分担不合理，不仅有违基本的商业道德，而且一旦产生纠纷，此类条款很容易成为众矢之的，从而毁坏商家的信誉，且容易被人民法院或仲裁机构确认为无效条款。

5. 注意合同法律用语的准确性。当事人之间订立的书面合同属于非常严肃的法律文件。所以，法律工作者在起草或审核合同时应当按照法律文件的一些书写标准或要求去做，其中包括尽可能地使用或推广大家共同认可的一些规范性法律用语，以避免大家在理解合同时产生不应有的歧义。如在审核合同时，发现一些常见的法律用语错误像"定金"与"订金"不分、"权利"与"权力"混淆、"抵押"与"质押"混用的情形等。另外，还发现不少合同中出现类似"一方对另一方罚款"等明显违反"合同各方法律主体地位平等"的用语或表述。其实，上述每个法律用语都是有其特别含义的，随意滥用可能要闹笑话，甚至直接影响到合同内容的有效性和当事人需承担的法律责任之大小。

6. 注意交易实施的安全性。当事人之间订立书面合同的目的就是明确交易各方的权利义务关系，更好地保证交易实施的安全。所以，在起草或审核合同时应特别注意能够保障交易顺利实现的条款内容。如当事人选择的付款期限和付款方式条款、合同履行的担保条款等是否存在不符合实际或无法保证交易安全的情形。尤其是在大宗货物买卖、不动产买卖和国际贸易类的合同中，这些条款内容显得尤为重要。另外，有关合同的签订地、履行地（如交货地点等）、标的物所在地及合同纠纷的管辖地、解决方式等条款内容如何约定也直接关系到交易的能否顺利实现或交易的安全，在给当事人起草或审核合同时同样不要忽视此类条款内容。

7. 注意合同内容的前后一致性。合同作为对当事人各方都非常重要的一项法律文件，在内容上必须讲求逻辑严谨、前后一致，不能前后内容相互矛盾不一、主合同内容和附件内容相互抵触冲突。如果存在合同内容的前后不一致情形，一旦产生纠纷，就会让人无所适从。所以，在起草或审核合同时一定要注意合同内容的前后一致性，注意对合同前后内容产生矛盾或冲突时的处理原则作出约定，如"是以主合同内容为准，还是以合同附件内容为准"等必须在主合同中约定清楚。

8. 注意考虑合同订立后的可变更性。现代社会，瞬息万变，且不说自然事件和社会因素非我们自然人或单个企业能力所能抗拒外，就连市场主体自身的变革或变化之快有时也是让人意想不到的。所以我们在订立合同时，必须要考虑到合同订立后履约过程中可能发生的一些影响合同正常履行的因素。如自然事件中的台风、洪水等不可抗力事件，社会因素中的国家法律政策调整、市场价格重大波动等重大情势变更事项，微观方面可能遇到的合同一方当事人死亡、企业终止清算、破产倒闭或重组并购等事项。未雨绸缪，起草或审核合同时，对影响合同变动的因素考虑得越周密细致，就越能避免纠纷，当事人的合同权益也就越容易得到保障。

9. 注意考虑合同纠纷发生的可能性。当事人之间通过订立合同所建立的是一种动态的债权或债务关系，一方权利之实现有赖于另一方义务之履行；换句话说，合同之债仅是一种信用上的法律关系，若合同一方当事人违反"诚实信用"原则，则另一方当事人的权利就存在灭失的可能性，尽管其可以通过法律上的救济途径来保障其权利实现。但由于合同之权利是一种私权利，法律对私权利进行保护的主要依据就是当事人之间订立的合同。所以，要求起草或审核合同的人员必须具备"法律的头脑"和"商业的意识"，在起草或审核合同时一定要充分考虑到发生合同纠纷的法律风险，在合同中尽可能地将双方的权利义务及违约责任条款约定清楚。这样，即便将来真的发生纠纷，依据合同约定的内容也比较容易确定各方所应承担的法律责任，尽可能地避免法官滥用司法上的自由裁量权。

10. 注意考虑合同类别的特殊性。合同的类别不同，合同的性质自然也就不同。当然按照不同的标准，我们可以对合同作出不同的分类。对合同进行分类的意义就在于能够充分认识到不同类别合同的特殊性，从而在起草或审核合同时提醒我们需要特别注意的某些合同内容或要素，如合同的主体资格、生效要件、付款方式、售后服务及保密事项等条款内容。另外，针对合同的特殊性，当事人还可以就各方的权利或义务作出一些特别的约定。对这些特殊的约定一定要尽可能地表述完整准确，同时，还要注意其合法性问题，避免与现行法律规定相抵触或冲突。

六、遗嘱

关于代书遗嘱，指在本人不识字无能力书写或不愿亲自书写的情况下，可以由他人代写遗嘱。《继承法》第 17 条第 3 款规定："代书遗嘱应当有两个以上见证人在场见证，由其中一人代书，注明年、月、日，并由代书人、其他见证人和遗嘱人签名。"具体说来，订立代书遗嘱的具体程序如下：①遗嘱人欲立遗嘱时，首先应邀请两名以上见证人到场，并请其中一人做代书人。②由立遗嘱人口述，代书人作记录。③代书完毕，代书人必须向遗嘱人和其他见证人宣读记录即遗嘱全文，或者传阅；并经遗嘱人审阅全文后，至遗嘱人完全同意和认可为止。之后，代书人应注明订立遗嘱的年、月、日和地点，并记明代书人姓名。④由遗嘱人、代书人、见证人签名。如遗嘱人不会写字，应以按手印代替，由代书人在其手印前写明遗嘱人的姓名。总之，代书遗嘱必须具备两个以上见证人，年月日及代书人、遗嘱人、其他见证人的签名等要件，缺一不可。遗嘱的写作要点如下：

（一）首部

1. 标题。写明"遗嘱"或者"×××遗嘱"。

2. 立遗嘱人基本情况。

（二）正文

1. 写明立遗嘱人订立遗嘱的原因。

2. 写明立遗嘱人所有的财产名称、数额及所在地。

3. 写明立遗嘱人对遗产的处理意见。

4. 写明所订立遗嘱的份数。

5. 写明订立遗嘱的时间和地点。

（三）尾部

尾部分别由立遗嘱人、见证人、代书人等签名或盖章，另外要写明立遗嘱的日期。

七、遗赠扶养协议书

（一）遗赠扶养协议书的概念

遗赠抚养协议书是指受抚养人（公民）和抚养人之间订立的关于抚养人承担受抚养人的生养死葬义务，受抚养人将自己所有的财产遗赠给抚养人的书面协议。遗赠抚养协议有两种：一种是公民与公民签订的遗赠扶养协议，另一种是公民与集体经济组织签订的遗赠扶养协议。遗赠抚养协议是遗赠人与抚养人之间为明确相互间遗赠和抚养的权利义务关系而订立的协议。

（二）遗赠扶养协议与遗赠的区别

1. 遗赠扶养协议是双方的法律行为，只有在遗赠方和扶养方双方自愿协商一致的基础上才能成立。凡不违反国家法律规定、不损害公共利益、不违反社会主义道德准则的遗赠扶养协议即具有法律约束力，双方均必须遵守，切实履行。任何一方都不能随意变更或解除。如果一方要变更或解除，必须取得另一方的同意。而遗赠是遗嘱人单方的法律行为，不需要他人的同意即可发生法律效力。遗赠不仅可以单方面订立遗嘱，而且还可以随时变更遗嘱的内容，或者撤销原遗嘱，另立新遗嘱。

2. 遗赠扶养协议是有偿的、相互附有条件的，它体现了权利义务相一致的原则。而遗赠是财产所有人生前以遗嘱的方式将其财产遗赠给国家、集体或个人的行为，它不以受遗赠人为其尽扶养义务为条件。

3. 遗赠扶养协议不仅有遗赠财产的内容，而且还包括扶养的内容。而遗赠只是遗赠财产，没有扶养的内容。

4. 遗赠扶养协议从协议成立之日起开始发生法律效力，而遗赠是从遗赠人死亡之日起发生法律效力。

5. 被继承人生前与他人订有遗赠抚养协议，同时又立有遗嘱的，继承开始后，如果遗赠抚养协议与遗嘱有抵触，按遗赠扶养协议处理，与协议抵触的遗嘱全部或部分无效。

（三）签订遗赠扶养协议书的注意事项

签订遗赠扶养协议书，其目的在于使那些没有法定赡养义务人或虽有法定赡养义务人但无法实际履行赡养义务的孤寡老人，以及无独立生活能力老人的生活得到保障。在签订遗赠抚养协议时，应注意以下几点：

1. 扶养主体必须是法定继承人以外的公民或集体组织。被扶养人可以与公民签订遗赠扶养协议，也可以与集体组织签订遗赠扶养协议。

2. 内容应明确具体写出遗赠扶养双方各自的权利义务。扶养人承担该公民生养死葬的义务，享有受遗赠的权利；公民应将个人所有的合法财产遗送给扶养人。扶养人或集体组织无正当理由不履行义务，致协议解除的，不能享有受遗赠的权利，其支付的供养费用一般不予补偿；遗赠人无正当理由不履行义务，致协议解除的，则应偿还扶养人或集体组织已支付的供养费用。

3. 遗赠内容应当写明遗赠财产的名称、数量、处所，并提供有效的证明文件。

4. 扶养内容应写明提供扶养的具体内容、办法和期限。

八、收养协议书

收养必须符合一定的条件，所以收养人和送养人在签订该协议时一定要从以下方面多加注意：

（一）明确收养人和送养人的主体资格

收养人和送养人的主体资格不符合法律规定的，该收养协议将无效，所以当事人在签订收养协议时，应当从以下方面了解收养人和送养人的条件：

根据《收养法》第 4 条的规定，下列不满 14 周岁的未成年人可以被收养：①丧失父母的孤儿；②查找不到生父母的弃婴和儿童；③生父母有特殊困难无力抚养的子女。

1. 收养人的条件。收养人应当同时具备下列条件：①无子女；②有抚养教育被收养人的能力；③年满 35 周岁；④未患有医学上认为不应当收养子女的疾病。收养人只能收养一名子女。收养孤儿、残疾儿童或者社会福利机构抚养的查找不到生父母的弃婴和儿童，可以不受收养人无子女和收养一名的限制。无配偶的男性收养女性的，收养人与被收养人的年龄应当相差 40 周岁以上。

收养三代以内同辈旁系血亲的子女，可以不受本法第 4 条第 3 项、第 5 条第 3 项、第 9 条和被收养人不满 14 周岁的限制。华侨收养三代以内同辈旁系血亲的子女，还可以不受收养人无子女的限制。继父或者继母经继子女的生父母同意，可以收养继子女，并可以不受本法第 4 条第 3 项、第 5 条第 3 项、第 6 条和被收养人不满 14 周岁以及收养一名的限制。

2. 送养人的条件。送养人的条件是：①孤儿的监护人；②社会福利机构；③有特殊困难无力抚养子女的生父母；④生父母送养子女，须双方共同送养。生父母一方不明或者查找不到的可以单方送养；⑤送养人不得以送养子女为理由违反计划生育的规定再生育子女。

（二）写明收养协议具体内容

收养人和送养人需将双方达成的收养人的权利义务等具体内容加以明确，以保障被收养人的健康成长。实践中，收养人和被收养人常常涉及继承、抚养问题纠纷。所以建议在收养协议中明确指出：①收养人和被收养人之间有互负抚养的义务；②有互享继承的权利；③收养人对被收养人，有管教培育的责任等。

【思考题】

1. 简述律师代书的基本要求和程序。
2. 简述民事起诉状的构成要素。
3. 书写刑事上诉书时应当注意哪些问题?
4. 律师在代书合同时应当注意哪些事项?
5. 简述遗赠扶养协议书制作的注意事项。
6. 简述收养协议书制作的注意事项。

参考书目

1. 刘健主编：《中华人民共和国律师法释义》，中国法制出版社 2007 年版。

2. 付明顺：《公证与律师制度》，海南出版社 2006 年版。

3. 周国均：《律师制度理论与实务技巧》，中国人民公安大学出版社 2003 年版。

4. 陈卫东：《中国律师学》，中国人民大学出版社 2006 年版。

5. 童青松等：《律师实战指导》，浙江大学出版社 2008 年版。

6. 雷彦璋：《民商诉讼博弈与律师技能突破》，知识产权出版社 2008 年版。

7. 中华全国律师协会编：《律师执业基本技能（上、下）》，北京大学出版社 2007 年版。

8. 张晓秦、刘玉民：《证据运用要点与技巧》，中国民主法制出版社 2009 年版。

9. 王振中：《医疗纠纷官司证据指导》，法律出版社 2008 年版。

10. 赵祥、刘福霞：《打民事官司如何准备证据》，法律出版社 2007 年版。

11. 李正华、牛余凤：《律师与公证实务》，武汉大学出版社 2009 年版。

12. 陈光中、李春霖：《公证与律师制度》，北京大学出版社 2006 年版。

13. 王俊民：《律师与公证制度》，北京大学出版社 2009 年版。

14. 田文昌：《律师制度》，中国政法大学出版社 2007 年版。

15. 徐家力、王文书、赵金一：《律师事务》，法律出版社 2011 年版。

16. 姜明安：《行政法与行政诉讼法》，北京大学出版社 2012 年版。

17. 徐家力：《律师实务》，法律出版社 2007 年版。

18. 何文杰等：《中国律师办案全程实录：劳动争议仲裁与诉讼》，法律出版社 2008 年版。

19. 潘修平、刘家刚：《中国律师办案全程实录之 12：商事仲裁》，法律出版社 2004 年版。

20. 李广辉：《律师事务与仲裁法学》，暨南大学出版社 2009 年版。

21. 刘瑛：《律师的思维与技能》，法律出版社 2006 年版。

22. 范愉：《非诉讼纠纷解决机制研究》，中国人民大学出版社 2000 年版。

23. 常怡：《中国调解制度》，重庆出版社 1990 年版。

24. 范愉：《ADR 原理与实务》，厦门大学出版社 2002 年版。

25. 何兵：《现代社会的纠纷解决》，法律出版社 2003 年版。

声　　明　　1. 版权所有，侵权必究。

2. 如有缺页、倒装问题，由出版社负责退换。

图书在版编目（ＣＩＰ）数据

律师实务 / 李真，李祖军主编.--北京：中国政法大学出版社，2014.2
ISBN 978-7-5620-5271-5

Ⅰ. ①律…　Ⅱ. ①李…　②李…　Ⅲ. ①律师业务-中国　Ⅳ. ①D926.5

中国版本图书馆CIP数据核字(2014)第020988号

出 版 者　　中国政法大学出版社

地　　址　　北京市海淀区西土城路 25 号

邮　　箱　　fadapress@163.com

网　　址　　http://www.cuplpress.com（网络实名：中国政法大学出版社）

电　　话　　010-58908435(第一编辑部)　58908334(邮购部)

承　　印　　固安华明印业有限公司

开　　本　　720mm×960mm　1/16

印　　张　　20.5

字　　数　　379 千字

版　　次　　2014 年 2 月第 1 版

印　　次　　2018 年 11 月第 3 次印刷

印　　数　　6001~8000 册

定　　价　　40.00 元